Gerda Engelbracht

Der tödliche Schatten der Psychiatrie

Die Bremer Nervenklinik 1933–1945

Mit einem Geleitwort von
Helmut Haselbeck

Donat Verlag

Die Deutsche Bibliothek – CIP-Einheitsaufnahme

Engelbracht Gerda:
Der tödliche Schatten der Psychiatrie : Die Bremer Nervenklinik
1933 bis 1945 / Gerda Engelbracht. Mit einem Geleitw. von
Helmut Haselbeck. - Bremen : Donat, 2002
ISBN 3-931737-18-7

Das Titelbild zeigt vor dem Hintergrund des ehemaligen Verwaltungsgebäudes der Bremer Nervenklinik Adele S. und Martin Meiners. Adele S. wurde 1874 geboren, sie starb im Februar 1944 in Uchtspringe. Martin Meiners, geboren am 4. Mai 1872 starb am 19. September 1942 in der Tötungsanstalt Hadamar. Auf Initiative von Thomas Begerow, der das Schicksal des Vegesacker Lehrers erforschte, wurde 1993 im Bremer Stadtteil Vegesack die Martin-Meiners-Straße eingeweiht.

Lektorat: Helmut Donat/Dr. Klaus-Frieder Bastian, Bremen
Layout: Bernd Degener/Gerda Engelbracht, Bremen
Umschlaggestaltung: Gerda Engelbracht
Druck: Fuldaer Verlagsanstalt GmbH, Fulda

Inhalt

Geleitwort

Mehr als fünfzig Jahre liegen die hier dokumentierten Ereignisse zurück. Nicht wenige hätten sie lieber im Verborgenen gehalten und dem Vergessen anheim gegeben. Lange wurde auch in Bremen, z. T. wider besseren Wissens, der Eindruck gefördert, psychisch kranke Bremer Patienten und Behinderte seien von den Schrecknissen und Verbrechen der Nationalsozialisten verschont geblieben. Erst Ende der achtziger Jahre lüftete sich der Schleier. Vielfältige Verstrickungen Bremer Ärzte und Juristen im Rahmen von Zwangssterilisierungen und „Euthanasie" wurden offenkundig.
Seit dieser Zeit hat sich ein kleiner Kreis von Mitarbeitern des Zentralkrankenhauses Bremen-Ost und Angehörigen zusammengefunden, um Spuren zu sichern und für die Nachwelt zu erhalten. Gerda Engelbracht ist, gemeinsam mit Achim Tischer, seit mehr als sieben Jahren diesem Projekt engagiert verbunden, hat das noch verfügbare Material zusammengetragen, die letzten Zeitzeugen befragt und zahlreichen Einzelschicksalen nachgespürt. Ihre Arbeit hebt sich aus der Flut von Publikationen zu dieser Thematik besonders dadurch hervor, daß es Gerda Engelbracht gelingt – neben der Dokumentation erschütternder Fakten –, hinter den anonymen Zahlen die Gesichter der Opfer wiedererkennbar werden zu lassen.

An dieser Stelle ist wiederholt die Frage gestellt worden, warum wir uns denn heute mit der keineswegs ruhmreichen Geschichte unseres Krankenhauses, der damaligen Städtischen Nervenklinik Bremen, in der Zeit des Nationalsozialismus beschäftigen. Könnte dies nicht dem Ruf des Krankenhauses und der Psychiatrie überhaupt eher schaden? Wir setzen diesen Einwänden entgegen, daß wir glauben, dies den Opfern schuldig zu sein. Ohne eine offene und selbstkritische Auseinandersetzung mit der Geschichte ist eine glaubwürdige und überzeugende Identität nicht zu schaffen. Nur so kann die Wiederholung von Fehlentwicklungen und Desastern vermieden werden.

Die auch in diesem Buch nachzulesenden Ungeheuerlichkeiten gehen an die Grenzen menschlicher Vorstellungskraft. Die zwangsläufige, zumindest partielle Identifikation mit den Opfern, läßt aber auch eine spürbare Abwehr dagegen aufkommen, Informationen über das Grauen im NS-Staat zur Kenntnis zu nehmen. Der Hannoveraner Psychologe Peter Brückner hat in seiner Autobiographie „Das Abseits als sicherer Ort" anschaulich die Psychologie dieser Abwehr erfaßt und schreibt:
„Man erschrak, aber verstummte, wurde unwillig, vergaß. Ich wollte wissen, und das ‚Vergessen' erschien uns unwürdig, und doch erinnere ich mich, daß ich gelegentlich den Impuls verspürte, mich zuzuschließen, wie ein indischer Affe, nichts zu sehen und nichts zu hören. Warum … Ich wollte ja leben und nicht nur überleben. D. h. aber, ich wollte auch lachen, mich verlieben, mit Genuß meinen Tee trinken und Gedichte schreiben. Wie soll man das Leben nicht lieben? Und wie konnte man das nur zu genau wissen, was im Machtbereich des NS-Staates geschah."

Der Versuch, damals Wissen und heute Erinnerung zu verweigern und Trauer zu verleugnen, kann, wie wir als Psychiater und Psychotherapeuten wissen, nicht erfolgreich sein. Auf diese Weise werden gesellschaftlich kulturelle ebenso wie seelische Wunden konserviert. Erinnern ist notwendig, aber die Motive des Erinnerns müssen geklärt werden. Aktives Vergessen – wenn ich etwa einem Mitmenschen sage: „Ich habe Dich vergessen" –, stellt eine aggressive Verletzung dar. Bindungen, Beziehungen und Loyalität werden abgebrochen. Ich verletze ein existenzielles Recht des anderen und versage ihm meinen Respekt.

Das ist der besonders erschütternde Aspekt im Verhalten gegenüber den Opfern der Bremer Psychiatriegeschichte: Niemand wußte von ihrem Verbleib, niemand nannte mehr ihre Namen. Die Angehörigen wußten nur z. T., was aus ihren Nächsten geworden ist. Andere gaben das Nachforschen bald auf. Berührungsängste und Desinteresse drohten, die Erinnerung an die Existenz der Opfer zu löschen. Die Begegnung mit Familien, die oft nur zögernd und unsicher von dem Verlust eines nahen Angehörigen berichteten, offenbart die zerstörerische Dynamik, die diese Ereignisse, zumindest für manche Familie – auch als gutgehütete Geheimnisse – bedeuteten. Erinnern meint nicht nur eine Gedächtnisleistung wie z. B. an ein Gedicht, das man in der Schule gelernt hat, sondern das Eintreten in einen Dialog, den Versuch des Nachvollziehens von Gefühlen, von Freude und Erschütterung, eben die Wahrnehmung des Gesichtes des Anderen. Es gilt, die kleine Chance zu nutzen, die Opfer als Gekränkte und Gequälte wenigstens in der Erinnerung als menschliche Existenz zu respektieren. Nicht um eine unmögliche Wiedergutmachung einzuklagen, sondern damit endgültig die Wahrheit anerkannt wird.

Ritualisiertes Erinnern, wie es an Jahrestagen gepflegt wird,verkommt allzuleicht, zu schablonenhafter Selbstdarstellung. Erinnern im hier gemeinten Sinne erfordert einen lebendigen Austausch, den Erhalt von Auseinandersetzung. Dazu gehört auch die Verbindung des Erinnerten mit der Gegenwart. Der Blick auf die Vergangenheit und die Täter der NS-Zeit sollte uns nicht zu kurzschlüssigen Schuldzuweisungen verleiten. Viele von ihnen waren keine Dämonen und keine totenkopfverzierten Monster, sondern eher angepaßte Machbarkeitsfanatiker, z.T. sogar „therapeutische Idealisten", die meinten, im Dienst einer „höheren Sache", „die Volksgemeinschaft von unbrauchbaren Gliedern" zu befreien. Vor allem kommt es darauf an, jenen Punkt zu erkennen, an dem, wie oft in der Geschichte der Psychiatrie, humanes Wollen in grobe Inhumanität umschlägt. Wir tun gut daran, unsere eigenen handlungsleitenden Strategien auf den verschiedensten Ebenen zu prüfen. Machbarkeitsfanatiker und revolutionäre Aktionisten können aus unserer Geschichte lernen, wie schnell human scheinende Lösungen zu „Endlösungen" werden. Eine Diskussion um die Ethik unseres Faches und der medizinischen Wissenschaft und Praxis überhaupt ist ohne den Rekurs auf die auch hier nachzulesenden Ereignisse heutzutage nicht mehr möglich.

Die vorliegende Arbeit wäre ohne vielfältige Unterstützung nicht möglich gewesen. Die senatorische Behörde für Gesundheit und Soziales hat dem Vorhaben durch finanzielle Förderung wesentlich vorangeholfen. In der Endphase sind private Unterstützer, sowie die Bremer Werkgemeinschaft und die Bremer Sektion der Deutschen Gesellschaft für Soziale Psychiatrie eingesprungen, um das Vorhaben zu einem guten Ende zu bringen. Besonders hervorzuheben ist das Engagement der Direktion des Zentralkrankenhauses Bremen-Ost und hier insbesondere von Herrn Verwaltungsdirektor Karl-Heinz Eßmann, ohne den die Arbeit nicht in der vorliegenden Form zu einem Abschluß hätte kommen können.

Helmut Haselbeck

Vorwort

Bei der Eröffnung des St. Jürgen-Asyls vor den Toren der Stadt Bremen im Jahre 1904 war man sich einig, eine psychiatrische Anstalt geschaffen zu haben, die den modernsten Ansprüchen der Irrenversorgung genügte. Stolz verkündeten die Autoren einer Festschrift: „So ist für die geistig Ärmsten im bremischen Staate wirklich auf das Beste gesorgt.“[1] Fünfzig Jahre später berichtete eine Bremer Tageszeitung über die Jubiläumsveranstaltung der Institution und zitierte den Vorsitzenden des Ärztlichen Vereins, der im Namen der Ärzte dafür dankte, daß man alle „Kranken stets mit großem Vertrauen hierher schicken“ könne.[2] Doch was ist in der Bremer Anstalt zwischen 1933 und 1945 geschehen, als in ganz Deutschland psychisch kranke und behinderte Menschen ihrer Würde und ihres Lebens beraubt wurden?

Erst 1984 begann die wissenschaftliche Aufarbeitung dieses Abschnitts der Bremer Medizingeschichte. Norbert Schmacke und Hans-Georg Güse befaßten sich mit der Praxis nationalsozialistischer Rassenhygiene am Beispiel Bremens. Eindrücklich schilderten sie die Unnachgiebigkeit und Härte, mit der Ärzte, Psychiater und Juristen gegen vermeintlich Erbkranke vorgegangen sind.[3] 1986 erschien das Buch „Bremen im Dritten Reich“.[4] In einem Kapitel beleuchteten Inge Marßolek und René Ott erstmals die Vorgänge in der Bremer Psychiatrie während des Zweiten Weltkrieges. Sie wiesen nach, daß Bremer PatientInnen in Tötungsanstalten verlegt wurden und widerlegten damit erstmalig die Behauptung, daß die Nervenklinik „ihren Schild rein“ gehalten habe.

Die vorliegende Studie ist das Ergebnis einer mehrjährigen Forschungsarbeit. Bereits 1990 erschien als Begleitmaterial zu einer Ausstellung im Krankenhaus-Museum am Zentralkrankenhaus-Ost die Broschüre „Das St. Jürgen-Asyl in Bremen. Arbeiten und Leben in einer Irrenanstalt 1904-1934.“[5] 1995 konnte die Ausstellung um den Zeitabschnitt des Nationalsozialismus erweitert werden, so daß diese Publikation eine Lücke in der Erforschung der Bremer Psychiatriegeschichte schließt.

Um die historischen Ereignisse in der Bremer Nervenklinik – so der Name der Institution seit 1940 – zu rekonstruieren, wurden neben den archivalischen Quellen, nahezu 800 Krankenakten ausgewertet; zahlreiche Interviews kamen hinzu. Aus ganz unterschiedlichen Perspektiven erzählten ehemalige Angestellte der Klinik und Angehörige von PatientInnen über ihre Erinnerungen. Diese subjektiven Berichte ermöglichten unmittelbare Einblicke in die Binnenstruktur der Anstalt, präzisierten die schriftlichen Dokumente und ergänzten die historischen Fakten.

Ein wesentliches Ziel der Arbeit ist es, ein möglichst detailgetreues Bild der lokalhistorischen Ereignisse, eingebettet in den allgemeinen Entstehungszusammenhang zu vermitteln. So werden zunächst die Veränderungen im Alltag einer typischen deutschen Anstalt nach der Übernahme der Macht durch die Nationalsozialisten im Jahre 1933 beleuchtet. Die Auswirkungen der personalpolitischen Umstrukturierungen werden ebenso dargestellt wie die politisch bedingten Repressionen im Umgang mit den Kranken.

Einleitend wird nach der Skizzierung ideengeschichtlicher Hintergründe von Sozialdarwinismus und Rassenhygiene die Frage gestellt: „Wie stark waren die

Gedanken der Rassenhygiene in der Ellener Ärzteschaft verwurzelt?“ Hierbei zeigt sich, wie wichtig es ist, über die Zeitgrenzen zu blicken. Denn Kontinuitätslinien reichen sowohl in die Zeit der Weimarer Republik zurück als auch über den Mai 1945 hinaus. Im dritten Kapitel geht es um die folgenschweren Auswirkungen der Allianz zwischen Rassenhygiene und Nationalsozialismus, die ihren ersten Höhepunkt in der Verabschiedung des Gesetzes zur Verhütung erbkranken Nachwuchses hatte.

Es ist meines Erachtens kaum möglich, die historischen Ereignisse, die so sehr von menschlichem Leid gekennzeichnet sind, darzustellen, ohne die subjektive Erfahrungswelt der betroffenen Kranken und der ihrer Familien miteinzubeziehen. Daher zieht sich die Darstellung von Einzelschicksalen wie ein roter Faden durch das Buch. In der Regel mußte auf Krankenblatteintragungen zurückgegriffen werden, die – wenn vorhanden – durch persönliche Aufzeichnungen und durch Berichte von Angehörigen ergänzt wurden.

Auch wenn mittlerweile zahlreiche AutorInnen die staatlich organisierte Krankenmordaktion der Nationalsozialisten ausführlich beschrieben und analysiert haben, werden die verschiedenen Etappen der Menschenvernichtung im vierten Kapitel dargestellt. So kann immer wieder der Bogen von den gesamtpolitischen Ereignissen zur regionalen Entwicklung in der Hansestadt gespannt werden. Der Frage, ob es in Bremen tatsächlich eine „Kinderfachabteilung“ gab, wird dabei ebenso nachgegangen wie der Frage, warum es in der ersten „Euthanasie“-Phase keine direkten Deportationen von Bremer PatientInnen in die Gasmordanstalten der „Aktion T 4“ gab?

Den Bremer Anstaltsleitern ist ein eigenes Kapitel gewidmet. Ihr ärztliches und insbesondere politisches Selbstverständnis hatte maßgeblichen Einfluß auf die institutionelle Entwicklung im Untersuchungszeitraum. Im Vordergrund der ausführlichen biographischen Rezensionen steht die Frage: Welche Bedeutung hatten für Friedrich Karl Walter, Theodor Steinmeyer und Walther Kaldewey die gesundheitspolitischen Visionen und waren sie als wichtige Funktionsträger aktiv an deren Umsetzung beteiligt?

Das sechste Kapitel informiert über die zeitgenössischen psychiatrischen Behandlungsmethoden. Die Dauerbadbehandlung, die Arbeitstherapie, die Familienlandpflege und die Einführung der Krampf- und Schocktherapien werden exemplarisch am Beispiel der Ellener Anstalt dargestellt. In diesem Abschnitt tritt der Paradigmenwechsel im Umgang mit psychisch Kranken besonders eindringlich hervor. Während zu Beginn dieses Jahrhunderts das Wohl des einzelnen Kranken immer mehr in den Mittelpunkt der therapeutischen Bemühungen rückte, war nun das gesamtgesellschaftliche Interesse handlungsleitend.

Das umfangreichste Kapitel ist dem Schicksal der 988 PatientInnen gewidmet, die zwischen 1938 und 1945 die Bremische Anstalt verlassen mußten. Dazu war es notwendig, hunderte von Krankenakten zu sichten; fehlende Daten wurden durch Recherchen in Einwohnermelde- und Standesämtern ergänzt. So konnte der weitere Lebensweg fast aller betroffenen Frauen und Männer ermittelt, erschütternde Einzelschicksale nachvollzogen und Anstaltsrealitäten sichtbar gemacht werden. Denn die Krankenakten enthalten nicht nur wichtige biographische Informationen, sondern geben auch Aufschluß über die Kriterien, die zur Sterilisierung, Deportation und „Euthanasie“ führten. Wertet man die Akteninformationen aus, so erschließt sich Stück für Stück der gewöhnliche Anstaltsalltag in der Bremer Nervenklinik.

Darüber hinaus werden Details über den – oft mörderischen – Umgang mit den PatientInnen in den Verlegungsanstalten sichtbar.

Daß die NS-Psychiatrie ihren tödlich Schatten auch über die Menschen warf, die in der Bremer Anstalt zurückblieben, verdeutlicht das achte Kapitel. Hier werden die fließenden, kaum merklichen Übergänge zwischen dem normalen Anstaltsbetrieb, kriegsbedingten Einschränkungen der Versorgung und bewußtem Töten herausgearbeitet und so die Grauzonen ausgeleuchtet, in denen sich der Krieg gegen die psychisch Kranken auch in Bremen abspielte.

Im letzten Kapitel geht es schließlich um die Reaktionen der verantwortlichen Ärzte und Verwaltungsbeamten, des Pflegepersonals und der Angehörigen auf die Verbrechen der NS-Psychiatrie.

Mein Dank gilt den Mitarbeiterinnen und Mitarbeitern der verschiedenen Archive, die meine Recherchen entgegenkommend unterstützt haben. Herrn Rakelmann vom Landeskrankenhaus Wehnen, Herrn Dr. Lotze vom Niedersächsischen Landeskrankenhaus Lüneburg, den MitarbeiterInnen des Archivs im Zentralkrankenhaus Bremen-Ost und der Gedenkstätte Hadamar, insbesondere Herrn Krimm. Wichtige Informationen bekam ich von Ingo Harms aus Oldenburg, Ernst Klee und verschiedenen Mitgliedern des Arbeitskreises zur Geschichte der Zwangssterilisation und „Euthanasie". Für die sorgfältige und kritische Lektüre des Manuskripts danke ich Herrn Professor Dr. Helmut Haselbeck, Herrn PD Dr. Franz-Werner Kersting und vor allem Herrn PD Dr. Hans-Walter Schmuhl. Mein besonderer Dank gilt Achim Tischer, der den Entstehungsprozesses der Arbeit mit Geduld und sachkundigem Rat begleitet hat.

An der Finanzierung waren im Laufe der Jahre verschiedene Institutionen beteiligt. Zunächst der Senator für Frauen, Gesundheit, Jugend, Soziales und Umweltschutz und die „Forschungs- und Bildungsstätte zur Geschichte der Bremer Arbeiterbewegung e.V.". Letztendlich hat das Engagement der Bremer Geschäftsstelle der DGSP und der Bremer Werkgemeinschaft, insbesondere ihrer Geschäftsführerin Frau Tina Macholdt, die Drucklegung dieser Studie ermöglicht.

Ohne die Offenheit, das Vertrauen und die Bereitwilligkeit, mit der mir viele ZeitzeugInnen über ihre Erinnerungen berichteten, wäre die vorliegende Studie in dieser Form nicht möglich gewesen. Vielen Dank der Familie Kaldewey für die Überlassung der zahlreichen persönlichen Dokumente und Fotografien und Frau Antonie Kaldewey für die Bereitschaft zum Gespräch.

Stellvertretend für die vielen Angehörigen, die mir ihre oft schmerzlichen Erinnerungen mitteilten und nicht genannt werden möchten, bedanke ich mich bei Frau Marie-Luise Büssenschütt und Frau Hanne Lore Preuß. Sie hatten den Mut, über Erinnerungen zu reden, die nie verheilte Wunden wiederaufbrechen ließen. Die gemeinsamen Gespräche über das Schicksal der Mutter, des Onkels, des Bruders oder der Großeltern haben mich tief berührt. Sie haben mir auch in schwierigen Zeiten bewußt gemacht, wie wichtig und notwendig es ist, sich den Tatsachen zu stellen. Ihnen allen danke ich.

Ellener Schwestern, um 1940. Oben: Teilansicht des Anstaltsgeländes, um 1910

Alltag in der Bremer Nervenklinik

1904 nahm die Bremer Irrenanstalt in der dörflichen Abgeschiedenheit Ellens, im heutigen Stadtteil Osterholz, ihre Arbeit auf. Einem Mikrokosmos gleich, stellte das St. Jürgen-Asyl eine Welt für sich dar.[1] Mit den Anstaltskonzepten wechselten die offiziellen Bezeichnungen des „St. Jürgen-Asyls“, das auch als „Bremische Heil- und Pflegeanstalt“ (1928) und „Bremer Nervenklinik“ (1940) in die Geschichte eingegangen ist. Seit 1977 heißt es schlicht „Zentralkrankenhaus Bremen-Ost“. Anstaltsgründer Professor Anton Delbrück charakterisierte 1927 die Irrenanstalt als eine kleine, von der Umgebung abgeschlossene Gemeinde, „in der die Mitglieder mehr als anderwärts nach ihrer besonderen Eigenart gewertet werden wollen, wie man andererseits auch von jedem Einzelnen mehr Rücksicht und besondere Leistungen fordert.“[2] Fast drei Jahrzehnte später konstatierte Professor Heinrich Schulte, der nach Kriegsende die Direktion der Bremer Nervenklinik übernommen hatte, zwar das „allmähliche Schwinden … [dieses] quasi-familiären Gemeinschaftscharakters des Lebens und Wirkens in ‚Ellen‘“, wies aber zugleich auf bedeutende Kontinuitäten hin, wie z.B. auf die Förderung Gemeinschaftlichkeit schaffender Atmosphäre. „Es hat sich da bei uns durchaus bewährt“, so Schulte, „daß nicht nur sämtliche Schwestern, sondern auch ein großer Teil der Ärzte und Pfleger innerhalb der Anstalt wohnen, daß im Anschluß an Veranstaltungen für Patienten (Tanzereien, Kino, Theater usw.) oder auch gesondert die Familien der Angestellten miteinander feiern.“[3]

Jahr	PatientInnen	Pfleger	Schwestern	Pflegepersonal gesamt	Ärzte	PatientInnen in Familienpflege
1905	446	46	46	92	5	96
1910	553	68	53	121	5	155
1913	633	71	62	133	7	152
1918	477	–	–	–	4	170
1922	457	–	–	–	5	145
1924	576	–	–	104	5	–
1929	688	77	61	138	6	206
1937	882	84	66	150	5	–
1940	859	49	63	112	5	207
1942	725	30	63	93	4	–
1943	131	23	54	77	4	–

Die Ellener „Anstaltsbevölkerung“ zwischen 1905 und 1943. Daneben die PatientInnen, die in Familienpflege untergebracht waren.[4]

Bis weit in die fünfziger Jahre hinein wohnten – per Dienstverpflichtung neben dem Gros der Kranken, die Ärztefamilien, viele Pflegerfamilien und die unverheiratete Schwestern- und Pflegerschaft auf dem Anstaltsgelände: eine Lebens- und Zweckgemeinschaft mit ganz unterschiedlichen Sozialstilen und Alltagsperspektiven. 1910 bestand die Ellener Anstaltsbevölkerung aus 780 Personen: 553 PatientInnen und 191 MitarbeiterInnen nebst 36 Familienangehörigen.[5] Ende 1938 war ihre Zahl auf fast 1 100 gestiegen: 851 PatientInnen, 5 Ärzte, 85 Pfleger, 70 Schwestern und etwa 80 weitere MitarbeiterInnen.

Das Pflegepersonal

Das Pflegepersonal stellte innerhalb dieser kleinen Gemeinde neben den PatientInnen die größte Gruppe dar. Ein Jahr nach der Eröffnung waren 44 Brüder – so die zeitgenössische Bezeichnung der Pfleger – und 44 Schwestern für 446 PatientInnen zuständig. Während dieser Zeit war die Pflegerfrage ein Thema, das an allen deutschen Irrenanstalten zu heftigen Diskussionen führte. Lange Zeit lautete das Dogma: „Das Pflegepersonal soll vor den Kranken nichts voraus haben, es lebt in jeder Beziehung gemeinsam mit ihnen."[6] In der Realität hieß das, den Tag und auch die Nacht gemeinsam mit den PatientInnen verbringen, zusammen essen, schlafen und wachen. Von den sogenannten WärterInnen verlangte man zunächst keinerlei berufliche Qualifikation. Es hieß sogar, daß „für den Beruf des Irrenpflegers etwas Beschränktheit" notwendig sei. Zumeist hatte das Personal keine Ausbildung, setzte sich zum Teil aus gescheiterten Existenzen zusammen und in den Anstalten herrschte eine ungeheure Personalfluktuation. Die Wende zum 20. Jahrhundert stellte für die Krankenpflege einen Zwischenstatus dar. Sie war nun nicht mehr ausschließlich Arbeits- und Lebensgemeinschaft, aber auch noch nicht reine Lohnarbeit.[7]

Die veränderte Einstellung zum „Irresein" und damit auch zum Umgang mit den „Irren" führte zu der Einsicht, daß allein durch eine Aufwertung des Berufsstandes und der Arbeitsbedingungen qualifiziertes, zufriedenes und damit auch zuverlässiges Personal zu gewinnen sei. So kam der erste Direktor der Bremer Irrenanstalt, Anton Delbrück, zu dem Schluß, daß insbesondere der nicht vorhandene Privatbereich eine „ungeheure Härte" für das Personal darstelle. Dementsprechend wurden beim Bau der Anstalt zahlreiche Zimmer für Schwestern und Brüder vorgesehen. Außerdem gab es Wärterfamilienhäuser, in die verheiratete Pfleger mit ihren Familien einzogen. Die Ehe war den Pflegern jedoch nur mit ausdrücklicher Genehmigung des Anstaltsleiters gestattet. Auf diese Regelung wies Delbrücks Nachfolger Friedrich Karl Walter noch 1929 mit Nachdruck hin.[8] Für die Schwestern galt, wie im gesamten Krankenpflegebereich, ein absolutes Heiratsverbot. Eine Schwester hatte mit dem Dienst „verheiratet" zu sein. Sichtbares Zeichen dieser „Ehe" war die Haube.[9]

Trotz der fortschrittlichen Ansätze, die in die Konzeption des St. Jürgen-Asyls einflossen, prägte eine starke Reglementierung die Arbeits- und Lebensbedingungen. So mußte das Pflegepersonal auf dem Anstaltsgelände wohnen, die Hauptmahlzeiten im Casino einnehmen, eine detaillierte Kleiderordnung einhalten und den Anordnungen des Oberpflegepersonals ohne Widerspruch folgen, und das sowohl während der Arbeits- als auch während der Freizeit. Wie im gesamten Krankenpflegebereich war die tägliche Arbeitszeit mit durchschnittlich elf bis vierzehn Stunden

Ellener Schwestern in Arbeitstracht und mit Stechuhr, um 1915

sehr hoch.[10] Einschließlich des Nachtdienstes betrug die Arbeitszeit das Pflegepersonals bei einer Sieben-Tage-Woche fast hundert Stunden wöchentlich. Angesichts des harten Arbeitsalltags, der niedrigen Entlohnung, des geringen Ansehens in der Bevölkerung und der eingeschränkten persönlichen Freiheit verwundert die extrem hohe Personalfluktuation nicht. Zwischen 1904 und 1917 kam es zu Neueinstellungen von 656 Pflegerinnen und 505 Pflegern.[11]

Die Ausbildung der „Irrenpflegepersonen" verlief lange Zeit ohne eine gesetzliche Grundlage. Geleitet von ganz pragmatischen Grundsätzen, bevorzugte man zunächst Pfleger mit einer handwerklichen Qualifikation, da diese auch in den anstaltseigenen Werkstätten und in der Landwirtschaft eingesetzt werden konnten. Nachdem auf den Tagungen des Vereins Deutscher Irrenärzte 1896/97 der regelmäßige Pflegeunterricht[12] gefordert worden war, nahmen die anstaltsinternen Kurse zu. Um 1900 war es schon üblich, neben der Aushändigung einer Dienstanweisung und einer Hausordnung den PflegerInnen einen „methodischen Unterricht in der Krankenpflege und insbesondere in der Pflege der Geisteskranken" zu erteilen. Allerdings blieb eine gesetzliche Regelung aus. Als ein Beschluß des Bundesrats vom 22. März 1906 die „staatliche Prüfung für Krankenpflegepersonen" verordnete, war die Ausbildung der „Irrenpflegepersonen" weiterhin ungeregelt. Grundlage der Unterrichtskurse, die je nach Anstalt stark variierten und von den Ärzten erteilt wurden, bildete der „Leitfaden für Irrenpfleger"[13], ein Lehrbuch, das Friedrich Scholz[14] (von 1868 bis 1896 Direktor der Bremer Krankenanstalt und der angeschlossenen Irrenabteilung) erstellt hatte und das bis in die sechziger Jahre das bestimmende und meistgelesene Fachbuch für die Ausbildung des Pflegepersonals an den psychiatrischen Kliniken blieb.[15]

Eine staatlich anerkannte Prüfung, das große Krankenpflegeexamen, machten die Ellener PflegerInnen erst ab 1921. Die nationalsozialistische Regierung führte in der Freien Hansestadt Bremen erstmals eine „Verordnung über die Ausbildung und Prü-

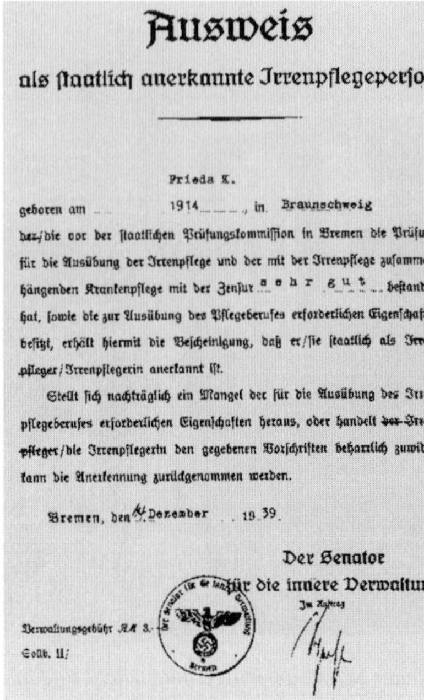

Ausweis

als staatlich anerkannte Irrenpflegeperson

Frieda K.

geboren am 1914, in Braunschweig

der/die vor der staatlichen Prüfungskommission in Bremen die Prüfung für die Ausübung der Irrenpflege und der mit der Irrenpflege zusammenhängenden Krankenpflege mit der Zensur sehr gut bestanden hat, sowie die zur Ausübung des Pflegeberufes erforderlichen Eigenschaften besitzt, erhält hiermit die Bescheinigung, daß er/sie staatlich als Irrenpfleger/Irrenpflegerin anerkannt ist.

Stellt sich nachträglich ein Mangel der für die Ausübung des Irrenpflegeberufes erforderlichen Eigenschaften heraus, oder handelt der Irrenpfleger/die Irrenpflegerin den gegebenen Vorschriften beharrlich zuwider, kann die Anerkennung zurückgenommen werden.

Bremen, den 14. Dezember 1939.

Der Senator
für die innere Verwaltung
Im Auftrag

Pflegerausbildung in der Bremer Psychiatrie, um 1925 (links), Zeugnis aus dem Jahre 1939

fung von Irrenpflegepersonen" ein, die mit Wirkung vom 1. Oktober 1936 in Kraft trat. Nach einjähriger Tätigkeit im Pflegedienst folgte ein zweijähriger theoretischer Lehrgang, der mit einer staatlichen Prüfung abschloß.

Doch nicht nur für die Anstaltsleiter war die Personalsituation durch das schlecht ausgebildete und unzuverlässige Personal unbefriedigend. Schon früh organisierten sich Pfleger und Schwestern der Bremer Irrenanstalt gewerkschaftlich im „Verband der Gemeinde- und Staatsarbeiter", später in der SPD und Gruppen wie dem „Reichsbanner Schwarz-Rot-Gold", einem republikanischen Schutzbund. Zunächst unter dem Namen „Verein der Pfleger- und Pflegerinnen des St. Jürgen-Asyls" später unter der Bezeichnung „Beamtenausschuß", setzte sich eine Personalvertretung für die Belange der MitarbeiterInnen ein.

Richard Zickmann sprach für die gesamten Pfleger des St. Jürgen-Asyls Ellen, als er selbstbewußt konstatierte: „In Anbetracht seines Kulturwertes nimmt der Irrenpfleger doch nicht die geachtete soziale Stellung ein, die ihm gebührt. Das liegt zum größten Teil daran, weil der Beruf des Irrenpflegers mehr als Durchgangsberuf, denn als Lebensberuf aufgefaßt wird. Diese Auffassung wird wieder genährt durch die allgemein unsicheren Verhältnisse des Pflegepersonals … Zu einer … Hebung der sozialen Stellung der Irrenpfleger geht der Wunsch nach Einführung einer Prüfung. Dadurch würde vermieden, daß der Irrenpflegerberuf nur als Zuflucht in der Not benutzt wird, er sich im Gegenteil in einen Lebensberuf umwandelte, innerhalb dessen die Irrenpfleger mit Berufsfreudigkeit ihre segensreiche Aufgabe, den Kranken ein Tröster und Pfleger zu sein, erfüllen können."[16] In diesem Schreiben, das der Ellener Pfleger 1910 an den „Hohen Senat der Freien Hansestadt Bremen" richtete, treten die Sorgen, Nöte aber auch Forderungen eines Berufsstandes hervor, über dessen Mitglieder ein Psychiater bemerkt hatte: „Die Persönlichkeit des Wärters ist im

Dienste einer Anstalt ein Mittel zu einem bestimmten Zweck, dem der Pflege der Kranken ... [I]ch muß in der Lage sein, mein Werkzeug, wenn es mir nicht mehr genügend Dienste leistet, weglegen zu können."[17]

Die „Gleichschaltung"

Als am 7. April 1933 das „Gesetz zur Wiederherstellung des Berufsbeamtentums" in Kraft trat und der Bremer Senat am 16. Juni desselben Jahres beschloß, allen ehemaligen „Reichsbannerleuten" zu kündigen[18], ging eine Entlassungswelle durch die Bremische Heil- und Pflegeanstalt. Treibende Kraft der politischen Säuberungsaktion war der Präsident des Gesundheitswesens, Hermann Brauneck. Schon seit geraumer Zeit, teilte er seinem Vorgesetzten mit, habe er auf die Zustände in der Bremischen Heil- und Pflegeanstalt in Ellen aufmerksam gemacht. Das Pflegepersonal, besonders die Pfleger, seien größtenteils „fanatische Marxisten". Die Anstalt sei eine regelrechte „Hochburg für den Marxismus", das Reichsbanner beherrsche die Situation. Wegen der großen Arbeiterbevölkerung seien die Verhältnisse in Bremen besonders günstig, und gerade von Ellen gäbe es diverse Verbindungen zu den marxistischen Organisationen.[19]

Mit dem Ziel, die „rote Hochburg Ellen" zu stürzen, griff die nationalsozialistische Regierung zu weitreichenden personellen Umstrukturierungen.[20] Ab Juli 1933 wurden insgesamt 28 Pfleger (das waren ca. 35 % des männlichen Pflegepersonals), drei Pflegerinnen, der Maschinenmeister, der Verwaltungsleiter, ein Oberarzt und der Direktor entlassen oder in den vorzeitigen Ruhestand geschickt.[21] Begründet waren die Entlassungen und Zwangspensionierungen mit der Mitgliedschaft in der SPD, im Reichsbanner oder mit politischer Unzuverlässigkeit, da die MitarbeiterInnen „sich nicht jederzeit rückhaltlos für den nationalen Staat" einsetzten. An die Stelle der Oberin sollte eine „überzeugte Nationalsozialistin treten, die vor allem sich auch darüber klar ist, daß im neuen Staate das Gesunde vorwärts gebracht werden muß, während man sich mit der Pflege des nun einmal vorhandenen Krankhaften abfinden muß."[22]

Im Rückblick urteilte ein ehemaliger Oberarzt: „Es ist nicht möglich, sich die Erregung, die damals in unserer unterdrückten Gemeinschaft herrschte, heute noch ganz zu vergegenwärtigen; sie war ungeheuer."[23] Die Angst vor Denunziation und Entlassung prägte das Klima innerhalb des Personals. So empfahl im April 1933 ein anonymer Schreiber der Bremer Polizei, einen Pfleger umgehend zu beurlauben und ihn in ein Konzentrationslager zu stecken, da er gegen die Nationalsozialisten Stimmung mache. „Denunziantentum war eine völlig normale Erscheinung in Ellen"[24], erinnert sich der Sohn eines ehemaligen Pflegers. Welche Konsequenzen die Entlassungswelle für die Betroffenen hatte, läßt sich erahnen, wenn man berücksichtigt, daß insbesondere das langjährige und erfahrene Pflegepersonal betroffen war, wie das Beispiel des Pflegers Georg K. zeigt. Am 1. Mai 1914 hatte der damals 23jährige Knecht seinen Dienst im Bremer St. Jürgen-Asyl angetreten.[35] „Bruder" K. bestand im Dezember 1920 die Prüfung als „staatlich anerkannte Krankenpflegeperson" und erhielt drei Jahre später den begehrten Beamtenstatus. Seit 1919 war er Mitglied der

Entlassungsdatum	Name/Stellung (*BA=Beamtenausschuß)	Diensteintritt
18. 7. 1933	Heinrich P., Stationspfleger, Vorsitzender d. BA*	1906
28. 7. 1933	Heinrich, H. Stationspfleger, BA	1907
15. 8. 1933	Heinrich W., Maschinenmeister	unbekannt
15. 8. 1933	Hinrich L., Stationspfleger, BA	1904
15. 8. 1933	Wilhelm Sch., Stationspfleger, BA	1910
15. 8. 1933	Carl M., Stationspfleger,BA	1900
15. 8. 1933	Friedrich D., Pfleger, BA	1913
15. 8. 1933	Friedrich O., Pfleger, BA	1914
15. 8. 1933	Wilhelm Ö., Pfleger, BA	1914
15. 8. 1933	Gustav Sch., Pfleger, BA	1914
18. 8. 1933	Bernhard H., Pfleger	1915
18. 8. 1933	Adalbert B., Pfleger	1927
18. 8. 1933	Valentin U., Pfleger	1926
18. 8. 1933	Otto H., Pfleger	1926
18. 8. 1933	Richard L., Pfleger	1925
18. 8. 1933	Fritz R., Pfleger	1925
18. 8. 1933	Bernhard L., Pfleger	1924
22. 8. 1933	Hermann S., Pfleger	1923
22. 8. 1933	Friedrich M., Pfleger	1919
22. 8. 1933	Fritz J., Pfleger	1929
22. 8. 1933	Ernst W., Pfleger, BA	1913
29. 8. 1933	Wilhelm R., Pfleger	1924
29. 8. 1933	Julius O., Pfleger	1926
29. 8. 1933	Heinrich B., Stationspfleger, BA	1908
29. 8. 1933	Friedrich K., Pfleger, BA	1913
29. 8. 1933	Robert W., Pfleger, BA	1910
29. 8. 1933	Barbara Z., Stationspflegerin, BA	1908
29. 8. 1933	Friederike H., Stationspflegerin, BA	1908
29. 8. 1933	Martha U., Stationspflegerin, BA	1906
5. 9. 1933	August L., Stationspfleger, BA	1904
5. 9. 1933	Johann S., Pfleger, BA	1915
5. 9. 1933	Georg K., Pfleger, BA	1914
28. 10. 1933	Otto Rehm, Oberarzt	1911
8. 2. 1934	Frieda Tonndorf, Oberin	1905
8. 2. 1934	Friedrich-Karl Walter, Anstaltsdirektor	1927
8. 2. 1934	Johann L., Verwaltungsamtmann	1919

Chronologie der Entlassungen

SPD und später des „Reichsbanners“, dem er bis zum Verbot angehörte.[26] Am 28. September 1933 entließ man ihn wegen „politischer Unzuverlässigkeit „nach fast zwanzigjähriger Tätigkeit aus der Ellener Anstalt und damit aus dem Staatsdienst. Er und mit ihm die anderen Pfleger – die meisten wohnten in Pflegerhäusern rund um das Klinikgelände – versuchten, sich selbständig zu machen. Es entstand

Georg K. vor seinem „Pflegerhaus“ in der Poggenburg, um 1927

u.a. ein fahrbares Gewerbe für Kekse und Kaffee, eine Heißmangel, eine Hühnerzucht und ein Lebensmittelgeschäft. Georg K. verdiente den Lebensunterhalt für seine fünfköpfige Familie durch den „Hausierhandel mit Backwaren, Tee und Kuchen“. Das Angebot, im Mai 1945 wieder in seinen alten Beruf zurückzukehren, lehnte er ab.

Der größte Teil der Führungspositionen war vorübergehend vakant, und obwohl sich Brauneck persönlich, unterstützt von der Personalstelle der SA der NSDAP, bemühte, linientreuen Ersatz zu beschaffen, dürften die direkten Auswirkungen gerade auch für die PatientInnen beträchtlich gewesen sein. Die Folgen versuchte der Kommissar für das Gesundheitswesen abzumildern, als er am 15. August 1933 zu bedenken gab, die „Ablösung der großen Zahl des politisch unzuverlässigen Personals der Heil- und Pflegeanstalt Ellen“ solle in bestimmten Etappen durchgeführt werden, um „die Aufrechterhaltung eines geordneten Dienstbetriebes nicht zu gefährden“.[27] An die Zeit nach der Entlassungswelle erinnert sich einer der Neueingestellten noch heute: „Ich bin nach dem großen Rausschmiß eingestellt worden. Da war Arbeit pausenlos. Denn das ging ja nicht so schnell vonstatten. Rausschmeißen war einfach.“[28]

Die Repression der NS-Regierung machte an den Anstaltsgrenzen nicht halt; denn neben der bäuerlichen Bevölkerung in Osterholz waren es vor allem die Pflegerfamilien in den Siedlungen rund um das Anstaltsgelände, die dem ländlichen Stadtteil sein Profil gaben. Und so wirkte sich die große Säuberungsaktion in der Anstalt direkt auf die hier lebenden Familien aus. Zeitgleich gab es auch im Stadtteil Razzien auf Oppositionelle. Eine Anwohnerin erinnert sich: „Da kam doch die SA mit ihren Lastwagen. Die SA-Leute sprangen runter und rein in die Häuser. Das kam wie so ein Gewitterschauer über uns, alle mit brauner Uniform und Hakenkreuzbinden am Arm. Da wurde das Haus dann von oben bis unten durchsucht und durchwühlt. Die suchten nach Unterlagen. Osterholz war bekannt, das war ein rotes Pflaster, wie man so sagt. Und dann haben sie sich die Leute rausgesucht, die politisch arbeiteten, suchten nach Parteibüchern oder vielleicht auch nach Plakaten oder was weiß ich. Ich weiß noch, wie meine Verwandten darüber gesprochen haben, das war ja ein ziemlicher Schock, die verloren ja alle ihre Arbeit damals [als Pfleger in der Anstalt, G.E.]. Die waren alle Sozialdemokraten hier, eigentlich so Haus bei Haus. Nachdem die Nazis dran waren, haben die sich nur noch heimlich getroffen. Untereinander hatten die [Sozialdemokraten und Nationalsozialisten, G.E.] keinen Kontakt, nur was unbedingt sein mußte. Aber aufgemuckt hat auch keiner, das hat sich keiner gewagt, dafür waren die Nazis doch viel zu doll im Sattel, denen mochte doch keiner was sagen. Es hieß doch immer, dann gehste ab zum KZ. Da haben sie lieber alle geschwiegen. In meiner Erinnerung ist das nach den Entlassungen in der Öffentlichkeit ruhig geblieben, innerlich waren sie natürlich alle aufgebracht, aber es wagte sich auch keiner recht. Die waren ja alle noch jünger, hatten noch schulpflichtige Kinder, wer wagte da schon gegen so einen Block aufzubegehren. Da kam man ja doch nicht gegen an."[29] Auch der Sohn eines ehemaligen Pflegers erinnert sich, daß es „Widerstand in Ellen gegen die willkürliche Entlassungswelle so gut wie nicht gab. Jeder, der nicht entlassen wurde, versuchte doch, seine eigene Haut zu retten, obschon durch stilles Kopfschütteln der Mißmut gegen die Nazis Bekannten gezeigt wurde."[30] Für die neu eingestellten linientreuen Pflegerfamilien war man bestrebt gute Arbeitsbedingungen zu schaffen, und erbaute in den Jahren 1938-40 die Straßensiedlung am Oewerweg mit dreißig Einzelhäusern, damals auch SA-Siedlung genannt.

Das Verbot der freiberuflichen Krankenpflege[31] durch die nationalsozialistische Regierung von Anfang 1933 hatte weitere Auswirkungen auf die Personalstruktur der Bremischen Heil- und Pflegeanstalt. Nach Auflösung der klinikeigenen Schwesternschaft, unterstellte man die Pflegerinnen einer Zweigorganisation des Roten Kreuzes: dem Elisabethaus des vaterländischen Frauenvereins. „Die leitenden Damen", so ein ehemaliger Oberarzt, „gaben sich hochpolitisch, unduldsam und unschwesterlich, teilten unserer versammelten Schwesternschaft mit, sie würden ihr erst einmal ‚Nationalsozialismus beibringen' und forderten unter Androhung von ‚Konsequenzen' alle nicht beamteten Schwestern auf, dem neuen Orden beizutreten."[32] Bereits im Mai 1937 wurde der Vertrag mit dem Roten Kreuz aufgelöst. Im Dezember 1941 schrieb der Leiter der Ellener Anstalt, daß er ausnahmslos von allen Schwestern verlangt habe, dem Reichsbund der Freien Schwestern beizutreten.[33]

Alltag in der „Betriebsgemeinschaft"

Die letzte offizielle Eingabe des Beamtenausschusses der Bremischen Heil- und Pflegeanstalt an die Deputation für das Gesundheitswesen datiert vom 25. Februar 1933. Wieder einmal ging es um die langen Arbeitszeiten und um Vorschläge, wie

Dienstjubiläum mit „Führerbild", um 1937

man diesen Mißstand ändern könne. Verbittert schloß der Vorsitzende des Beamten ausschusses: „Von verheirateten Menschen kann doch nicht verlangt werden, daß sie auf Jahre hinaus von morgens 6.30 bis abends 7.30 Uhr im Dienst sind und dann auch noch von 10 bis 6.30 Uhr in der Anstalt schlafen. Das ist kein Familienleben, dieser Zustand ist unerträglich."[34] Fünf Monate später mußte dieser Pfleger als einer der ersten wegen „politischer Unzuverlässigkeit" gehen. Mit der Verabschiedung des „Gesetzes zur Ordnung der nationalen Arbeit" am 20. Januar 1934 wurde die Zerschlagung des Mitbestimmungsrechts gesetzlich fixiert und die Verwaltung nach dem „Führerprinzip" umstrukturiert. In der neuen NS-Sprachregelung war der Direktor nun der Betriebsführer, die Mitarbeiter die Gefolgschaftsmitglieder, alle zusammen bildeten die Betriebsgemeinschaft.[35] Der Betriebsführer allein erließ die Betriebsordnung, er war damit in der Lage, der Gefolgschaft die Arbeitsbedingungen zu diktieren. Die sogenannten „Obmänner" hatten lediglich beratende Funktion und waren dem „Wohle des Betriebes" verpflichtet.[36] In der Bremer Nervenklinik war ein Vertreter der Beamten für die Interessen der verbeamteten MitarbeiterInnen zuständig, während der Betriebsobmann für die Angestellten da war. Er vermittelte darüber hinaus zwischen Gefolgschaft und Betriebsführer. Die Zusammenarbeit von Betriebsleiter und -obmann war geprägt von Kompetenzstreitigkeiten. Zahlreiche

Dokumente belegen die Bemühungen des Bremer Anstaltsleiters, sowohl die Einmischung des Betriebsobmanns abzuwehren, als auch die Einflußnahme der „Deutschen Arbeitsfront" (DAF) möglichst gering zu halten. So lehnte er sich gegen die Forderung der DAF auf, die Weihnachtsfeiern und jeden Betriebsappell anzumelden, denn, und daran ließ er keinen Zweifel, „der Betriebsführer ist nun mal der erste Mann im Betrieb, und ich persönlich bin keineswegs gewillt, mir dieses schöne Amt aus der Hand nehmen zu lassen."[37]

Der Alltag unterm Hakenkreuz erfaßte auch in der Bremer Nervenklinik alle Bereiche des täglichen Lebens. Die Pflege des Führerkults in Wort und Bild – in den meisten Räumen der Anstalt hing ein Foto Adolf Hitlers – gehörte genauso zum Alltagsgesicht der Nervenklinik wie die allgegenwärtige Präsenz nationalsozialistischer Symbolik. Anlässe boten nicht nur die traditionellen Feiern und Jubiläen, sondern auch nazistische Rituale wie Betriebsappelle, das Feiern des Führergeburtstags oder des Tags der Arbeit. Das Fest zur Wintersonnenwende, das die Weihnachtsfeier ersetzen sollte, geriet zu einem Ereignis, „wie es so recht der Seele unseres deutschen Volkes entspricht".38 „Ich weiß, daß einige in SA-Uniform herumliefen, ein Oberarzt und dann Herr B., der den Gutshof unter sich hatte", erinnert sich eine Zeitzeugin. „Und aus dem freundlichen ‚Guten Tag' und ‚Guten Morgen' wurde ‚Heil Hitler,. Die Weihnachtsfeier veränderte sich auch. Zu Professor Walters Zeiten wurde ein klassisches Gemälde zur Weihnachtsthematik als lebendes Bild dargestellt, einmal war es die Sixtinische Madonna und ein anderes Mal die Krippe. Der Vorhang wurde dann so fünf, sechs, sieben Mal für die Patienten auf- und zugezogen, und es gab einen Musikhintergrund. Und in der braunen Zeit wurden das dann eben Wichtelmännchen und Waldgeistchen und Wintergeschichtchen, der christliche Inhalt, der war nicht mehr da, das fiel uns auf."[39]

Ortsgruppe Osterholz: Geschäftsstelle Bremische Heil- u. Pflegeanstalt, Osterholzer Landstr. 51, Gutshof (Ruf Oberneuland 3 92 18, 3 94 19 und 3 94 20). Geschäftszeit Montags und Donnerstags 18 bis 20 Uhr. Hoheitsträger: Ortsgruppenleiter Gerhard Buda. Sprechstunde Montags und Donnerstags 18 bis 20 Uhr in der Geschäftsstelle.

Anzeige in den Bremer Nachrichten, 6. Mai 1935

Schnell und nachdrücklich vollzog sich der politische Wandel vor Ort, nicht zuletzt durch die massive personelle Präsenz von Funktionsträgern der NSDAP. Bereits im Dezember 1933 hatte Brauneck den arbeitslosen Parteigenossen Gerhard B. aufgefordert, als Pfleger in die Heil- und Pflegeanstalt einzutreten. Nach kurzer Einarbeitungszeit übernahm er die Stelle des landwirtschaftlichen Verwalters und zog mit seiner Familie in das Gutshaus, wo er am 1. Mai 1934 „auf Anordnung der Kreisleitung Bremen"[40] die Ortsgruppe Osterholz gründete, deren Büro sich in der Wohnung des Verwalters auf dem Anstaltsgelände befand. Doch wegen der Verquickung von landwirtschaftlicher und politischer Tätigkeit gab es in diesem Fall Probleme. Im April 1936 bemerkte ein Gutachter: „Es ist meines Erachtens nach zuviel für eine Person, neben der Betätigung als Verwalter auch noch Ortsgruppenleiter zu sein."[41] Im Senatsprotokoll wurde daraufhin festgehalten, daß dem Osterholzer Ortsgruppenleiter möglichst ein Stellvertreter zur Seite gegeben werden solle. „Ich fand hier nicht die besten politischen Verhältnisse vor", resümierte der landwirtschaftliche Verwalter, als er im Oktober 1940 offensichtlich wegen seiner fehlenden fachlichen Qualifikation entlassen wurde, „und da ich nicht die Absicht hatte, diese Zustände auch weiterhin zu dulden, habe ich im Interesse der Partei verschiedentlich scharf durchgegriffen."[42] Neben dem Ortsgruppenleiter war auch der Block- und spätere Schulungsleiter der Ortsgruppe Osterholz in der Ellener Anstalt tätig. Der gelernte Schuhmacher hatte bereits 1919 seine Tätigkeit als Irrenpfleger aufgenommen.[43]

„Unsere politischen Führer, die waren alle … als Pfleger angestellt."

Über die Zeit des Umbruchs und die Veränderungen im Alltag nach der politischen Wende, berichtet einer der neueingestellten Pfleger: „Als 1933 der Umsturz war, sind doch die alten Pfleger entlassen worden, und dafür sind wir nachgekommen, S., B., H. und meine Wenigkeit. Wir waren damals vielleicht so dreißig Mann, die dadurch hierher gekommen sind. Ich war ja schon vier bis fünf Wochen in der St. Jürgen-Straße [Städtisches Krankenhaus, G.E.], aber das waren ja ganz andere Patienten. Etwas Ahnung hatte ich schon davon, Bettenmachen, Füttern und so weiter. Aber das Patientengut war ja ganz anders als dort, ganz anders. Aber ich muß sagen, es hat mir gleich Spaß gemacht von Anfang an. Und vor allem die alten Pfleger, die haben uns sehr gut eingeführt, wir sind gut aufgenommen worden. Der Nationalsozialismus hat die Klinik sehr stark geprägt, das war eine Hochburg der Nazis, denn alle, die dann neu eingestellt wurden, die jungen Pfleger, das waren ja alle oder großenteils welche, die in der Partei oder Hitlerjugend gewesen waren. Und dann war natürlich jede Woche einmal SA-Dienst. Da mußten wir exerzieren, Schießübungen machen, Nachtübungen machen, Geländeübungen; aber auch Vorträge, politische Vorträge anhören. Exerziert haben wir meistens auf dem Gutshof [auf dem Klinikgelände, G.E.] und manchmal auch auf dem Sportplatz in der Schule am Oewerweg. Unsere politischen Führer, die waren alle in der Klinik als Pfleger angestellt."[44] Herr H. erinnert sich vor allem an seine Erleichterung, als er in der Zeit der großen Arbeitslosigkeit einen Arbeitsplatz beim „Staat" bekam: „Wir Pfleger, die unter dem Motto NSDAP angefangen haben, wir mußten im Dienst oftmals fix und fertig mit der Uniform rumlaufen, weil wir jederzeit eingezogen wurden zum Einsatz der SA oder dergleichen. Vor dem Zweiten Weltkrieg bzw. vor 1933 war das St. Jürgen-Asyl Ellen oder die damalige Heil- und Pflegeanstalt eine sozialdemokratische Hochburg. Wer da tätig war von den älteren Pflegern, der war auch in der SPD, und wie der Umbruch kam über Nacht, da waren sie alle SA-Leute, und wer heute urteilt über diese Zeit, der hat sie nicht miterlebt. Wer heute darüber verächtlich urteilt, der hat die Zeiten nicht erlebt."[45]

Betriebsobmann und Betriebsführer versuchten sich insbesondere bei der Vermittlung nationalsozialistischer Inhalte und Ziele zu überbieten. So bemängelte der Betriebsobmann das fehlende „politische und weltanschauliche Rüstzeug" des Personals und machte den Vorschlag, an Ort und Stelle eine „betriebsgebundene Schulung“ durchzuführen. „Da wir in der glücklichen Lage sind, den Ortsobmann der DAF in unserer Mitte zu haben, können wir für eine solche Schulung jederzeit die besten Redner herausbekommen.“[46] Gerade für die heimkehrenden Kameraden an der Front sei es wichtig, einen nationalsozialistischen Betrieb wiederzufinden, damit nach dem Sieg der innere Aufbau sofort beginnen könne. Er schloß mit einem Appell an den Direktor: „Es muß unser Bestreben sein, unsere Gefolgschaft zu einer nationalsozialistischen zu machen. Alle müssen voller Achtung auf das Personal der Nervenklinik schauen, und es muß eine Ehre sein, Gefolgschaftsmitglied … zu sein.“[47]

In den zahlreichen Briefen, die der Direktor an die „Kameraden an der Front“ schickte, versuchte er immer wieder, die Brücke zwischen Betriebs- und „Volksgemeinschaft“ zu schlagen, durch rassistische Äußerungen die Wehrkraft zu stärken und den Glauben an den „Endsieg“ zu fördern. Ein Beispiel: „Eine Betriebskameradschaft, überhaupt das Zusammenstehen der Volksgenossen, ist etwas, das es nur beim deutschen Menschen geben kann. Einer der Kameraden hat in einem seiner Briefe von der ungeheuren Gemütsrohheit des russischen Menschen geschrieben. Wenn der Mann gefallen oder von den Russen verschleppt worden ist, so lacht die russische Frau noch obendrein; es geht ihr offenbar nicht nahe, was da alles an Furchtbarem passiert. Und hier erinnert man sich wieder einmal daran, wofür eigentlich unsere Kameraden in dem bitteren Kampf draußen stehen: nämlich neben vielem anderen auch dafür, daß diese Gemütsrohheit nicht in unser Vaterland Einzug hält, und diesen Einzug würde sie sicher halten, wenn der Bolschewismus zunächst uns und dann auch Europa überflutet hätte. Dann wäre es eben aus mit all dem, was Deutsch ist. Dann würden wir Sklaven unter Sklaven sein … mit all den Auswirkungen auf unser Gemütsleben, wie wir es beim russischen Menschen immer wieder sehen können … Und Ihr draußen könnt die beruhigende Gewißheit mit Euch nehmen, daß wir hier in der Heimat das feste Vertrauen in den glücklichen Ausgang besitzen. Die wenigen, denen bei jedem Rückschlag in dem großen Geschehen das Herz gleich in die Hose fällt, die sind auch danach; die müßt Ihr, wenn Ihr mal auf Urlaub kommt, so bewerten, wie sie bewertet werden müssen: nämlich als einen Ballast, wie ihn ein Volkskörper nun mal – man kann beinahe sagen leider – mitschleppen muß. Solche Leute wird es manchmal draußen an der Front auch geben. Sie werden mit harten Mitteln eingefügt. Hier in der Heimat geht man an solchen Elementen am besten schweigend vorüber. Nur nicht die Stimmung verderben lassen!“[48]

„Ist in der heutigen Zeit draußen untragbar“

Auch vor den Kranken der Bremer Nervenklinik machte der soziale Anpassungsdruck an die totalitäre „Volksgemeinschaft“ nicht halt. So hatte ein Patient die Aufgabe, handschriftlich Schilder anzufertigen mit dem Wortlaut: Deutsch sei dein Gruß. Heil Hitler! „Die wurden dann an alle Türen gehängt, auch auf die Stationen“,[49] erinnert sich ein Zeitzeuge. Die Verweigerung des „Deutschen Grußes“, das Aufbegehren gegen rassistische Parolen oder die Mißachtung nazistischer Symbole führten zu politisch motivierten Einweisungen bzw. zu Repressionen im Umgang mit den Kranken. Als die 33jährige Charlotte H. 1939 in einem privaten Gespräch äußerte: „Das Verhalten Adolf Hitlers gegenüber den Juden ist verbrecherisch. Die Greueltaten, die den Bolschewisten und Kommunisten in Spanien in die Schuhe geschoben wurden, traue ich viel eher den Nationalsozialisten zu",[50] war das Grund genug, sie wegen „Vergehen nach § 2 des Heimtückegesetzes" zu verhaften. Da sich herausstellte, daß sie vier Jahre zuvor für ein Jahr in der Heil- und Pflegeanstalt Zwiefalten gewesen war, dort hatte man sie zwangssterilisiert, verlegte man sie in die Bremer Heil- und Pflegeanstalt, um ihre Zurechnungsfähigkeit zu überprüfen. Beim Aufnahmegespräch nach ihrer politischen Einstellung gefragt, erklärte Frau H. wiederum, daß sie mit dem „Nationalsozialismus nicht einverstanden sei, sondern direkt entgegengesetzter Meinung ... Speziell mit der Judenfrage könne sie sich nicht einverstanden erklären, sie hätte Mitleid mit den Juden, denn es gäbe überall ‚Rechte und Schlechte'." Der begutachtende Arzt kam zu dem Urteil, daß Frau H. „auch weiterhin ihre die Sicherheit des Staates gefährdende Handlungsweise fortsetzen wird". Da sie wegen ihrer „paranoiden Schizophrenie" jedoch nicht verantwortlich gemacht werden könne, schlug der Psychiater vor, die Frau im Interesse der öffentlichen Sicherheit in einer Heil- und Pflegeanstalt unterzubringen. Die Beschreibung ihres psychischen Zustandes beschränkte sich in den folgenden Monaten auf die Feststellung, daß sie auf Repressionen mit ihrem „bekannten affektlosen, geradezu maskenhaften Lächeln" reagiere. Demgegenüber stehen zahlreiche Notizen über ihre politischen Äußerungen sowie die Beurteilung ihrer Arbeitskraft. Die Krankenblatteinträge dokumentieren eindrücklich die Wertung von politisch abweichendem Verhalten als Diagnosekriterium:

„19.8. Pat. führte nach dem Bericht der Saalschwester verschiedentlich mit 2 anderen Kranken ... politische Gespräche. Dabei macht sie aus ihrer politischen Meinung durchaus kein Hehl. Auf eine Ermahnung von Ref., daß sie solche Gespräche besser unterließe, konnte von der Saalschwester nicht wieder eine diesbezügl. Beobachtung gemacht werden ...

9.9. Pat. schrieb mit Genehmigung einen Brief an ihre Angehörigen, in dem sie sich in einer paranoiden Art und Weise über die ihr bis jetzt zugesprochenen gerichtlichen Beschlüsse beschwerte ... Auf Vorhaltung erklärte Pat. in einer einsichtslosen Art und Weise, sie lege keinen Wert darauf, unter den §51[51] zu fallen und somit als anormal erklärt zu werden ... Auf einen Hinweis, daß sie, sofern sie nicht als krank bezeichnet würde, ins Konzentrationslager evtl. komme, reagierte sie mit einem überheblichen, spöttischen Lächeln und erklärte, daß ihr eine solche Unterbringung noch tausendmal lieber sei, als hier.

13.9. Pat. sitzt wiederum sehr viel mit 2 anderen Kranken (Psychopathen) zusammen. Es kann dies Zusammensein durchaus nicht immer verhindert werden. Es besteht wiederum nach dem Gesamteindruck der Verdacht, daß Frau H. in einer üblen Art und Weise andere Kranke aufhetzt ."

Im Mai 1940 berichtete die Ärztin von Frau H., daß sie inzwischen „still und fleißig" arbeite, wies aber zugleich darauf hin, daß sie sich nicht überarbeite und den Gruß „Heil Hitler ... nur durch Bieten der Tageszeit" erwidere. Knapp ein Jahr später entließ man Charlotte H. als gebessert und arbeitsfähig. Ihre Angehörigen hatten unermüdlich auf sie eingewirkt, ihre Meinung nicht offen zu äußern. Befriedigt notierte der behandelnde Arzt: „Gibt die früher getanen Äußerungen über den Führer in der Judenfrage ohne weiteres zu. Korrigiert diese ihre frühere Ansicht vollinhaltlich. Ist der Meinung, daß sie sie wohl in einem besonders gereizten Zustande getan habe. Sie bedauert das jetzt durchaus ... Sie betont, sie habe sich inzwischen völlig umgestellt und würde nie wieder irgendwelche Äußerungen gegen den Führer oder den Nationalsozialismus tun."

Während es der jungen Frau gelang, dem Netz der NS-Psychiatrie zu entkommen, führte die Zwangseinweisung des 50jährigen Emil S.[52] zu seinem Tod. Da sich der Kaufmann in „staatsabtragender" Weise geäußert hatte, jedoch infolge einer Kriegsverletzung unter epileptischen Anfällen litt, veranlaßte die Gestapo im Mai 1941 seine Einweisung in die Bremer Nervenklinik. Im September desselben Jahres teilte der Bremer Anstaltsleiter der Gestapo mit, daß „ärztlicherseits die Verantwortung" für eine Entlassung keineswegs übernommen werden könne. „Ich habe gerade gestern gehört", fuhr er fort, „daß S. hier Zeitungen mit aufreizenden Notizen versieht und diese Zeitungen dann an andere weitergibt. Als ein zur Begutachtung aufgenommener Kranker die Abteilung mit ‚Heil Hitler' betrat, rief S. verächtlich: ‚Hier wird nicht geheult!' Hiernach dürfte klar sein, daß S. in der heutigen Zeit draußen untragbar ist." Als die Gestapo die Entlassung des Patienten anregte, gegen die es in „staatspolizeilicher Hinsicht" keine Bedenken gäbe, wandte sich der Bremer Anstaltsleiter vehement gegen dieses Ansinnen. „Die bisherige Beobachtung und eine kürzlich stattgehabte eingehende Ausforschung hat ergeben, daß S. nach wie vor seine ablehnende Haltung gegenüber der nationalsozialistischen Staatsordnung beibehält. Wenn er auch verspricht, seine sattsam bekannte Einstellung zu den Problemen des Nationalsozialismus und seine judenfreundliche Haltung nicht mehr in der Öffentlichkeit kund zu tun, so sind diese Versprechungen doch mit Vorsicht aufzunehmen. Mit ziemlicher Sicherheit kann angenommen werden, daß seine Freilassung wiederum zu Schwierigkeiten führen wird." Auch in diesem Fall tritt der ärztliche Machtmißbrauch als politische Ordnungs- und Disziplinierungsinstanz deutlich hervor. Die Krankenblatteintragungen von Emil S. sind gespickt mit den vermeintlich „staatsabtragenden" Äußerungen des Patienten. So heißt es wiederholt: „Noch immer uneinsichtig; bleibt bei seiner Meinung, daß die Juden, soweit er sie kenne, alle Achtung verdienten." Und an anderer Stelle: „Bequemt sich noch immer nicht zum deutschen Gruß. Sagt, er sei kein Arzt und könne niemanden heilen." Obwohl seine Frau versicherte, ihn zu beaufsichtigen, damit es nicht wieder zu solchen Äußerungen käme, wurde Emil S. nicht entlassen. Im November 1943 brachte man ihn in die Heil- und Pflegeanstalt Wehnen bei Oldenburg. Dort starb er zehn Tage später an Lungenentzündung.[53] Noch im Februar 1939 stand in der Krankenakte des 1907 geborenen Ludwig A., daß er sauber und zuverlässig in der Küche arbeite. Allerdings grüße er nur mit „Guten Tag". Genau ein Jahr später zerstörte der junge Mann – laut Krankenblatteintrag – das „Führerbild" im Dienstzimmer mit der Begründung, daß der „Führer gegen die Juden" sei. Zu Beginn des Jahres 1941 wurde aus dem „fleißigen, selbständigen und umsichtigen" Ludwig A. ein bettlägeriger Patient. Kurz vor seiner Verlegung in die Tötungsanstalt Hadamar im August 1942 notierte der behandelnde Ellener Arzt: „Liegt noch immer zu Bett, da er gedroht hat, er würde, wenn er wieder aufstehen dürfte, die Bilder des Führers in Zeitungen, Büchern oder an der Wand vernichten, weil der Führer gegen die Juden sei." Zwei Wochen nach der Ankunft in Hadamar starb der 35jährige Ludwig A. Hier führte die politische Verhaltensdisziplinierung zur erzwungenen Arbeitsunfähigkeit und damit in die todbringende Kategorie der „nutzlosen Existenz".

Blick in den Innenhof eines Frauenpavillons, 1942

Kriegsalltag

Der Zweite Weltkrieg wirkte in alle Bereiche des Anstaltslebens hinein und führte zu einer weiteren Zuspitzung der Situation sowohl für die PatientInnen als auch für das Personal. Schon Ende August 1939 kam es in den Krankenabteilungen zu weitgehenden Umstrukturierungen.59 Verschiedene Stationen mußten freigeräumt werden, um Platz zu schaffen für ca. 130 Kinder, Frauen und Männer aus dem Altenheim „Egestorff-Stiftung" und dem „Haus Reddersen"[55], einem Heim für geistig- und körperlich behinderte Kinder und Jugendliche. Die beiden traditionellen Institutionen der Bremer Sozialfürsorge sollten nun als Ausweichkrankenhäuser zur Verfügung stehen. Mitte September desselben Jahres wurde Haus 12 der Männerseite vollständig geräumt; dort entstand ein Reservelazarett. Die verdrängten Kranken brachte man in provisorisch eingerichteten Krankenstationen, im Festsaal des Gesellschaftshauses sowie in den oberen Räumen des Werkstättengebäudes[56] und im Pflegercasino unter. Die unverheirateten Pfleger mußten ihre Mahlzeiten nun wieder auf den Krankenstationen einnehmen. Die Folge für die PatientInnen war ein Leben in überfüllten und unzweckmäßigen Räumen. Kurze Zeit später löste man einen weiteren Krankenpavillon (Haus 11) auf, um dort Soldaten der nahegelegenen Flakstellung unterzubringen.

Indes wurden die wachsenden Personalprobleme im Anstaltsalltag drängender. Während immer mehr Kranke in immer weniger Räumen lebten, wurden zahlreiche Pfleger zum Militärdienst eingezogen. Wenige Tage nach Kriegsbeginn heißt es im „Kriegstagebuch der Bremischen Heil- und Pflegeanstalt": „Bis jetzt sind insgesamt 25 Pfleger eingezogen, davon 7 bereits vor dem 25. August."[57] Aus diesem Grunde wurden erstmals Schwestern auf den Männerstationen eingesetzt. Darüber hinaus lockerte man eine weitere Regel im Pflegebereich und stellte verheiratete Frauen ein. Allerdings standen sie als Aushilfen in der Hierarchie an unterster Stelle. Die Folgen der außerordentlich starken Arbeitsbelastung des reduzierten Pflegepersonals waren häufige, auch folgenschwere Erkrankungen.[58] Wegen des drängenden Personalmangels hatte sich Kaldewey bereits im September 1940 an den Direktor der Landesheilanstalt Haldensleben[59] bei Magdeburg gewandt, um etwas über die Qualität des dortigen Pflegepersonals zu erfahren.[60] Diese und weitere Bemühungen des Bremer Anstaltsleiters, Pflegepersonal zu erhalten, scheiterten ebenfalls. Im Januar 1941 hatte er ein Schreiben direkt an die höchsten Medizinalbeamten in Baden und Württemberg sowie in Sachsen gerichtet und seinen „laufend[en] Bedarf an Pflegekräften" bekanntgemacht.

Das verbliebene Bremer Pflegepersonal, insbesondere die jungen Pflegerinnen waren schärfsten Disziplinierungsmaßnahmen ausgesetzt. Mehrere von ihnen wandten sich an die „Deutsche Arbeitsfront", um gegen eine Maßnahme der Bremer Anstaltsleitung zu protestieren. An ihren Türen waren Sicherheitsschlösser angebracht worden, um ein unerlaubtes Verlassen der Zimmer zu verhindern. Empört wandte sich der Anstaltsleiter nun selbst an die „Deutsche Arbeitsfront", um klarzustellen, daß er sich zu einem „grundsätzlichen Wandel in der Führung der Schwesternschaft entschlossen habe", da ihnen die „Gewährung einer uferlosen, individuellen Freiheit in den letzten Jahren … außerordentlich schlecht bekommen" sei. „Am Rande dieses Geschehens" liege auch das Verschließen der einzelnen Krankenge-

Küchenpersonal und Soldaten der nahegelegenen Flakstellung, 1942

bäude."[61] Als im September 1943 zum wiederholten Male eine Schwester den ihr verwehrten Urlaub ohne Erlaubnis nahm, erstattete ihr Vorgesetzter Anzeige beim „Treuhänder der Arbeit" und forderte, an der Betreffenden ein Exempel zu statuieren: „Ich wäre daher dankbar," so Kaldewey, „wenn die Z. ganz exemplarisch bestraft würde, um in Zukunft die Ausbreitung solcher Vergehen auch in unserem Betriebe zu verhindern. Es hat sich gezeigt, daß auch erheblichere Geldstrafen auf solche Elemente gar keinen Einfluß haben. Ich bin der Meinung, daß Gefängnis oder Arbeitslager die Strafe für solche Volksgenossen ist, die sich derartig gegen die ihnen gestellte Aufgabe und die Arbeitskameradschaft vergehen."[62]

Für die ärztliche Versorgung der PatientInnen waren neben dem Anstaltsleiter die Oberärzte zuständig. Zusammen mit den Anstalts- und AssistenzärztInnen bildeten sie die Ärzteschaft der Bremer Nervenklinik, in der es ähnlich wie beim Pflegepersonal während der Kriegszeit zu erheblichen personellen Engpässen kam. Ein Blick auf das Jahr 1942 macht dies exemplarisch deutlich. Von den insgesamt sieben vorgesehenen Arztstellen waren lediglich die beiden Oberarztstellen durch langjährige und ständig anwesende Ärzte besetzt, die Positionen eines Anstalts- und eines Assistenzarztes dagegen vakant. Beide hatte man zur Wehrmacht einberufen. Kaldewey, als Stabsarzt im Reservelazarett im St. Joseph-Stift tätig, konnte seinen Dienst nur eingeschränkt ausüben. Eine weitere Arztstelle füllte der 68jährige Provinzial Obermedizinalrat Dr. Engelken aus, der sich, obschon bereits pensioniert, auf persönliche Anfrage bereit erklärt hatte, zwischen 1940 und 1943 in der Nervenklinik tätig zu werden.

Wie beim Pflegepersonal wandte sich der Bremer Chefarzt Anfang 1941 an die Innenministerien anderer Länder und fragte an, ob in den „zur Auflösung gekommenen bzw. kommenden Heilanstalten" eventuell Ärzte frei werden würden. Schließlich stellte er im Juni 1942 Otto H. als Kriegsaushilfsarzt ein. Der 1901 geborene

Aufräumarbeiten nach einem Bombenangriff, September 1940

Mediziner hatte u.a. von Dezember 1933 bis Herbst 1934 als Lagerarzt im „Staatlichen Konzentrationslager Esterwegen“[63] bei Papenburg gearbeitet. Sowohl vor dieser Zeit als auch danach war er – laut eigener Angabe im Personalbogen – in verschiedenen Orten als praktischer Arzt tätig. Wegen seiner Morphiumsucht entzog man ihm 1938 die „Bestallung auf zwei Jahre“. Doch, so teilte ein Vertreter der Reichsärztekammer in Bremen mit, „der Mann sei durchaus in Ordnung“ und würde „unter guter Zügelführung und strenger Hand gute Arbeit leisten.“[64] Während seiner siebzehnmonatigen Amtszeit als Stationsarzt in der Bremer Nervenklinik wurde Otto H. wiederholt rückfällig. Anfang 1943 beschuldigte ihn die Staatsanwaltschaft darüber hinaus der fortgesetzten unbefugten Führung eines akademischen Grades, d.h. er hatte seinem Namen den nie erworbenen Doktortitel vorangestellt und auch Rezeptformulare als Dr. H. unterzeichnet. Doch aufgrund der prekären Personalsituation in der Ellener Anstalt entschloß man sich, den Arzt – der für circa 225 PatientInnen verantwortlich war – weiter zu beschäftigen.

Prägend für den Kriegsalltag war – insbesondere mit fortschreitendem Kriegsverlauf – die Bedrohung der Anstaltsbevölkerung infolge alliierter Bombenangriffe. Da die Institution bis Ende 1943 über keinen eigenen Bunker verfügte, blieben die PatientInnen und das Personal bei Fliegeralarm auf den Stationen. Erst nach der schweren Beschädigung der Anstaltsgebäude, die zahlreiche Todesopfer forderte, errichtete man auf dem Gelände einen eigenen Bunker und gestattete es „ruhigen und vernünftigen“ Kranken, in den nahegelegenen Bunkern der Osterholzer Bevölkerung Schutz zu suchen. PatientInnen, die dazu nicht in der Lage waren, blieben auf den Stationen und erhielten zusätzliche Beruhigungsmittel.

Sozialdarwinismus und Rassenhygiene

Die Ursprünge der nationalsozialistischen Gesundheitsideologie gehen zurück in die Mitte des 19. Jahrhunderts. Charles Darwin (1809-1882) hatte mit seiner Evolutionstheorie (Abstammungslehre) das Weltbild entscheidend verändert. In seinem aufsehenerregenden Buch „Die Entstehung der Arten durch natürliche Zuchtwahl oder Die Erhaltung der begünstigten Rassen im Kampfe ums Dasein“[1] beschrieb er die Entwicklung von Pflanzen und Tierwelt als die „natürliche Auslese“ im „Kampf ums Dasein“ und das „Überleben des Tüchtigsten“. Bisher war die „wunderbare Zweckmäßigkeit der Lebewesen, ihre so sinnvolle Einordnung in die Lebenszusammenhänge ... als Wirken eines höheren Leitenden, christlich gesprochen: als natürliche Offenbarung von Gottes Schöpfermacht angesehen worden.“[2] Durch die Erkenntnis des britischen Biologen, daß alles pflanzliche und tierische Leben sich aus einfachen Formen entwickelt habe, wurde das Naturgeschehen entzaubert und auf faßbare naturwissenschaftliche Wirkungszusammenhänge zurückgeführt. Als Darwin die natürliche Zuchtwahl („natural selection“) und das Überleben des Tüchtigsten („survival of the fittest“) als Naturprinzipien der Lebensentwicklung beschrieben hatte, verbreitete sich die Überzeugung, auch die Entwicklung der menschlichen Gesellschaft in diesem Sinne begreifen zu können. Die biologische Weltdeutung begann.

Zwölf Jahre später bezog Darwin den Menschen in seine Theorie ein. Sein Buch „Die Abstammung des Menschen und die geschlechtliche Zuchtwahl“[3] rief heftige Kontroversen hervor, da es die Schöpfungslehre der christlichen Kirche in Frage stellte. Die Vertreter des Sozialdarwinismus – unter ihnen Ernst Haeckel, Alfred Ploetz und Wilhelm Schallmayer – gingen schon bald einen Schritt weiter. Sie übertrugen das darwinistische Selektionsprinzip von der Höherentwicklung der Individuen durch Auslese auch auf die Menschen und schlußfolgerten, daß die natürliche Selektion Fortschritt bedeute, jedes Ausbleiben der natürlichen Auslese aber Rückschritt und Degeneration. Nur der ständige „Kampf ums Dasein“ sei beim Menschen – ebenso wie beim Tier – Garant für eine Weiterentwicklung. Durch die Fortschritte in der Medizin und Sozialpolitik sahen die Sozialdarwinisten das beschriebene Prinzip außer Kraft gesetzt. Soziale Mißstände wurden zu Krankheiten der Gesellschaft. Selbst Darwin, der das Konzept einer „Hemmung der Auslese“ prinzipiell mißbilligte[4], schrieb 1871: „Unter den Wilden werden die an Körper und Geist Schwachen bald eliminiert; die Überlebenden sind gewöhnlich von kräftigster Gesundheit. Wir zivilisierten Menschen dagegen tun alles Mögliche, um diese Ausscheidung zu verhindern. Infolgedessen können auch die schwachen Individuen der zivilisierten Völker ihre Art fortpflanzen. Niemand, der etwas von der Zucht von Haustieren kennt, wird daran zweifeln, daß dies äußerst nachteilig für die Rasse ist. Es ist überraschend, wie bald Mangel an Sorgfalt oder auch übel angebrachte Sorgfalt zur Degeneration einer domestizierten Rasse führt; ausgenommen im Falle der Menschen selbst, wird auch niemand so töricht sein, seinen schlechtesten Tieren die Fortpflanzung zu gestatten.“[5]

Ideologische Tendenzen dieser Zeit sind auch im Nationalsozialismus wiederzufinden. Zu nennen ist das Dogma von der biologischen Ungleichheit, ebenso die Leugnung moralischer Grundsätze angesichts des allumfassenden Naturgesetzes

VERERBUNG
UND AUSLESE
IN IHRER SOZIOLOGISCHEN
UND POLITISCHEN BEDEUTUNG

PREISGEKRÖNTE STUDIE
ÜBER
VOLKSENTARTUNG UND VOLKSEUGENIK
VON
DR. WILHELM SCHALLMAYER

ZWEITE, DURCHWEGS UMGEARBEITETE UND VERMEHRTE AUFLAGE

VERLAG VON GUSTAV FISCHER IN JENA
1910

Alfred Ploetz. Rechts: Titel der preisgekrönten Studie von Wilhelm Schallmayer, 1910

vom „Kampf ums Dasein" und, daraus resultierend, die Überzeugung, daß das „radikale Ausmerzen von rassisch Minderwertigen und die Auslese der rassisch Hochwertigen für ein starkes Volk lebensnotwendig – und damit auch ohne weiteres gerechtfertigt sei."[6]

Der Engländer Francis Galton entwickelte auf der Grundlage des Darwinschen Selektionsprinzips die „Eugenik", die „Wissenschaft vom guten Erbe". Die Menschen sollten durch direkte Einflußnahme ihre eigene Evolution positiv beeinflussen. Für Galton hieß das, die „Verbesserung der Rasse durch Förderung der Produktivität der Geeigneten" voranzutreiben und zugleich die „Geburtenrate der Ungeeigneten" zu senken. Damit war die Doppelstrategie der Eugenik bzw. der Rassenhygiene vorgegeben.

Der deutsche Mediziner und Anthropologe Alfred Ploetz prägte 1895 den Begriff Rassenhygiene und setzte ihn an die Stelle des vor allem in den angelsächsischen Ländern verwandten Terminus „Eugenik". Sein Schüler Fritz Lenz, Professor der Rassenhygiene an der Münchener Universität, faßte die Forderungen der deutschen Rassenhygieniker so zusammen: „Das entscheidende Bestreben praktischer Rassenhygiene muß dahin gehen, daß die Begabten und Tüchtigen sich stärker vermehren als die Untüchtigen und Minderwertigen. Dieses Ziel muß auf zwei verschiedenen Wegen erstrebt werden, erstens durch Hemmung der Fortpflanzung unterdurchschnittlich Veranlagter und zweitens durch Förderung der Fortpflanzung überdurchschnittlich Veranlagter."[7] Die Forderung nach der „Hemmung der Fortpflanzung" – Lenz verstand darunter auch die erzwungene Unfruchtbarmachung – war gegen Ende der Weimarer Republik in der Ärzteschaft weit verbreitet. Wissenschaftler und Politiker verkündeten die Gefahren des Untergangs der deutschen Rasse. Binnen kürzester Zeit, so ihre Schreckensvision, würde die Zahl der „Minderwertigen" die Zahl der „Hochwertigen" weit übertreffen, da auf der einen Seite die Geburtenzahlen bei den „Tüchtigen, Strebsamen und Vernünftigen" immer mehr zurückgingen, während die an „Geist und Geld Armen" sich „fast tierartig, hemmungslos fortpflanzen" würden.

In den Krisenjahren der Weimarer Republik drangen die sozialdarwinistischen Anschauungen weitgehend unabhängig von „politischen Konfliktlinien"[8] in fast alle gesellschaftlichen Bereiche vor. Insbesondere wurde das rassenhygienische Programm von vielen Ärzten akzeptiert und schließlich im Nationalsozialismus mit brutaler Konsequenz realisiert.

Rassenhygienische Forderungen in der Bremischen Heil- und Pflegeanstalt

Asylierung der Alkoholkranken

Der erste Direktor der Irrenanstalt St. Jürgen-Asyl, Professor Dr. Anton Delbrück, hatte vor der Übernahme der Bremer Leitungsposition acht Jahre unter dem Schweizer Psychiater Auguste Forel – einem der Pioniere der Eugenik im deutschsprachigen Raum – in der „Irrenanstalt Burghölzli" gearbeitet. Forel schrieb dazu in seiner Autobiographie: „Am 3. Februar [1890, G.E.] trat ein neuer Assistenzarzt, Dr. Delbrück aus Norddeutschland, in die Anstalt ein. Er … gefiel mir außerordentlich und wurde in der Folge meine rechte Hand."[9] Der Leiter des Burghölzli, einer der schärfsten Bekämpfer des Alkoholismus, hatte es sich zur Lebensaufgabe gemacht, gegen diese „Geißel der Menschheit" vorzugehen. Delbrück vertrat ebenso wie Forel die These, daß der Alkoholismus höchstwahrscheinlich "eine der wichtigsten Ursachen der Degeneration überhaupt"[10] sei und „in letzter Instanz … die wichtigste, neu erzeugende Ursache geistiger Störungen bez. der Anlage zu solchen ist."[11] Trotz zahlreicher Einwände sah Forel die Erblichkeit alkoholbedingter Schädigungen auch über die unmittelbar nachfolgende Generation hinaus als gesichert an[12] und veranlaßte die erste Unfruchtbarmachung aus eugenischer Indikation bereits 1892.[13] Der seit 1893 zum Sekundärarzt avancierte Delbrück stand unter den Bewerbern um Forels Nachfolge an erster Stelle. Da er jedoch nicht die Schweizer Staatsangehörigkeit besaß, nahm die Züricher Regierung Abstand von seiner Ernennung.[14]

Folgerichtig kämpfte Delbrück nach Übernahme der Direktorenstelle in Bremen gegen die gesundheitsschädlichen Auswirkungen des Alkohols, der „auch in ganz mäßiger Weise eine Entartung der Rasse" bewirke. Als aktiver Vertreter der Abstinenzbewegung setzte er ein völliges Alkoholverbot im Ellener St. Jürgen-Asyl durch. Das galt nicht nur für alle PatientInnen, sondern innerhalb des Anstaltsgeländes auch für das gesamte Personal, für die Apotheke und die Küche. Seit 1909 unterhielt der Enthaltsamkeitsverein vom „Blauen Kreuz" im St. Jürgen-Asyl einen Bruderverein, dessen Zweck darin bestand, „in christlichem Geiste an der Rettung der Opfer der Trunksucht und des Wirtshauslebens zu arbeiten."[15] Obwohl Delbrück

„Ärztlicher Morgenrapport" 1890 im Burghölzli: Anton Delbrück und Auguste Forel (von links)

überzeugt war, daß chronischer Alkoholismus das Keimplasma vergifte[16], plädierte er niemals für die Sterilisierung Alkoholkranker. Vielmehr fragte er, „ob und inwieweit man zu so radikalen Mitteln wie Eheverbot, Gebot der Konzeptionsverhinderung und künstlichen Abortes in Trinkerfamilien greifen"[17] solle, wie es Ernst Rüdin auf dem IX. Internationalen Kongreß gegen den Alkoholismus in Bremen gefordert hatte. Rüdin war damit der erste Rassenhygieniker, der öffentlich für den „staatlichen Zwang" bei der „Verhinderung der Fortpflanzung" eintrat.[18] Der Bremer Anstaltsleiter definierte den Alkoholismus vielmehr als ein gesamtgesellschaftliches Problem und konstatierte: „Etwa 80 % der trunksüchtigen Männer [sind auf das] Konto der Trinksitte zu setzen ... Obwohl auch bei ihnen vielfach eine geringe erbliche Belastung, in Form von Intoleranz gegen den Alkohol vorhanden sein mag."[19] In der „Entfernung des Alkohols" sah er den effektivsten und „sehr wohl gangbaren ... Weg zur Abhilfe".[20] Delbrück trat in seinen Publikationen für die „Trennung der Heilbaren von den Unheilbaren" und für die Asylierung der „Unheilbaren" unter den Alkoholikern ein. 1933 warf der Psychiater in der Fachpresse die Frage auf, inwieweit sich die Konzentrationslager in das gestaffelte Unterbringungssystem einbinden ließen.[21]

Die Unnachgiebigkeit und Ausdauer, mit der Delbrück die Alkoholfrage und damit die Alkoholkranken verfolgte, wird deutlich, wenn er die gute Zusammenarbeit mit der Bremer Trinkerfürsorgestelle beschreibt. Kam diese mit der Patientin oder dem Patienten auf „gütlichem Wege" nicht weiter, so stellten ihre MitarbeiterInnen bei Gericht den Antrag auf Entmündigung wegen Trunksucht. „Der daraufhin

Ausstellung
des IX. internationalen Kongresses
gegen den Alkoholismus
im Künstlerverein, Domshaide 8/9,
am Ostersonntag, Ostermontag
und Sonntag, den 19. April 1903.
Geöffnet für Nichtmitglieder des Kongresses
vormittags 11 bis 2 Uhr, nachmittags 4 bis 7 Uhr.
Eintritt 20 Pfg. [52364]

Vom 14. bis 19. April 1903 fand der Kongreß in Bremen und damit erstmals in Deutschland statt.

sehr rasch zum vorläufigen Vormund bestellte Trinkerfürsorger bringt dann den Betreffenden, nötigenfalls mit Hilfe der Polizei, ohne weitere Schwierigkeiten in die Anstalt hinein." Von den 500 Fällen, die die Trinkerfürsorgestelle 1926 bearbeitet habe, seien bei 265 die Entmündigung durchgeführt, „eine Zahl, die im Vergleich zu vielen, wenn nicht den meisten deutschen Städten ungeheuer hoch ist."[22]

„Rücksichtslos das Gute fördern, das Schlechte ausmerzen"

Otto Rehm, Oberarzt und stellvertretender Direktor des St. Jürgen-Asyls, war im Gegensatz zu seinem Vorgesetzten ein Befürworter der Zwangssterilisation. Als „offizieller ärztlicher Berater des Bremer Psychopathenheims"[23] publizierte er 1926 die Ergebnisse einer Studie „Über die Verwahrlosung der Jugendlichen".[24] Wie in den meisten Untersuchungen zur Verwahrlosungsproblematik tauchen auch in der Studie des Bremer Anstaltsarztes die Betroffenen nur klischeeartig als in Teileigenschaften charakterisierte Personengruppen auf.[25] „Die Brandstifter", „Die Grausamen", „Giftmischerinnen" sind einige der Kategorien, in die er die beobachteten Jugendlichen einteilte. Zur Bekämpfung solcher Formen der Verwahrlosung empfahl der Verfasser die Sterilisierung, da „nur auf diesem Wege eine allmähliche Besserung der Verhältnisse herbeigeführt werden“[26] könnte. Tatsächlich waren ab 1933 die in Erziehungsheimen lebenden Fürsorgezöglinge in besonderem Maße den rassenhygienisch begründeten Zwangssterilisationen ausgeliefert.[27] Rehms Überlegungen gingen noch weiter. Auf der „Versammlung der Irrenärzte Niedersachsens und Westfalens“ brachte er 1933 die „neuerdings immer mehr diskutierte Frage der Ausscheidung schädlicher Elemente aus der Vererbung“[28] zur Sprache. „Bekannt sind“, führte er aus, „die Schriften von Binding und Hoche über die Freigabe der Vernichtung lebensunwerten Lebens und von Meltzer[29] über das Problem der Abkürzung lebensunwerten Lebens, in denen die Fragestellung zu vollständig entgegengesetzten Antworten geführt hat … Die Ausscheidung schädlicher Individuen aus der Vererbung ist nicht allein gedacht als eine Ausmerzung von Elementen, welche insofern passiv sozialwidrig wirken, als sie durch ihre Krankheit der Allgemeinheit zur Last fallen und dadurch gesellschaftsfeindlich sind, sondern es wird gefordert, die aktiven Elemente unter den Sozialwidrigen, insbesondere die Verbrecher, dem Erbgange zu entziehen.“ Rehm schlug weiter vor, Untersuchungen anzustellen, ob der Tod bzw. das „Siechtum“ des Kranken „vom sozialen Standpunkte aus einen Schaden hinterläßt, oder ob es umgekehrt nützlich wirkt durch Ausmerzung oder Unschädlichmachung sozialwidriger Persönlichkeiten bzw. deren entsprechenden Eigenschaften.“ Auf Grund dieser Untersuchungen könnte man dann entscheiden ob die Betreffenden zu behandeln oder nicht zu behandeln seien. „Man könnte auch zur Annahme einer sozialen Schädlichkeit ärztlicher Behandlung für solche Fälle kommen, bei welchen der Allgemeinheit lebensuntüchtige Persönlichkeiten erhalten bleiben, welche der Gemeinschaft dauernd zur Last fallen.“ Seine Überlegung, welche „sozialen Maßnahmen gegenüber der Krankheit und gegenüber dem einzelnen Kranken zu treffen sind“, führen geradewegs zur „Sterilisation bzw. Kastration“ und zur Frage der „Euthanasie, d.h. der Berechtigung bzw. Notwendigkeit, ein lebensunwertes Dasein vorzeitig zu beenden.“ Obwohl rechtlich ungeklärt und für den Arzt als „Erhalter und Beschützer des Lebens“ zunächst fremd und abstoßend, werde seiner Meinung nach die „Erkenntnis des Volkes unter Führung schwerwiegender sozialer und biologischer Erfahrungen“ letztendlich ausschlaggebend sein.“[30] Anders ausgedrückt: der Zweck heiligt die Mittel.

Und obwohl 1926 noch längst nicht entschieden war, daß die Diskussion über den Erhalt oder Schutz des Lebens in die „Euthanasie“ des NS-Regimes führen sollte, wird in dem Abschlußsatz des Bremer Oberarztes die Verbindungslinie zwischen Befürwortern der Rassenhygiene und der „Euthanasie“ deutlich: „Wir haben allen Grund, in Anbetracht unserer bedrohten Kultur jegliche Maßnahmen ins Auge zu fassen und rücksichtslos durchzuführen, welche das Gute erhalten und fördern, das Minderwertige und Schlechte aber ausmerzen, um die guten Kräfte innerhalb unserer Bevölkerung nicht nur zu erhalten, sondern auch zu veredeln.“[31]

Die „Verhütung unwerten Lebens“

Ebenso wie sein Oberarzt war auch Delbrücks Nachfolger Professor Friedrich Karl Walter ein Befürworter der Zwangssterilisation. 1933 hielt er im Auftrag der Bremer „Fachgesellschaft für Erbgutlehre und Erbgutpflege“[32] den Vortrag „Was ist unwer-

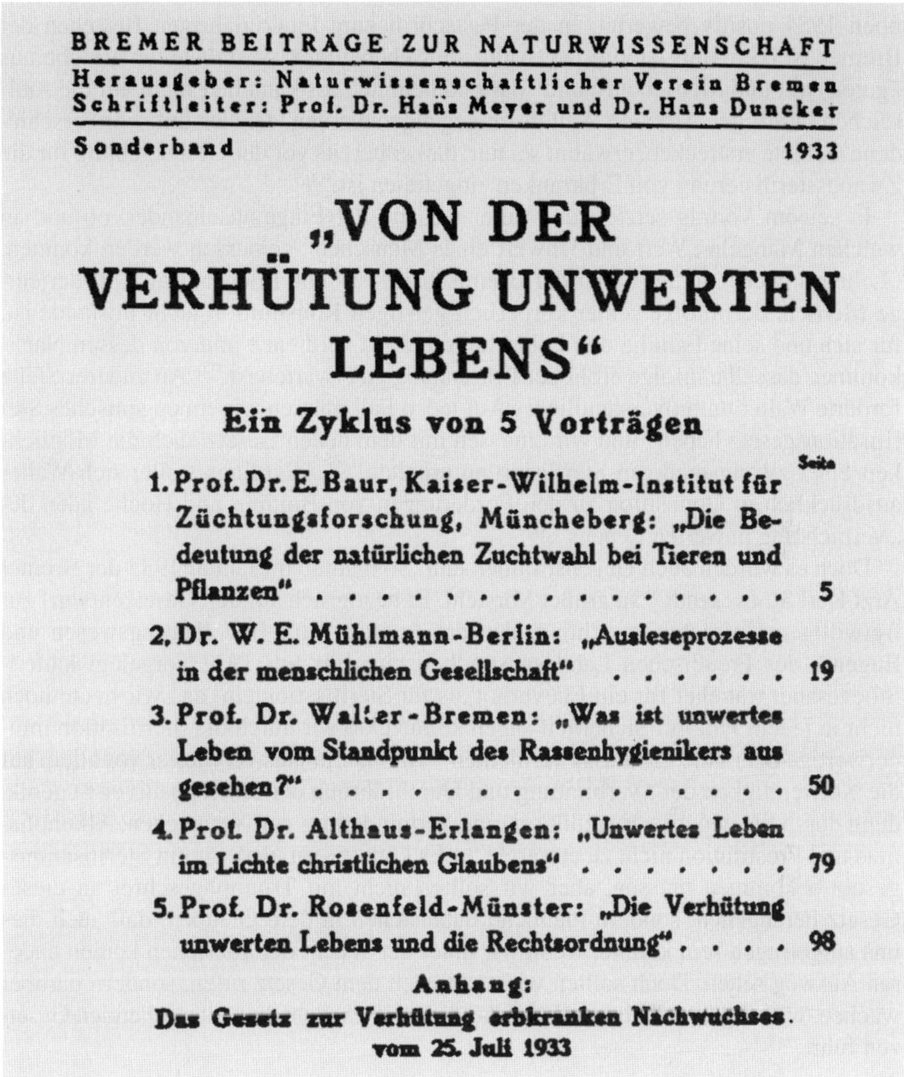

BREMER BEITRÄGE ZUR NATURWISSENSCHAFT

Herausgeber: Naturwissenschaftlicher Verein Bremen
Schriftleiter: Prof. Dr. Hans Meyer und Dr. Hans Duncker

Sonderband 1933

„VON DER VERHÜTUNG UNWERTEN LEBENS"

Ein Zyklus von 5 Vorträgen

Titelblatt der rassenhygienischen Vortragsreihe in Bremen, 1933

tes Leben vom Standpunkt des Rassenhygienikers aus gesehen?"[33] Das Referat war Teil einer Tagung mit dem richtungsweisenden Titel „Das Problem der Verhütung unwerten Lebens". Die Vortragsreihe erregte selbst im Reichsministerium des Inneren Aufsehen. Hier war man in Sorge um die rassenhygienische Position des Vortragenden und bat, „den Inhalt dieser Veröffentlichungen auf etwaige Angriffe gegen das Gesetz zur Verhütung erbkranken Nachwuchses einer Nachprüfung zu unterziehen".[34] Doch Bürgermeister Richard Markert konnte die Senatskommission für Reichs- und Auswärtige Angelegenheiten beruhigen. Er betonte, daß der vortragende Bremer Psychiater und Leiter der Bremer Nervenklinik eindeutig über den Entwurf des Preußischen Landesgesundheitsrates hinausgegangen sei, indem er sich für die zwangsweise Sterilisierung ausgesprochen habe. Diese Einstellung wird offenbar noch 1954 positiv bewertet. In der Festschrift zum fünfzigjährigen Bestehen der Bremer Nervenklinik stellte der Autor den ehemaligen Anstaltsleiter als überaus „guten Arzt und Menschenfreund" dar und betonte: „Es kann hier nicht auf die zahlreichen klinischen Arbeiten Walters eingegangen werden, die sich auf sehr verschiedene Gebiete erstrecken, erwähnt sei nur, daß er bereits vor der Gesetzgebung für die Zwangssterilisierung von Erbkranken eingetreten ist."[35]

In seinem Vortrag setzte sich Walter u.a. mit der Frage auseinander, ob und an welchen Mängeln „Wert und Unwert eines Menschen" gemessen werden könnten. „Lebensunwert", so der Leiter der Bremischen Heil- und Pflegeanstalt, „ist derjenige Mensch, der infolge seiner körperlich-geistigen Konstitution nicht imstande ist, für sich und seine Familie den Lebensunterhalt zu verdienen und von dessen Nachkommen dasselbe infolge erblicher Erkrankung zu erwarten ist."[36] An anderer Stelle forderte Walter unmißverständlich: „Auf jeden Fall müssen wir ein eugenisches Sterilisationsgesetz haben" und wir „müssen mit dem neuen Gesetz auch die Möglichkeit einer zwangsmäßigen Sterilisierung erhalten!"[37] Allerdings stellte sich Walter ausdrücklich in Opposition zu den Forderungen von Binding und Hoche nach der „Vernichtung unwerten Lebens".[38]

Doch es wurden auch Gegenstimmen laut. So mahnte im Januar 1933 der Bremer Arzt Karl Stoevesandt[39] zu großer Vorsicht. Er bezog sich auf den Gesetzentwurf zur freiwilligen Unfruchtbarmachung, den der Ausschuß für Bevölkerungswesen und Eugenik des Preußischen Landesgesundheitsrates im Juli 1932 vorgelegt hatte.[40] Stoevesandt trat eher für ein Eheverbot als für Sterilisation ein, da „wir heute noch nicht in jedem Fall mit Sicherheit sagen können, ob wir durch die Sterilisation minderwertige oder gute Erbmasse vernichten." Darüber hinaus verwies er vor allem auf die Notwendigkeit der „Verbreitung und Durchführung der Ideen positiver Eugenik, denn durch die negative Eugenik sei eine Verminderung von Verbrechen, Alkoholismus und Prostitution nicht zu erwarten ... Es könnte sein, daß wir ein Sterilisationsgesetz bekommen müssen, aber wir sollten nicht mit Triumphgeschrei an dieses Gesetz herangehen, sondern mahnend dabeistehen in dem Glauben, daß auch dies uns aufgetragen sein könnte, wenn wir unter der Wucht der Tatsachen keinen anderen Ausweg sehen. Doch sollten wir nicht nach dem Gesetz rufen, sondern darüber wachen, wie es gehandhabt wird und darüber, daß es nicht zu weitergehenden Gesetzen führt."[41]

Anna S. – Rassenhygienische Sterilisierung vor 1934

Im Deutschen Reich wurden Sterilisationen aus rassenhygienischen Gründen bereits gegen Ende der Zwanziger Jahre durchgeführt.[42] Vor dem Hintergrund der dargestellten Ärztemeinungen ist es nicht verwunderlich, daß auch in Bremen „Minderwertige" vor 1933 sterilisiert worden sind.[43] So die 29jährige Anna S., die im September 1931 aus „eugenischen und sozialen Gründen" unfruchtbar gemacht wurde. Hier zeigt sich exemplarisch, mit welcher Selbstverständlichkeit Ärzte in der Endphase der Weimarer Republik geltendes Recht ignorierten. Die Sterilisierung der jungen Frau war unzweifelhaft illegal, denn bis 1933 gab es keine rechtlich zulässige Indikation.[44] Anna S. wurde mit 23 Jahren zum ersten Mal in der Bremischen

Heil- und Pflegeanstalt aufgenommen. Der Arzt notierte: „Benehmen: Sitzt in sich versunken mit niedergeschlagenen Augen da, nestelt an ihrer Läusekappe. Antwortet meist nur auf wiederholtes Fragen und vielfach nach Schütteln. Zwischendurch bei gegebenem Anlaß zieht ein Lächeln über ihr Gesicht.

Symptome: Von Vater- u. Mutterseite her mit Trunksucht belastet. Elterliche Ehe anscheinend wg. Trunksucht des Vaters geschieden. Mutter sonderbar. Baptistisch erzogen, fromm, sittlich. Sehr erschwertes Rechnen i.d. Schule. Zeitw. in Stellung bei Bauern. Zuletzt verlobt. Erregungszustände nach nicht entsprechenden Anlässen. Deshalb hierher. Hier: körperlich o.B. [ohne Befund, G.E.] nur Exophthalmus[45] u. Läuse. Schlechtes Rechnen, geringe Allgem. Kenntnisse bei sonstigen guten formalen Kenntnissen. Im ganzen ablehnend, mürrisch, sehr langsam, Gespenster sehen. Diagnose: Debilität, Affekterregbarkeit. (Dämmerzustand? Beginnende Schizophrenie?)“.[46]

In den folgenden Monaten saß die junge Frau überwiegend still, ohne sich zu bewegen, im Wachsaal oder in der Nähstube. Sie arbeitete nur selten. Zeitweise verweigerte sie das Essen und wurde dann mit der Sonde ernährt. Nach achtmonatigem Anstaltsaufenthalt erfolgte die Entlassung. Ihr Zustand hatte sich allerdings nicht wesentlich verändert. Er wechselte zwischen „Erregungszuständen, Autismus u. Stupor und geordneten Zeiten“. Die Diagnose lautete jetzt: Schizophrenie.

Als Anna S. zwanzig Monate später erneut in die Anstalt eingewiesen wurde, war sie wenige Wochen zuvor Mutter geworden. Nach der Entbindung sei der alte Zustand wieder eingetreten. In der Ellener Anstalt wandte man die Bettbehandlung und Arbeitstherapie, bei Unruhezuständen die Dauerbadbehandlung an. In den nächsten Jahren folgten auf Entlassungen immer wieder erneute Einweisungen. Kurz nach ihrer vierten Aufnahme im Februar 1931 wurde beim Amtsgericht ein Antrag auf Entmündigung gestellt, Ende August desselben Jahres war der Beschluß da. Ein Arzt der bremischen Heil- und Pflegeanstalt bemerkte im Entmündigungsgutachten, daß ein „großer Mangel an Allgemeinkenntnissen“ vorliege, sie nur das kleine Einmaleins könne und bei den einfachsten Rechenaufgaben versage. Darüber hinaus zeige sie von „jeher einen krankhaften Charakter mit Jähzorn, Eigensinnigkeit, Eigenbrödlertum, häufigem Stimmungswechsel“. Da sich seit 1925 Erregungs- und Stuporzustände abgewechselt hätten, sei sie nicht in der Lage, ihre Angelegenheiten selbst zu besorgen; die Aufstellung eines Vormundes erscheine geboten.

Wenige Wochen nach ihrer Entmündigung wurde in der Krankenakte vermerkt, daß die „Vormünderin“ Frau Dr. H. ebenso wie der Ehemann die Einwilligung zur „künst. Sterilisation“ gegeben hätten. Rein rechtlich waren diese Zustimmungen jedoch ohne Konsequenz, denn 1931 war selbst eine freiwillige Sterilisation verboten.[47] Dennoch überwies man die Patientin laut Krankenakte in die „Frauenklinik zwecks Unfruchtbarmachung aus eugenischen und sozialen Gründen.“ Es seien nämlich sowohl der über sechzig Jahre alte Ehemann als auch zwei von drei Kindern aus dieser Verbindung schwachsinnig, ferner habe „kritikloser Geschlechtsverkehr“ mit Bekannten stattgefunden. Eine Entlassung käme daher erst in Frage, wenn die Patientin sterilisiert sei. In einem Schreiben an die Frauenklinik der Krankenanstalt machte der behandelnde Arzt den Vorschlag, „versuchsweise zum Zwecke der Therapie eine Röntgensterilisierung“ vorzunehmen. Überraschenderweise wurde jedoch eine „Röntgenkastration“ durchgeführt. Es ist sehr wahrscheinlich, daß es sich um ein „Versehen“ handelte. Denn wegen der schwierigen Bestimmung der Dosierung, die nach „Alter, Geschlecht und Keimkraft der Patienten verschieden groß sein muß“[48], befürworteten selbst die nationalsozialistischen Gesetzgeber die Unfruchtbarmachung durch Röntgenstrahlen nur bei Frauen über 38 Jahren oder bei Patientinnen, denen gesundheitliche Gefahren im Fall eines chirurgischen Eingriffs drohten.[49] Nachdem Anna S. bereits wieder nach Hause entlassen war, erfolgte ein konstruiert wirkender Eintrag in die Krankenakte: „Es ist Kastration, nicht Sterilisation erfolgt auch aus klinischen Gründen, um einen Einfluß auf die Psyche zu gewinnen und Triebe zu schwächen.“

Ab Mai 1935 wurde Anna S. dauerhaft in der Familienpflege untergebracht. Am 9. Dezember 1943 verlegte man sie in die Tötungsanstalt Meseritz/Obrawalde, wo sie wenig später starb.

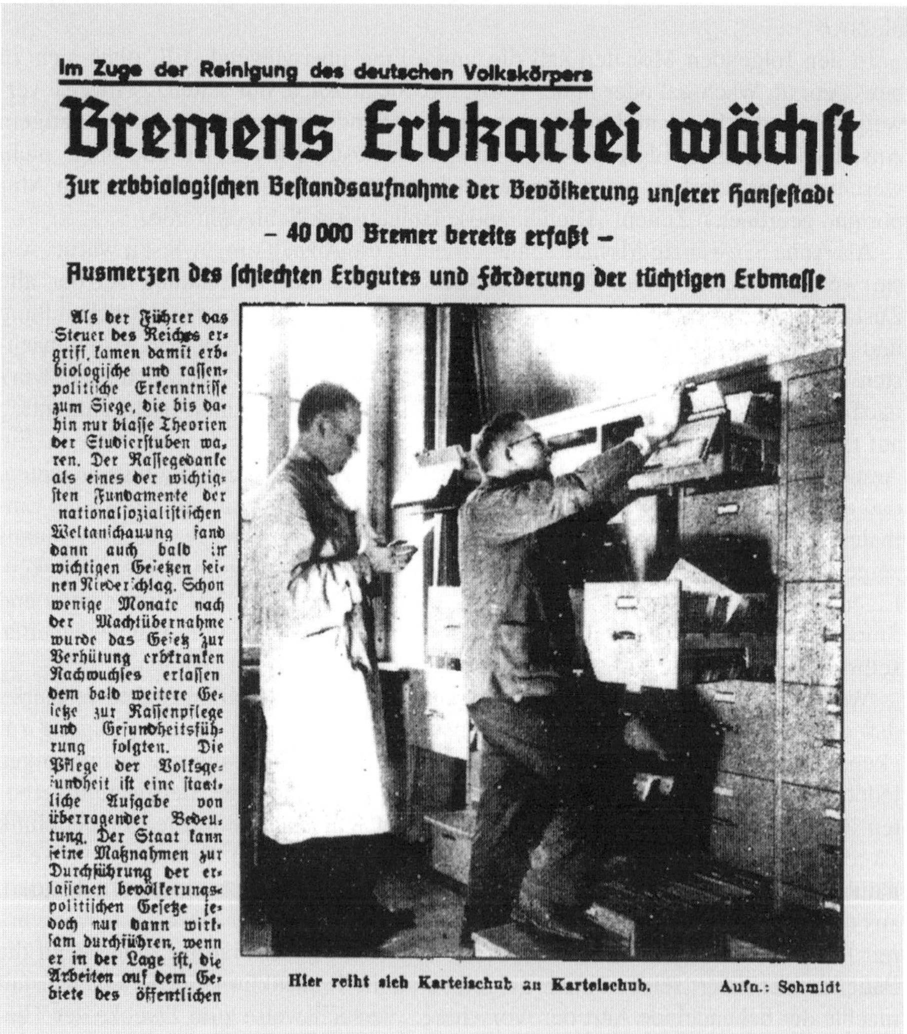

Im Zuge der Reinigung des deutschen Volkskörpers

Bremens Erbkartei wächst

Zur erbbiologischen Bestandsaufnahme der Bevölkerung unserer Hansestadt

– 40 000 Bremer bereits erfaßt –

Ausmerzen des schlechten Erbgutes und Förderung der tüchtigen Erbmasse

Als der Führer das Steuer des Reiches ergriff, kamen damit erbbiologische und rassenpolitische Erkenntnisse zum Siege, die bis dahin nur blasse Theorien der Studierstuben waren. Der Rassegedanke als eines der wichtigsten Fundamente der nationalsozialistischen Weltanschauung fand dann auch bald in wichtigen Gesetzen seinen Niederschlag. Schon wenige Monate nach der Machtübernahme wurde das Gesetz zur Verhütung erbkranken Nachwuchses erlassen dem bald weitere Gesetze zur Rassenpflege und Gesundheitsführung folgten. Die Pflege der Volksgesundheit ist eine staatliche Aufgabe von überragender Bedeutung. Der Staat kann seine Maßnahmen zur Durchführung der erlassenen bevölkerungspolitischen Gesetze jedoch nur dann wirksam durchführen, wenn er in der Lage ist, die Arbeiten auf dem Gebiete des öffentlichen

Hier reiht sich Karteischub an Karteischub. Aufn.: Schmidt

Propagandistische Begleitung der Zwangssterilisation, Bremer Zeitung vom 18. Januar 1938

Rassenwahn und Volksgesundheit

Nach der „Machtübernahme“ durch die Nationalsozialisten „wurden die rassenbiologischen Grundgedanken zur Tat“[1], die vorhandenen Einzelaktivitäten und Strömungen systematisiert und mit der Autorität der Diktatur durchgesetzt. Es kam zu einer Allianz zwischen Rassenhygienikern und Nationalsozialisten, deren Gesundheitspolitik im Kern von der Erb- und Rassenbiologie bestimmt wurde. Die Ärzte hatten nun im Dienst und Auftrag von Staat und Partei, die Rolle der „Rassenpfleger“ zu übernehmen. Damit veränderte sich auch der Status der Psychiatrie. Hatte sie bis dahin in der Gesellschaftspolitik primär verwaltende Aufgaben wahrgenommen, konnte sie jetzt die Gesellschaft mitgestalten.[2] So verwundert es nicht, daß sich im Jahr der „Machtergreifung“ die Ärzteschaft wie keine andere Berufsgruppe der NSDAP anschloß. Insgesamt traten 45% der reichsdeutschen Ärzte in die Partei ein.[3]

Die Bevölkerung wurde mit Hilfe der Medien nachdrücklich zur „Aufartung“ und „Reinhaltung“ des „Volkskörpers“ angehalten. „Gesundheit ist Pflicht!“ lautete das Motto. Gleichzeitig verstand man es geschickt, die Angst vor der vermeintlich überschwappenden Vermehrung der Minderwertigen weiter zu schüren. Als „minderwertig“ galten alle diejenigen, die der Utopie einer biologisch wertvollen „arischen“ Gesellschaft nicht entsprachen: „fremdrassische“ Völker, „Gemeinschaftsfremde“, sozial Schwache und „Erbkranke“. Immer mehr gerieten ins Visier völkischer Feindbildpropaganda, die Sinti, Roma, Juden, Homosexuelle, Alkoholabhängige und Geisteskranke als „artfremde Untermenschen“ und „nutzlose Esser“ darstellte. Die kriminelle Energie des NS-Staates richtete sich einerseits gegen „fremde Völker“, andererseits traf sie „mit ihren Aufartungsutopien ... Menschen des eigenen Volkes.“[4] Demgegenüber stand die Förderung „Hochwertiger“ durch familienfreundliche Leistungen wie Ehestandsdarlehen, Kindergeld und den preisgünstigen Bau von Siedlungshäusern.

Das „Gesetz zur Verhütung erbkranken Nachwuchses“

Den ersten wichtigen Baustein im Rahmen der NS-Rassenpolitik bildete das „Gesetz zur Verhütung erbkranken Nachwuchses“, das am 1. Januar 1934 in Kraft trat. Es legte fest, daß die Sterilisation auch gegen den Willen des „Unfruchtbarzumachenden“ möglich sei. Als Erbkrankheiten galten: angeborener Schwachsinn, Schizophrenie, zirkuläres (manisch-depressives) Irresein, erbliche Fallsucht, Huntingtonsche Chorea, erbliche Blindheit, erbliche Taubheit, schwere körperliche Mißbildung und schwerer Alkoholismus.[5] Die Psychiater waren sich 1933 einerseits sicher, daß die Vererbung bei der Entstehung psychischer Krankheiten und geistiger Behinderung eine wichtige Rolle spielte; andererseits waren sie sich darüber im klaren, daß die

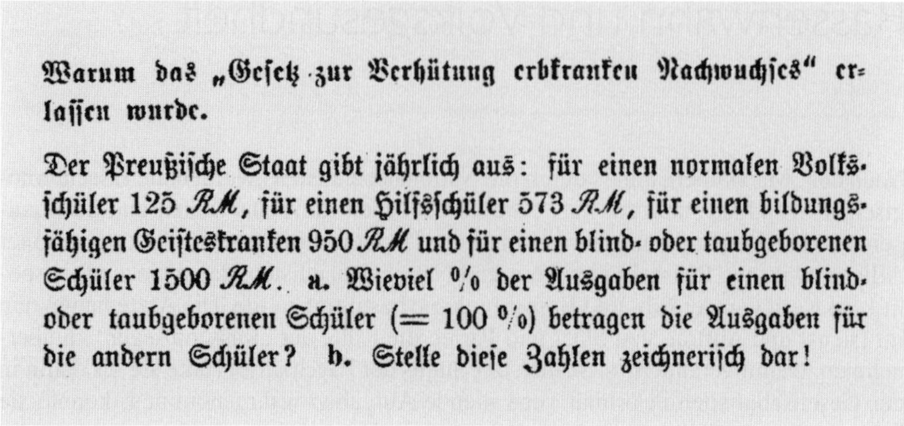

Warum das „Gesetz zur Verhütung erbkranken Nachwuchses“ erlassen wurde.

Der Preußische Staat gibt jährlich aus: für einen normalen Volksschüler 125 RM, für einen Hilfsschüler 573 RM, für einen bildungsfähigen Geisteskranken 950 RM und für einen blind- oder taubgeborenen Schüler 1500 RM. a. Wieviel % der Ausgaben für einen blind- oder taubgeborenen Schüler (= 100 %) betragen die Ausgaben für die andern Schüler? b. Stelle diese Zahlen zeichnerisch dar!

Diskriminierung von Behinderten im Unterricht – Bremer Rechenbuch für das 8. Schuljahr, 1935

Kenntnisse, wie sich psychische Krankheiten und geistige Behinderung vererben, äußerst lückenhaft waren. Übereinstimmung bestand jedoch weitgehend darin, daß angesichts der scheinbar drohenden „Entartungsgefahr“ sofort gehandelt werden müsse. Doch „bis zum heutigen Tag suchen die traditionellen, körperlich orientierten Psychiater nach einem organischen Korrelat für die meisten der psychischen Erkrankungen … Erblichkeit der psychiatrischen Krankheitsbilder blieb also nichts mehr als eine Behauptung.“[6] Da auch der Übergang zur sozialen Indikation infolge der weitgehenden Gleichsetzung von „erbkrank“ und „asozial“ fließend war, hatte man der Willkür der Gutachter Tür und Tor geöffnet. 1944 hieß es in einer Verlautbarung des Reichsjustizministerium: „Es ist übrigens durchaus denkbar, die Unfruchtbarmachung als moralische und nicht nur als erbbiologische Maßnahme zu verstehen, indem man allen Personen das Recht, Kinder zu zeugen, abspricht, die es nicht wert sind, Kinder zu haben, weil sie Lumpen sind“.[7] Mit dem Zwangssterilisationsgesetz brachen die „rechtsstaatlichen und sozialpolitischen Dämme“[8], die bis dahin psychisch Kranke und Behinderte vor der staatlichen Willkür geschützt hatten. Zwischen 1934 und 1945 wurden rund 400000 Menschen sterilisiert, etwa 5000 von ihnen – es waren zu 90% Frauen – überlebten den Eingriff nicht.[9] „Im Namen des deutschen Volkes“ vergewaltigte man ihre Körper und Seelen, weil sie dem Bild des nationalsozialistischen Menschenideals nicht entsprachen.

Um das Programm der nationalsozialistischen „Erb- und Rassenpflege“ effektiv umsetzen zu können, war zunächst eine Reorganisation des Gesundheitsdienstes nötig. Zwar gab es bereits vor 1933 öffentliche Einrichtungen der Gesundheitsfürsorge, sie waren jedoch nicht einheitlich gestaltet. Sowohl in der Größe der Einrichtung als auch in der Trägerschaft gab es erhebliche Differenzen. Staatliche, kommunale und lokale Institutionen standen neben privaten und karitativen.[10] Das Gesetz zur Vereinheitlichung des Gesundheitswesens, das am 3. Juli 1934 in Kraft trat, schuf die Gesundheitsämter als Organe des öffentlichen Gesundheitsdienstes.[11] Leitlinie war der nationalsozialistische Grundsatz, „daß der Wert der Einzelperson nur nach dem Grade ihres Nutzens für das Volksganze bemessen werden kann.“[12]
Herbert Linden vom Reichsministerium des Innern umriß 1935 die Aufgaben der neuen Ämter: „Das Gesetz … überträgt den Gesundheitsämtern die Erb- und Ras-

senpflege einschließlich der Eheberatung. Der nationalsozialistische Staat will damit den Gesundheitsämtern nicht etwa nur einige neue Aufgaben übertragen, sondern die ganze Arbeit der Gesundheitsämter soll von dem Bestreben erfüllt sein, dem deutschen Volk einen ausreichenden erbgesunden Nachwuchs zu sichern und damit seinen Bestand im Wettbewerb der Völker nicht nur für die Gegenwart, sondern auch für die Zukunft zu gewährleisten ... So müssen die Schulgesundheitspflege, die Mütter- und Kinderberatung, die Fürsorge für Tuberkulöse, für Geschlechtskranke, körperlich Behinderte, Sieche und Süchtige in rassenhygienischem Geiste betrieben werden. Die Fürsorge soll sich also nicht darin erschöpfen, alles Schwache hochzupäppeln und den Minderwertigen möglichst jede Verantwortung abzunehmen, sondern sich auch die Förderung der Gesunden und insbesondere der erbgesunden, kinderreichen Familien angedeihen zu lassen ... alles, was im Gesundheitsamt und den ihm angegliederten Fürsorgestellen geschieht, muß in den Dienst der Erb- und Rassenpflege gestellt werden."[13]

In den folgenden Jahren wurde denn auch ein dichtes Netz gesundheitspolitischer Institutionen eingerichtet: 1937 gab es in Deutschland 745 Gesundheitsämter mit 1523 hauptamtlichen beamteten Ärzten; 1943 waren es bereits 1100 Institutionen mit ca. 2600 haupt- und ca. 10000 nebenamtlichen Ärzten.[14] Darüber hinaus richtete man laut Erlaß vom 21. Mai 1935 bei jedem Gesundheitsamt mindestens eine „Beratungsstellung für Erb- und Rassenpflege"[15] ein. Ihre MitarbeiterInnen führten rassenhygienische Eheberatungen durch und trugen Informationen für die sogenannte „Erbkartei" zusammen. Erfaßt wurden Daten von Heil- und Pflegeanstalten, Krankenhäusern, Schulen, Fürsorgeeinrichtungen, Einrichtungen der Nationalsozialistischen Volkswohlfahrt, Strafanstalten und Polizeibehörden. Zudem legte man von Ratsuchenden „Sippentafeln" an mit Verweisen auf Eigenschaften der Verwandten. Ziel dieser Aktivitäten war die „erbbiologische Bestandsaufnahme der Gesamtbevölkerung". Das Gesundheitsamt avancierte zur Zentralstelle für die Registrierung der „negativen Auslese".[16]

Institutionelle Umstrukturierungen in Bremen

Auch in Bremen konnten sich die neuen Machthaber bei der Durchsetzung der nationalsozialistischen Gesundheitspolitik auf die tatkräftige Mithilfe der Ärzteschaft verlassen. Der Umbau des Gesundheitswesens erfolgte in der Hansestadt „eifrig, fast überstürzt"[17]. Bereits im März 1933 löste man „im Zuge der Neuordnung der Regierungsverhältnisse" die Medizinalkommission des Senats und die Deputation für das Gesundheitswesen auf. An ihre Stelle trat der Senatskommissar (Senator Erich Vagts) für das Gesundheitswesen. Wenig später, am 29. März 1933, wurde nach innerbehördlichen Kontroversen Hermann Brauneck zum ärztlichen Fachberater für das bremische Medizinalwesen ernannt. Brauneck – Arzt der SA-Gruppe „Nordsee" – praktizierte seit 1930 als Facharzt für Chirurgie in Bremen. Nach Auflösung des Senatskommissariats stieg er bereits im Herbst 1933 zum Präsidenten der neu geschaffenen „Behörde für das Gesundheitswesen" auf. Nachdem das Landesgesundheitsamt ebenfalls in die Gesundheitsbehörde eingegliedert worden war, hielt

Brauneck das gesamte öffentliche Gesundheitswesen der Hansestadt in seiner Hand. Er wurde zur „Schlüsselfigur" bei der Umsetzung der „Ausmerze- und Auslesemaßnahmen" im Bremer Gesundheitsbereich.[18]

Gleich nach der institutionellen Neugliederung bereitete man sich darauf vor, dem bereits beschlossenen aber noch nicht in Kraft getretenen „Gesetz zur Verhütung erbkranken Nachwuchses" genüge zu tun. Der Bremer Innen- und Justizsenator empfahl Brauneck, die „Leiter der Kranken-, Heil- und Pflegeanstalten, die nach § 3 die Unfruchtbarmachung ihrer Insassen beantragen können, zu einer Prüfung ihrer Belegschaft unter diesen Gesichtspunkten"[19] aufzufordern. Einen Tag nach der Verkündung des „Gesetzes zur Verhütung erbkranken Nachwuchses" informierte ein großangelegter Artikel auf der ersten Seite der „Bremer Nachrichten" die Bevölkerung. Das Gesetz müsse, hieß es, „als eine Tat der Nächstenliebe und Vorsorge für die kommende Generation angesehen werden."[20] Während sich der Artikel vom 26. Juni fast ausschließlich auf die Erläuterung der einzelnen Gesetzesparagraphen beschränkte, rückte der am folgenden Tag publizierte Text vor allem die ökonomische Seite in den Vordergrund. Unter anderem wurde ein Rechenexempel des „bekannten deutschen Rassehygienikers" Professor Fritz Lenz zitiert: „Geht man davon aus, daß sich gegenwärtig die Zahl der Minderwertigen und der Hochwertigen die Waage hält, dann würden sich nach hundert Jahren die Minderwertigen auf 88,9 Pzt. und die Hochwertigen nur noch auf 11,1 Pzt. entwickelt haben. In dreihundert Jahren etwa hätten … theoretisch die Minderwertigen überhaupt die Hochwertigen gänzlich ausgeschaltet."[21] Um das Sterilisationsgesetz effizient anwenden zu können, wurde der Bremer Gesundheitsapparat erheblich ausgebaut; bis 1937 schuf man 35 neue Planstellen für Psychiater und Fürsorgerinnen.[22]

Von der Anzeige zur Sterilisation

Neben den approbierten ÄrztInnen waren alle Personen, „die sich mit der Heilbehandlung, Untersuchung oder Beratung von Kranken befassen", verpflichtet, die Personen, die unter das „Gesetz zur Verhütung erbkranken Nachwuchses" fielen, anzuzeigen. Die Meldung ging an das Erbgesundheitsgericht, dem drei Personen angehörten: den Vorsitz übernahm ein Amtsrichter; Beisitzer waren ein beamteter sowie ein besonders mit der „Erbgesundheitslehre vertrauter Arzt". Die erste Zusammensetzung des Bremer Erbgesundheitsgerichts stand schon Anfang Dezember 1933 fest.[23] Vorsitzender wurde zunächst der Bremer Richter Wilhelm Bolland, ärztliche Mitglieder Brauneck sowie Fritz Schomburg mit dem Vertreter Erich Ertl. Als Braunecks Stellvertreter fungierten die Leiter der Bremer Nervenklinik, zunächst Friedrich Karl Walter, danach Theodor Steinmeyer und ab 1940 Walter Kaldewey. Während das Bremer Erbgesundheitsgericht dem Amtsgericht angegliedert war, befand sich das zuständige Erbgesundheitsobergericht beim Hanseatischen Oberlandesgericht in Hamburg. Hier konnten Einsprüche gegen Urteile des Bremer Erbgesundheitsgerichtes geltend gemacht werden. Das Bremer Erbgesundheitsgericht tagte am häufigsten im Verwaltungsgebäude der Bremer Nervenklinik. Wurde die Zwangssterilisierung „Im Namen des Deutschen Volkes!" beschlossen, erfolgte

Ausfertigung.

AG. XVI

Nr. 783/35.

Im Namen des Deutschen Volkes!

B e s c h l u s s.

In der Erbgesundheitssache

der

Frau Martha L. geb. L.,

geboren am 1893 zu Braunschweig,

hat das

Erbgesundheitsgericht zu Bremen

in seiner Sitzung vom 10. Dezember 1935,

an der teilgenommen haben:

Richter Bolland als Vorsitzender,

Direktor Dr. Steinmeyer,

Dr. med. Schomburg

als beisitzende Richter

beschlossen:

Die Unfruchtbarmachung der am 1893 zu Braunschweig geborenen Frau Martha L. geb. L., zuletzt wohnhaft Bremen, z.Zt. Bremische Heil- und Pflegeanstalt, wird angeordnet.

Die Kosten des gerichtlichen Verfahrens fallen der Staatskasse zur Last.

gez. Bolland gez. Dr. Steinmeyer gez. Dr. Schomburg

Für die Ausfertigung:

Büroangestellter,
als Urkundsbeamter d. Geschäftsstelle
d. Erbgesundheitsgerichts.

Beschluß des Erbgesundheitsgerichts vom Dezember 1935

kurze Zeit später die Überweisung bzw. Einweisung in das Krankenhaus St. Jürgen-Straße. Hier arbeiteten die befugten Operateure: der Leiter und der Oberarzt der chirurgischen Klinik sowie der Leiter der Frauenklinik.

Die Durchführung des Gesetzes, die in der Bremischen Heil- und Pflegeanstalt von Anfang an mit großem Eifer betrieben wurde, war im Anstaltsalltag mit Problemen verbunden. Es gab Klagen über Raumnot in den ohnehin schon bis an die Grenzen ihrer Kapazität und darüber hinaus belegten Gebäude. Schon am 18. Januar 1934 bat Anstaltsarzt Kraus, mit der Einweisung von Erbkranken, die „beobachtet und begutachtet" werden sollten, nach Möglichkeit noch zu warten, da die Anstalt zur Zeit sehr stark belegt sei. „Es erscheint zweckmäßig", fuhr er fort, „daß erst alle diejenigen unserer Kranken, die sterilisiert werden müssen und nach erfolgter Sterilisation entlassen werden können, von uns begutachtet und dann sterilisiert werden, damit wir auf diese Weise durch die Entlassung dieser Kranken in der Anstalt Platz gewinnen."[24] Doch die Hoffnung auf massenhafte Entlassungen, die viele Anstaltsärzte mit dem Sterilisationsgesetz verbunden hatten, erfüllte sich nicht. Das Gegenteil war der Fall, die Belegung nahm zu. Ende 1936 klagte Steinmeyer, daß der „Krankenbestand" seit 1929 eine ständig steigende Tendenz aufweise. Die Zahl der Insassen sei in dieser Zeit von 692 auf 860 gestiegen und werde voraussichtlich noch weiter steigen, da die Verfügungen des „Gesetzes zur Verhütung erbkranken Nachwuchses sich durch eine Verminderung von Erbkrankheiten bisher naturgemäß noch nicht auswirken. Und andererseits muß jeder Erbkranke, der in die Anstalt aufgenommen wird, bis zur Erledigung der gesetzlichen Formalitäten, d.h. bis zu dem rechtskräftigen Beschluß auf Unfruchtbarmachung oder bis zur rechtskräftigen Ablehnung des Antrages auf Unfruchtbarmachung, in der Anstalt zurückgehalten werden. Dazu sind gerade in den letzten Monaten noch auffallend viele jugendliche Erbkranke gehäuft in die Bremische Heil- und Pflegeanstalt eingeliefert worden. Die Anstalt ist damit hart bis an den Rand ihrer Belegfähigkeit gekommen."[25]

Doch Räumlichkeiten und Personal wurden weiterhin in den Dienst einer Sache gestellt, von der man überzeugt war, daß sie die kranke Gesellschaft heilen werde. So meldete Steinmeyer der Gesundheitsbehörde, daß er am 1. April 1936 eine „erbbiologische Abteilung" eingerichtet habe. Sie sei mit einem hauptamtlichen Arzt und einer Stenotypistin besetzt und habe bisher die „Sippen von 234 Kranken durchforscht ... Da im Durchschnitt bei jedem Kranken sicherlich 25 Sippenangehörige erfaßt und teilweise auch psychiatrisch untersucht werden, sind damit ... im ganzen schon etwa 6000 Personen erbbiologisch durchforscht worden."[26] Ein kurzer Auszug aus den Erinnerungen der Chefsekretärin vermittelt einen Eindruck vom Arbeitsalltag einer Mitarbeiterin der „erbbiologischen Abteilung": „Dienstag nachmittag. Sprechstunde für die Besucher. Das Wartezimmer sitzt gepfropft voll Menschen. Fräulein M. hat die Aufgabe, sich da die Angehörigen einzelner Patienten herauszufischen, um sie erbbiologisch auf Herz und Nieren auszufragen bis ins 17. Glied (was sich freilich die betreffenden Leute nicht immer klaglos gefallen lassen)."[27]

Bis 1944 wurden in Bremen 2665 Sterilisationsverfahren durchgeführt, 871 dieser Anträge stellten ÄrztInnen der Bremischen Heil- und Pflegeanstalt. Ihren Höhepunkt erreichten die Anträge aus der Ellener Anstalt mit 509 in den Jahren 1934 und 1935, die Zahl ging zurück auf 362 in den Jahren zwischen 1936 und 1944. Im ersten Jahr nach Verabschiedung des „Gesetzes zur Verhütung erbkranken Nachwuchses" hatte man bereits 35% aller PatientInnen der Bremischen Heil- und Pflegeanstalt sterilisiert.[28]

Jahr	Männer	Frauen	Insgesamt	HuPA HB*	Abgelehnt
1934	261	253	514	298	12
1935	410	406	816	211	122
1936	182	181	363	102	93
1937	185	130	315	91	54
1938	169	144	313	92	88
1939	75	67	142	27	27
1940	28	27	55	11	10
1941	28	24	52	13	10
1942	25	20	45	9	12
1943	13	24	37	15	10
1944	2	11	13	2	1
Insgesamt	1378	1287	2665	871	438

Sterilisationsverfahren zwischen 1934 und 1944 in Bremen [29] *(*Heil- und Pflegeanstalt Bremen)*

Daß der Anspruch auf Wissenschaftlichkeit häufig zur Farce geriet und von der Forderung nach sozialer Angepaßtheit ersetzt wurde, haben für die Hansestadt bereits Schmacke und Güse sowie Marßolek und Ott eindrücklich belegt. Auch an dem folgenden Fallbeispiel wird deutlich, daß die Betroffenen der Willkür der Ärzte und „Erbgesundheitsrichter" ohne Möglichkeit einer Gegenwehr ausgeliefert waren. Darüber hinaus kommt ein weiterer Aspekt zum Tragen, den Dirk Blasius wie folgt beschrieben hat: Die „‚auffällige Kombination', die in Sterilisationsverfahren eine ‚geschlechterspezifische Diagnostik' mit schichtenspezifischer Selektion einging, zeigt, wie weit psychiatrische Diagnostik politisch absacken konnte. Als historische Faustregel für das Sterilisationsgeschehen kann formuliert werden: Im ‚Dritten Reich' wurde nicht aus medizinischen Gründen sterilisiert, sondern immer dann, wenn keine medizinischen Gegengründe vorlagen."[30]

Emma G. – „Sozial und moralisch minderwertig"

Die 1899 geborene Emma G. wurde im März 1934 auf Veranlassung der Trinkerfürsorge durch die Polizei in die Bremische Heil- und Pflegeanstalt eingewiesen. Laut Bericht der Fürsorgestelle sei sie häufig betrunken gewesen und an ihrer Pflichtarbeitsstelle nicht erschienen. Außerdem bestehe der Verdacht auf „Männerfang". Einen Monat nach Anstaltsaufnahme notierte ein Assistenzarzt der Nervenklinik in ihrer Krankengeschichte: „Eine nähere Prüfung der Intelligenz der Pat. ergibt, daß man die Patientin nicht als schwachsinnig bezeichnen kann. Körperlich keine Symptome des chronischen Alkoholismus."[31] Im September desselben Jahres heißt es: „Nach eingehender Prüfung des Falles mußte man doch zu der Überzeugung kommen, daß Pat. für die Vornahme der Sterilisation in Frage kommt. Ein gewisser

Sittliche Allgemeinvorstellung:

(Warum lernt man?)	Damit man sich im Leben forthelfen kann.+
(Warum und für wen spart man?)	Damit man im Alter was hat;für sich und seine Nachkommen.
(Weshalb darf man auch sein eigenes Haus nicht anzünden?)	Weil es Versicherungsschwindel wäre (Wenn es aber nicht versichert ist?)Dann ist es Brandstiftung.
(Was darf man mit gefundenen 5—20—500 RM machen?)	Abgeben im Fundbüro.
(Wie denken Sie sich Ihre Zukunft?)	Heiraten.
(Was würden Sie tun, wenn Sie das große Los gewönnen?)	Das weiß ich noch nicht.
(Was ist Treue, Frömmigkeit, Ehrerbietung, Bescheidenheit?)	Treue:Freundschaft.Wenn man den andern nicht verlässt. Frömmigkeit: Wenn man viel betet. Ehrerbietung: Wenn ich jemand eine Ehre erteile. Bescheidenheit: Ø
(Was ist das Gegenteil von Tapferkeit?)	Gegenteil von Tapferkeit?) Feigheit.

„Ihre sittlichen Allgemeinvorstellungen sind z.T. sehr primitiv."

leichtgradiger Schwachsinn liegt bei ihr doch vor; dazu kommt in diesem Zusammenhang als erschwerendes Moment die soziale und moralische Minderwertigkeit. Das Erbgesundheitsgericht Bremen hat sich diesem Standpunkt auch angeschlossen und die Unfruchtbarmachung der Pat. beschlossen."

Der Verfasser des Sterilisationsgutachtens gibt die Gründe für den überraschenden Sinneswandel an: „In der Anstalt war sie zunächst frech und patzig und zeigte für ihre Verfehlungen keinerlei Einsicht. Sie hat sich zwar jetzt einigermaßen eingefügt, hat aber ihrem früheren Leben gegenüber immer noch nicht die richtige Stellungnahme gefunden. Wie aus der Vorgeschichte und aus der Anstaltsbeobachtung hervorgeht, handelt es sich bei der G. um eine psychopathische Persönlichkeit, die außerdem an einem leichtgradigen Schwachsinn leidet. Wie aus dem Intelligenzprüfungsbogen ersichtlich ist, sind die Ausfälle auf dem Gebiete des Intellekts nicht sehr erheblich, aber immerhin bei einer genaueren und ausführlichen Prüfung doch deutlich nachweisbar ... Ihre sittlichen Allgemeinvorstellungen sind z.T. sehr primitiv ... Es handelt sich bei Frl. G. um eine wenig gefestigte Persönlichkeit ... Wenn demnach die Ausfälle auf dem Gebiete des rein Intellektuellen wohl nicht ganz oder doch nur gerade genügen, bei Frl. G. von einem Schwachsinn zu sprechen, der die Anwendung des Gesetzes zur Verhütung erbkranken Nachwuchses auf sie rechtfertigen würde, so muß man doch bei der gleichzeitigen Berücksichtigung ihrer darüber hinaus wenig wertvollen Persönlichkeit zu der Überzeugung kommen, daß Frl. G. doch zu jenen Individuen gehört, die der Gesetzgeber bei der Schaffung des obigen Gesetzes im Auge hatte".

Nachfolgend machte sich der Gutachter daran, die Erblichkeit ihres konstruierten „Schwachsinns" nachzuweisen. Da die Vorgeschichte und die Anstaltsbeobachtung keinen Anhaltspunkt dafür ergeben hätten, daß der vorhandene Schwachsinn erworben sei, müsse ein ererbter Schwachsinn vorliegen. Es fehlten zwar die Unterlagen, um dies zu beweisen, das werde aber vom Gesetzgeber auch gar nicht verlangt. Zwei Drittel aller unter dem nationalsozialistischen Regime sterilisierten Personen wurden auf Grund der Diagnose „Schwachsinn“ unfruchtbar gemacht. Da jedoch eine Erblichkeit im Einzelfall schwer nachweisbar war, ersetzte der Gesetzgeber den Begriff des „erblichen“ durch den des „angeborenen Schwachsinns“. Wie der Bremer Oberarzt ganz richtig bemerkte, umfaßte diese Diagnose alle Fälle von Geistesschwäche, für deren Entstehung keine exogene – also äußere – Ursache nachgewiesen werden konnte.[32] Die Konstruktion der Diagnose „angeborener Schwachsinn“ war für die geplante Unfruchtbarmachung unumgänglich. Denn obwohl es viele Psychiater lebhaft bedauerten, war die „Psychopatie“ keine Indikation des „Gesetzes zur Verhütung erbkranken Nachwuchses“. Entsprechende Forderungen zu einer gesetzlichen Erweiterung wurden abgelehnt.[33] „Indem ‚asozialen Psychopathen‘, also Menschen, die keinem geordneten Beruf nachgingen oder straffällig geworden waren, ‚moralischer Schwachsinn‘ unterstellt wurde, konnte man sie in die rassenhygienischen Sterilisierungen einbeziehen, ohne das ‚Psychopathie‘ eine Indikation gewesen wäre.“[34]

Im November 1934 wurde die Arbeiterin Emma G. in der Frauenklinik der Krankenanstalt St. Jürgen-Straße zwangsweise sterilisiert.

„Zwischenfälle“

In Bremen starben mindestens neunzehn Frauen und Männer an den Folgen der Sterilisationsoperation. Allein in den Jahren 1934 und 1935 waren es vierzehn Frauen.[35] Selbst im Berliner Reichsinnenministerium war man auf die hohe Todesziffer aufmerksam geworden, die „weit über dem sonstigen prozentualen Durchschnitt“ (fast 5% zu 1%) lag.[36] Bei Nachprüfungen kristallisierten sich zwei Gründe für die Todesfälle heraus: zum einen die eingeschränkte Arbeitsfähigkeit des betagten Operateurs, der infolge einer schweren Erkrankung auf einem Auge erblindet war. Möglicherweise, so räumte man ein, habe dieser Umstand dazu geführt, daß die Operationen sehr lange dauerten, also viel Narkotikum verbraucht worden sei und zahlreiche Gefäße verletzt worden seien. Eine zweite Ursache lag in der Praxis, Patientinnen, die nach der Operation „starke motorische Unruhe“ zeigten, durch Beruhigungsmittel zu disziplinieren oder zu fesseln, „wodurch erfahrungsgemäß die Unruhe selbst nicht gebessert wird, sondern weiter den Körper auf das Stärkste beansprucht und meist durch Erschöpfung und Kreislaufschwäche zum Tode führt“.[37]

Besonders besorgt zeigten sich die Verantwortlichen über die moralische Wirkung der Todesfälle auf die MitarbeiterInnen im Krankenhaus und die Bevölkerung. Daher solle alles geschehen, „um diese nun einmal nicht ganz vermeidbaren Zwischenfälle auf das Mindestmaß herabzumindern.“[38] Im August 1935 trat der Leiter der Frauenklinik vor Erreichen der Altersgrenze in den Ruhestand. Rechtliche Folgen hatten die „Zwischenfälle“ nicht. In der folgenden Zeit wurden zahlreiche Beschlüsse des Erbgesundheitsgerichts auf Zwangssterilisation ausgesetzt. Insbesondere ging man in der Frauenklinik dazu über, die Patientinnen, deren Sterilisation beschlossen worden war und die man bereits in die Klinik überwiesen hatte, bei schlechter körperlicher Verfassung nicht zu operieren, sondern in die Nervenklinik zurückzuschicken. Wie hoch die tatsächliche Zahl der Frauen war, die an den Folgen des körperlichen Eingriffs starben, wird sich wohl nie klären lassen. Im Fall der 26jährigen Christa W.[39] hatte Steinmeyer dem Amtsarzt ausdrücklich mitgeteilt, die junge Frau sei „nicht etwa an den Folgen der Operation, sondern ... [an dem] extremen Schwächezustand nach wochenlanger Ernährungslosigkeit" gestorben. Tatsächlich hatte die Operation bei der Patientin die bekannte tödliche Kettenreaktion ausgelöst. Um der zunehmenden Unruhe und den Manipulationen an der Wunde entgegenzuwirken, waren bereits in der Krankenanstalt St. Jürgen-Straße ständig starke Sedativa verabreicht worden. Diese „Behandlung" führte man in der Bremischen Heil- und Pflegeanstalt bei der offensichtlich völlig verwirrten und verängstigten Frau weiter fort. Siebzehn Wochen nach dem operativen Eingriff starb Christa W. an „allgemeiner Körper- und Kreislaufschwäche (durch Nahrungsverweigerung)". Der auffallende Zusammenhang zwischen Zwangsoperation und Tod wurde geleugnet und so die „nun einmal nicht ganz vermeidbaren Zwischenfälle" auf das geforderte Mindestmaß beschränkt.

Die 1902 geborene Erika F.[40] wuchs in schwierigen sozialen Verhältnissen auf. Mit ihrer Familie lebte sie zunächst im Armenhaus, später zog sie zu einer Tante. Als Jugendliche arbeitete sie für kurze Zeit bei verschiedenen Bauern. Mit fünfzehn Jahren stand sie unter dem Verdacht der „Gewerbsunzucht", mit 26 Jahren erkrankte sie an Syphilis und Tripper. Da sie laut Angabe ihrer Schwester unter Wahnideen und Tobsuchtsanfällen litt, wurde sie im Jahre 1928 in die Bremische Heil- und Pflegeanstalt eingewiesen. Hier beschrieb man sie als „außerordentlich renitent und bockig". 1929 stellte ein Arzt der Nervenklinik die Diagnose „Huntingtonsche Chorea mit Psychose". Im März 1933 notierte man in ihrer Krankenakte: „Sehr oft gereizt und plötzlich zuschlagend. Sie war lange Zeit zu keiner geregelten Tätigkeit zu bewegen. Nachdem man sie in der Zupfstube auf der gemeinsamen Bank zwischen die anderen Patientinnen eingereiht hat, beschäftigt sie sich ganz nett."

Am 18. September 1934 beschloß das Erbgesundheitsgericht ihre Unfruchtbarmachung. Jetzt lautete die Diagnose: "Schizophrenie bei angeborenem Schwachsinn". Während der Operation stellte man fest, daß Erika F. auf Grund früherer Erkrankungen bereits unfruchtbar war. Die 32jährige starb fünf Tage später an den Folgen der Operation.

Mariechen F. – „Zigeunermischling"

Mit Beginn des Zweiten Weltkriegs wurde die „Durchführung und Bearbeitung der Erbgesundheitssachen weitgehend eingeschränkt". Ab sofort sollten nur noch die Fälle, „in denen besonders große Fortpflanzungsgefahr besteht"[41], bearbeitet werden. Die Sterilisationspolitik wurde „modifiziert, radikalisiert und für die Zeit nach dem ‚Endsieg' neu bestimmt".[42] Nun räumte man erbpflegerischen Forderungen wie der „rassischen Reinhaltung des Volkskörpers" gegenüber rein medizinischen Diagnosen Priorität ein. Die im folgenden dargestellte Lebensgeschichte verdeutlicht diese Entwicklung in besonders eindringlicher Weise.

Maria, die von allen Mariechen genannt wurde, kam im September 1927 in der Nähe von Aurich zur Welt. Ihre Mutter, laut Akteneintrag eine „Zigeunerin", Vater unbekannt, ließ das Kind im Alter von drei Monaten im Städtischen Krankenhaus in

Mariechen F. 1942

Bremen zurück. Aus dem Kinderheim Mainstraße, in dem das Mädchen nur kurze Zeit lebte, vermittelte man sie an eine Pflegestelle in einem Dorf nahe Bremen. Die heute 80jährige Tochter der Pflegefamilie erinnert sich, daß man ihre Mutter sehr bedrängte, das Kind aufzunehmen: „Es wollte sie ja keiner haben. Meine Mutter, die eigentlich einen Jungen wollte, bekam ihn nur unter der Bedingung, daß sie Mariechen dazu nahm. Als sie älter wurde, hatte sie auch keine Freundinnen oder Freunde.

Unser Haus lag ja so weit abseits, da gab es kaum Kinder, und die Kinder aus ihrer Klasse spielten nicht mit ihr. Die Eltern wollten das nicht, sie war ja anders, sie war ja nicht arisch."[43] Mariechens äußere Erscheinung – schwarze Haare und dunkle Hautfarbe – signalisierte den DorfbewohnerInnen auf den ersten Blick ihr Anderssein. Grund genug, den Dorfkindern den Umgang mit Mariechen zu verbieten.

„Sie können sich ja vorstellen, wie das auf dem Dorf war", berichtet Frau L., die als Schwiegertochter mit im Haushalt lebte, „natürlich wurde sie in der Schule oft gehänselt. Und dann kam die Zeit, wo sie hätte konfirmiert werden sollen. Aber sie ist ja nicht konfirmiert worden, sie war ja einfach nicht arisch. Die Nachbarn haben aber trotzdem Geld gegeben, am Konfirmationstag, und meine Schwiegermutter ist dann mit ihr losgefahren, Kleider kaufen. Da war sie so glücklich. Danach kam Nachricht, daß sie in Arbeit kommen sollte. Sie sollte zu einem Bauern, aber das wollte meine Schwiegermutter nicht, daß sie dahin geht. Sie hat ihr dann eine Stelle besorgt, in einem Kindergarten: aufwaschen und saubermachen. Das hatte ihr meine Schwiegermutter auch beigebracht, das Aufwaschen und Saubermachen, damit sie nicht beim Bauern arbeiten mußte. Sie hatte sich zu dieser Zeit so hübsch rausgemacht. Sie war so schön gewachsen und hatte so schöne Haare, sie war ein hübsches Mädchen geworden. Manchmal, wenn Schützenfest oder eine kleine Schulfeier war, dann sind wir zusammen dorthin gegangen, und dann war sie so glücklich, wenn sie mal rauskam."[44]

Mariechen beendete die sechsstufige Volksschule Ostern 1942. Sie hatte lediglich die zweite Klasse erreicht. Direkt im Anschluß daran trat sie eine Stelle als Hausgehilfin in einem NSV-Kindergarten an. Für Mariechen F., die auf Grund ihrer „rassischen Andersartigkeit" fortwährend diffamiert und ausgegrenzt worden war, hatte die Pflegefamilie bis jetzt einen weitgehenden Schutz geboten. Der Eintritt ins Arbeitsleben und ihr Weggang aus der Familie, führten sie infolge ihrer Zugehörigkeit zur Volksgruppe der Sinti in eine lebensbedrohende Lage. Die Leiterin des NSV-Kindergartens wandte sich schon nach wenigen Wochen an das Jugendamt. Sie schrieb: „Es handelt sich bei Mariechen um ein schwachsinniges Mädchen, welches sehr triebhaft, aufdringlich, hemmungslos, wenig leistungsfähig in der Arbeit, aber willig und gehorsam und anhänglich ist. Im Kindergarten ist sie schwer tragbar, dazu kommt, daß sie als nichtarisch (Zigeuner) für die NSV-Arbeit nicht in Frage kommt. M. ist sehr männertoll und versucht mit allen vorübergehenden Männern anzubändeln ... Antrag auf beschleunigte Durchführung der Sterilisation läuft."[45] Noch im selben Monat wurde Maria in das Bremer „Marthasheim"[46] gebracht. Als sie auch hier angeblich wieder versuchte, Kontakt zu Männern aufzunehmen, erfolgte die polizeiliche Einweisung[47] in die Bremer Nervenklinik. Dr. Rogal konstatierte in seiner Verfügung zur Zwangseinweisung, „der Zigeunermischling Mariechen F. [ist] in so hohem Maße triebhaft ..., daß er seine Umgebung gefährdet."[48] Laut Rogal sei die Jugendliche eine „ständige Gefahr für ihre Umgebung", da sie zu „häufig wechselndem Geschlechtsverkehr" neige. Mit dieser Feststellung bezog er sich auf den Bericht der Leiterin des Kindergartens, die angab, Mariechen sei mit einem Flaksoldaten in „unzweideutiger Situation" erwischt worden. Darüber hinaus wies er an, auch der „Kriminalpolizei, Abteilung Bekämpfung des Zigeunerunwesens, Kenntnis zu geben, damit diese die nötigen Schritte in die Wege leiten kann, um, wie telefonisch vereinbart, die F. evtl. aus dem Reichsgebiet abzuschieben."[49]

Die Tragweite dieser knappen Notiz wird offenbar, wenn man sich das Schicksal der Sinti und Roma während der NS-Zeit vor Augen führt.[50] Bereits Ende 1938 begann auch in Bremen die systematische Verfolgung der Sinti aus rassischen Gründen. Kurz nach Kriegsbeginn folgte der sogenannte Festsetzungserlaß, der darauf hinauslief, alle „Zigeuner" und „Zigeunermischlinge" in Lagern zu sammeln. Von hier aus deportierte man hunderte Sinti und Roma von Bremen aus in den Tod.

Der weitere Lebensweg der Maria F. läßt auch erkennen, mit welch unnachgiebiger Härte die verantwortlichen Ärzte und Richter für die Ziele der Rassenhygiene eintraten. Mit ihrer Zwangseinweisung in die psychiatrische Anstalt wurde das junge Mädchen den fortlaufenden Repressionen des Gesundheitsapparates ausgesetzt, aus dessen engmaschigem Netz sie nicht mehr entkommen konnte. Die Diagnose „Imbecillitas"[51] attestierte nun neben der rassischen die geistige Minderwertigkeit.

Doch zunächst stellte der betreuende Arzt fest, daß sie sich auf der Abteilung „dauernd gut" einfüge, ruhig und umgänglich sei und fleißig, aber wenig geschickt in der großen Nähstube helfe. Er schlug vor, wegen des noch sehr jugendlichen Alters der Patientin, das „Erbgesundheitsgerichtsverfahren" nicht eher als notwendig einzuleiten. Sie sei in der Anstalt „gutartig" und seines Erachtens nicht „ernstlich gemeingefährlich". Abschließend empfahl er statt Sterilisierung die Unterbringung in einem geschlossenen Erziehungsheim für junge Mädchen.

Hier wird ein vorsichtiger und zaghaft vorgetragener Widerspruch zu der Einweisungsverfügung des Amtsarztes laut, auf den dieser jedoch umgehend und sehr bestimmt reagierte. Verärgert wandte er sich an den Anstaltsleiter und verlangte, „nunmehr das Erbgesundheitsgerichtsverfahren durchzuführen." Kurz und energisch fuhr er fort: „Ich darf mich dabei bezüglich der Dringlichkeit beziehen auf unsere kürzliche Besprechung zusammen mit Herrn Dr. Ritter. Die F. ist nicht nur, weil sie mehr oder weniger schwachsinnig im Sinne des Erbgesundheitsgesetzes ist, als absolut unerwünscht in bezug auf Nachwuchs anzusehen, sondern ebensosehr deswegen, weil sie als Zigeunermischling infolge ihres gegenüber den Deutschblütigen ganz anders gearteten Trieblebens mit Sicherheit dann, wenn es zur Fortpflanzung kommt, unerwünschten Nachwuchs zur Welt bringt. Aus erbbiologischen und rassenhygienischen Gründen ist deshalb die Unfruchtbarmachung besonders dringlich." Der so in seine Schranken verwiesene Oberarzt erstellte jetzt das benötigte Gutachten, in dem er zu der erwünschten Diagnose „angeborener Schwachsinn" gelangte. Die offensichtliche Überforderung des Mädchens bei den Fragen des „Intelligenztests", ihre „Urteilsschwäche" sowie ihr „ganzes Gehabe" und Mienenspiel seien für ihn Ausdruck des Schwachsinns. Daß es sich hierbei um angeborenen Schwachsinn handele, sei dadurch belegt, daß es keinen Anhaltspunkt für eine äußere Ursache gäbe.

Der von Rogal erwähnte Dr. (Robert) Ritter war am 8. Dezember 1942 auf Einladung der „Rassenhygienischen Fachgesellschaft" nach Bremen gekommen, um interessierte BremerInnen über „Das Asozialenproblem"[52] zu informieren. Der vor allem mit „Zigeunerfragen" befaßte Leiter der rassenhygienischen und bevölkerungsbiologischen Forschungsstelle des Reichsgesundheitsamtes setzte sich unermüdlich dafür ein, die Fortpflanzung vor allem der „Zigeunermischlinge" endgültig zu unterbinden, und verwahrte sich vehement dagegen, „die noch fortpflanzungsfähigen Zigeuner über die Reichsgrenze nach Osten abzuschieben." Ein solcher Schritt werde „auf die Dauer gesehen ohne Erfolg" bleiben, so Ritter, da er die Belange der „Erb- und Rassenpflege" nicht ausreichend berücksichtige.[53]

In die „Sterilisationssache Mariechen F." schaltete sich nun der Vorsitzende des Bremer Erbgesundheitsgerichts, Wilhelm Bolland, ein, indem er Zweifel an dem Nutzen eines solchen Verfahrens anmeldete. Er schrieb: „Vater unbekannt, Mutter ist

Zigeunerin. Die Marie F. ist schwachsinnig u. minderwertig ... Welches Interesse hat der Staat daran in Zeiten des Krieges u. äußerster Anspannung des Volkes solche Verfahren durchzuführen? Das Kind hat keine deutsche Staatsangehörigkeit, erhielt eine Stelle als Hausgehilfin im NSV-Kindergarten. Kann die Ausweisung der Mutter u. des Kindes aus dem deutschen Reichsgebiet erfolgen?"[54] Zu diesem Zeitpunkt – Ende Februar 1943 – bedeutete die Formulierung „Ausweisung aus dem deutschen Reichsgebiet": Auschwitz! Am 16. Dezember 1942 hatte Himmler befohlen, „Zigeunermischlinge, Rom-Zigeuner und nicht deutschblütige Angehörige zigeunerischer Sippen balkanischer Herkunft nach bestimmten Richtlinien auszuwählen und in einer Aktion von wenigen Wochen in ein Konzentrationslager einzuweisen."[55] Doch Rogal wandte sich mit seiner ärztlichen Autorität entschieden gegen den Vorschlag Bollands: Vom amtsärztlichen Standpunkt müsse mit „Nachdruck die Notwendigkeit betont werden ..., gegen Menschen, wie die Mariechen F., mit aller Energie vorzugehen. Sowohl die Unfruchtbarmachung ist dringend erforderlich, als auch die Ausscheidung aus der Volksgemeinschaft auf die eine oder andere Weise. Aber auch dann, wenn Ausweisungen aus dem Reichsgebiet erfolgen sollten, muß das Erbgesundheitsverfahren vorher durchgeführt werden."

Jetzt war das Erbgesundheitsgerichtsverfahren am 6. August 1943 nur noch eine Formalität. Natürlich wurde die Unfruchtbarmachung beschlossen und im November 1943 durchgeführt. Wenige Tage nach der Operation erfolgte der Bombenangriff auf die Nervenklinik, und man verlegte Maria F. mit vielen anderen in das Kloster Blankenburg. Doch schon drei Tage später holte man sie zurück. Im Tausch mit einer arbeitsunfähigen Patientin hatte man sie als „gute Arbeitskraft" zurückbeordert.

Am 1. März 1944 brachte man sie auf polizeiliche Anweisung in das Versorgungsheim und Arbeitshaus Farmsen[56] bei Hamburg. Aus Blatt 42 ihrer Krankenakte erfahren wir im amtsüblichen Sprachgebrauch etwas über die letzten Lebensmonate des „ZM" [Zigeunermischling, G.E.] Mariechen F. Von Hamburg-Farmsen wurde sie schon sechs Wochen später in das „Zigeunerlager Auschwitz"[57] deportiert und von hier aus in das Frauenkonzentrationslager Ravensbrück, wo sie am 25. September 1944, vier Tage nach ihrem siebzehnten Geburtstag, starb.[58]

Kontinuitätslinien über 1945 hinaus

Die „Auslese- und Ausmerzeideologie" war keine nationalsozialistische Erfindung. Gerade innerhalb der Ärzteschaft der Heil- und Pflegeanstalten hatte die sozialdarwinistische und rassenhygienische Anschauung seit Jahren einen fruchtbaren Nährboden gefunden. Sie überdauerten auch das Ende der NS-Diktatur. Wie in allen gesellschaftlichen Bereichen verschwanden nach 1945 auch in der Medizin die zentralen Begrifflichkeiten der nationalsozialistischen Ideologie, das dahinterstehende Denken indes änderte sich kaum. Es wurde übersehen, daß es gerade die Rassenhygiene mit ihrer „Etikettierung von Menschen" gewesen war, die den späteren „rassenhygienisch motivierten Tötungshandlungen vorgearbeitet"[59] hatte. Am 1. Dezember 1944 stellten die Erbgesundheitsgerichte ihre Tätigkeit ein.[60] Nach Kriegsende war man nicht bereit, das GzVeN als ungültig zu erklären. Unter anderem, so die Argumentation, sei das Gesetz ja kein Nazi-Gesetz gewesen, sondern bereits vor 1933 im Kern fertiggestellt und von allen medizinischen Kapazitäten begrüßt worden.[61] Auch Heinrich Schulte[62], ab 1945 Bremer Anstaltsleiter, meldete noch 1947 „gelegentlich ... Fälle von Erbkrankheiten an das Gesundheitsamt".[63] Schon 1946 wurden in Bremen Überlegungen angestellt, wie Sterilisierungen unter den veränderten gesellschaftlichen Bedingungen fortgeführt werden könnten.[64] Der Entwurf eines neuen Sterilisationsgesetzes, das allerdings nicht verabschiedet wurde, löste eine „Expertendiskussion" aus, in deren Verlauf Schulte, der den vorbereiteten Text als unbrauchbar ablehnte, eine Sonderregelung anregte. Da ja „gerade Schwachsinnige in erster Linie vom Gesetz zu erfassen wären ... wäre [es] demnach m.E. durchaus zu erörtern, ob nicht für die Schwachsinnigen – und auch die aus meist schwer belasteter Sippe stammenden antisozialen, haltlosen Psychopathen – eine Pflicht zur Unfruchtbarmachung festzusetzen wäre."[65] Mit diesem Ansinnen ging Schulte über die Forderungen der nationalsozialistischen Gesetzgeber hinaus, die die „Psychopathie" nicht als Indikation zur rassenhygienischen Sterilisierung in das GzVeN aufgenommen hatten. Allerdings gab es Möglichkeiten, diese „Gesetzeslücke" zu umgehen – wie das Beispiel von Emma G. gezeigt hat.

Auch Dr. Carow vom Landesgesundheitsamt Bremen machte Zweifel an dem neuen Entwurf geltend und schlug vor, auf das Gesetz vom 14. Juli 1933 zurückzugreifen: „Es kann keinem Zweifel unterliegen, daß ein Sterilisationsgesetz für eine Kulturnation notwendig ist, und es ist immer wieder bei jeder Erörterung darauf hinzuweisen, daß das bisherige z.Zt. ruhende deutsche Gesetz vom 14.7.1933 kein nationalsozialistisches Gesetz ist, sondern lange vorbereitet war".[66]

Nach einer Verordnung der britischen Besatzungszone war es vom Juli 1947 an möglich, eine „Wiederaufnahme von Verfahren in Erbgesundheitssachen"[67] zu beantragen. In der Praxis bedeutete das, die Betroffenen mußten sich einer erneuten psychiatrischen Begutachtung unterziehen und bekamen im besten Fall die Bestätigung, daß sie zu Unrecht sterilisiert worden waren. Darüber hinaus war es auch möglich, Anträge auf Refertilisation (Wiederfruchtbarmachung) zu stellen. Erst 1988 hat der Rechtsausschuß des Deutschen Bundestages das NS-Sterilisierungsgesetz als Unrechtgesetz geächtet.[68]

Propagandaplakat gegen vermeintlich „Erbkranke“. Volk und Rasse. Illustrierte Monatsschrift für deutsches Volkstum, 1936.

Die Vernichtung der „Lebensunwerten"

1920 veröffentlichten zwei hochangesehene deutsche Gelehrte, der Jurist Karl Binding und der Psychiater Alfred Hoche, die Schrift „Die Freigabe der Vernichtung lebensunwerten Lebens – Ihr Maß und ihre Form". Darin forderten sie erstmals die rechtliche Freigabe der „Vernichtung lebensunwerten Lebens". Obwohl zu diesem Zeitpunkt noch nicht über eine Entwicklung entschieden war, die in die „Euthanasie" des NS-Regimes führen sollte, gehörten sie zu den ideologischen Wegbereitern. Im Mittelpunkt ihrer Argumentation stand eine Kosten-Nutzen-Rechnung. Wörtlich heißt es: „Die Frage, ob der für diese Kategorien von Ballastexistenzen notwendige Aufwand nach allen Richtungen gerechtfertigt sei, war in den verflossenen Zeiten des Wohlstandes nicht dringend; jetzt ist es anders geworden, und wir müssen uns ernstlich mit ihr beschäftigen. Unsere Lage ist wie die der Teilnehmer an einer schwierigen Expedition, bei welcher die größtmögliche Leistungsfähigkeit Aller die unerläßliche Voraussetzung für das Gelingen der Unternehmung bedeutet, und bei der kein Platz ist für Halbe-, Viertels- und Achtels-Kräfte. Und an anderer Stelle: „Es ist eine peinliche Vorstellung, daß ganze Generationen von Pflegern neben diesen leeren Menschenhülsen dahinaltern, von denen nicht wenige 70 Jahre und älter werden." Hoche sei überzeugt, schrieb er, „daß die Beseitigung der geistig völlig Toten kein Verbrechen, keine unmoralische Handlung, keine gefühlsmäßige Roheit, sondern einen erlaubten, nützlichen Akt darstellt." Noch ganz unter dem Eindruck des tausendfachen Todes an den Kriegsfronten des Ersten Weltkriegs, formulierte der Jurist: „Denkt man sich … ein Schlachtfeld, bedeckt mit Tausenden toter Jugend … und stellt man in Gedanken unsere Idioteninstitute mit ihrer Sorgfalt für ihre lebenden Insassen daneben – und man ist auf das Tiefste erschüttert von diesem grellen Mißklang zwischen der Opferung des teuersten Gutes der Menschheit im größten Maßstabe auf der einen und der größten Pflege nicht nur absolut wertloser, sondern negativ zu wertender Existenzen auf der anderen Seite."[2]

Obwohl diese als „Euthanasie" bezeichnete Lebensvernichtung in den nachfolgenden juristischen und medizinischen Diskussionen überwiegende Ablehnung erfuhr[3], scheint es in der Psychiatrie einen weitgehenden Konsens gegeben zu haben, daß in bestimmten Situationen das Lebensrecht des Starken über das Lebensrecht des Schwachen zu stellen sei.[4] So warnte Karl Bonhoeffer im Mai 1920 zwar vor der „Gefahr der Überspannung" sozialdarwinistischer Ideologie, beschrieb aber zugleich die Situation, die ein eingeschränktes Lebensrecht von Kranken legitimierte: „Fast könnte es scheinen, als ob wir in einer Zeit der Wandlung des Humanitätsbegriffes stünden. Ich meine nur das, daß wir unter den schweren Erlebnissen des Krieges das einzelne Menschenleben anders zu bewerten genötigt wurden als vordem und daß wir in den Hungerjahren des Krieges uns damit abfinden mußten zuzusehen, daß unsere Kranken in den Anstalten in Massen an Unterernährung dahinstarben, und dies fast gutzuheißen in dem Gedanken, daß durch diese Opfer vielleicht Gesunden das Leben erhalten bleiben könnte. In der Betonung dieses Rechts der Gesunden auf Selbsterhaltung, wie sie eine Zeit der Not mit sich bringt, liegt die Gefahr der Überspannung, die Gefahr, daß der Gedanke der opfermütigen Unterordnung der Gesunden unter die Bedürfnisse der Hilflosen und Kranken, wie er der wahren Krankenpflege zugrunde liegt, gegenüber den Lebensansprüchen der Gesunden an lebendiger Kraft verliert."[5] Die Kriegsjahre lasteten schwer auf den Schultern der Psychiatrie; sie hatten den „ersten großen Entwertungsschub für das Lebensrecht psychisch kranker Menschen im 20. Jahrhundert gebracht"[6].

Die Kinder-„Euthanasie"

Der erste Schritt zur systematischen „Vernichtung lebensunwerten Lebens" begann 1939 wenige Tage vor dem Beginn des Zweiten Weltkriegs. Am 18. August 1939 versandte das Reichsministerium des Innern einen streng vertraulichen Runderlaß an alle Gesundheitsämter.[7] Hebammen und Ärzte wurden darin verpflichtet, die Geburt eines „mißgebildeten" oder „geistig unterentwickelten" Kindes per beigefügtem Meldebogen anzuzeigen.[8] Darüber hinaus bestand eine Meldepflicht für Kinder, die das dritte Lebensjahr noch nicht vollendet hatten. Die Altersgrenze wurde nach und nach auf acht bis siebzehn Jahre erweitert.[9] Als Auslöser der Kindermordaktion gilt die Tötung eines behinderten Kindes in der Leipziger Universitäts-Klinik unter Leitung von Professor Werner Catel. Die Eltern des Kindes hatten sich 1939 an die „Kanzlei des Führers" gewandt mit der Bitte, die Tötung des Kindes zu veranlassen.
In den Meldebögen wurden als „schwere angeborene Leiden" genannt:
1. Idiotie sowie Mongolismus (besonders Fälle, mit Blindheit und Taubheit);
2. Mikrocephalie [eine von der Norm abweichende Kleinheit des Kopfes,G.E.];
3. Hydrocephalus [Wasserkopf, G.E.], schweren bzw. fortschreitenden Grades;
4. Mißbildungen jeder Art, besonders Fehlen von Gliedmaßen, schwere Spaltbildungen des Kopfes und der Wirbelsäule usw.
5. Lähmungen einschließlich Littelscher Erkrankung [spastische Lähmungen, G.E.].

Die ausgefüllten Meldebögen gingen an den Berliner „Reichsausschuß zur wissenschaftlichen Erfassung von erb- und anlagebedingten schweren Leiden". Der hier benutzte Wissenschaftsbegriff diente der Legitimation, die Postfachadresse der Tarnung. Tatsächlich verbarg sich hinter der Adresse die Abteilung II b in der „Kanzlei des Führers" unter der Leitung des Agrarwissenschaftlers Hans Hefelmann und seines Stellvertreters Richard von Hegener. Sie leiteten die Bögen der als „unheilbar" gemeldeten Kinder an drei Gutachter weiter, die dann über Leben und Tod des Kindes entschieden, ohne es je gesehen zu haben. Waren sich die begutachtenden Kinderärzte Werner Catel und Ernst Wentzler sowie der Jugendpsychiater Hans Heinze in dem Urteil „lebensunwert" einig, wurde das Kind in eine der sogenannten „Kinderfachabteilungen" eingewiesen. Bis Kriegsende gab es etwa dreißig solcher Abteilungen, überwiegend an Heil- und Pflegeanstalten, aber auch an Universitätskliniken und Kinderkrankenhäusern. Viele starben an Medikamentenüberdosierungen, manche ließ man einfach verhungern.[10] Die Zahl der in den „Kinderfachabteilungen" getöteten Kinder wird auf mindestens 5000 geschätzt.[11] Den Eltern der Kinder täuschte man vor, daß es sich um eine erfolgversprechende, wenn auch nicht ungefährliche letzte Behandlungsmöglichkeit handele.[12] Allerdings gibt es auch Berichte über eine verdeckte bis offene Zustimmung der Eltern zur Tötung ihrer Kinder.

Durch die staatliche Ideologie wurden sie sowohl unter permanenten psychischen, aber auch materiellen Druck gesetzt. Ein behindertes Kind konnte als Makel und als eine Bedrohung für die ganze Familie erlebt werden, galt es doch als Beweis für die „erbliche Belastung". Ab März 1941 gab es nur noch Kindergeld für Kinder, die zu „brauchbaren Volksgenossen heranwachsen" würden.[13]

Nach dem Krieg sagte Hefelmann aus, auch in Bremen habe eine „Kinderfachabteilung" existiert.[14] Es ist jedoch auszuschließen, daß sich diese Abteilung auf dem Gelände der Bremer Nervenklinik befunden hat. Die Aufnahme von Kindern in die Nervenklinik erfolgte nur übergangsweise und in Ausnahmefällen, wie bei der fünf Jahre alten körperlich- und geistig behinderten Gerda K., die man nach der Bombenzerstörung ihres Elternhauses für wenige Wochen in der Nervenklinik versorgte.[15] Auch der neunjährige Hans-Rainer M. lebte nur wenige Wochen in der Ellener Anstalt. Er war 1942 auf Gesuch des Hauptgesundheitsamtes wegen epileptischer Anfälle in die Nervenklinik eingewiesen worden. Zwei Monate später schrieb Kaldewey: „Da in unserer Klinik eine Kinderabteilung nicht besteht, so mußte M. wegen der Fluchtgefahr auf die unruhige Männerabteilung der Klinik verlegt werden. Dieser Aufenthalt ist für Hans-Rainer unzweckmäßig. Es wird empfohlen, M. in die Alsterdorfer Anstalten bei Hamburg zu verlegen."[16]

Behinderte Säuglinge bzw. Kleinkinder, zu deren Tötung man die „Kinderfachabteilungen" eingerichtet hatte, wurden zu keinem Zeitpunkt in der Ellener Anstalt aufgenommen. Unbeantwortet ist jedoch die Frage, was mit jenen Neugeborenen und Kleinkindern geschehen ist, die von Bremen dem „Reichsausschuß" gemeldet worden waren.

Die „Aktion T4"

Während es vorgesehen war, die Arbeit des „Reichsausschusses" zur gesetzlich geregelten Routine der Gesundheitsverwaltung und die Ermordung behinderter Säuglinge und Kinder zur „Selbstverständlichkeit in der Medizinerausbildung"[17] werden zu lassen, wurde die „Aktion T 4" von vornherein als Sondermaßnahme geplant. Im Verlauf der Nürnberger Ärzteprozesse erinnerte sich Karl Brandt an eine frühere Äußerung Hitlers, der bereits 1935 gesagt habe, daß er im Kriegsfalle die „Euthanasiefrage aufgreifen und durchführen werde", weil er der Meinung sei, „daß ein solches Problem im Kriege zunächst glatter und leichter durchzuführen ist, daß offenbare Widerstände, die von kirchlicher Seite zu erwarten wären, in dem allgemeinen Kriegsgeschehen nicht diese Rolle spielen würden wie sonst."[18]

Folgerichtig nahm die Erwachsenen-„Euthanasie" kurz vor Kriegsbeginn konkrete Formen an und führte schließlich zum sogenannten „Euthanasie"-Erlaß. Unter Umgehung aller Rechtsnormen verfaßte Hitler im Oktober 1939 ein formloses Geheimschreiben, in dem er seinen Begleitarzt Karl Brandt und den Leiter der Kanzlei des Führers, Philipp Bouhler, ermächtigte, „die Befugnisse namentlich zu bestimmender Ärzte so zu erweitern, daß nach menschlichem Ermessen unheilbar Kranken bei kritischster Beurteilung ihres Krankheitszustandes der Gnadentod gewährt werden kann."[19] Durch die Rückdatierung des Schriftstücks auf den Tag des Kriegs-

Die „Euthanasie"-Beauftragten Philipp Bouhler und Karl Brandt (rechts)

beginns machte Hitler das „Leitmotiv seines Handelns" deutlich: Psychisch kranke Menschen, auf dem Weg zum „Endsieg" ebenso hinderlich wie nicht zu dem Bild einer durch „Kampf gestählten Rasse" passend, sollten getötet werden.[20] Mit dem Erlaß Hitlers zur Ermordung erwachsener PatientInnen war die letzte Stufe der Radikalisierung in der Gesundheitspolitik erreicht. Bereits vor dem Beginn der „Aktion T4" waren in Polen, Ostpreußen und Pommern PatientInnen von Erschießungskommandos von SS-Sonderformationen und Wehrmacht, in fahrbaren Gaskammern und durch Vergiftungen hingerichtet worden.[21]

Das sich konstituierende Leitungsgremium der geplanten „Aktion" traf sich am 9. Oktober 1939 in Berlin unter Vorsitz von Philipp Bouhler. Karl Brandt sowie führende Psychiater und Verwaltungsbeamte legten das Planziel der „Aktion" fest: „Die Zahl [der Opfer, G.E.] ergibt sich aus einer Berechnung, der das Verhältnis 1000:10:5:1 zugrundeliegt. Das bedeutet: Von 1000 Menschen bedürfen 10 psychiatrischer Betreuung, von diesen 5 in stationärer Form, davon aber fällt ein Kranker unter die Aktion, d.h. von 1000 Menschen wird einer von der Aktion erfaßt. Auf die Bevölkerungszahl des Großdeutschen Reiches übertragen, hat man demnach mit 65000 bis 7000 Fällen zu rechnen." Des weiteren diskutierte man die Todesart: da eine Tötung durch Einspritzungen bei der großen Anzahl von Opfern undurchführbar schien, entschied man sich für den Gastod mit Kohlenmonoxyd.[22]

In den folgenden Monaten wurde ein umfangreicher Verwaltungsapparat für das staatlich organisierte Töten geschaffen, der auf Geheimhaltung und Täuschung basierte. Die Adresse in der Berliner Tiergartenstraße 4 lieferte die Tarnbezeichnung zur „Aktion T 4". Verschiedene Institutionen, sämtlich von der Kanzlei des Führers kontrolliert, waren in ihr vertreten. Zunächst die „Reichsarbeitsgemeinschaft Heil- und Pflegeanstalten" (RAG), die für die Erfassung, Begutachtung und Auswahl der zu tötenden Menschen zuständig war. Die MitarbeiterInnen der „Gemeinnützigen Stiftung für Anstaltspflege" organisierten den Bau und die Wartung der Tötungsanstalten, sorgten für den Ankauf des Giftgases und die Auswahl des „Euthanasie"-Personals. Die „Gemeinnützige Krankentransportgesellschaft GmbH" (Gekrat) war für die Zusammenstellung und den Versand der Verlegungslisten und schließlich für die Deportation der Kranken in die Tötungsanstalten verantwortlich. Als letzte Abteilung kam 1941 die „Zentralverrechnungsstelle Heil- und Pflegeanstalten" (ZVST) hinzu, die vornehmlich die Pflegekostenabrechnung durchführte und durch gezielte Täuschung der Kostenträger enorme Gewinne „erwirtschaftete".[23] Die Krankenmordaktion war bis ins kleinste Detail geregelt. Am 9. Oktober 1939 begann die Verschickung von Meldebögen an alle psychiatrischen Anstalten im Deutschen Reich. Gemeldet werden sollten „sämtliche Patienten, die

1. an nachstehenden Krankheiten leiden und in den Anstaltsbetrieben nicht oder nur mit mechanischen Arbeiten (Zupfen u.ä.) zu beschäftigen sind:
   Schizophrenie,
   Epilepsie (wenn exogen, Kriegsdienstbeschädigung oder
   andere Ursachen angeben),
   senile Erkrankungen,
   Therapie-refraktäre Paralyse und andere Lues-Erkrankungen,
   Schwachsinn jeder Ursache,
   Encephalitis,
   Huntington und andere neurologische Endzustände;
   oder
2. sich seit mindestens 5 Jahren dauernd in Anstalten befinden;
   oder
3. als kriminelle Geisteskranke verwahrt sind;
   oder
4. nicht die deutsche Staatsangehörigkeit besitzen oder nicht deutschen oder artverwandten Blutes sind unter Angabe von Rasse und Staatsangehörigkeit."[24]

Ziel der Erhebung war es, vor allem jene Kranken zu erfassen, deren Arbeitskraft eingeschränkt war und die als therapieunfähig, also „unheilbar" galten. Die Angaben, die zur Arbeitsfähigkeit gemacht werden sollten, wurden im Laufe der Zeit immer differenzierter. Während zunächst Umschreibungen wie „leistet nicht viel, guter Facharbeiter, dauernd, häufig oder nur zeitweise beschäftigt", gefordert wurden, mußte später der Wert der Arbeitsleistung mit der Leistung Gesunder verglichen werden. Die ausgefüllten Bögen gingen an die Berliner Zentrale. Von hier aus schickte man sie an drei Gutachter, deren Urteil über Leben und Tod entschied. Ein Pluszeichen bedeutete Tod, ein Minuszeichen Weiterleben.

Der Obergutachter in der Berliner „T 4"-Zentrale fügte als letzte Instanz ein Plus oder Minus hinzu. Seine Unterschrift erfolgte zwar nur „pro forma, sie bedeutete aber das Siegel der höchsten Autorität nicht nur des Programms, sondern der deutschen akademischen Psychiatrie, weil der Unterzeichner im allgemeinen ein prominenter Professor war."[25] Alle Gutachter urteilten, ohne je den Patienten oder die Patientin gesehen zu haben. Allein auf Grundlage von Meldebögen wurden die als unheilbar und arbeitsunfähig eingestuften Kranken in eine der sechs Tötungsanstalten verlegt und in Gaskammern mit Kohlenmonoxydgas ermordet. Ein komplexes System von Zwischen- oder Durchgangsanstalten diente zum einen der Tarnung – den Angehörigen sollte die Suche nach den verschleppten Kranken erschwert werden –, zum anderen konnten die MitarbeiterInnen in den Tötungsanstalten ihre Opfer „nach Bedarf" abrufen. Von Beginn an herrschte unter den Beteiligten Unzufriedenheit; eine rechtliche Grundlage für ihr Handeln existierte nicht. Daher arbeitete eine in die „Aktion“ eingeweihte Spitzengruppe von etwa dreißig Personen ein „Gesetz über die Leidensbeendigung bei unheilbaren Kranken und Lebensunfähigen“ aus.[26] Hitler verwarf schließlich die Gesetzesinitiative, da er an „einer unbürokratischen Prozedur unter Umgehung der staatlichen Dienststellen und in völliger Geheimhaltung interessiert“ war.[27]

Von Januar 1940 bis August 1941 starben in den sechs psychiatrischen Anstalten, die eigens zu Tötungsanstalten umgewandelt worden waren, 70 273 Menschen.[28] Es waren die Anstalten in Grafeneck, Brandenburg, Bernburg, Pirna/Sonnenstein, Hadamar und Hartheim bei Linz. Öffentliche Unmutsäußerungen, Proteste von kirchlicher Seite und eine zunehmende Berichterstattung im Ausland führten dazu, daß die „Aktion T4“ am 24. August 1941 auf mündlichen Befehl Hitlers gestoppt wurde.[29] Unberührt davon blieb die Tätigkeit des „Reichsausschusses“, dessen Kompetenzen sogar auf ältere Kinder und Jugendliche erweitert wurden, um dem „ausgefallenen Programm einen gewissen Ersatz“[30] zu bieten.

„Sonderbehandlung 14f13“

Auf die sogenannte „Sonderbehandlung 14f13“[31] hatte der offizielle „Euthanasie“-Stopp ebenfalls keine Auswirkungen. Der Begriff „Sonderbehandlung“ stand im NS-Sprachgebrauch für physische Vernichtung. „14f13“ war das Aktenzeichen, unter dem die Konzentrationslagerinspektion beim „Reichsführer-SS“ die Aktion führte. Um die Lager durch den immer größer werdenden Anteil körperlich kranker KZ-Häftlinge „nicht zu belasten und andererseits die Häftlinge nicht unnötig zu beunruhigen, sollte die ‚T4‘ mit ihren Einrichtungen und ihrem geschulten Personal die Aufgabe der Beseitigung übernehmen.“[32] Bis Frühjahr 1943 kamen nun „T4“-Ärzte in die Konzentrationslager Auschwitz, Buchenwald, Dachau, Mauthausen, Flossenbürg, Groß-Rosen, Neuengamme, Ravensbrück und Sachsenhausen und füllten hier die ihnen vertrauten Meldebögen aus. In der Folgezeit starben die Frauen und Männer aus den sogenannten „Invalidentransporten“ in den berüchtigten Gaskammern der „Euthanasie“-Anstalten in Hartheim bei Linz, Sonnenstein/Pirna und Bernburg.

Als im Frühjahr 1943 auf Grund der Kriegslage nahezu alle KZ-Häftlinge in der Rüstungsindustrie eingesetzt wurden, beendete man die erste Phase der „Sonderbehandlung 14f13“, die Tötungsanstalten Bernburg und Sonnenstein/Pirna wurden geschlossen, die Gutachter der „T4“ aus den Konzentrationslagern zurückgezogen. Eine Ausnahme bildete die Tötungsanstalt Hartheim, hier wurden bis in den Winter 1944/45 weiterhin Menschen vergast. Die Zahl der KZ-Häftlinge, die im Rahmen der „Sonderbehandlung 14f13“ in den Tötungsanstalten der „Aktion T4“ umgekommen sind, wird auf 20 000 geschätzt.[33]

Ein Teil des freigewordenen „T4“-Personals stellte man für die „Aktion Reinhard“[34] ab. Auf Initiative Reinhard Heydrichs, des Chefs des Reichssicherheitshauptamtes, wurden 1941/42 im besetzten Polen die Vernichtungslager Belzec, Sobibor und Treblinka errichtet. Der Aufbau und die Organisation des Lagers sowie die Durchführung der Massenmorde lagen weitgehend in den Händen ehemaliger „T 4"-MitarbeiterInnen. Das bei der „Euthanasie" angewandte Verfahren behielt man bei. „Es ist das Schema einer industriemäßig betriebenen Vernichtung von großen Menschengruppen, die vom Nazismus als ‚lebensunwert' bezeichnet wurden. Das begann in Hartheim, Bernburg und in den anderen Vernichtungsanstalten der ‚T 4'; es fand seine Fortsetzung in Treblinka, Sobibor und Belzec; und es endete schließlich in Auschwitz."[35]

Krankentötungen nach dem Stopp der „Aktion T 4"

Mit dem Abbruch der Vergasungen nahm der Massenmord hinter Anstaltsmauern kein Ende, lediglich die Methoden änderten sich. Nicht mehr Gas, sondern Überdosierungen von Medikamenten, Injektionen mit Luft, Morphium-Scopolamin und Nahrungsentzug wurden zum Töten eingesetzt. Auch die Berliner Zentrale der „Reichsarbeitsgemeinschaft für Heil- und Pflegeanstalten" mit ihren Unterabteilungen blieb weiter bestehen. Im Oktober 1941 ernannte man Herbert Linden – Ministerialrat in der Abteilung Gesundheitswesen des Innenministeriums und maßgeblich an der Kinder- wie an der Erwachsenen-„Euthanasie" beteiligt[36] – zum „Reichsbeauftragten für die Heil- und Pflegeanstalten". Damit war das gesamte Anstaltswesen einer einheitlichen Leitung unterstellt und die Leitungskompetenz ins Reichsinnenministerium verlagert.[37]

Die Arbeit des neuen „Reichsbeauftragten" konzentrierte sich zunächst auf die Bearbeitung der weiterhin eingesandten Meldebögen. Ab Dezember 1942 ordnete Linden die halbjährliche Meldung *aller* Kranken an[38], um – wie aus einem späteren Protokollvermerk hervorgeht – „bei einer eventuellen Aufhebung des Stopps in der Lage zu sein, mit dem Arbeiten beginnen zu können."[39] Ein weiterer Schwerpunkt war die Erfassung des vorhandenen Anstaltsraumes und dessen künftige Nutzung. Zuständig dafür war eine Planungsabteilung, die bereits im Frühjahr 1941, noch unter der Leitung der „T 4", ihre Arbeit aufgenommen hatte. Ihr Leiter, Dr. Herbert Becker, bereiste zusammen mit dem Verwaltungsspezialisten Ludwig Trieb und einem Photographen alle deutschen Anstalten, um eine wirtschaftliche Bestandsaufnahme zu erstellen, auf deren Grundlage die psychiatrische Versorgung reichsweit optimiert werden sollte.[40] Das Ergebnis war eine differenzierte Einordnung der vorhandenen Versorgungsinstitutionen hinsichtlich wirtschaftlicher und therapeutischer Gegebenheiten, Besitzverhältnissen, und der zukünftigen Verwendung. Infolge des Kriegsverlaufs ließen sich jedoch darauf basierende Planungen nicht mehr ausführen.[41]

Zwei Hauptverantwortliche der „Aktion T 4", Karl Brandt und Viktor Brack, sagten während der Nürnberger Prozesse aus, daß der mündliche Befehl Hitlers zum Stopp der „Aktion" genügt habe, „da die gesetzliche Anordnung selbst nicht aufgehoben wurde, da grundsätzlich nach dem Kriege die Euthanasie weiter betrieben werden sollte".[42] Brandt erinnerte sich des weiteren, bei einer Unterhaltung mit

Krankenhäuser entstanden in ländlicher Umgebung

Für die Bremer Bevölkerung

—dt. Der Krieg hat manches Krankenhaus, das früher für die Bevölkerung zur Verfügung stand, in ein Reserve-Lazarett der Wehrmacht umgewandelt. Durch die britischen Terrorangriffe ist außerdem leider schon manches Krankenhaus in Mitleidenschaft gezogen worden, außerdem mußten die Verletzten derartiger Luftangriffe sofortige und sachgemäße Pflege finden. Alle diese Umstände haben dazu geführt, außerhalb der Städte in ländlicher Umgebung sogenannte Ausweichkrankenhäuser zu errichten, die die Gewähr dafür bieten, daß bei der Aufnahme von Kranken kein Bettenmangel eintritt. Bremen ist die erste deutsche Stadt, für die solche Sonderanlagen errichtet und bereits in Betrieb genommen wurden.

Dieser Tage hatten wir Gelegenheit, mit dem Leiter des Hauptgesundheitsamts der Hansestadt Bremen, Präsident Dr. Wex, die in Betrieb und in Bau befindlichen Anlagen dieser Art in Augenschein zu nehmen. Jedes Bremer Krankenhaus besitzt oder erhält in Kürze eine solche Sonderanlage in ländlicher Umgebung. Für das Rote Kreuz Krankenhaus befindet sie sich in der Nähe einer benachbarten Ortschaft links der Weser, für die Große Krankenanstalt, das St. Josephstift und die Diakonissen-Anstalt befinden sich die teils fertigen, teils in Vorbereitung befindlichen Ausweichkrankenhäuser vor den Toren eines Ortes rechts der Weser. Jede dieser Sonderanlagen verfügt über 500 Betten; ihre Zahl kann aber ohne Schwierigkeit oder Beengung jederzeit auf je 640 Betten erhöht werden. Erstellt und ausgestattet wurden die neuen Einrichtungen von der Organisation Todt, die damit einen hervorragenden Beweis ihrer umfassenden Leistungen auch auf diesem Gebiet gegeben hat.

Unsere Besichtigung führte uns zunächst in die Sonderanlage des Roten Kreuz Krankenhauses links der Weser. Sie liegt malerisch unter den Bäumen eines kleinen Gehölzes eingebettet, umgeben von idyllischer Ruhe und der

Phot. Cüppers (2)

Unter schattigen Bäumen verstreut liegen die einzelnen Gebäude

Schönheit der Natur. Die ganze Anlage besteht aus etwa zwölf Holzhäusern, die in dem Gelände verstreut liegen. Freundliche Gartenwege, Rasenflächen, geschmückt mit Zier- und Nutzsträuchern, verbinden die flachen Bauten zu einer kleinen, schmucken Stadt für sich. Wir finden sechs Krankenbauten vor, einen Behandlungsbau, einen Wirtschaftsbau, einen Verwaltungsbau, das Schwesternhaus und das Per- Krankenanlage entstanden, die dem modernsten und besteingerichteten großstädtischen Krankenhaus in nichts nachsteht.

Mancher Patient fühlt sich dort heute wohlgeborgen und sieht hoffnungsfroh seiner baldigen Genesung entgegen. Es fehlt an nichts, was zu seiner Behandlung nötig ist. Hagelneu sind die Betten und alle Einrichtungsgegenstände vom größten bis zum kleinsten Stück, so daß

Ausschnit aus den Bremer Nachrichten vom 9. März 1943

„anderen Mitarbeitern des Programms" habe man darüber gesprochen, „daß es nicht unerwünscht sei, wenn der eine oder andere Arzt in den Anstalten dazu bereit wäre, einen Patienten zu töten, durch Einspritzungen oder Überdosierungen, wenn er von dessen Auslöschung überzeugt sei. Dieser Vorgang würde dann ohne jede Norm und ohne jedes Verfahren erfolgen".[43] Tatsächlich gingen zahlreiche Anstaltsdirektoren, unterstützt von Ärzten und vom Pflegepersonal, dazu über, die ihnen anvertrauten PatientInnen an Ort und Stelle zu töten.[44] So erließ das bayerische Staatsministerium des Inneren am 30. November 1942 den sogenannten „Hungerkost-Erlaß", in dem „mit sofortiger Wirkung" angeordnet wurde, sowohl in „quantitativer wie in qualitativer Hinsicht diejenigen Insassen der Heil- und Pflegeanstalten, die nutzbringende Arbeit leisten oder in therapeutischer Behandlung stehen, … zu Lasten der übrigen Insassen besser" zu verpflegen.[45] Direktor Pfannmüller richtete daraufhin in der Heil- und Pflegeanstalt Eglfing Haar zwei „Hungerhäuser" ein und erklärte in einer Ärztekonferenz, daß den PatientInnen nichts „anderes zu essen gegeben werden [solle] als Gemüse und Kartoffeln, am Sonntagabend eine dicke Suppe ohne Fett und alle 14 Tage am Sonntagmittag ein Fleischhaschee. Die Menge sollte pro Kopf und Mahlzeit auf einen halben Liter beschränkt bleiben." Pfannmüllers eindeutiger Kommentar zu dieser „Hungerdiät": „Wir halten sie fett- und eiweißlos, dann gehen sie von selber".[46]

Die dezentralen Krankenmorde knüpften in verschiedenen Regionen an Vorkriegsentwicklungen an. Die Leiter der sächsischen Heil- und Pflegeanstalten waren beispielsweise bereits vor Kriegsbeginn angewiesen worden, unruhige Kranke durch überdosierte Medikamentengaben zu beseitigen.[47] Die Tötung kranker Menschen gehörte hier zum Anstaltsalltag. Für die Verantwortlichen war die Macht, über Leben und Tod zu entscheiden, zu einem Privileg geworden, auf das sie auch nach dem Stopp der „Aktion T 4" nicht verzichten wollten.[48]

Mit der Verschärfung des Luftkriegs über Deutschland verschärfte sich auch der Krieg gegen die psychisch Kranken. Dem wachsenden Krankenhaus- und Lazarettbedarf sollte durch Schaffung geeigneter Räumlichkeiten – insbesondere in Heil- und Pflegeanstalten – Rechnung getragen werden. Bereits im August 1941 hatte Hitlers Begleitarzt Karl Brandt, in Zusammenarbeit mit der „Organisation Todt" begonnen, Ersatz- oder Umbauten für beschädigte Krankenhäuser zu besorgen. Daraufhin wurden im Herbst 1941 die Anstalten Strecknitz bei Lübeck und Rickling für Hamburg, die Anstalt Neustadt/Holstein für Kiel, das Kloster Blankenburg für Wilhelmshaven und die Rotenburger Anstalten der Inneren Mission für Bremen geräumt.[49] Nach der Ernennung Brandts zum Bevollmächtigten für das Sanitäts- und Gesundheitswesen im Juli 1942 begannen erneut Verlegungstransporte aus zahlreichen Heil- und Pflegeanstalten. Um jeden Zusammenhang mit dem gestoppten Mordprogramm zu vermeiden, ließ der Verantwortliche durch staatliche Pressestellen verbreiten: „Diese zweckmäßige Maßnahme [die Bereitstellung von Heil- und Pflegeanstalten für Lazarett- und Krankenhauszwecke, G.E.] wird infolge der Verlegung von Patienten aus Heil- und Pflegeanstalten in andere Heime in bestimmten Kreisen der Bevölkerung eine gewisse Unruhe hervorrufen. Da die Patienten aber tatsächlich nur für die Kriegsdauer verlegt werden, werden deren Angehörige über den neuen Aufenthaltsort auch vorher unterrichtet. Es soll auch ermöglicht werden, daß in entsprechend sinnvollem Umfang die Kranken weiter besucht werden können".[50] Daß die Unruhe durchaus berechtigt war, offenbart die weitere Entwicklung. Die Verlegungen richteten sich nun nicht mehr nach einem vorher ausgearbeitetem Plan mit zentral zusammengestellten Listen, sondern folgten dem örtlichen Bedarf. Die Anzahl der Menschen, die über die „Reichsarbeitsgemeinschaft" deportiert wurde, ergab sich aus den „medizinischen Folgen eines Bombenangriffes".[51] Die geisteskranken PatientInnen mußten verschwinden, wenn die Anstalt als Ausweichkrankenhaus oder Reservelazarett von körperlich Verletzten benötigt wurde oder – wie am Beispiel der Bremer Nervenklinik – Gebäude zerstört worden waren. Die Auswahl der zu verlegenden Kranken trafen die Anstaltsärzte; alleinige Kriterien waren Arbeitsfähigkeit und Pflegeaufwendigkeit. In dieser Phase der „Euthanasie" waren Entscheidungsprozesse der lokal und regional Verantwortlichen in den Gesundheitsverwaltungen der Länder und Provinzen weitaus bedeutender als „zentrale Vernichtungsplanungen". Dennoch war die situationsbedingte „Euthanasie" kein „‚wildes' Töten; ihre Regelhaftigkeit verweist darauf, wie verbindlich die Eckpfeiler der nationalsozialistischen Rassenpolitik, die Unterscheidung zwischen lebenswert und lebensunwert, geworden war."[52]

Erfassung zur Vernichtung

Im Herbst 1939 begann man, die Meldebögen zu verteilen, die PsychiatriepatientInnen zu erfassen und festzulegen, wer getötet werden sollte. Hierbei sind große regionale Unterschiede zu verzeichnen; so verschickte man Formulare zunächst in die südlichen Landesteile wie Württemberg und Baden sowie Sachsen[53], während die Anstalten in den nördlichen und westlichen Regionen die Meldebögen erst ab Juni 1940 zugesandt bekamen. Der Zeitpunkt und das Ausmaß des Einbeziehens von einzelnen Anstalten in die „Aktion T4" korrespondiert mit dem Eintreffen der Meldebögen. So waren die Kranken aus den zuerst angeschriebenen Anstalten in weit größerem Maße betroffen als diejenigen, welche man nach Juni 1940 „meldebogenmäßig“ erfaßte. Für die zeitlichen und regionalen Differenzen gibt es unterschiedliche Erklärungsansätze: einerseits die begrenzte Aufnahmekapazität in den Tötungsanstalten, andererseits das Fehlen ausgesprochener „Euthanasie“-Befürworter in den verantwortlichen Positionen der „Abgabe“-Anstalten bzw. der vorgesetzten Behörden. Darüber hinaus muß berücksichtigt werden, daß im Westen des Reiches zunächst keine geeignete Tötungsanstalt gefunden wurde. Erste Absichten, die Heil- und Pflegeanstalt Wehnen bei Oldenburg als „Euthanasieanstalt“ für Nordwestdeutschland einzurichten, wurden bald wieder aufgegeben.[54] Welche Gründe auch letztendlich bei der regionalen und zeitlichen Verteilung der Meldebögen ausschlaggebend waren, die Tatsache der späten Erfassung hatte zur Folge, daß aus den Anstalten Nordwestdeutschlands im Rahmen der „Aktion T 4“ weit weniger Transporte erfolgten als aus den übrigen Regionen.

In der Bremer Nervenklinik trafen die ersten Meldebögen Anfang August 1940 ein, wie die Durchschläge in den vorhandenen Krankenakten belegen. Am 31. August 1941 zog die Berliner „T 4“-Zentrale Bilanz: die Bremer Nervenklinik hatte 265 Meldebögen eingereicht.[55] Verschiedentlich ließ sich die „Reichsarbeitsgemeinschaft Heil- und Pflegeanstalten“ nach den Meldebögen auch die Krankenakten der betreffenden PatientInnen zuschicken.[56] Offensichtlich herrschte bei den Gutachtern Uneinigkeit darüber, ob ein Plus- oder ein Minuszeichen angemessen sei. Während uninformierte Anstaltsdirektoren zu Beginn der Erfassung die Arbeitsfähigkeit ihrer PatientInnen häufig sehr viel niedriger einstuften, als sie in Wirklichkeit war[57] – sie befürchteten, die in ihrem Wirtschaftsbetrieb noch arbeitsfähigen PatientInnen zu verlieren – und sie damit der Ermordung preisgaben, steht außer Frage, daß der Direktor der Bremer Nervenklinik im August 1940 sehr genau über die möglichen Konsequenzen von Formulierungen wie „durchaus ersetzbar“, „ziemlich nutzlose Existenz“, „als Arbeitskraft wertlos“ oder „zu keiner Arbeit zu gebrauchen“ unterrichtet war. Faulstichs These, daß die Zahl der Opfer umso größer war, je näher der oder die Verantwortlichen der „Aktion T 4“ standen[58], scheint auf die Bremer Nervenklinik nicht zuzutreffen, denn der Ellener Anstaltsleiter hatte sehr früh Kontakte zur Berliner „T 4“-Zentrale und bekundete darüber hinaus mit seiner Einlassung zum geplanten „Euthanasie“-Gesetz seine prinzipielle Zustimmung.[59]

In seiner Publikation über die Geschichte der Lübecker Heilanstalt kommt Delius zu dem Schluß, „die Tatsache, daß kein Strecknitzer Patient im Rahmen der T 4-Maßnahmen … deportiert und umgebracht wurde, [scheint] weniger ein Verdienst der Anstaltsleitung in Strecknitz als vielmehr eine Frage des Zeitplans der T 4-Zentrale gewesen zu sein, die die Leerung der norddeutschen Heilanstalten erst für einen späteren Zeitpunkt vorsah.“[60] Ein ähnliches Bild ergibt sich bei den Anstalten Langenhorn in Hamburg[61], Wehnen bei Oldenburg[62] und Lüneburg[63]. So bewahrte der Stopp der „Aktion T 4“ im August 1941 auch zahlreiche Bremer PatientInnen vor der Deportation in die Gaskammern der „Euthanasie“-Anstalten, vor dem Tod bewahrte er sie allerdings nicht. Sie starben infolge von Medikamentenvergiftung oder Nahrungsentzug in Wehnen, Hadamar, Meseritz und Uchtspringe.

Bereits Anfang 1940 war der Kreis derjenigen, die genaue Kenntnisse über den geplanten Krankenmord besaßen, auch in Bremen groß. Neben Kaldewey gehörte auch Senator Erich Vagts und mit ihm der Bremer Senat zu den Eingeweihten. Bürgermeister Böhmcker hatte Vagts den Auftrag erteilt, an der Berliner Sitzung des

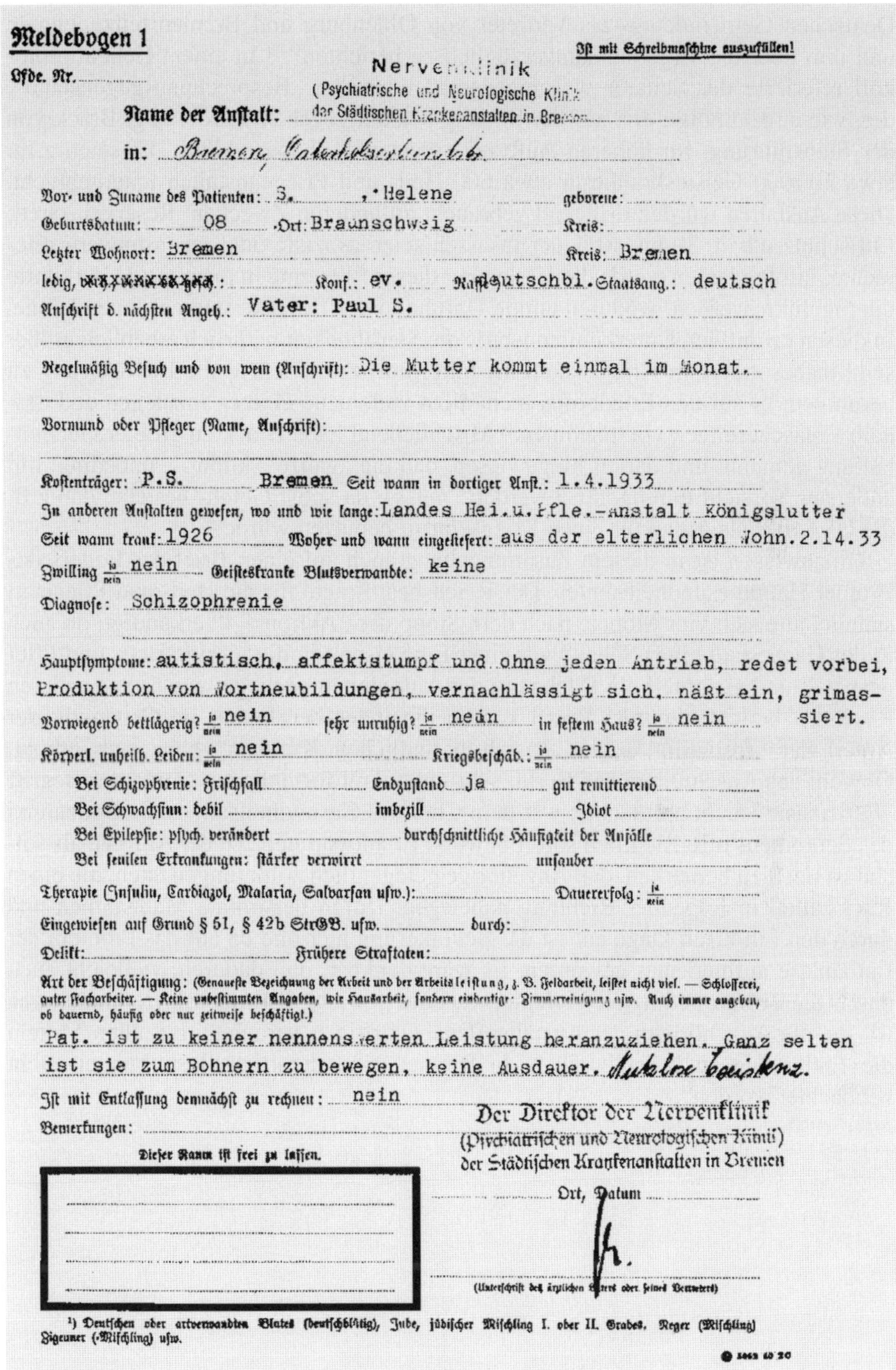

Meldebogen 1

Ist mit Schreibmaschine auszufüllen!

Lfde. Nr. ....

Name der Anstalt: Nervenklinik (Psychiatrische und Neurologische Klinik der Städtischen Krankenanstalten in Bremen

in: Bremen, [illegible]

Vor- und Zuname des Patienten: S., Helene   geborene:

Geburtsdatum: 08   Ort: Braunschweig   Kreis:

Letzter Wohnort: Bremen   Kreis: Bremen

ledig, XXXXXXXXXXX: Konf.: ev.   Rasse[1]: deutschbl.   Staatsang.: deutsch

Anschrift d. nächsten Angeh.: Vater: Paul S.

Regelmäßig Besuch und von wem (Anschrift): Die Mutter kommt einmal im Monat.

Vormund oder Pfleger (Name, Anschrift):

Kostenträger: P.S. Bremen   Seit wann in dortiger Anst.: 1.4.1933

In anderen Anstalten gewesen, wo und wie lange: Landes Hei.u.Pfle.-anstalt Königslutter

Seit wann krank: 1926   Woher und wann eingeliefert: aus der elterlichen Wohn.2.14.33

Zwilling ja/nein: nein   Geisteskranke Blutsverwandte: keine

Diagnose: Schizophrenie

Hauptsymptome: autistisch, affektstumpf und ohne jeden Antrieb, redet vorbei, Produktion von Wortneubildungen, vernachlässigt sich, näßt ein, grimassiert.

Vorwiegend bettlägerig? ja/nein: nein   sehr unruhig? ja/nein: nein   in festem Haus? ja/nein: nein

Körperl. unheilb. Leiden: ja/nein: nein   Kriegsbeschäd.: ja/nein: nein

Bei Schizophrenie: Frischfall .... Endzustand ja .... gut remittierend ....

Bei Schwachsinn: debil .... imbezill .... Idiot ....

Bei Epilepsie: psych. verändert .... durchschnittliche Häufigkeit der Anfälle ....

Bei senilen Erkrankungen: stärker verwirrt .... unsauber ....

Therapie (Insulin, Cardiazol, Malaria, Salvarsan usw.): ....   Dauererfolg: ja/nein

Eingewiesen auf Grund § 51, § 42b StrGB. usw. ....   durch: ....

Delikt: ....   Frühere Straftaten: ....

Art der Beschäftigung: (Genaueste Bezeichnung der Arbeit und der Arbeitsleistung, z. B. Feldarbeit, leistet nicht viel. — Schlosserei, guter Facharbeiter. — Keine unbestimmten Angaben, wie Hausarbeit, sondern eindeutige: Zimmerreinigung usw. Auch immer angeben, ob dauernd, häufig oder nur zeitweise beschäftigt.)

Pat. ist zu keiner nennenswerten Leistung heranzuziehen. Ganz selten ist sie zum Bohnern zu bewegen, keine Ausdauer. Nutzlose Existenz.

Ist mit Entlassung demnächst zu rechnen: nein

Bemerkungen: ....

Dieser Raum ist frei zu lassen.

Der Direktor der Nervenklinik
(Psychiatrischen und Neurologischen Klinik)
der Städtischen Krankenanstalten in Bremen

.... Ort, Datum ....

[illegible]

(Unterschrift des ärztlichen Leiters oder seines Vertreters)

[1] Deutschen oder artverwandten Blutes (deutschblütig), Jude, jüdischer Mischling I. oder II. Grades, Neger (Mischling) Zigeuner (-Mischling) usw.

5463 40 20

„Nutzlose Existenz" – Meldebogen der Bremer Nervenklinik vom September 1940

Deutschen Gemeindetags als Vertreter von Oldenburg und Bremen teilzunehmen und ihm über das Ergebnis „unverzüglich zu berichten".[64] In einem Geheimprotokoll referierte der Senator weisungsgemäß über den „Besprechungsgegenstand", der, wie angekündigt, erst auf der Sitzung bekanntgegeben wurde. „Pg. Brack von der Stabsführung, im höheren Auftrage sprechend", habe erklärt: „Es seien z.Zt. etwa 300000 Geisteskranke in etwa 600 Heil- und Pflegeanstalten untergebracht. Diese Anstalten würden dringend gebraucht zu anderen Zwecken: Reservelazarett, Luftschutz u.a.m. 30 bis 40 % der Insassen seien asoziale oder lebensunwerte Elemente, infolgedessen werde die Umlegung dieser Elemente in *primitive* Unterkünfte durchgeführt werden, wodurch einige Unruhe in der Bevölkerung entstehen könne. In diesen primitiven Unterkünften werde die Sterblichkeit natürlich erheblich größer sein, insbesondere in Kriegszeiten. Er bitte [um] zweierlei: a) die Bevölkerung zu beruhigen; b) auf den Friedhöfen nicht allzu viele neue Gräber anzulegen und deshalb Einäscherungen vorzunehmen." Abschließend habe Brack zu größter Geheimhaltung gemahnt und darauf hingewiesen, daß die „ganze Aktion ... unbedingt mit äußerster Vorsicht durchgeführt werden" müsse, da sonst Gefahr bestehe, daß z.B. die USA dies als Anlaß für einen Kriegseintritt benutzen würde.[65]

Hinzuweisen ist in diesem Zusammenhang auch auf einen Brief des Leiters des Bremer Hauptgesundheitsamtes. Der Reichsbeauftragte für die Heil- und Pflegeanstalten hatte sich vier Monate nach dem Stopp der „Aktion T4" erkundigt, ob auch in der Hansestadt eine „Scheu" vor einer Einweisung in die hiesige Heil- und Pflegeanstalt und eventuell ein Rückgang der Aufnahmen vorliege, wie es aus anderen Regionen berichtet würde. Rogal konnte ihn indes beruhigen; im Gegenteil, der Anteil der „freiwillig in der Anstalt befindlichen Kranken" habe sich erhöht. Obwohl das Anschreiben aus Berlin sehr unkonkret formuliert war und der Begriff „Euthanasie" nicht auftauchte, war dem Chef des Gesundheitsamtes die Bedeutung des Schreibens offensichtlich sofort bewußt. Er antwortete: „Zu der Anfrage als solche ist noch zu bemerken, daß Angehörige gelegentlich Äußerungen taten, die einen Rückschluß in folgender Richtung nahelegen. Durch bestimmte Maßnahmen und durch den Film ‚Ich klage an' ist die Bevölkerung hier und da auf das Problem der Euthanasie aufmerksam geworden. Es wäre denkbar, daß dadurch, vielleicht auch durch die örtlich bedingten Verhältnisse, eine gewisse Vertrauenskrise eingetreten ist, die die Angehörigen der Anstaltspflegebedürftigen veranlaßt, mit allen Mitteln die Entlassung zu beschleunigen. In Bremen sind derartige Bestrebungen nicht beobachtet worden".[66]

Ärzte in der Bremer Nervenklinik

Direktor der ersten bremischen Irrenanstalt, die im Mai 1904 als „St. Jürgen-Asyl für Geistes- und Nervenkranke“ eröffnet wurde, war Professor Dr. Anton Delbrück. Mit seiner Berufung hatte sich der Bremer Senat für einen Anstaltsleiter entschieden, dessen Psychiatriekonzept ebenso auf Reformideen der Universitäten wie auf einer umfassenden irrenärztlichen Anstaltspraxis beruhte.[1] Delbrück leitete die Anstalt bis 1927.

Friedrich Karl Walter

Zu seinem Nachfolger wählten die Deputierten für das Gesundheitswesen Professor Dr. Friedrich Karl Walter, Oberarzt an der Heil- und Pflegeanstalt Gehlsheim-Rostock und „außerplanmäßiger, außerordentlicher Professor“.[2] 1881 als Sohn eines Pastors in Grüssow/Mecklenburg geboren, legte er 1906 das Doktorexamen mit „summa cum laude“ ab. Dem Praktikum in der Psychiatrischen Klinik in Basel folgte 1912 eine Anstaltsarztstelle an der Heil- und Pflegeanstalt in Gehlsheim-Rostock, wo er 1916 zusätzlich die Leitung der Nervenpoliklinik übernahm.

Der Forschungsschwerpunkt des neuen Bremer Anstaltsleiters lag im biologisch-somatischen Bereich. Als Ursache von psychischen Leiden versuchte er, krankhafte körperliche Veränderungen ausfindig zu machen. Walter begriff sich als Vertreter der „biologischen“ Richtung in der Psychiatrie.[3] Schon bald nach Übernahme der Leitung änderte er den bisherigen Namen „St. Jürgen-Asyl“ in „Bremische Heil- und Pflegeanstalt.“

Wie bereits dargestellt, trat Walter öffentlich für die Zwangssterilisierung von „Erbkranken“ ein, noch bevor im Juli 1933 das „Gesetz zur Verhütung erbkranken Nachwuchses“ verabschiedet wurde. Ungeachtet seines positiven rassenhygienischen Standpunktes wurde er unter Berufung auf § 6 des Gesetzes zur Wiederherstellung des Berufsbeamtentums[4] im Februar 1934 in den vorzeitigen Ruhestand versetzt. Knapp ein Jahr zuvor hatte der Chef der Bremischen Heil- und Pflegeanstalt gegen sich selbst ein Disziplinarverfahren beantragt, nachdem ihm von Funktionären der Gesundheitsbehörde politische Unzuverlässigkeit vorgeworfen worden war.[5] Walter sollte im März 1933 das Flaggen der Hakenkreuzfahne verweigert haben. Zugleich hielt man ihm vor, er hätte der „sogenannten Reichsbannerkapelle“ erlaubt, in den Räumen der Anstalt zu üben.[6] Allerdings kam es wegen Geringfügigkeit erst gar nicht zu einem Verfahren.[7]

In der Folgezeit setzte der nationalsozialistische Präsident der „Behörde für das Gesundheitswesen“, Hermann Brauneck, alles daran, einen Wechsel in der Leitung der Bremer Anstalt herbeizuführen. In mehreren Briefen, deren derbe und verleumderische Formulierungen einen Eindruck von der herrschenden Atmosphäre vermitteln, wandte er sich an seinen Vorgesetzten Otto Heider, Senator für Arbeit, Technik

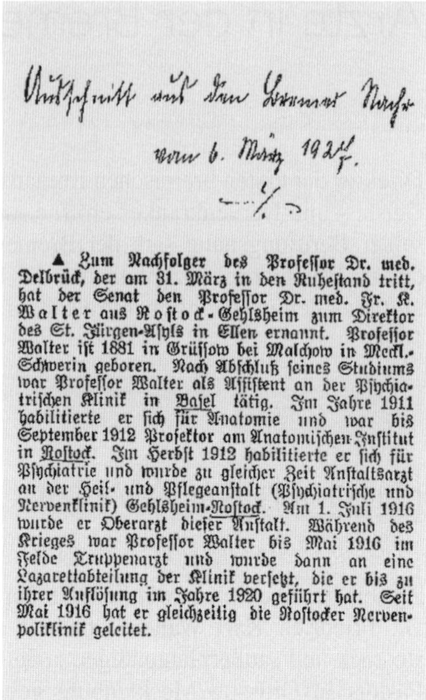

▲ Zum Nachfolger des Professor Dr. med. Delbrück, der am 31. März in den Ruhestand tritt, hat der Senat den Professor Dr. med. Fr. K. Walter aus Rostock-Gehlsheim zum Direktor des St. Jürgen-Asyls in Ellen ernannt. Professor Walter ist 1881 in Grüssow bei Malchow in Meckl.-Schwerin geboren. Nach Abschluß seines Studiums war Professor Walter als Assistent an der Psychiatrischen Klinik in Basel tätig. Im Jahre 1911 habilitierte er sich für Anatomie und war bis September 1912 Prosektor am Anatomischen Institut in Rostock. Im Herbst 1912 habilitierte er sich für Psychiatrie und wurde zu gleicher Zeit Anstaltsarzt an der Heil- und Pflegeanstalt (Psychiatrische und Nervenklinik) Gehlsheim-Rostock. Am 1. Juli 1916 wurde er Oberarzt dieser Anstalt. Während des Krieges war Professor Walter bis Mai 1916 im Felde Truppenarzt und wurde dann an eine Lazarettabteilung der Klinik versetzt, die er bis zu ihrer Auflösung im Jahre 1920 geführt hat. Seit Mai 1916 hat er gleichzeitig die Rostocker Nervenpoliklinik geleitet.

Anton Delbrück und sein Nachfolger Friedrich Karl Walter, 1927. Rechts: Meldung aus den Bremer Nachrichten vom 6. März 1927

und Wohlfahrt: „Als ich im vorigen Jahre mit der Stelle des ehrenamtlichen Gesundheitskommissars betraut wurde, machte ich sofort auf die Zustände der Bremischen Heil- und Pflegeanstalt in Ellen aufmerksam, die auch bereits überall bekannt waren. Das Pflegepersonal, besonders die Pfleger, waren größtenteils fanatische Marxisten … Der dort herrschende Terror mußte gebrochen werden … Was den Leiter der Anstalt anbetrifft, so hat er in den ganzen Jahren des Kampfes uns fern gestanden und versucht, auch jetzt durch dauernde Opposition, wenn auch in schlapper Form, alle Maßnahmen zu sabotieren … Als Wissenschaftler mag er eine große Leuchte sein; als Führer eines so wichtigen Betriebes kann ich ihn nicht decken. Infolgedessen wird auch hier ein Wechsel eintreten … Nur durch energisches Durchgreifen, wie es bisher gefruchtet hat, kann diese Angelegenheit bereinigt werden … Wir wollen keine großen Bestrafungen herbeiführen, aber wir wollen Führerpersönlichkeiten an der Spitze von Schwestern- und Pflegerschaften haben, die Disziplin halten und uns nicht dauernd in den Rücken fallen. Heil Hitler!“[8] Zwei Tage später, am 8. Februar 1934, versetzte der „Reichsstatthalter in Oldenburg und Bremen“ Walter mit Wirkung zum 31. Mai 1934 in den vorzeitigen Ruhestand. Über den in Fachkreisen geachteten Mediziner heißt es 1965: „F.K. Walter, Leiter der Nervenklinik nach Delbrück, [war] ein hervorragender Gehirnanatom und Neurologe …, der als aufrechter Mann die von den NS-Behörden gewünschten psychiatrischen Gutachten streng wissenschaftlich abfaßte und deshalb als unbequem abgesetzt wurde.“[9] Kurz nach seiner Entlassung erkrankte Walter, er starb bereits 1935 im Alter von 54 Jahren.

Theodor Steinmeyer

Der 1897 im bayerischen Öttingen als Sohn eines Fabrikbesitzers geborene Theodor Steinmeyer schloß sein Medizinstudium 1924 in Erlangen mit einer Promotion ab.[10] Zunächst praktizierte er als niedergelassener Allgemeinmediziner, bis er im September 1929 die Stelle eines Assistenzarztes in der Heil- und Pflegeanstalt Wehnen bei Oldenburg antrat. Ein Jahr später wurde er zum beamteten Oberarzt und stellvertretenden Direktor befördert.

Steinmeyers politische Laufbahn[11] begann ebenfalls im Jahr 1929. Am 1. Mai trat er der NSDAP (Mitgl. Nr. 130 916) bei; 1931 gründete er die Ortsgruppe Ofen (bei Oldenburg), in der er sich u.a. als Propagandaleiter engagierte. Im Dezember 1932 wurde er Standartenarzt der SA, und im Juli 1933 ernannte man ihn zum Sanitäts-Standartenführer in der Standarte 91 der SA „Gruppe Nordsee".

Der Bremer Bevölkerung teilte man die politisch motivierte Neubesetzung der Direktorenstelle in einer schlichten Zeitungsmeldung mit. Bereits in seiner ersten Landarztstelle im Fichtelgebirge habe Medizinalrat Steinmeyer sich als „überaus großer Menschenfreund mit echtem sozialen Empfinden, besonders für die arme Gebirgsbevölkerung" erwiesen. Während seiner letzten Anstellung in der Heil- und Pflegeanstalt Wehnen habe er sich neben der „pflichtgetreuen Ausführung seines Berufs ... mit großer Hingabe für den Nationalsozialismus" betätigt. Das Fehlen „jeglichen Dünkels" sowie seine hinreißende Redegewandtheit würden ihn geradezu als Arzt für all diejenigen prädestinieren, denen das „Schicksal die Vollwertigkeit ihres Geistes leider versagte."[12] Über den „neuen Geist" in der Bremer Anstalt, berichtet der Psychiater Bernhard Hartung, der seit April 1934 als Assistenzarzt in Bremen tätig war: „Schon nach wenigen Tagen stellte mir der als ‚Alter Kämpfer' der NSDAP zum Direktor ernannte ... Dr. Steinmeyer die Frage nach meiner Zugehörigkeit zur Partei des ‚Führers'. Nach Verneinung riet er mir, in diese doch nunmehr einzutreten. Ich sah das goldene Parteizeichen an seinem Revers und erkannte, in eine Falle gelaufen zu sein. Die älteren Ärzte der Anstalt waren offenkundig über die politisch motivierte Bevorzugung dieses neuen Direktors verbittert, war ihnen damit doch diese Stelle der Anstalt und der Aufstieg verbaut."[13] Noch in den fünfziger Jahren ist Kritik an der Kompetenz Steinmeyers nur zwischen den Zeilen geübt worden. Ein ehemaliger Kollege formulierte sehr vorsichtig: Steinmeyer war „Landarzt und danach mehrere Jahre Oberarzt an der Anstalt Wehnen i. Oldenburg gewesen. Sein neues Amt versah er mit Fleiß und Eifer ... [Er] hatte nach zwei so bedeutenden Vorgängern und nach der gewaltsamen Absetzung des letzten der beiden keinen glücklichen Stand."[14]

In die sechsjährige Amtszeit Steinmeyers als Leiter der Bremischen „Heil- und Pflegeanstalt" fiel des „Gesetz zur Verhütung erbkranken Nachwuchses" sowie die Einführung der modernen Schocktherapien: die Cardiazolkrampfbehandlung 1935 und die Insulinschockbehandlung 1937. Wie sein Vorgänger Walter war auch er ärztliches Mitglied im Erbgesundheitsgericht. Nur wenige schriftliche Dokumente geben Auskunft über Steinmeyers Aktivitäten in Bremen. Der gesamte Schriftverkehr dieser Zeit ist in den ersten Nachkriegsmonaten vernichtet worden, die Personalakte ist bis heute – trotz intensiver Nachforschungen – nicht auffindbar. Nach eigener Darstellung hielt er neben seiner Tätigkeit als Anstaltsleiter zahlreiche „erbbiologische Vorträge", u.a. vor Mitgliedern der SA, der Gau- und Kreisschule der NSDAP, des

Betriebsausflug, 1937. 2. von rechts: Theodor Steinmeyer

NS-Lehrerbundes, vor Fürsorgepflegerinnen und politischen Leitern.[15]
In der Überlieferung tritt Steinmeyer mehr als der gesellige „Betriebsführer" denn als Wissenschaftler und medizinische Leiter in Erscheinung. So wird in einer Jubiläumsschrift sein „sehr guter Wille zur Gemeinschaft"[16] gelobt; Erzählungen von ehemaligen Pflegern und Schwestern rücken den feierfreudigen und lustigen Steinmeyer in den Vordergrund. Umfangreiche Fotosammlungen erinnern noch heute an die zahlreichen Betriebsausflüge der Jahre 1934 bis 1939. Eine Zeitzeugin zeichnet folgendes Bild: "Doktor Steinmeyer war ein Bayer, ein Ur-Bajuware, klein, untersetzt, rundlich, sehr bierfreudig und sehr feierfreudig. Und da ging es dann auch mal lustig zu, wenn da gefeiert wurde, mit Hinternklopfen und so etwas."[17]
Eine ähnliche Stimmung vermittelt der Bericht einer ehemaligen Krankenschwester: „Ich kann mich noch an eine Schwester erinnern und an Dr. Steinmeyer, der konnte viel Spaß vertragen. Sie streichelte ihm über seine Glatze und sagte: ‚Auch ich war ein Jüngling mit lockigem Haar.' Haben wir gelacht, auch er hat mitgelacht. Das war schön."[18]

Die Karriere des Dr. Steinmeyer

Zwei Monate nach Beginn des Zweiten Weltkriegs verließ Steinmeyer Bremen und übernahm im Tausch mit seinem Nachfolger Kaldewey die Leitung der westfälischen Provinzialheilanstalt Marsberg und des jugendpsychiatrischen St. Johannesstiftes in Niedermarsberg. Schon bald avancierte er zu einem besonders aktiven ärztlichen Handlanger der „T 4"-Organisation und gilt heute mit Recht als einer der radikalsten und brutalsten Vertreter der NS-Psychiatrie. In dem weiteren beruflichen Werdegang des Psychiaters spiegeln sich alle bekannten Facetten der menschenverachtenden und -vernichtenden NS-Gesundheitspolitik wider. Bis heute ist das Ausmaß der Verstrickung Steinmeyers in die „Euthanasie"-Politik nur punktuell belegt.[19] Wegen der herausragenden Bedeutung des Psychiaters innerhalb der NS-Gesundheitspolitik soll die „Karriere" des Anstaltsarztes auch über seine Bremer Zeit hinaus betrachtet werden.

Schon bald nach der Übernahme der Anstaltsleitung in Niedermarsberg richtete Steinmeyer eine der ersten sogenannten „Kinderfachabteilungen" ein. Ab Februar 1940 stellte er sich als Gutachter der „T 4"-Zentrale zur Verfügung und bereiste als Leiter sogenannter Gutachterkommissionen einzelne Anstalten, um an Ort und Stelle die Meldebögen persönlich auszufüllen bzw. die korrekte Durchführung der Meldebogenerhebung zu kontrollieren. Die gefürchtete „Steinmeyer-Kommission" tauchte in der folgenden Zeit in verschiedenen Heil- und Pflegeanstalten des Deutschen Reichs auf: im September 1940 in Neuendettelsau[20], im April 1941 in Rotenburg[21], einen Monat später in Osnabrück, im Juni in Wunsdorf und Ilten[22] und in den Monaten Juli und August desselben Jahres in einigen Heil- und Pflegeanstalten des Rheinlands[23]. Im Oktober und November 1941 leitete er eine Kommission, die verschiedene südbadische Anstalten[24] aufsuchte. Häufig füllten beteiligte Ärzte die Meldebögen aus, ohne die Kranken gesehen zu haben, was nach dem Besuch der Diakonie-Anstalt Neuendettelsau Anlaß zu einem Protestschreiben gab: "Die Kommission hat keinen einzigen der nahezu 1 800 Kranken untersucht. Der Hauptteil der Kranken befindet sich nicht am Ort Neuendettelsau, sondern in Außenanstalten, welche auf das nördliche Bayern verteilt sind … Es wurden lediglich die Pfleger und Pflegerinnen befragt und deren Urteil über die Kranken in die Meldebogen eingetragen. Dabei wurde weitgehend auf die Einwände der Pflegekräfte nicht eingegangen, ja es ist sogar beobachtet worden, daß das Gegenteil von dem, was den wahrheitsgemäßen Aussagen des Personals entsprach, in die Meldebogen geschrieben wurde. … Der leitende Arzt der Kommission, welcher in einem Einzelzimmer für sich allein arbeitete, erhielt die von den Hilfskräften ausgefüllten Fragebogen überbracht und fällte ohne irgendwelche persönliche Kenntnis des Einzelfalles und ohne Einsicht in die Akten sein Urteil."[25] Während Steinmeyer in seinem Einzelzimmer ungestört „urteilen" konnte, war er andernorts gezwungen, seine Aufzeichnungen mit der Hand abzudecken. „Dr. Steinmeyer machte sich seine Notizen sehr geheimnisvoll und hielt dabei die Hand vor. An dem letzten Tag ihres Hierseins ließen die Herren ihre sonst ängstlich gehütete Aktentasche versehentlich liegen. Ich habe … festgestellt, daß sie unsere Meldebogen bei sich hatten. In dem schwarzumrandeten Raum auf den Meldebogen links unten war entweder ein Kreuz oder eine Null aufgezeichnet. Etwas anderes habe ich nicht feststellen können."[26]

Ab Frühjahr 1941 nahm Steinmeyer an einem weiteren Projekt der „T 4" teil, der sogenannten „Sonderbehandlung 14 f 13". Am 3. April 1941 hatte der medizinische Leiter der „T 4", Professor Dr. Werner Heyde, seinen beiden Mitarbeiter Steinmeyer und Mennecke kurzfristig eine neue Aufgabe übertragen. Noch am gleichen Tag nahmen sie ihre Arbeit im KZ-Sachsenhausen auf. Der Kreis der Opfer umfaßte psychisch Kranke, politische Gefangene, Juden, Polen, Fahnenflüchtige, Wehruntaugliche, wegen „Rassendelikten" Verurteilte und „Gewohnheitsverbrecher". Das Tötungsprogramms verknüpfte ärztliche und soziale Indikationen, die beliebig austauschbar waren. Bei der Erfassung verwandte man ähnliche Meldebögen wie zuvor in den psychiatrischen Anstalten. "Unsere Arbeit ist sehr, sehr interessant", schrieb Mennecke nach seinem ersten Arbeitstag im KZ. "Heute haben Dr. St. [Steinmeyer, G.E.] u. ich allein geschafft … Ich sammele hier bei dieser Arbeit massenhafte neue

Th. Steinmeyer, Frau Munkwitz, G. Munkwitz und F. Mennecke auf Gutachterreise, um 1941

Erfahrungen".[27] Nachweislich arbeitete der ehemalige Bremer Anstaltsleiter in dem bereits erwähnten KZ Sachsenhausen sowie im KZ Dachau. Im Februar 1942 wurde Steinmeyer in die Tötungsanstalt Bernburg kommandiert, wo er „vertretungsweise" die ausgesonderten KZ-Häftlinge vergaste.[28] Liest man den Brief, den ein Bernburger Verwaltungsbeamter an die Verantwortlichen des KZ Groß-Rosen schickte – es ging um die Verlegung von 214 Männern und Frauen – wird die Situation, die damals in den Anstaltsgebäuden herrschte, offensichtlich: „Uns erscheint der 24. März 1942 als Ankunftstag der geeignetste, da wir in der Zwischenzeit von anderen Konzentrationslagern beliefert werden und für uns arbeitstechnisch ein Zwischenraum notwendig ist."[29] „Arbeitstechnisch" meinte in diesem Zusammenhang die Vergasung der „gelieferten" Häftlinge.

Spätestens seit dem 1. März 1941, Steinmeyer wurde nun in der „T 4"-Organisation als Gutachter und „Arzt in der Zentrale"[30] geführt, war offensichtlich, daß er seine Funktion als Marsberger Anstaltsleiter nicht mehr zufriedenstellend ausüben konnte. So stellte man ihm zunächst den Warsteiner Anstaltsleiter Heinrich Petermann als Vertreter zur Seite.[31] In der Kanzlei des Führers kam es Ende Januar 1942 zu einem Gedankenaustausch zwischen dem westfälischen Landeshauptmann Kolbow und Dr. Hans Hefelmann[32], in dem „Kolbow Steinmeyer angesichts seines fortdauernden Interesses an Arbeiten für die ‚Euthanasie'-Zentrale eine Eignung zu engagierter und erfolgreicher Direktortätigkeit in Westfalen"[33] absprach. An dieser Stelle treten Parallelen zum Ausscheiden Steinmeyers aus der Bremer Anstalt zu Tage. Auch die Gesundheitsbehörde der Hansestadt hatte sich bemüht, ihren Anstaltsleiter schon nach kurzer Zeit loszuwerden, da er ihren Ansprüchen nicht genügte. Und auch in der Heil- und Pflegeanstalt Pfafferode (Thüringen, Provinz

Sachsen), der nächsten Wirkungsstätte des „T 4"-Aktionisten, wurden Unmutsäußerungen laut. Wie bereits 1934 in Bremen, gab es verhaltene Kritik an der primär politisch motivierten Stellenbesetzung. Der stellvertretende Direktor der Heilanstalt Pfafferode berichtete nach Kriegsende, daß Steinmeyer als vollkommen unbekannter Arzt auf den Direktorenposten berufen worden sei. Eine Nachprüfung habe ergeben, daß die einzige wissenschaftliche Arbeit des Dr. Steinmeyer sich auf ein Schlafmittel bezogen habe.[34] Mögen in dieser Aussage auch persönliche Kränkungen des stellvertretenden Direktors eine Rolle gespielt haben, so bleibt doch unübersehbar, daß sich die politisch motivierten Einsetzungen wie ein roter Faden durch die Biografie Steinmeyers ziehen.

Bei seiner Übernahme in die Leitungsfunktion der Pfafferoder Anstalt[35] war sicher auch seine aktive Mitarbeit im „Euthanasie"-Programm von entscheidender Bedeutung, stand doch der Landeshauptmann der Provinz Sachsen, Otto, der „Aktion unbedingt positiv"[36] gegenüber. Nach Kriegsende sagten PflegerInnen und Ärzte der Anstalt Pfafferode aus, Steinmeyer habe die Selektionen für die „Sterbehäuser" 17 und 18 persönlich vorgenommen. Ein Arzt erinnerte sich, daß es verboten war, in die Krankengeschichten „verlegt nach Haus 17 bzw. 18" zu schreiben. Es seien „zum größten Teil hoffnungslose Fälle; insbesondere ... Ostarbeiterinnen" ausgesucht worden. Oft wäre es vorgekommen, daß die Kranken schon nach einigen Tagen starben, obwohl ihre „körperliche Konstitution recht gut" gewesen sei.[37]

In der Pfafferoder Anstalt hatte Steinmeyer eine Wirkungsstätte gefunden, in der er sich an der menschenvernichtenden Gesundheitspolitik aktiv beteiligen und darüber hinaus seine überregionale Mitarbeit am „Euthanasie"-Programm fortführen konnte. Im Januar 1944 erwähnte er in einem Brief an den medizinischen Leiter der „T 4", Professor Nitsche, daß er „seit kurzer Zeit eine sehr groß aufgezogene Abteilung für Fiebertherapie der Luftwaffe" beherberge, die „von Professor Brand über Ministerialdirigent Linden"[38] zu ihm gelegt worden wäre. Ende März, die Inbetriebnahme dieser „Forschungsabteilung" stand kurz bevor, schreibt der Pfafferoder Anstaltsleiter über die verheerende Ernährungssituation in der „Heilanstalt": „Große Sorge macht jetzt die Verpflegungsfrage, nachdem die Kartoffelration auf 150 g (!) pro Tag herabgesetzt ist. Es ist kaum noch die genügende Ernährung der produktiv arbeitenden Kranken sicherzustellen. Die Mortalität der anderen ist ohnehin phantastisch!"[39] Es ist anzunehmen, daß sich die Situation der „unproduktiven" Kranken nach dem Arbeitsbeginn der Forschungsabteilung weiter verschlechterte, denn „die Rationen an Lebensmitteln lagen hier ... weit besser als in den übrigen anderen Stationen."[40] Nach Kriegsende wurde gegen den Leiter der Forschungsabteilung eine Anklage wegen „Verbrechen gegen die Menschlichkeit"[41] erhoben. Ihm wurde vorgeworfen, daß er die sogenannte Malariatherapie auch „im großen Umfange" bei nicht geisteskranken „Anstaltsinsassen" angewandt habe, um „Material über die Ergebisse zu gewinnen". Die Aussage, daß die „Geisteskranken ohne weiteres als Versuchsobjekte herhalten mußten", macht die vollkommen rechtlose Situation der PatientInnen in der Anstalt Pfafferode offensichtlich. Steinmeyer, der Leiter der Forschungsabteilung sowie ein Oberarzt hätten die Kranken persönlich ausgesucht. Der Zutritt zu dieser etwa fünfhundert Personen umfassenden Station sei nur wenigen erlaubt gewesen, und es habe absolute Schweigepflicht bestanden. Vergleiche mit den Malaria-Versuchen im KZ Dachau drängen sich auf.[42]

Im September 1944 wurde in der Heilanstalt Pfafferode eine neue Abteilung eingerichtet. Es war eine der elf sogenannten „Sammelstellen für unheilbar geisteskranke

Ostarbeiter und Polen"[43], die aus Thüringen-Land, der Provinz Sachsen und Anhalt nach Pfafferode kamen. Zwischen dem 3. September 1944 und dem 29. April 1945 starben in Pfafferode 116 Frauen und Männer. Ohne Ausnahme waren sie russischer Nationalität, die meisten von ihnen zwischen 15 und 25 Jahre alt.[44] Die Zahl der Verstorbenen nahm in der Anstalt solche Ausmaße an, daß Ende 1944 erste Gespräche über den Bau eines Krematoriums auf dem Anstaltsgelände stattfanden. Dazu der Auszug eines Briefes von Steinmeyer an Mennecke: „Mein lieber Fritz! ... Ich glaube, ich habe Dir noch nicht geschrieben, daß ich jetzt hier auch noch die Ostarbeiterzentrale für Provinz und Land Sachsen, Thüringen u. Anhalt habe. Dadurch habe ich die richtige Ostarbeiterinvasion ... Ich soll übrigens den gleichen Bau errichtet bekommen wie Faltlhauser, Du weißt doch, was ich meine [er meinte ein Krematorium, G.E.] ... Ich kann mir aber kaum noch anders helfen. Die Ostarbeiterzentrale macht sich da sehr bemerkbar ... Nimm für heute mit diesen Zeilen vorlieb und sei in alter Kameradschaft herzlichst gegrüßt von Deinem Theo".[45] Das Ende des Zweiten Weltkriegs durchkreuzte diese Pläne. Am 18. Mai 1945 wurde Steinmeyer von den amerikanischen Truppen im Gefängnis von Mühlhausen interniert, wo er am 26. Mai 1945 starb.[46]

Walther Kaldewey

Walther Kaldewey wurde am 10. Dezember 1896 in Mönchengladbach geboren. Wenige Tage nach seinem Abitur im Juni 1915 meldete er sich als Kriegsfreiwilliger. Erst im März 1920 schied er „endgültig aus dem Heere aus".[47] Sein Medizinstudium, daß er nach dem Krieg in Münster in Westfalen begann, schloß er 1922 mit einer Doktorarbeit über „Hirnpunktion bei Hirntumoren" ab. Bereits im Titel der Arbeit manifestiert sich der Forschungsschwerpunkt Kaldeweys, der im „Studium des Hirnaufbaus und der krankhaften Hirnvorgänge" lag. Spezifische Berufserfahrung in der Psychiatrie und Neurologie sammelte er in den folgenden Jahren als Assistenzarzt in den Nervenkliniken von Bonn, Nürnberg und Leipzig. Zwischen Mai 1930 und April 1931 betätigte er sich als wissenschaftlicher Assistent am Kaiser-Wilhelm-Institut für Gehirnforschung in Berlin-Buch. Im Anschluß daran stellte ihn die „Provinzial-Heilanstalt Hildesheim" als beamteten Oberarzt ein.

Kaldewey, nach eigenen Angaben bis 1931 „politisch indifferent"[48], trat am 1. Oktober der NSDAP bei.[49] Für ihn war – wie für die Ärzteschaft insgesamt – „die nationalsozialistische Betonung der Biologie und der biomedizinischen Vision einer nationalen Heilung besonders attraktiv."[50] Der Gedanke von der Reinhaltung der deutschen Rasse stimmte mit den Idealvorstellungen des jungen fortschrittlichen Mediziners überein. Mit seinem ausgeprägten Selbst- und Sendungsbewußsein entsprach Kaldewey dem Prototyp des „biologischen Soldaten".[51] Die Ärzte bzw. „Gesundheitsoffiziere", so seine Formulierung, seien „ein politisches Machtinstrument ... von einer Gewalt und einem Ausmaße beinahe unvorstellbarer Größe".[52] Als ersten Schritt zur Verwirklichung nicht nur seiner Vision von der „biologischen Rettung des Gesamtvolkes" begrüßte der Psychiater das Gesetz zur Verhütung erbkranken Nachwuchses.[53]

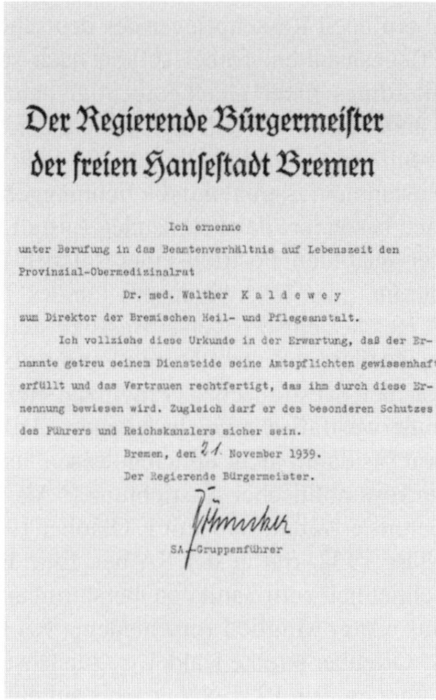

Der Regierende Bürgermeister
der freien Hansestadt Bremen

Ich ernenne
unter Berufung in das Beamtenverhältnis auf Lebenszeit den Provinzial-Obermedizinalrat
Dr. med. Walther Kaldewey
zum Direktor der Bremischen Heil- und Pflegeanstalt.

Ich vollziehe diese Urkunde in der Erwartung, daß der Ernannte getreu seinem Diensteide seine Amtspflichten gewissenhaft erfüllt und das Vertrauen rechtfertigt, das ihm durch diese Ernennung bewiesen wird. Zugleich darf er des besonderen Schutzes des Führers und Reichskanzlers sicher sein.

Bremen, den 21. November 1939.
Der Regierende Bürgermeister.

SA.-Gruppenführer

Walther Kaldewey, um 1934. Rechts: Ernennungsurkunde vom 21. November 1939

Wenn Kaldewey im Rahmen seines Entwurfes einer der „Volksgesamtheit" dienenden Psychiatrie den neuen Arzttyp charakterisierte, beschrieb er sich offensichtlich selbst: Die „Psychiater sind heute nicht mehr jene abgeschlossenen Menschen, wie man sie früher gekannt hat und wie sie oft genug dargestellt sind, sie sind nicht mehr Menschen, die einen etwas mit Vorsicht zu genießenden Beruf haben, sie gehören nicht mehr zu denen, die alle Mitmenschen von vorneherein als ‚verrückt' ansehen, oder ihre Umgebung mißtrauisch betrachten, sondern sie sind kühle Beobachter, die mehr zu sehen gewohnt sind als der Durchschnitt der Ärzte. Sie sind in der Lage, Menschen … mit dem ganzen Rüstzeug einer Wissenschaft vom Leben zu betrachten. Es ist ein neuer Schlag, der da mehr oder weniger unbemerkt aufgewachsen ist. Er will ans Licht und drängt an die Aufgaben heran, deren Lösung bzw. Inangriffnahme man mit Recht von uns erwarten kann."[54]

Bereits 1933 entwickelte Kaldewey ein Szenario, das an Orwells Vision einer vollständig kontrollierten Gesellschaft erinnert. Durch die „systematische Erfassung einer ganzen Bevölkerung" sollte es möglich werden, „biologisch minderwertiges Menschenmaterial" lückenlos zu registrieren. Ein Gesetz sollte alle „Regierungspräsidenten, Landräte, Bürgermeister, Stadt- und Schulärzte, Lehrer, Geistliche, Wohlfahrtsämter, Leiter von öffentlichen Krankenanstalten oder privaten Sanatorien bis herunter zu den Gemeindevorstehern"[55] verpflichten, dabei zu helfen. Nach „Einspielung" eines von ihm im Detail skizzierten Apparates „dürfte es … nicht mehr möglich sein, daß auch nur 1 Minderwertiger durch die Maschen dieses Netzes hindurchschlüpfen" könne.[56] In einem Brief an den Mitautoren des Sterilisationsgesetzes, Ministerialdirektor Arthur Gütt, ließ Kaldewey keinen Zweifel daran, wer die

„berufenen Rassenpfleger des deutschen Volkes seien“: die Ärzte in den Heil- und Pflegeanstalten. Dabei sollten nach seinen Vorstellungen die einzelnen Anstalten allerdings nicht gleichberechtigt nebeneinanderstehen, sondern eine ausgewählte Landesanstalt jeweils die „Oberaufsicht“ übernehmen, denn “sinnlos wäre es ..., wenn jede einzelne Anstalt für sich die Arbeit machen würde. Die einheitliche Zusammenfassung und die richtunggebende einheitliche Verwertung hätte von einer sich besonders dazu eignenden Anstalt zu geschehen.“[57] Kaldewey, der sich selbst in der leitenden Position einer solchen Zentralanstalt sah, bewarb sich folgerichtig darum, „das Irrenwesen des Landes Thüringen auf eine den Gesichtspunkten des 3. Reiches entsprechende Basis zu stellen.“[58] Doch die Thüringer lehnten ab.

Zu diesem Zeitpunkt, seit Februar 1934, war der Psychiater bereits Anstaltsdirektor der westfälischen Provinzial-Heilanstalt Eickelborn. Die Übernahme eines außerwestfälischen nicht-leitenden Anstaltsarztes in ein provinzielles Direktorenamt war bis dahin nicht üblich gewesen und stand im direkten Zusammenhang mit Kaldeweys politischer Ausrichtung.[59] Als „Alter Kämpfer“ gehörte der Psychiater, wie bereits erwähnt, seit dem 1. Oktober 1931 der NSDAP an. Wenige Monate später, im März 1932, trat er der SA bei. Eine Beförderung im September 1934 machte ihn schließlich zum Sanitäts-Obersturmbannführer der „Gruppe Nordsee“. Darüber hinaus war er Mitglied verschiedener NS-Organisationen.[60]

Offenbar strebte Kaldewey zunächst eine Position im Bereich von Forschung und Lehre an. Bis 1931 war er – bis auf ein dreimonatiges Volontariat an der Provinzial-Heilanstalt Bonn – an verschiedenen Universitätskliniken und Forschungsinstituten tätig. Noch Ende der zwanziger Jahre lehnte er das Angebot des renommierten Anstaltsleiters Hermann Simon ab, in der Gütersloher Heil- und Pflegeanstalt eine Oberarztstelle zu übernehmen , da er sich „noch nicht entschließen [konnte], in den Anstaltsdienst überzutreten.“[61] Die Ernennung zum Anstaltsleiter der Provinzial-Heilanstalt Eickelborn im Februar 1934 bot ihm die Möglichkeit, seine nationalsozialistischen Ideale zu verwirklichen. Neben seiner Direktorentätigkeit sollte er in der „alten Zentrumsdomäne, ... dem Nationalsozialismus Geltung“[62] verschaffen. Bei der Einführung in sein Eickelborner Amt trug Kaldewey demonstrativ die vom westfälischen Landeshauptmann ausdrücklich erwünschte SA-Uniform.[63] Mit Kaldewey hatte man sich für einen Anstaltsleiter entschieden, der selbstbewußt und wenig kompromißbereit seine Interessen durchsetzte. Verschiedene Querelen, insbesondere mit dem Eickelborner Ortsgruppenleiter der NSDAP blieben nicht aus. Vermutlich war es vor allem seine umstrittene Position in der kleinstädtischen Öffentlichkeit, die bereits nach zweieinhalb Jahren zu seiner Versetzung führte. Kaldewey wehrte sich dagegen, hielt er sich doch für eine unverzichtbare politische Ordnungsinstanz. In einem Brief an den Landeshauptmann Kolbow bat er um Rücknahme der Versetzung, da der Glaube, „daß hier politisch alles in bester Ordnung sei, ... sich wieder einmal als irrig erwiesen“ habe. „Ich bin“, schrieb er weiter, „überzeugt davon, daß unsere Gegner sich erst recht rühren werden, wenn ich das Feld verlasse, denn die Freude darüber wird nicht gerade gering sein ... Aber man sieht doch, wieviel Arbeit, und zwar dauernde angespannte Arbeit, hier noch zu leisten ist. Pg. [Parteigenosse, G.E.] S. mit dem ich gesprochen habe, ist derselben Meinung, er ist sogar der Ansicht, daß dieses Gebiet politisch das schlimmste ist, was er je gesehen hat.“[64] Deutlich tritt das Selbstverständnis Kaldeweys hervor, daß er an anderer Stelle folgendermaßen zum Ausdruck gebracht hat: „Der heutige Psychiater und Arzt in Deutschland ist Politiker. Er ist in erster Linie Deutscher und dann erst Arzt.“[65]

Auch in seiner nächsten Wirkungsstätte, der Provinzialheilanstalt Niedermarsberg, deren Leitung er abermals aus politischen Gründen übernahm, war Kaldewey nicht unangefochten. Über die genauen Gründe seiner Einsetzung zum Oktober 1936 erfahren wir etwas aus einem Schreiben des Westfälischen Landesrats und späteren Bremer Innensenators Joachim Fischer: „Ich habe den Direktor Dr. Kaldewey, der alter Nationalsozialist und alter SA-Mann … ist, an die Anstalten in N.-Marsberg versetzt, um die beiden sehr bedeutenden Provinzialdienststellen in Marsberg (Prov.-Heilanstalt Marsberg und St. Johannesstift Marsberg) in die Hände eines zuverlässigen Nationalsozialisten zu legen. Da hiermit seit über 100 Jahren zum ersten Male eine Persönlichkeit Direktor dieser Anstalten wurde, die nicht der röm.- kath. Kirche angehörte, ist verständlich, daß in dem politisch ohnehin nicht leichten Gebiet N.-Marsberg der Stand für Dr. Kaldewey kein leichter war“.[66]

Persönliche Lebensumstände sowie seine vermeintliche berufliche Unterforderung als Leiter einer Heil- und Pflegeanstalt erklären seine offensichtliche Freude über das Angebot des Bremer Innensenators, die Leitung der Bremer Anstalt zu übernehmen. Erste Überlegungen, die Position neu zu besetzen, fanden offenbar bereits im Mai 1939 statt. Der neue Bremer Innensenator hatte kurz nach seinem offiziellen Amtsantritt im April 1939 die Bremische Heil- und Pflegeanstalt besichtigt und vor allem den baulichen Zustand der Gebäude bemängelt. Auffallend sei der „außergewöhnlich schlechte Anstrich der Gebäude“, der völlig „vernachlässigte Zustand“ des Holzes und der „durchaus verkommene Zustand“ der Wirtschaftsgebäude. Er fand einen „Saustall“ vor, wie es eine Zeitzeugin drastisch formulierte. An anderer Stelle wies er auf die kaum noch vertretbare pflegerische Besetzung der Heil- und Pflegeanstalt hin, die sich an der unteren Grenze des Zulässigen bewege.[67] In seinem Bericht an den Bremer Bürgermeister Böhmcker kritisierte Fischer den Direktor der Bremer Anstalt. Insbesondere brachte er die mangelnde Inanspruchnahme von Personal und Kranken bei den Instandsetzungsarbeiten zur Sprache und führte aus, daß er „diese Handhabung aus den sehr umfangreichen westfälischen Anstaltsbetrieben [kenne] und … sie dort für sehr zweckmäßig gehalten“ habe, da sie es ermögliche, „sonst wahrscheinlich brach liegende Arbeitskräfte“ zu beschäftigen.[68] Bei einem Kontrollbesuch Fischers und Böhmckers Mitte September wurde ärgerlich festgestellt, daß die beanstandeten Mängel „tatsächlich nicht“ behoben, ja nicht einmal in Angriff genommen worden waren.

Kurz darauf scheint der Innensenator den Plan gefaßt zu haben, den ihm persönlich bekannten[69] Kaldewey nach Bremen zu holen. In einem kurzen Schreiben machte er den „Parteigenossen“ mit seiner Absicht bekannt, den Landeshauptmann der Provinz Westfalen zu bitten, ihn gegen Steinmeyer auszutauschen. Als Begründung führte er die „brachliegende“ Beschäftigungstherapie in der Bremischen Heil- und Pflegeanstalt sowie das „klinische“ Interesse Kaldeweys an. Steinmeyer, so Fischer, sei mit dem Tausch einverstanden.[70] Kaldewey reagierte geradezu enthusiastisch und dankte dafür, daß ihm ein Arbeitsgebiet angeboten würde, in dem er noch manche seiner „brachliegenden Kräfte nutzbar machen“ könne, da er in Marsberg das Gefühl bekomme, „langsam aber sicher auf ein Nebengleis abgeschoben zu werden … Sehr erfreulich ist dabei“, fuhr der Psychiater fort, „daß mit der Anstalt auch die Nervenklinik der Krankenanstalten verbunden ist. … Die Versicherung kann ich Ihnen geben, daß ich meine rein ärztlichen Fähigkeiten unter Hinweis auf meine breite Erfahrung und die Vielseitigkeit meiner Ausbildung noch ganz anders dort anwenden kann und werde.“[71]

Noch vor der Übernahme der Bremer Institution machte der zukünftige Leiter eine Namensänderung zur Bedingung. Die Bremische Heil- und Pflegeanstalt sollte umbenannt werden in „Psychiatrische und Neurologische Klinik der Städtischen Krankenanstalt in Bremen." Und tatsächlich gab der Regierende Bürgermeister knapp drei Wochen nach Kaldeweys Arbeitsantritt in Bremen die neue Bezeichnung bekannt.[72] Hintergrund der Umbenennung waren vor allem die Ambitionen des Anstaltsleiters in der Forschung, insbesondere im Bereich der Hirnpathologie und -anatomie. Geleitet vom wissenschaftlichen Optimismus seiner Zeit, hoffte er, bisher unbekannte Erkenntnisse über biologische Ursachen von Geisteskrankheiten zu gewinnen und damit den Schlüssel zur „biologischen Rettung des Gesamtvolkes"[73] zu finden. In diesem Kampf, der sich hauptsächlich am Seziertisch und im Labor abspielen sollte, sah er die Hauptaufgabe der Anstaltsärzte. „Die Versorgung der Kranken ... [wird man,] nachdem man das Wesen des vorliegenden Zustandes erkannt hat, ... einem gut durchgebildeten Pflegepersonal überlassen können."[74]

Am 6. Dezember 1939 wurde Kaldewey durch den Bremer Innensenator Fischer im Rahmen eines Betriebsappells offiziell in sein neues Amt eingeführt. Er begann zunächst, den Anstaltsbetrieb neu zu strukturieren, was unter dem Personal erhebliche Unruhe auslöste. Eine Küchenmitarbeiterin erinnert sich noch heute lebhaft daran: „Ja, als Dr. Kaldewey kam, da wehte erstmal ein frischer Wind. Der hat dann ordentlich durchgegriffen. Er kam unverhofft und unangemeldet auf die Stationen und hat da mal geguckt, ob die Patienten ihr Recht kriegen. Auch in die Küche kam er oft. Einfach nur so durchmarschiert und in den Kochtopf geguckt. Er achtete auch ganz scharf drauf, ob die Leute, die das Essen austeilten am großen Kochkessel, ob die anständig und adrett ausgesehen haben. Also er ist schon ohne weiteres eine Respektperson gewesen. Große Empörung gab es, weil er die Angewohnheit hatte, auf den Stationen die Toilettendeckel hochzuheben, ob die sauber waren. Das fanden die [Pfleger und Schwestern, G.E.] unerhört. Er war eben sehr energisch und hat gut durchgegriffen, so ein richtiger preußischer Beamter. Aber trotzdem hatte er auch eine nette Seite. Ja wirklich. Er war auch menschlich, bestimmt."[75]

Bei anderen Zeitzeuginnen steht die offensichtliche politische Einstellung des neuen Chefs im Mittelpunkt ihrer Erinnerungen. Da heißt es: „Kaldewey war ja Parteigenosse. Wie ein General kreuzte der hier auf, in Uniform. Das war so einer, wie ihn Adolf haben wollte."[76] Oder: „Dr. Kaldewey, der war ja ein Nazi, der ging ja in Uniform mit 'nem Kittel, und da war ich mal in Gedanken und hab gesagt: ‚Guten Morgen'. Dann hat er gleich gesagt: ‚Schwester T., der Gruß heißt Heil Hitler.'"[77] Die Kaldewey zugesprochenen Charaktereigenschaften reichen von peinlich sauber, ordnungsliebend, politisch vorbildlich über energisch bis hin zu militärisch, agitatorisch und diktatorisch. Übereinstimmend wird der Psychiater als „beruflich tüchtig" und fähiger als sein Vorgänger beschrieben. Er sei allerdings sehr von sich überzeugt gewesen, habe keine andere Meinung neben seiner eigenen geduldet, und jeder habe großen Respekt vor ihm gehabt.[78]

Als „Fehlgriff" werteten die Mitglieder der elitären bremischen Ärztevereinigung „Cerevisia Medica von 1837" die Aufnahme Kaldeweys im Jahr 1943. Sie brachte den „ersten, glücklicherweise bisher einzigen Mißton in unseren Kreis. Obwohl Giese auf die Schwierigkeiten, mit Kaldewey zu diskutieren, aufmerksam gemacht hatte, glaubten wir den frischen, fröhlichen Menschen für uns gewinnen zu können, sahen uns darin aber getäuscht, da er die uns allen selbstverständliche Toleranz anderen Meinungen gegenüber nicht aufbrachte, so daß es zu häßlichen politischen

Hausordnung der Nervenklinik Bremen.

Zur Aufrechterhaltung der Ordnung ist es für eine jede Schwester Pflicht, die Hausordnung genauestens zu beachten.

1) Die Zimmer sind sauber und ordentlich zu verlassen, kaputt gegangene Gegenstände wie Waschschalen und dergl., sowie verloren gegangene Schlüssel oder sonstige verloren gegangene Gegenstände müssen gemeldet werden.

2) Unterhaltungen auf Flur und Dienstzimmer sind im Interesse der Ruhe nach 20 Uhr leise zu führen.

3) Umziehen von einem Zimmer in das andere ist nur mit Genehmigung der Oberin erlaubt. Bei Umzug ist das Zimmer, Schubladen und dergl. tadellos sauber zu verlassen.

4) Privaterlebnisse und dergl. sich gegenseitig auf Station und gar im Krankensaal zu erzählen, ist durchaus unstatthaft.

5) Die Schwester hat auf sorgfältiges und sauberes Tragen der Tracht zu achten. Die Tracht ist ein Ehrenkleid und duldet keine Unkorrektheit.

6) Pünktliches und vollzähliges Erscheinen zu den Tischzeiten ist Pflicht und Dienst. Fehlen kann nur in besonderen Fällen bei der Oberin entschuldigt werden.

7) An freien Tagen haben die Schwestern an den Mahlzeiten teilzunehmen; es ist strengstens untersagt, Geschirr mit auf die Station und die Zimmer zu nehmen.

8) Ausgänge werden nur bis 23 Uhr erlaubt, bei besonderen Fällen bis 24 Uhr unter Einwilligung der Oberin.

9) Besuche dürfen nur mit Erlaubnis der Oberin im Schwesternzimmer bezw. im Wintergarten empfangen werden.

Es wird darauf hingewiesen, daß das Betreten des Anstaltsgeländes außer den Besuchern der Kranken und den nächsten Angehörigen des Personals grundsätzlich untersagt ist.

10) Es ist selbstverständlich, daß jede Schwester auch außerdienstlich die Haltung bewahrt, die einer Schwester würdig ist.

Hausordnung der Bremer Nervenklinik, 1940

Im Verwaltungsgebäude, 1942

Streitgesprächen kam."[79] Die Bremer Nervenklinik übernahm der neue Anstaltsleiter mit großem Elan und Engagement. Zunächst wurde die brachliegende Arbeitstherapie reaktiviert. Gleich nach dem Eintreffen Kaldeweys seien alle brauchbaren Arbeitskräfte aus den Häusern an die Arbeit gebracht worden, erinnerte sich der damalige Gutshofverwalter.[80] Hier standen ganz pragmatische Gründe – Instandsetzung der Gebäude und Bestellung der Ländereien – neben therapeutischen. Dem Pflegepersonal warf er vor, aus Bequemlichkeit bisher unnötig viele Medikamente (Betäubungsmittel) verabreicht zu haben. Die „moderne Psychiatrie" vertrete dagegen die Auffassung, die Medikamentengaben sehr gering zu halten und die Arbeitstherapie in den Mittelpunkt zu rücken.[81] Eine Auffassung, die infolge ihrer rücksichtslosen Anwendung den Tod mehrerer PatientInnen nach sich zog.[82]

Als besonders unbefriedigend stellte sich für den neuen Anstaltsleiter die Personalsituation dar. Hier setzte sich der „Betriebsführer" für eine „Hebung des Berufsstandes" ein, die er durch bessere Bezahlung der Krankenschwestern, bessere Ausbildung und den Bau von Dienstwohnungen zu erreichen hoffte.[83] Doch die ambitionierten Pläne des Psychiaters scheiterten an der Kriegsrealität. Der Anstaltsalltag war geprägt durch die auswärtigen Verpflichtungen des Chefarztes, Kaldewey arbeitete seit Mai 1940 jeden Vormittag als Stabs- und Oberstabsarzt im Reservelazarett des St. Joseph-Stiftes, im Herbst 1944 wurde er zum NS-Führungs-Offizier ernannt. Hinzu kamen die räumliche Enge auf den verbliebenen Stationen, die Einschränkung der therapeutischen Möglichkeiten und ein andauernder, immer bedrohlicher werdender Mangel an Pflegepersonal und Ärzten.

1942 besichtigte die Planungskommission der „T 4" die Bremer Einrichtung und beschrieb den immer noch schlechten Zustand der Gebäude. „Ganz veraltet ist die

Heizung … Keine Röntgenanlage. Technisches Labor ohne technische Assistenten. Der sehr aktive und therapiefreudige Dr. Kaldewey plant Ausbau eines Hauses zur neurologischen Klinik … Die Schwestern sind schlecht untergebracht … Die Werkstätten-Therapie ist wenig ausgebildet … Die Verwaltung selbst macht einen alten, rückständigen Eindruck … Der Chefarzt weiß darüber Bescheid und möchte selbst nach dem Kriege wesentliche Erneuerungen einführen."[84]

Berücksichtigt man Kaldeweys entschiedenes Eintreten für eine „moderne Psychiatrie" sowie für eine „Neuordnung des Irrenwesens"[85], so verwundert es nicht, daß er schon früh im engeren Kreis der „T 4"-Aktionisten auftauchte. Wie er traten auch sie gegen „menschenunwürdige Zustände" an, gegen die „einfache Verwahrung", den mangelnden „therapeutischen Willen".[86] Am 28. Februar 1940 ließ er sich zusammen mit Steinmeyer, Nitsche, Mennecke, Schreck und Rodenberg von Viktor Brack, dem Chef der Kanzlei des Führers, bei einem Treffen in Berlin als Gutachter anwerben. Mennecke berichtete nach dem Krieg über dieses Treffen: „Herr Brack forderte im allgemeinen auf, die Begutachtungen so zu gestalten, daß eben auch im Zweifelsfalle oder in Grenzfällen ein Verfahren zur Aktion gefordert würde, das heißt, er schoß über die ärztlich vertretbaren Mittel, über den ärztlich vertretbaren Standpunkt hinaus. In dieser Hinsicht hat er auch ausgeführt, daß gerade jetzt während des Krieges, wo so viele gesunde Menschen ihr Leben lassen müßten, es auf diese Geisteskranken, die der Volksgemeinschaft sowieso keinen Nutzen brächten, nicht ankomme, und daß bei der schlechten Ernährungslage wenigstens diese Leute aus dem Sektor der Ernährung ausfielen … Das Resümé dieses Colloquiums war, daß man unter diesen Umständen doch diese Maßnahmen mitmachen und unterstützen könne. Gegen die Maßnahmen hat keiner Bedenken geäußert."[87] Spätestens bei diesem Treffen im winterlichen Berlin erfuhr Kaldewey, daß die letzte Phase im „Krieg gegen die Erbfeinde des deutschen Volkes" begonnen hatte. Während er selbst in einem seiner Artikel noch offen ließ, was mit den „weniger wertvollen Volksgenossen"[88] geschehen solle, teilte man den Sitzungsteilnehmern ohne Umschweife mit, daß es nun um die Beseitigung der „nutzlosen Esser" und „Lebensunwerten" ginge. Kaldewey erklärte sich zur Gutachtertätigkeit bereit, was eine interne Liste belegt.[89] Hiernach entschied der Bremer Anstaltsleiter zwischen Februar 1940 und Januar 1941 über den Lebenswert von PsychiatriepatientInnen.

Augenscheinlich gab es zwischen Kaldewey und der Berliner „Euthanasie"-Zentrale wiederholt Kontakte. So reiste er im Oktober 1941 nach Ellwürden bei Nordenham, um im Auftrag der „Reichsarbeitsgemeinschaft Heil- und Pflegeanstalten" die „Insassen des (Kreis)Heims meldebogenmäßig zu erfassen".[90] Als die Mitarbeiter der „T 4"-Planungsgruppe das Heim ein halbes Jahr später besichtigten, faßten sie zusammen: „Kleines Altersheim mit sauberen Sälen, in denen aber noch 30 Geisteskranke untergebracht sind. Nach Verlegung derselben als Altersheim verwenden."[91]

Für Oktober 1940 ist eine Teilnahme Kaldeweys an den Beratungen über ein geplantes, aber nie erlassenes „Euthanasie"-Gesetz nachweisbar. Die Intitiative hierzu ging von den Ärzten aus, die zuerst an den Aussonderungen zur Tötung beteiligt waren. Das Geheimschreiben Hitlers reichte ihnen als rechtliche Grundlage nicht aus. In einem Gespräch mit seiner Sekretärin wies der Bremer Anstaltsleiter darauf hin, daß die „Euthanasie" nur auf der Grundlage eines Gesetzes durchgeführt werden könne. „Schärfste Nachprüfungen durch besonders ausgewählte Kreise" müßten erfolgen. Dann käme die „Euthanasie" in Frage bei solchen Fällen, „die absolut hoffnungslos" seien.[92] Als Anfang Juli 1940 etwa dreißig Spitzenfunktionäre aus der

Gutachter:

Dr. Pfannmüller	17.11.1939	
Dr. Wagenknecht	17.11.1939	- 16.2.1940
Dr. Hefter	17.11.1939	
Dr. Heinze	17.11.1939	
Dr. Kaldewey	28.2.1940	– 29.1.41
Dr. Rodenberg	28.2.1940	– [illegible]
Dr. Schreck	28.2.1940	– 30.11.40
Dr. Steinmeyer	28.2.1940	
Prof. Nitsche	28.2.1940	
Dr. Mennecke	28.2.1940	
Prof.Dr. Panse	14.5.1940	– 16.12.40
Prof.Dr. Schneider	20.4.1940	
Prof.Dr. Pohlisch	30.4.1940	– [illegible]
Prof.Dr. Zucker	8.5.1940	
Dr. Renno	31.5.1940	
Prof.Dr. Reisch	30.4.1940	– [illegible]
Dr. Hebold	8.5.1940	
Dr. Lonauer	9.5.1940	
Dr. Schmitz	30.4.1940	– 14.11.40
Prof. Kihn	5.6.1940	
Dr. Munkwitz	23.7.1940	– [illegible]
Dr. Schumacher	5.8.1940	
~~Dr. Begusch~~	2.9.1940	– 4.7.41
Dr. Porger	2.9.1940	– [illegible]
Dr. Schmidt	2.9.1940	– [illegible]
Prof. Mauz	2.9.1940	– 29.1.41
Dr. Faltlhauser	6.9.1940	
Dr. Heene	6.9.1940	– [illegible]
Dr. Fehringer	6.9.1940	– 13.1.41
Dr. Bertha	30.9.1940	– [illegible]
Dr. Jekelius	14.10.1940	– [illegible]
Dr. Müller	4.3.1941	
Prof. Villinger	28.3.1941	
Dr. Straub	8.7.1941	
Dr. Wischer	2.8.1941	
Dr. Schmalenbach	28.8.1941	
Dr. Ratka	10.9.1941	
Dr. Runckel	3.10.1942	
Dr. Schulz	7.5.1943	
Dr. G. Schneider	31.5.1943 (?)	

127891

Liste der Gutachter, die über Leben und Tod von psychisch Kranken entschieden

Gesundheits- und Sozialpolitik einen Gesetzentwurf mit der Bitte um Stellungnahme erhielten, gehörte auch der Bremer Chefarzt zu den Adressaten. Der Wortlaut der ersten beiden Paragraphen ist überliefert. Sie besagen:
„§ 1. Wer an einer unheilbaren, sich oder andere stark belästigenden oder sicher zum Tode führenden Krankheit leidet, kann auf sein ausdrückliches Verlangen mit Genehmigung eines besonders ermächtigten Arztes Sterbehilfe durch einen Arzt erhalten.
§ 2. Das Leben eines Kranken, der infolge unheilbarer Geisteskrankheit sonst lebenslänglicher Verwahrung bedürfen würde, kann durch ärztliche Maßnahmen, unmerklich für ihn, beendet werden."[93]

Kaldewey regte an, den zweiten Paragraphen durch den Zusatz, „Leben nicht zu bestehen vermag oder auch in der Anstalt nutzbringender Arbeit nicht mehr nachzugehen vermag"[94] zu erweitern. Hier tritt die Bedeutung der Arbeitstherapie als Gradmesser vom Lebenswert und Lebensunwert eines Menschen besonders krass hervor. Beim § 4 – der Text ist nicht vollständig erhalten – wünschte Kaldewey Klarstellung, „daß der bestellte Arzt die Maßnahmen [= Tötungen, G.E.] nicht bei Kranken seiner eigenen Anstalt trifft und die Durchführung unter allen Umständen ‚außerhalb jeder dem Zwecke der Heilung dienenden Institute'"[95] erfolgen solle. An dieser Stelle wird deutlich, daß der Bremer Anstaltsleiter die „Euthanasie" prinzipiell bejahte, jedoch nicht in seiner eigenen Institution. Dem entspricht auch seine Aussage über den Besuch einer Kommission. Vermutlich meinte er die „T4"-Planungskommission, die im April 1942 in Bremen war. Auf die Frage nach seiner Bereitschaft zur Durchführung der „Euthanasie" vor Ort habe er gleich geantwortet: „So etwas kommt für Bremen überhaupt nicht in Frage!" Es habe ja auch kein Gesetz bestanden, und er wolle den Ruf der Anstalt wahren.[96]

Walther Kaldewey leitete die Bremer Nervenklinik bis Juni 1945. Nach seiner Amtsenthebung internierte man ihn drei Jahre in verschiedenen Arbeitslagern. Das im selben Jahr angestrengte Ermittlungsverfahren wegen „Verbrechen gegen die Menschlichkeit" wurde aus Mangel an Beweisen eingestellt. 1949 folgte der Richterspruch im Entnazifizierungsverfahren: Kaldewey wurde in die Gruppe der „Mitläufer" eingestuft. Ein Urteil, auf das er mit gemischten Gefühlen reagierte. Einerseits war er über das geringe Strafmaß des milden Richterspruchs erfreut, andererseits wollte der überzeugte Nationalsozialist keineswegs als Mitläufer gelten.

„Seelische Bereicherung" durch Haft im KZ

Ende 1949 arbeitete Kaldewey bereits wieder als niedergelassener Nervenarzt. Unter anderem fertigte der Psychiater, der sich auch nach Kriegsende offen zu seinen nationalsozialistischen Idealen bekannte, Gutachten an, in denen es um die Entschädigung von KZ-Häftlingen ging. In einem 1952 verfaßten Aufsatz führte er zwei „typische" KZ-Häftlinge an, die seiner Meinung nach durch vorgeschobene „seelische Veränderungen" eine vorzeitige Rentenzahlung, „erschwindeln" wollten. Ein erschütterndes, aber auch bezeichnendes Beispiel für das Weiterwirken politischer und ideologischer NS-Denkstrukturen auf ärztliche Handlungsweisen und Entscheidungen in der Nachkriegszeit.
„Beispiel: Eine Person hat einige Jahre Zuchthaus hinter sich und wurde 1945 befreit. 1950 bescheinigten ihr 2 Krankenhäuser und 2 Ärzte als Gutachter, daß die

unrechtmäßig erlittene Haft sie ‚seelisch verändert‘ habe. Worin diese ‚seelische Veränderung‘ bestand, wurde nur in sehr unklarer Weise zum Ausdruck gebracht, zumal es sich nicht um erfahrene Psychiater handelte. Diese Person selbst aber gab zur Kenntnis: wenn sie ehrlich wäre, so habe sie eigentlich aus dieser Zeit eine seelische Bereicherung mit nach Hause genommen. Damit gab sie selbst dem Gutachter den einzig möglichen und den Erfahrungen der ärztlichen Wissenschaft gemäßen Schlüssel in die Hand.

Und anders: Eine Person verbringt 7 Jahre in nationalsozialistischen KZ's und gerät beim Umsturz in russische Gefangenschaft. Nach der Rückkehr wird ihm bescheinigt, daß die Folge der KZ-Haft Kopfschmerzen und eine seelische Zermürbung sei. Es stellte sich allerdings sehr bald heraus, daß er wegen Zuhälterei und sonstiger Rückfallverbrechen inhaftiert war. Beinahe wäre es den Gutachtern gelungen, die Auszahlung einer recht bedeutenden Summe zu erreichen. Bei Aufdeckung der wahren Verhältnisse hat sich der Mann erhängt. Im ersten Falle handelt es sich um einen ehrenhaften und anständigen Menschen, der aus Eigenem die Ansichten der Gutachter zu Schaden machte, im zweiten um einen Asozialen. Bei beiden aber kommt eine ‚seelische Veränderung‘ … unter keinen Umständen in Frage.“[97]

Entschädigungssache Stepan K.

Wegen Mitgliedschaft in der KPD inhaftierte man den fünfzigjährigen Stepan K.[98] im April 1936 zunächst im Konzentrationslager Esterwegen, später in den KZs Sachsenhausen, Flossenbürg und Buchenwald. Nach eigenen Berichten stand Stepan K. in Esterwegen während des Aushebens von Gräben monatelang mit undichten Gummistiefeln im Wasser; in Buchenwald und Flossenbürg zwang man ihn zur Arbeit im Steinbruch; in Sachsenhausen mußte er Lumpen und Metall sortieren. In allen Lagern seien Tritte und Schläge an der Tagesordnung gewesen. In Esterwegen verlor Stepan K. durch Schläge vier Zähne im Oberkiefer. Als die Amerikaner Buchenwald befreiten, konnte er sich nur noch mit Krücken vorwärts bewegen.

Eine 1949 gewährte Haftentschädigung war schnell aufgebraucht. Der inzwischen 65jährige stellte einen Antrag auf Rente wegen Erwerbsminderung als Haftfolge. Kaldewey wurde mit dem nervenärztlichen Fachgutachten betraut und kam zu folgendem Urteil: die Beschwerden des Begutachteten seien nicht auf Mißhandlungen, Hunger, übermäßige körperliche oder geistige Belastung, sondern allein auf altersbedingte Ursachen zurückzuführen. Darüberhinaus habe er bemerkt: Stepan K. „redet oft einfach vorbei, er erweckt das Bild einer Verblödung, die de facto in diesem Ausmaß objektiv so nicht vorhanden ist. Solches Vorbeireden finden wir bei der sog. Pseudodemenz, d.h. einer Demenz, die nicht hirnorganischer Natur, sondern aktiv gewollt ist, um einen schweren psychischen Defekt vorzutäuschen … Die Pseudodemenz hat eine Tendenz. Sie ist im Versicherungswesen oder als neurotische Fehlhaltung dort bekannt, wo ein bestimmter Zweck erreicht werden soll. Der Zweck bei K. ist die Erlangung einer haftbedingten Entschädigungsrente“.

Wieder einmal kam Kaldewey zu dem Ergebnis, daß es sich bei dem ehemaligen KZ-Insassen um einen Rentenbetrüger handele. Haftfolgen seien nicht nachzuweisen. Doch anders als in den zuvor beschriebenen Fällen schaltete sich der Rechtsanwalt des Klägers ein und erhob Einspruch. Er beantragte ein weiteres Gutachten, da

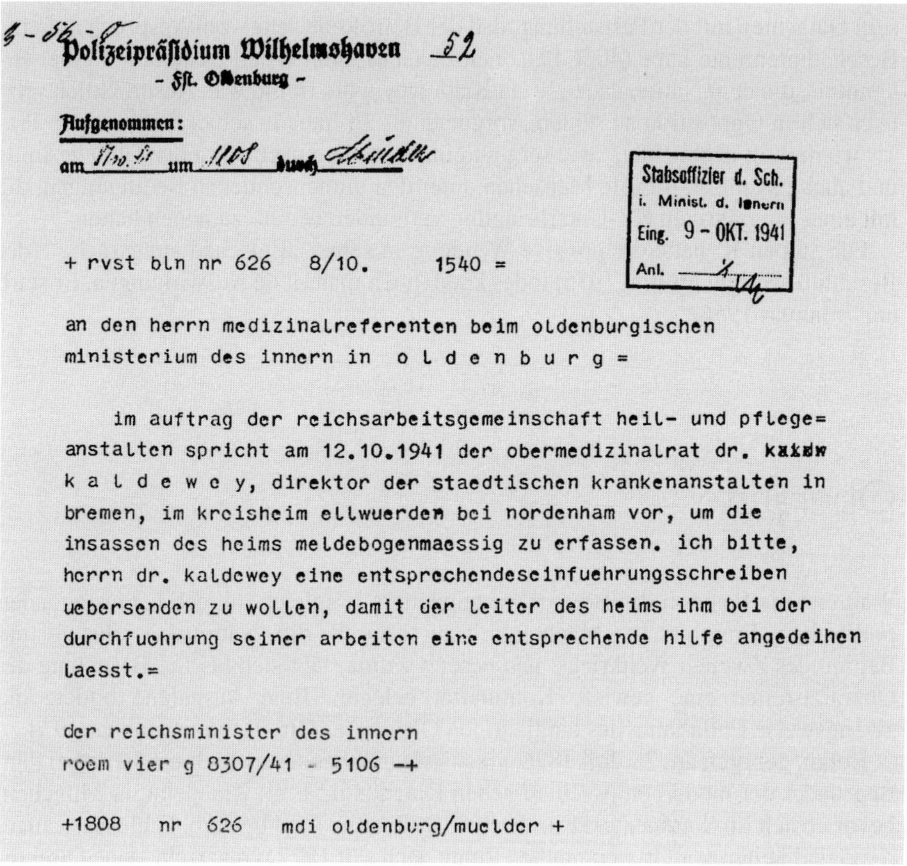

Polizeipräsidium Wilhelmshaven 52
- Fst. Oldenburg -

Aufgenommen:
am 17.10.41 um 1108 durch

Stabsoffizier d. Sch.
i. Minist. d. Innern
Eing. 9 - OKT. 1941
Anl.

+ rvst bln nr 626 8/10. 1540 =

an den herrn medizinalreferenten beim oldenburgischen
ministerium des innern in o l d e n b u r g =

im auftrag der reichsarbeitsgemeinschaft heil- und pflege=
anstalten spricht am 12.10.1941 der obermedizinalrat dr. kaldw
k a l d e w e y, direktor der staedtischen krankenanstalten in
bremen, im kreisheim ellwuerden bei nordenham vor, um die
insassen des heims meldebogenmaessig zu erfassen. ich bitte,
herrn dr. kaldewey eine entsprechendeseinfuehrungsschreiben
uebersenden zu wollen, damit der leiter des heims ihm bei der
durchfuehrung seiner arbeiten eine entsprechende hilfe angedeihen
laesst.=

der reichsminister des innern
roem vier g 8307/41 - 5106 -+

+1808 nr 626 mdi oldenburg/muelder +

„Meldebogenmäßige Erfassung" durch Walther Kaldewey im Auftrag der Reichsarbeitsgemeinschaft Heil- und Pflegeanstalten, Oktober 1941

der „Sachverstandige ein bekannter SS-Arzt gewesen ist, der auch nach dem Zusammenbruch seine Meinung nicht geändert hat. Ein solcher Sachverständiger dürfte kaum in der Lage sein, als gerichtlicher Gutachter in einer Entschädigungssache tätig zu sein. Ein solches Gutachten wird nicht objektiv sein. Denn der Gutachter hat auch die Frage zu beurteilen, durch welche Einflüsse die Gesundheit des Klägers geschädigt worden ist. Da nach Ansicht der überzeugten Nationalsozialisten die Behandlung in den Konzentrationslagern durchaus menschenwürdig war, ergibt sich, daß der Gutachter die Schwere der seelischen Leiden gar nicht erkannt hat." Das Landesgericht Bremen schloß sich diesem Urteil an und verfügte, von dem Gutachten keinen Gebrauch zu machen, da Kaldewey „SS-Arzt gewesen ist und auch in einer neuen, der früheren NSDAP nahestehenden Partei eine gewisse Rolle gespielt hat."

Obwohl Stepan K's Rechtsanwalt zur Eile drängte, damit sein kranker und gebrechlicher Mandant möglichst bald in den Genuß der Rente käme, dauerte es sechzehn Monate, bis ein weiteres nervenfachärztliches Obergutachten vorlag. Gleich zu Beginn seiner Ausführungen betonte der neue Gutachter: Stepan K. „machte von Anfang an einen ausgesprochen schwerkranken Eindruck, wobei … nicht im entferntesten der Eindruck einer Simulation entstehen konnte". Er schloß sein Gutachten mit der Feststellung, daß der Betroffene sehr wohl Anspruch auf eine Beschädigtenrente habe (40 % Personenschaden). Sein Urteil basierte auf einer Erkenntnis, die dem Nationalsozialisten Kaldewey wohl fremd war. Ausdrücklich setzte er sich in Opposition zu seinem Vorgutachter. Er habe in seiner langjährigen Praxis wiederholt beobachtet, „wie sehr und insbesondere nachhaltig bis dahin gesunde und auch psychisch robuste Menschen unter den unmenschlichen Bedingungen, die mit einer langjährigen KZ-Unterbringung verbunden waren, zu leiden hatten."

Für Stepan K. hatte die positive Wendung in seiner „Entschädigungssache" (der Beschluß erfolgte im Juni 1955) indes kaum noch materielle Auswirkungen. Er starb am 7. Januar 1956.

Oberärzte

Während die Position des Bremer Anstaltsleiters zeitgleich mit den herausragenden politischen Ereignissen „Machtergreifung" durch die Nationalsozialisten und Beginn des Zweiten Weltkriegs, neu besetzt wurde, läßt sich bei der Besetzung der Oberarztstellen eine gewisse Kontinuität belegen. Eine Ausnahme bildete die zwangsweise Entlassung des langjährigen Oberarztes Otto Rehm im Januar 1934.

Rehm, geboren am 28. Juli 1876, assistierte unter anderem mehrere Jahre bei dem Begründer der modernen psychiatrischen Diagnostik, Emil Kraepelin, in München, bevor er sich im Sommer 1911 im Bremer St. Jürgen-Asyl bewarb. Fehlende Karrieremöglichkeiten vor Ort veranlaßten Rehm, sich seit 1922 um verschiedene Direktorenstellen von Heil- und Pflegeanstalten zu bemühen, allerdings ohne Erfolg. Als die Position des Leiters der Ellener Anstalt 1927 ausgeschrieben wurde, bewarb er sich ebenfalls. Die Wahl seines Konkurrenten Friedrich Karl Walter führten zu ständigen Querelen zwischen dem neuen Anstaltsleiter und seinem Oberarzt, der daraufhin mit Nachdruck versuchte, einen neuen Arbeitsplatz zu finden. Die bremische Gesundheitsverwaltung nutzte das „Gesetz zur Wiederherstellung des Berufsbeamtentums"[99], um sich des unbequemen Arztes zu entledigen. Rehm schied bereits am 14. November 1933 aus der Ärzteschaft aus. Bis zu seinem Tod am 25. Januar 1941 war er im Sanatorium Neufriedenheim in München als Nervenarzt tätig, wo sein Bruder Ernst Direktor war.

Anstaltsarzt Friedrich Kraus blieb ebenso wie sein Kollege Rudolf Gildemeister auch nach 1933 in der Ellener Anstalt. 1886 geboren, studierte er an der Universität Greifswald, machte im April 1913 das medizinische Staatsexamen und erhielt im Juni 1914 seine Approbation.[100] Im Februar 1919 wurde er Assistenzarzt in der Bremer Irrenanstalt. Beförderungen erfolgten 1923 zum Anstaltsarzt und 1936 zum Oberarzt. Nun war er verantwortlich für die Männerabteilungen. Bereits im Juni 1933 trat Kraus der SA bei, wo er die Position eines „Sanitäts-Rottenführers" innehatte. Nach dem Krieg erklärte er, der Eintritt in die SA habe „unter Druck" stattgefunden. Brauneck habe ihm „durch die Blume" zu verstehen gegeben, daß er sonst entlassen würde. Die Übernahme in die NSDAP (1937) sei dann automatisch erfolgt.[101] Friedrich Kraus wurde am 27. September 1945 aus politischen Gründen

ÄrztInnen der Bremer Nervenklinik, 1938. Von links: Rudolf Gildemeister, Theodor Steinmeyer, und Friedrich Kraus

gekündigt. Der Richterspruch im Entnazifizierungsverfahren lautete „Mitläufer". Der Betriebsrat der Bremer Nervenklinik lehnte die Wiedereinstellung des „überzeugten Nationalsozialisten" ab.[102]

Sein Kollege Rudolf Gildemeister gehörte 34 Jahre, von 1925 bis zu seiner Pensionierung im September 1959, zur Ärzteschaft der Bremer Anstalt. Er wurde 1895 als Sohn des bekannten Bremer Architekten Eduard Gildemeister geboren, studierte in Kiel, Greifswald, Würzburg und Hamburg und erhielt die Approbation im Mai 1921[103]. Obwohl er an einer schweren Augenerkrankung litt, beförderte ihn die Gesundheitsverwaltung im März 1941 zum stellvertretenden Direktor der Nervenklinik und Ende 1942 zum Obermedizinalrat. Vor dem Hintergrund einer solchen Karriere während der nationalsozialistischen Diktatur überrascht zunächst, daß Gildemeister lediglich Mitglied der NSV und des RDB[104] war, jedoch weder der NSDAP noch der SA angehörte. Verschiedentlich wurde Gildemeisters fehlende politische Betätigung mit seiner Behinderung erklärt[105], denn „kranke Kollegen" würden nicht aufgefordert der SA beitzutreten.[106] Im April 1936 ernannte man Gildemeister zum „Landesobmann für die erbbiologische Bestandsaufnahme in Heil- und Pflegeanstalten". Bereits siebzehn Monate später trat er von diesem Amt „wegen allzu starker beruflicher Inanspruchnahme" zurück. Der Leiter der Abteilung Erb- und Rassenpflege beim Staatlichen Gesundheitsamt Bremen, Rogal, trat daraufhin an seine Stelle.[107]

Patient im Dauerbad, 1910

Behandlung

Nahezu ein Jahrhundert lang prägte der Wachsaal als zentraler Behandlungsort den therapeutischen Alltag in psychiatrischen Anstalten. Als Friedrich Scholz 1876 erstmals in der Bremer Irrenanstalt „Wachtabtheilungen" für Akutkranke einrichtete, betonte er ausdrücklich das medizinische Behandlungsmodell der Psychiatrie: „Frisch erkrankte Irre gehören ebenso wenig wie Typhuskranke auf den Acker oder in die Werkstatt, sondern wie diese ins Bett. Die körperliche Ruhe, die Bettruhe ist es, welche mehr wie alles Andere den Blutkreislauf regelt, die äußeren Sinnesreize vermindert, die gereizten Ganglienzellen beruhigt, den Kräfteverfall aufhält. Sie ist das souveränste Heilmittel … für die Genesung."[1]

So sahen die Psychiater seit der Jahrhundertwende den „Hauptzweck der Irrenbehandlung" in der Beruhigung der Kranken. Als medikamentöses Therapeutikum setzten die Bremer Psychiater traditionell Opium und Morphium ein; gilt doch die benachbarte „Privat-Anstalt für Gemüthskranke" der Psychiaterfamilie Engelken in Oberneuland als Geburtsstätte der Opiumbehandlung bei Geisteskrankheiten in Deutschland.[2] Die Herabsetzung von Reizen, die Unterdrückung von Schlaflosigkeit oder die Minderung gesteigerter Erregungszustände bewirkten bereits synthetisch hergestellte Hypnotika wie Paraldehyd, Hyoscin, Sulfonal und vor allem das 1869 von Liebreich entwickelte Chloralhydrat.[3] Der Einfluß der zur Verfügung stehenden Schlaf- und Beruhigungsmittel war allerdings wenig spezifisch, und sie hatten erhebliche Nebenwirkungen, so daß im Mittelpunkt der therapeutischen Indikation die physikalischen Sedativa – warme Dauerbäder und feuchte Packungen – standen. Bei einer Badetemperatur von 35 bis 37 Grad Celsius überwachten die Pfleger und Schwestern die unruhigen Kranken, die häufig stunden- bzw. tagelang im warmen Dauerbad liegen mußten. Eine für Kranke und Pflegepersonal häufig strapaziöse Prozedur. Eine Ellener Schwester erinnert sich: „Dann waren da die Dauerbäder. Je nach Dienst hatte man Badedienst oder Wachsaaldienst. Wir hatten damals alle Riemen um, mit Schlüssel und Pfeife, und wenn mal Not am Mann war, pfiff man, damit Hilfe kam. Die ganz schlimmen Fälle waren im Dauerbad, ordentlich mit Vaseline eingerieben, manchmal acht Tage lang. Da saß man dabei, man mußte ja das Wasser kontrollieren, die Temperatur mußte genau stimmen, nicht zu warm und nicht zu kalt."[4] Die Patientensicht schildert eindrucksvoll Oskar Maria Graf, den man nach einem physischen und psychischen Zusammenbruch als Rekrut 1918 in die Irrenanstalt einlieferte. Als er dort zusammen mit anderen Patienten gegen die Wärter rebellierte, wurde er unter Zwang ins Dauerbad gelegt: „Man war wehrlos und lag splitternackt in einer heißwassergefüllten Wanne bei vierzig Grad Wärme. Der Raum war dampferfüllt und glitschigglatt. Drei Wärter gingen am Fenster auf und ab. Wollte einer aus der Wanne, stießen sie ihn einfach hinein. Es hieß also liegen bleiben, liegen bleiben und abwarten. Das Mittagessen mußten wir im Wasser einnehmen, aber man hatte keinen Appetit. Mattigkeit kam, Schwäche, unsägliche Schwäche … Erst am dritten Tag wurde ich vollkommen erschöpft aus der Wanne gezogen und ins Bett gelegt."[5]

Die kalte bzw. lauwarme Ganzkörperpackung war neben der Badbehandlung die häufigste Methode zur Ruhigstellung erregter PatientInnen. Obwohl allgemein ver-

Geburtsstätte der Opium-Behandlung: Hermann Engelkens Asyl für Nerven- und Gemütskranke in Oberneuland

breitet, war man sich durchaus bewußt, „daß die Packung in den Fällen starker motorischer Erregung immer ein mechanisches Restraint schlimmster Sorte darstellt, demgegenüber die Zwangsjacke das reine Waisenkind ist.“[6] Auch in der Bremer Anstalt wurde der Wechsel von Dauerbad und Packung angewendet. „Das Zwangswickeln ordneten die Ärzte an“, berichtet ein ehemaliger Pfleger. „Die Patienten wurden oberhalb der Brust ganz eingewickelt. Das war schon viel Arbeit. Da waren wir zu viert am Bett, um die in die Packung zu kriegen, sie hatten ja Angst davor, und das versteh ich auch. Es war ja eine indirekte Bestrafung, wenn es nicht mehr anders ging. Länger als vier bis sechs Stunden durften sie nicht da drin bleiben, wenn das Leinen trocknete, zog es sich ja zusammen.“[7] Zur Fixierung verwendete man Zwangsjacken und sogenannte Bettgurte.

Hatte die zeitgenössische Fachwelt die Einführung des warmen Dauerbades als Durchbruch des medizinischen Behandlungskonzepts in der Psychiatrie gesehen, markierte 1917 die Entwicklung der Malariakur einen vorläufigen Höhepunkt der psychiatrischen Forschung. Der Wiener Psychiater Wagner von Jauregg injizierte das Blut von MalariapatientInnen Paralytikern. Durch die so erzeugten periodischen Fieberanfälle ließ sich die progressive Paralyse[8] in ihrem Verlauf mildern. Im Ellener St. Jürgen-Asyl war die Paralyse die häufigste Todesursache bei den männlichen Patienten. Zwischen 1904 und 1919 (die Angaben für das Jahr 1914 fehlen) starben an dieser Krankheit 282 Männer und 58 Frauen; das waren 35 bzw. 11% aller Verstorbenen.[9] Obwohl mit dieser Kur nur ein kleiner Teil der Erkrankten geheilt werden konnte, bot sie die bis dahin erste Möglichkeit, ein psychiatrisches Krankheitsbild somatisch zu behandeln.

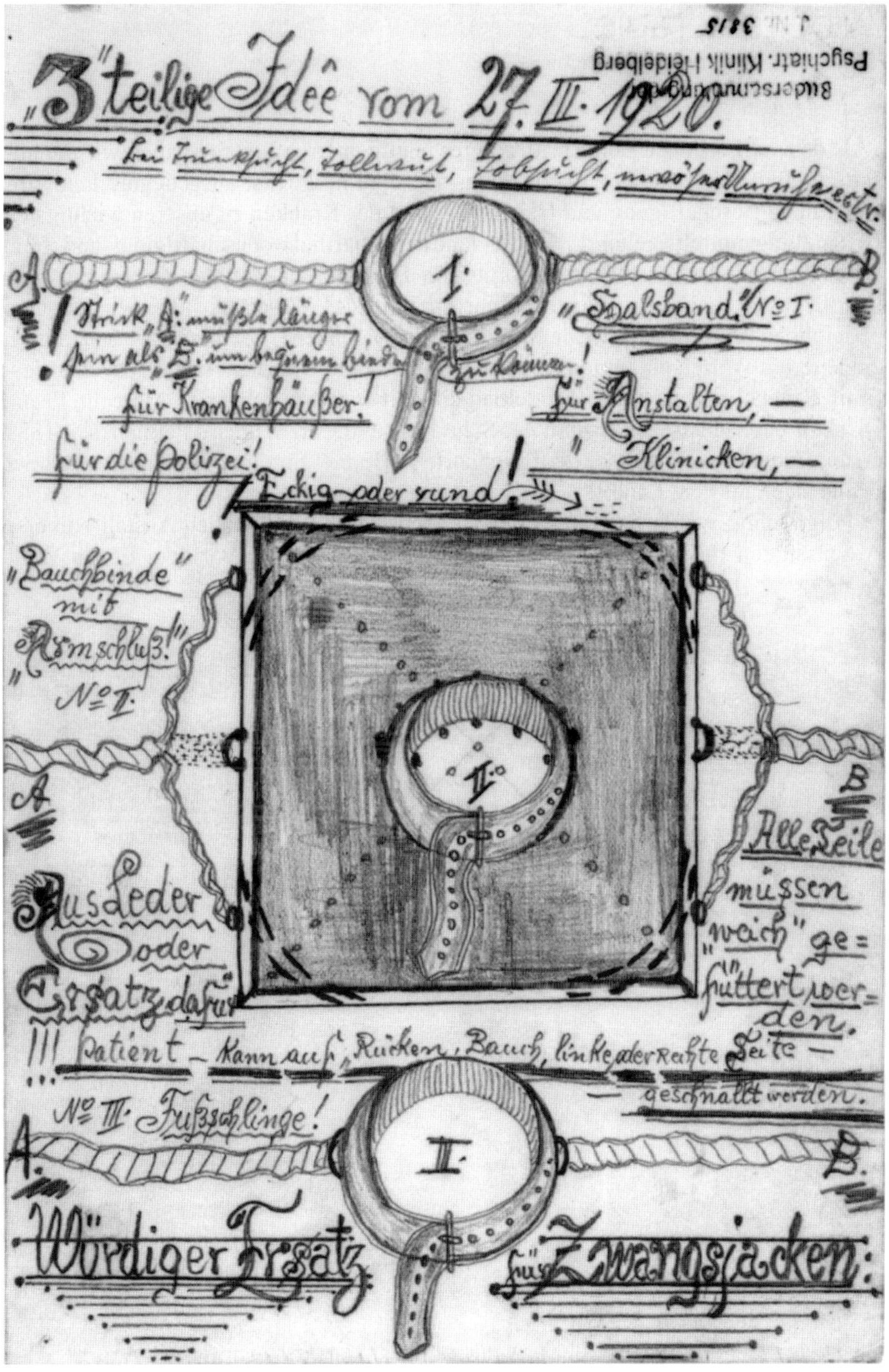

„Würdiger Ersatz für Zwangsjacken" – Entwurf eines Patienten vom 27. März 1920 (Prinzhorn-Sammlung der Psychiatrischen Klinik Heidelberg)

Arbeitstherapie

„Als den wesentlichen Fortschritt unserer heutigen Irrenfürsorge haben wir die allseitig geteilte Erkenntnis zu betrachten, daß eine möglichst ausgedehnte landwirtschaftliche Beschäftigung und freie Bewegung der Kranken zu unseren wichtigsten Behandlungsmitteln gehören. Beide, landwirtschaftliche Beschäftigung und freie Bewegung, sind so unzertrennbar mit dem Begriffe der heutigen Irrenpflege verknüpft, ja sie machen so ganz und gar ihr innerstes Wesen aus, daß wir uns eine gedeihliche Irrenfürsorge ohne sie kaum noch denken ... können."[10] Mit diesen engagierten Worten plädierten drei Honoratioren der deutschen Anstaltspsychiatrie – Emil Kraepelin, Leiter der Heidelberger Universitätspsychiatrie, Albrecht Paetz, Direktor der sächsischen Anstalt Alt-Scherbitz, und Carl Wilhelm Pelman, seit 1889 erster ordentlicher Professor der Psychiatrie in Bonn – für einen Neubau der Bremer Irrenanstalt auf dem Land.[11]

Folgerichtig waren bereits bei der Konzeption der „kolonialen Anstalt" diverse Arbeitsstätten für PatientInnen vorgesehen. So bearbeiteten vor dem Ersten Welt-

Arbeitskolonne des St. Jürgen-Asyls, um 1925.

krieg auf der Männerseite sechs Kolonnen das angrenzende Acker- und Gartenland. Weitere Beschäftigungsmöglichkeiten im Rahmen der Arbeitstherapie bestanden von Beginn an auf dem Gutshof, in der Verwaltung und im Werkstattgebäude (als Schuhmacher, Schneider, Sattler, Polsterer, Tischler, Buchbinder, Bürstenmacher, Korbmacher, Mattenflechter). Auf der Frauenseite gab es in der Regel nur eine größere Feld- und Gartenkolonne. Die Mehrzahl der Patientinnen wurde bei hauswirtschaftlichen Tätigkeiten eingesetzt: in den Nähstuben, den Plättstuben, der Zentralküche und der Wäscherei. Die Betätigung der Kranken veränderte das Leben in den Anstalten entscheidend, indem sie den monotonen Tagesablauf durchbrach. Hermann Simon, entschiedener Befürworter der „aktiveren Krankenbehandlung", forderte, daß im Vordergrund aller Krankenbeschäftigung das therapeutische Moment und nicht der wirtschaftliche Wert der geleisteten Arbeit stehen müsse. „Aber", räumte er ein, „ein ‚praktischer Arzt' wird immer dafür sorgen, daß die Arbeitskräfte nach Möglichkeit auch nützlich verwertet werden. Es ist das auch therapeutisch wichtig, da die meisten Kranken doch ein Gefühl dafür haben, ob die von ihnen verlangte Arbeit einen Zweck hat oder nicht."[12] Im Ellener St. Jürgen-Asyl arbeiteten über die Hälfte der Frauen und Männer in den Werkstätten, im Haus, im Garten und in der Landwirtschaft.[13]

Die positiven Aspekte dieser „aktiveren Therapie" gehen auch aus verschiedenen persönlichen Aufzeichnungen hervor. So schrieb eine Patientin an ihre Tante: „Ich gehe hier in Ellen mit aufs Feld. Morgens um 8 Uhr geht es schon los. Wir jäten Unkraut, pflücken Erbsen und Bohnen. Hier zu Ellen gehören große Felder und Wiesen. Die Arbeit macht uns sehr viel Spaß und Freude, ist es doch draußen in Gottes freier Natur am schönsten. – Ich nehme dann meine Mundharmonika mit und spiele. Die Felder erinnern mich oft an Tarthun, an die schöne goldene Kinderzeit."[14] Eine andere Patientin brachte ihre persönlichen Erfahrungen bei der Arbeitstherapie in einem Gedicht zum Ausdruck:

„So kam ich denn unter das Regiment von Schwester Lucie
Na, wenn die schimpfte, rutschte mir das Herz in die Knie,
Doch hatte Sie auch Ihre guten Zeiten
Und konnte manche Freude bereiten.
So sagte Sie denn eines Tages zu mir
können sie nähen und pflicken,
dann können Sie bei Frl. Wolters an der Nähmaschine sitzen
In der Nähstube ging es oft heiter zu,
Frl. Wolters verlor aber nicht die Ruh.
Nur manchmal konnte sie tüchtig spektakeln,
Wenn nämlich die Nähmaschinennadeln brachen.
Doch Sie war auch gleich wieder gut,
Und ich hatte wieder frischen Mut,
Um halb fünf wurde Schluß gemacht.
Und wir hatten Ruhe bis zum anderen Tag."[15]

Auch Dina P. verfaßte 1938 ein enthusiastisches Gedicht über ihre Arbeit in der Nähstube:

„Zwischen herrlichen Tannen und Wald
liegt die bremische Heil- und Pflegeanstalt.
Mehrere schöne Häuser gibt es dort
so daß man denkt, bin ich hier wohl in einem Dorf oder Ort?

Doch von diesen Häusern allen,
kann mir Haus 1 immer noch am besten gefallen.
Jeden morgen um 8 Uhr,
ruft eine Schwester durch das Haus, Nähstube nur. –
Sofort sammelt sich die ganze Schar,
und angetreten wird der Weg;
zur Näh- und Plättstube, das ist klar
Begleitet von zwei Schwestern,
oft von Schwester Allies und Schwester Martha den beiden,
die können sich scheinbar sehr gut leiden!
Aber Punkt 11 Uhr ist es mit der Arbeitszeit aus.
Dann gehen wieder alle fröhlich nach Haus.
Und gehen dann mit den Schwestern, spazieren im Garten.
Worauf schon alle freudig warten."[16]

Ein Patient beschwerte sich in einem Brief an seine Angehörigen darüber, daß ihn der Oberarzt schikaniere: „Er will mich nicht arbeiten lassen," führte er näher aus. „Als ich mich einige Tage nicht wohl fühlte und als es mir wieder besser ging und ich mich wieder zur Arbeit in der Küche meldete, ließ er mich nicht raus. Erst einige Tage danach steckte er mich in die Kolonne. Ich war denn auch froh, wieder an die frische Luft zu kommen. Aber er hat mir die Freude nicht gegönnt und ließ mich nach Haus 19 [Verwahrhaus, G.E.] bringen, wo man geistig und körperlich, in Ermangelung einer vernüftigen Arbeit, verkommt."[17]

Traten die ökonomischen Aspekte der Krankenarbeit zunächst offensichtlich hinter den therapeutischen zurück, so änderte sich die Reihenfolge der Wertung in Anbetracht der sich zuspitzenden wirtschaftlichen und sozialen Krisensituation. 1927 dehnte man die Arbeitstherapie in „ziemlich erheblichem Umfang" auf Bauarbeiten aus. Vorausgegangen war der rapide Anstieg der Krankenzahl durch die polizeilich zur Beobachtung eingewiesenen „Trunksüchtigen". Allein im Jahr 1929 lautete bei 120 von 449 aufgenommenen Männern die Diagnose Alkoholismus. Man nutzte die Arbeitskraft der „häufig körperlich gesunden und zum Teil den Bauarbeiterkreisen angehörenden Patienten"[18], um zusätzliche Baumaßnahmen in der Klinik zu realisieren. Auch der Schneider Emanuel S. stellte eine wichtige Arbeitskraft dar. Ein ehemaliger Pfleger erinnerte sich noch 1989 gut an den Patienten: „Sämtliche Garderobe, die das Pflegepersonal, das männliche Pflegepersonal benötigte, die Schutzkleidung und dergleichen wurden von Herrn S. maßgenommen und angefertigt. Früher trug man bläuliche, gestreifte Kittel als Pflegerbekleidung ... Herr S. hatte ein Zuschneidepatent, und für jeden Pfleger war ein Pappmodell da, und das Pappmodell wuchs mit der körperlichen Veränderung der Person, so konnte der passende Kittel jederzeit angefertigt werden."[19]

Ganz im Sinne der nationalsozialistischen Ideologie stellte Kaldewey mit Blick auf die zukünftige Bedeutung der Arbeitstherapie die Frage: „Wie ist es möglich, die Kraft unserer Geisteskranken in den Dienst des Volksganzen zu stellen?" Da es nicht möglich sei, das Personal in den Anstalten zu vermehren und die Ausgaben der Anstalten und der „öffentlichen Hand für Geisteskranke und Minderwertige durch das Gesetz zur Verhütung erbkranken Nachwuchses" erheblich angestiegen seien, müßten die Kräfte einer Anstalt neu organisiert werden. Dabei sollten die Kranken durch geeignete Führung und Erziehung in die Lage versetzt werden, produktive Arbeit zu leisten. „Vielleicht", so die Vision des Anstaltsdirektors, "gelingt es uns

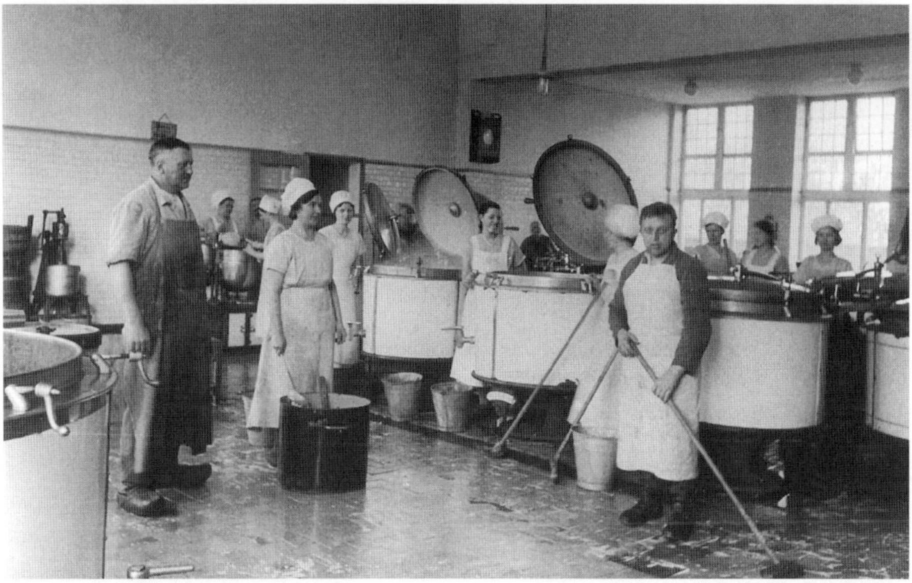

Angestellte und PatientInnen bei der Küchenarbeit, 1931

eines Tages, unsere Anstaltsinsassen einzuschalten in ein Arbeitsprogramm, das zum Ziel die Erfüllung von allgemeinen Aufgaben hat". Die Ärzte, so Kaldewey, müßten in der Lage sein, „nicht des leidenden einzelnen Menschen wegen zu handeln, sondern eines leidenden Volkes wegen Kämpfer zu sein".[20]

Als der Bremer Senator für Arbeit und Technik im Oktober 1939 über den Umfang der Arbeitstherapie in der Ellener Anstalt berichtete, ging es ihm keineswegs um einen therapeutischen, sondern ausschließlich um den wirtschaftlichen Nutzen der geleisteten Arbeit. Der personelle Bestand der „Kolonnen" war inzwischen drastisch zurückgegangen: Zum einen wurden die „Trunksüchtigen" ab 1933 in Arbeitslagern interniert.[21] Darüber hinaus, stellte der Berichterstatter bedauernd fest, seien die besten Arbeitskräfte in der Landpflege untergebracht und entfielen so ebenfalls. Die von der Polizei eingewiesenen Patienten müßten in verschlossenen Häusern gehalten und könnten nur unter strenger Beaufsichtigung zur Arbeit herangezogen werden. Als Walther Kaldewey 1940 die Leitung der Ellener Anstalt übernahm, war es die vernachlässigte Arbeitstherapie, die seine besondere Aufmerksamkeit fand. Ganz im Simonschen Sinne definierte er zunächst den Einsatz der „sog. Arbeitstherapie oder Heilarbeit" als eine Möglichkeit, die geschädigte Gesundheit „kranker Volksgenossen" zu bessern oder wiederherzustellen, dem Erkrankten wieder ein Gefühl des Wertes seiner Arbeit zu geben und seine Kräfte anzuregen. Doch vor allem, und hierin liegt der neue Stellenwert der Therapie, solle sie ihn fähig machen, wieder „produktive Arbeit für sich, für seine Familie oder seine Gemeinschaft zu leisten."[22] Die Produktivität der arbeitenden Männer und Frauen wurde zu dieser Zeit offensichtlich streng überprüft und bewertet. Eine akribisch geführte Tabelle hält fest, daß der 41jährige Diedrich S. zwischen Februar und August 1940 insgesamt 383 verschiedene Bürsten herstellte (u.a. Nagel-, Tassen-, Topf-, Schuhbürsten, Schrubber, Handfeger, Haarbesen). Zu wenig, wie aus dem im selben Monat ausgefüllten Meldebogen

Geburtstagsfeier einer Patientin (vorne links sitzend) in ihrer Pflegefamilie, 1933

ersichtlich wird. In der Rubrik „Art der Beschäftigung“ heißt es zusammenfassend: „Arbeitsleistung fast wertlos.“[23]

Daß die positive Bewertung der Arbeitsleistung – von Therapie kann in diesem Fall wohl kaum noch die Rede sein – Schutz bieten konnte, wird mit Blick auf die Gruppe der nach §42 b untergebrachten PatientInnen deutlich.[24] Das am 1. Januar 1934 in Kraft getretene „Gesetz gegen gefährliche Gewohnheitsverbrecher und über Maßregeln zur Sicherung und Besserung“ schrieb im §42 b RStrGB die strafgerichtliche Zwangseinweisung psychisch kranker Straftäter in die Psychiatrie vor. Als im März 1943 die Hamburger Generalstaatsanwaltschaft die Bremer Nervenklinik aufforderte, die „Sicherheitsverwahrten“ der Polizei zu melden[25], übermittelte man zwar umgehend die Namen von achtzehn Betroffenen, bat aber gleichzeitig um Rückstellung eines Patienten und einer Patientin, da „sich beide gut in den Arbeitsbetrieb der Anstalt eingefügt hätten“. Im März 1945, mehrere Patienten sollten ins KZ Neuengamme gebracht werden, ersuchte der Anstaltsleiter wiederum um Rückstellung von zwei Betroffenen, da sie „für die sich mehrenden Arbeiten im Anstaltsgelände erforderlich“ seien. Der neunzehnjährige Arno M. zum Beispiel arbeitete laut Krankenakteneintrag gut und fleißig. Er sei zu „jeder schweren Arbeit zu gebrauchen, die an seine Überlegungskraft keine Ansprüche stelle. Ist nie mürrisch, wenn er auch außerhalb der Arbeitzeit, z.B. zum Kohlenabladen, mit angesetzt wird.“[26] Hertha A., die wegen „Beischlaf-Diebstahl, Hehlerei, Erregung öffentlichen Ärgernisses und Prostitution“ inhaftiert war, ersetzte gar eine volle Arbeitskraft. Sie erbrachte als Melkerin „ausgezeichnete Leistungen“.[27]

Familienpflege

Die Familienpflege hat in Bremen eine bedeutende Tradition. Bereits 1764, und damit erstmalig in Deutschland, entstanden Anfänge der „familialen Irrenpflege" durch die Vorfahren des Rockwinkler Arztes Friedrich Engelken.[28] Als Teil der stadtbremischen Armenpflege überwies die Irrenanstalt schon 1884 97 PatientInnen in die 57 Pflegefamilien der Landpflege. Wilhelm Griesinger (1817-1868), Kämpfer für eine humane Psychiatrie im 19. Jahrhundert, urteilte aus zeitgenössischer Perspektive: Die „familiale Verpflegung" gewährt den Kranken das, was die „prachtvollste und bestgeleitete Anstalt der Welt niemals gewähren kann, die volle Existenz unter Gesunden, die Rückkehr aus einem künstlichen und monotonen in ein natürliches sociales Medium, die Wohlthat des Familienlebens".[29] Es war geradezu ein Loblieb, das Albrecht Paetz, Direktor der Irrenanstalt Alt-Scherbitz, anstimmte, als er über eine Informationsreise nach Bremen berichtete: „Die örtlichen und socialen Verhältnisse sind für die Familienpflege wie geschaffen; der Volkscharakter scheint ein sehr solider und guthmütiger zu sein, die Pfleger haben sichtlich ein wahres und aufrichtiges Interesse für ihre Kranken, und thun sie Alles, was in ihren Kräften steht. Die Kranken scheinen sich auch nach meinen Wahrnehmungen wie den Äußerungen des Kollegen Engelken in diesen idyllischen, ländlichen Verhältnissen außerordentlich wohl zu fühlen und ganz in der Familie und deren häuslichen Interessen aufzugehen."[30]

1905 ging die ärztliche Aufsicht über die Landpflege auf die Leitung des kurz zuvor eröffneten St. Jürgen-Asyls über. Die PatientInnen kamen nun regelmäßig zur Körperpflege (Baden, Friseur) und medizinischen Betreuung in die Anstalt. Die Tradition dieser „freien Verpflegungsform" in Oberneuland und Rockwinkel war einer der ausschlaggebenden Gründe, das St. Jürgen-Asyl in der benachbarten Dorfschaft Ellen zu errichten. Die Anzahl der Pflegequartiere in Oberneuland, Ellen, Schevemoor, Rockwinkel, Ellenerbrook und Osterholz verdeutlicht den Stellenwert der Familienpflege für die Anstalt. Lediglich während der beiden Weltkriege war ein Rückgang zu verzeichnen (vgl. die Tabelle auf S. 13). 1919 beklagte Delbrück: „Es fällt immer schwerer, Quartiere zu finden. Außer auf die Ernährungsverhältnisse ist das vor allem auch auf die Wohnungsnot zurückzuführen. Wer eine Schlafstelle hat, kann sie für hohes Geld leicht an Gesunde vermieten."[31]

Zu Recht beanstandeten Kritiker denn auch, daß oftmals nicht der zwischenmenschliche Kontakt, sondern die billige Arbeitskraft der PatientInnen für die Einrichtung einer Pflegestelle bestimmend war. Es steht außer Frage, daß das Engagement der Anstaltsleitung nicht nur von sozialen, sondern ebenso von wirtschaftlichen Gesichtspunkten bestimmt wurde. Die Familienpflege war erheblich billiger als die Anstaltsbetreuung. Das starke Anwachsen von Quartieren in den dreißiger Jahren belegt zum einen die Verquickung von wirtschaftlicher Not und Pflegebereitschaft in der Bevölkerung, zum anderen die starken Bestrebungen der Verantwortlichen, den Aufwand für die Geisteskrankenfürsorge möglichst niedrig zu halten. Der Herausgeber der „Allgemeinen Zeitschrift für Psychiatrie" faßte 1940 das neue Psychiatriekonzept treffend zusammen und wies der Familienpflege darin einen bedeutenden Platz zu: „Zu den ärztlich und zugleich wirtschaftlich wirksamen Maßnahmen … [bei der Senkung der Pflegekosten, G.E.] gehört außer der folgerichtigen Anwendung der neuen körperlichen Behandlungsweisen und der Heranziehung möglichst aller Kranker zu einer produktiven Arbeitstherapie die Ergänzung der Anstaltsfürsorge durch die freien Versorgungsformen: die Offene Fürsorge und die Familienpflege."[32] Die als eine der „wesentlichen Errungenschaften" der psychiatrischen Reformphase der Weimarer Zeit gepriesene „offene Fürsorge"[33] hatte für die Bremer Institution offensichtlich wenig Bedeutung. Zwar machten sich einige Ellener Ärzte 1929 vor Ort mit der vom Erlanger Anstaltsleiter Gustav Kolb dort „geschaffenen Form der nachgehenden psychiatrischen Fürsorge"[34] bekannt, beschränkten sich aber im wesentlichen auf die Betreuung von Kranken ohne Familie, wobei sicher auch die traditionelle Bedeutung der Familienpflege eine Rolle gespielt hat.

Krampf- und Schocktherapien

Seit Beginn der dreißiger Jahre arbeitete die psychiatrische Forschung verstärkt an der Weiterentwicklung neuer medizinischer Mittel zur Behandlung von „Geisteskrankheiten".[35] Die Hoffnung der Psychiater richtete sich darauf, Therapieformen zu entdecken, die ein aktives Eingreifen in die bis dahin als schicksalhaft und unbeeinflußbar verstandenen Krankheitsprozesse ermöglichten sollten. Mit der Entwicklung der Schocktherapien und Krampfbehandlungen glaubte man, die lange gesuchten körperlich wirkenden Therapieverfahren gefunden zu haben. Der therapeutische Optimismus lag darin begründet, daß mit den Schocktherapien zunächst weitaus größere Heilungserfolge erzielt wurden als mit den bis dahin bekannten Behandlungsmethoden.

Wissenschaftlicher Enthusiasmus machte sich unter den Medizinern breit, von dem Psychiater Carl Schneider 1941 folgendermaßen zum Ausdruck gebracht: „Wir stehen an einem Wendepunkt der Psychiatrie überhaupt, in welchem sie den therapeutischen Nihilismus, der dem Historiker als verspätetes Endglied und Relikt uralten Seelen- und Dämonenglaubens erscheinen möchte, endgültig abstreift und sich auf die therapeutische Erfahrung als das einzige Mittel zur Bannung auch der Psychosen besonnen hat."[36] Seit 1935 war man auch in der Bremer Nervenklinik in der Lage, Behandlungen mit künstlich erzeugten Krampfanfällen durchzuführen, zunächst als Chemotherapie mit Kardiazol, dann ab 1943 auch auf elektrischem Wege. Ab 1937 stellte die Insulin-Schock-Behandlung eine neuartige Form der ‚Aktiven Therapie' seelischer Erkrankungen dar.

In der Bremer Nervenklinik standen 1937 vierzehn Betten für die Schockbehandlung mit Insulin bereit. Direktor Steinmeyer berichtete von insgesamt 33 behandelten Kranken im ersten Halbjahr 1938. Da die neue Behandlungsmethode erhebliche Mehrkosten verursachte, beschloß die Behörde für das Gesundheitswesen zum Jahresbeginn 1939 von den betreffenden PatientInnen einen Zuschlag von drei Reichsmark zu erheben. Zum Vergleich: der Pflegesatz für die „gewöhnliche Pflege" lag derzeit bei 3,70 RM, sogenannte Privatpfleglinge hatten 8,- bis 11,- Reichsmark zu zahlen.[37] Doch schon am 30. August 1939 mußte die Insulinbehandlung aus Platzmangel eingestellt werden.

Achtundsechzig „schwachsinnige Kinder" waren nach Ellen verlegt worden. Der neue Direktor der Nervenklinik, wandte sich daraufhin im Februar 1940 mit einem

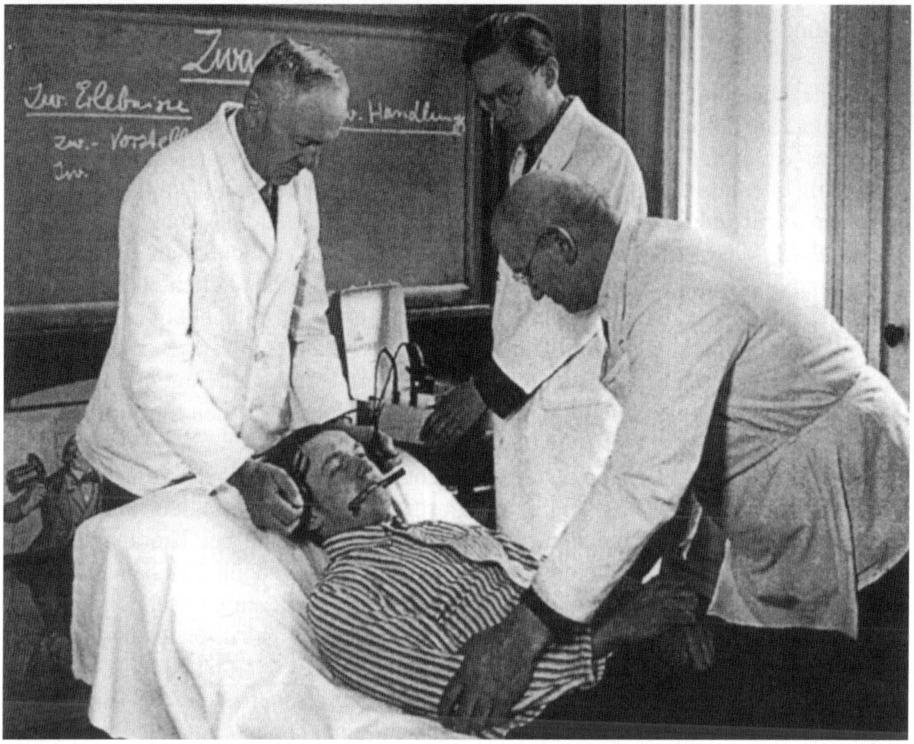

Elektroschockbehandlung – Werbefoto der Firma Siemens, um 1940

erbitterten Schreiben an seinen Vorgesetzten. Er möge umgehend die Verlegung dieser „kaum besserungsfähigen Kinder" veranlassen, schrieb er, da die Therapie der „behandlungsbedürftigen" Kranken wesentlich wichtiger als das „reine Verwahren" sei.[38] Ganz im Einklang mit der nationalsozialistischen Gesundheitsideologie tritt hier der zwiespältige, selektive Umgang des Psychiaters mit den Kranken hervor. Während für besserungsfähige PatientInnen die neuen aktiven Therapien zur Anwendung kommen sollten, blieb den „schwachsinnigen" Kindern das Schicksal aller „Ballastexistenzen": Aussonderung, Abschiebung und in vielen Fällen der Tod.[39] Obwohl Kaldeweys Wunsch entsprochen und der überwiegende Teil der Kinder in andere Anstalten verlegt wurde, ließen sich Insulinkuren nicht lange durchführen, da der Reichsbeauftragte für die Heil- und Pflegeanstalten bereits im Januar 1942 anordnete, daß „die Einleitung neuer Insulinkuren zur Behandlung der Schizophrenen … vorerst zu unterbleiben"[40] habe. In der Begründung hieß es, daß die Versorgungslage außerordentlich angespannt sei und für die Behandlung von Schizophrenen auch andere Methoden wie Kardiazol und Elektroschock zur Verfügung stünden. Im August 1942 forderte Linden alle Anstaltsleiter auf, ihm mitzuteilen, wieviele „Konvulsatoren" benötigt würden, da er es „für unerläßlich [halte], daß diese Art der Therapie bei allen Fällen, die noch Aussicht auf Besserung bieten, zur Anwendung kommt." Auch die Bremer Nervenklinik bestellte einen der Siemens-Konvulsatoren zum Preis von 995 Reichsmark. Er wurde im Juni 1943 geliefert. Doch wegen der „großen Anzahl der im Städt. Krankenhaus (Nervenklinik) mit Schocktherapie zu behandelnden Kranken" sollte ein zweites Gerät der Firma Sanitas angeschafft werden.[41]

Der genaue Hergang des Verfahrens einer Elektroschockbehandlung wird in der Bedienungsanleitung des ersten Siemens-Konvulsators beschrieben: „Zur Auslösung des Krampfanfalles wird ein niederfrequenter, sinusförmiger Wechselstrom kurzzeitig quer durch den Kopf geleitet. Hierzu werden die an das Behandlungsgerät anzuschließenden Elektroden nach Durchfeuchtung der Haut mit Kochsalzlösung an die Schläfen angelegt. Nach Einschalten des Gerätes erreicht man bei richtiger Dosierung eine schlagartig einsetzende Bewußtlosigkeit des Patienten mit sofortigem oder nach einer Latenzzeit bis zu etwa 30 Sekunden folgendem epileptischen Anfall. Dieser dauert ... etwa 40 bis 50 Sekunden. Die schwere Bewußtlosigkeit hellt sich innerhalb 5 bis 10 Minuten bis zu einem Stadium der Benommenheit auf. Bei Unterdosierung tritt nur Bewußtlosigkeit oder Benommenheit ein, die Behandlung bleibt erfolglos."[42] Die Vorteile der Elektrokrampftherapie gegenüber den anderen Schockbehandlungen waren aus Sicht der bisherigen psychiatrischen Praxis erheblich: Sie ließ sich unabhängig vom Zustand der Venen der PatientInnen anwenden, führte nicht zum Erbrechen, machte kein Nachspritzen bei Therapieversagen erforderlich und verhinderte unangenehme Empfindungen im Erleben durch die sofort eintretende Bewußtlosigkeit. Außerdem war sie einfach und schnell zu handhaben und verursachte außer der einmaligen Ausgabe für die Anschaffung des Gerätes so gut wie keine Kosten.

Eine ehemalige Ärztin der Bremer Nervenklinik erinnert sich: „1946 habe ich angefangen mit dem Elektroschock, das war grausam, aber es war ja die Behandlung der Wahl. Es gab ja keine Medikamente, wir hatten ja nur Beruhigungsmittel, sonst nichts. Angewandt wurden Elektroschocks bei Schizophrenien, ganz schweren Schizophrenien und vor allen Dingen bei ganz schweren Depressionen. Und das hat tatsächlich geholfen. Bevor die Elektroschocks kamen, wurde es mit Spritzen gemacht, mit Kardiazol. Und das war furchtbar. Man mußte ganz langsam spritzen, nun spritzen sie mal erregte Patienten langsam. Und die hatten ein Vorstadium, bevor sie den epileptischen Anfall bekamen; sie bezeichneten das immer als Vernichtungsgefühl, und das muß furchtbar gewesen sein. Das fiel beim Elektroschock weg, die bekamen sofort ihren Krampfanfall. Also, die Patienten wurden an einem Stuhl angebunden, und dann wurden die Elektroden angelegt, ganz genau weiß ich das komischerweise auch nicht mehr. Dann setzte sofort ein Krampfanfall ein, und als Arzt mußte man aufpassen, daß der Kiefer nicht aushakte. Und wenn der Anfall vorbei war, wußten sie davon nichts mehr. Also, heute meine ich, ja, es hat Auswirkungen auf die Gehirnzellen gehabt. Es sind ja richtige epileptische Anfälle gewesen, und man weiß ja, daß die Epilepsie auch die Zellen zerstört."[43]

Die kostengünstig und einfach zu praktizierende Elektroschockbehandlung etablierte sich in den vierziger Jahren und wurde vor allem bei schizophrenen Krankheitsbildern angewandt. Das Besondere der neuen aktiven Therapien in der Zeit des Nationalsozialismus bestand in seiner rigorosen, wahl- und grenzenlosen Handhabung. In einer Formulierung Steinmeyers wird der wahllose Einsatz dieser „modernsten wissenschaftlichen Methode" offensichtlich: „Inzwischen habe ich durch Vermittlung von Dr. Linden doch endlich einen Elektroschockapparat bekommen, worüber ich sehr glücklich bin. Es ist ein Siemens-Konvulsator, ein ausgezeichnetes Gerät, mit dem wir nun eine ganze Flut von aufgespeicherten Fällen schon in Behandlung haben."[44]

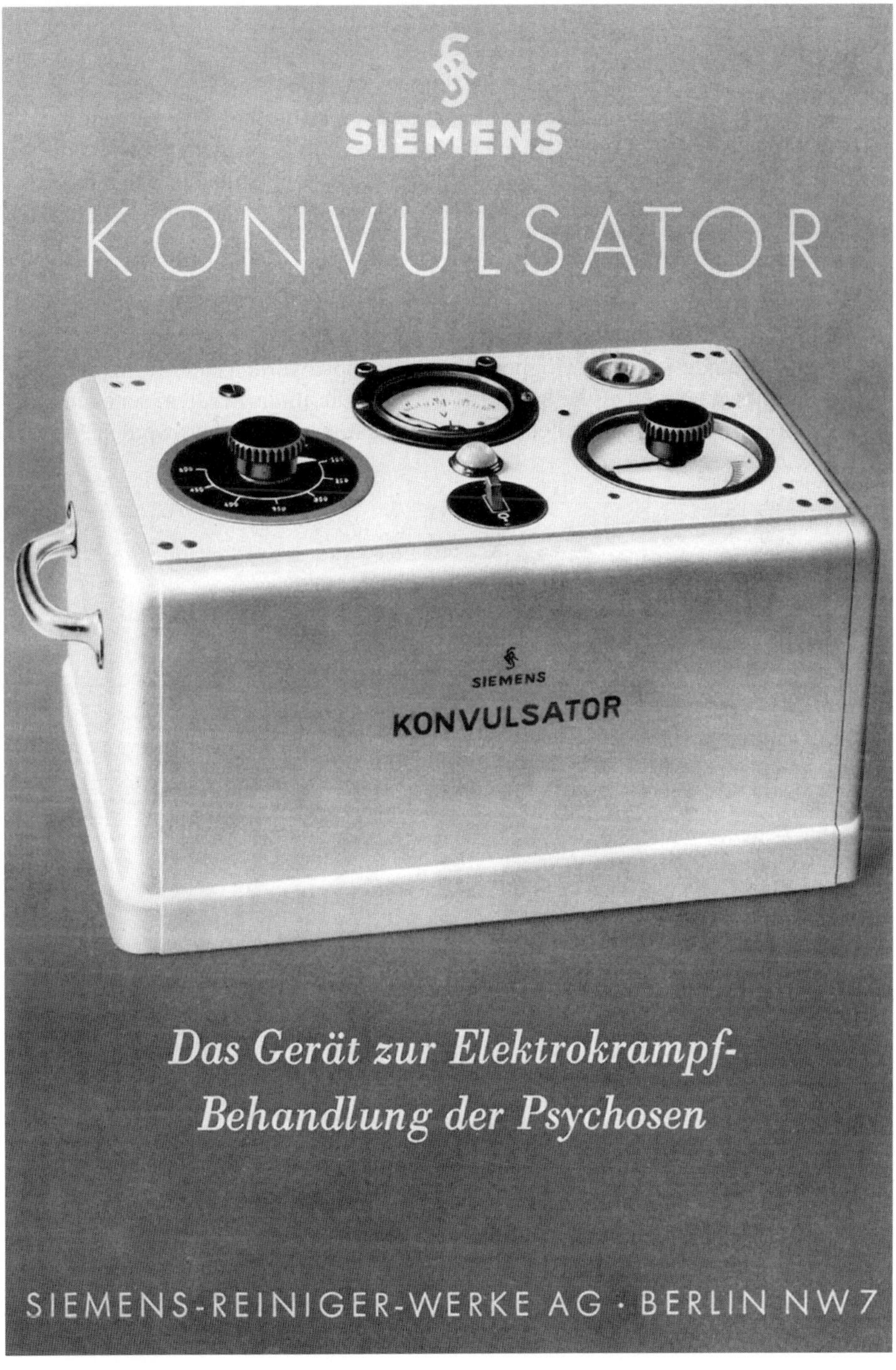

Werbeanzeige der Firma Siemens, um 1940

Während im Bereich der Arbeitstherapie die Arbeitsfähigkeit als Maßstab für die Einstufung von PatientInnen als heil- oder unheilbar galt, diente die Reaktion auf die Schockbehandlung als zusätzliches Selektionskriterium. Der Grad einer Störung, der Grad der Integrationsfähigkeit in die nationalsozialistische „Volksgemeinschaft" bzw. in den normierten Anstaltsalltag entschied über die Lebensperspektive der PatientInnen. Die Alternative zur „Heilung" durch eine Schocktherapie war in letzter Konsequenz nicht mehr die lebenslange Verwahrung, sondern die Tötung der „Unheilbaren".[45] Führende Psychiater wiesen auf diesen Zusammenhang hin, als sie 1943 ihre Gedanken zur Nachkriegsentwicklung der Psychiatrie formulierten: „Aber auch die Maßnahmen der Euthanasie werden umso mehr allgemeines Verständnis und Billigung finden, als sichergestellt und bekannt wird, daß in jedem Fall bei psychischen Erkrankungen alle Möglichkeiten erschöpft werden, um die Kranken zu heilen oder doch so weit zu bessern, daß sie, sei es in ihren Berufen, sei es in einer anderen Form, volkswirtschaftlich wertvoller Betätigung zugeführt werden."[46]

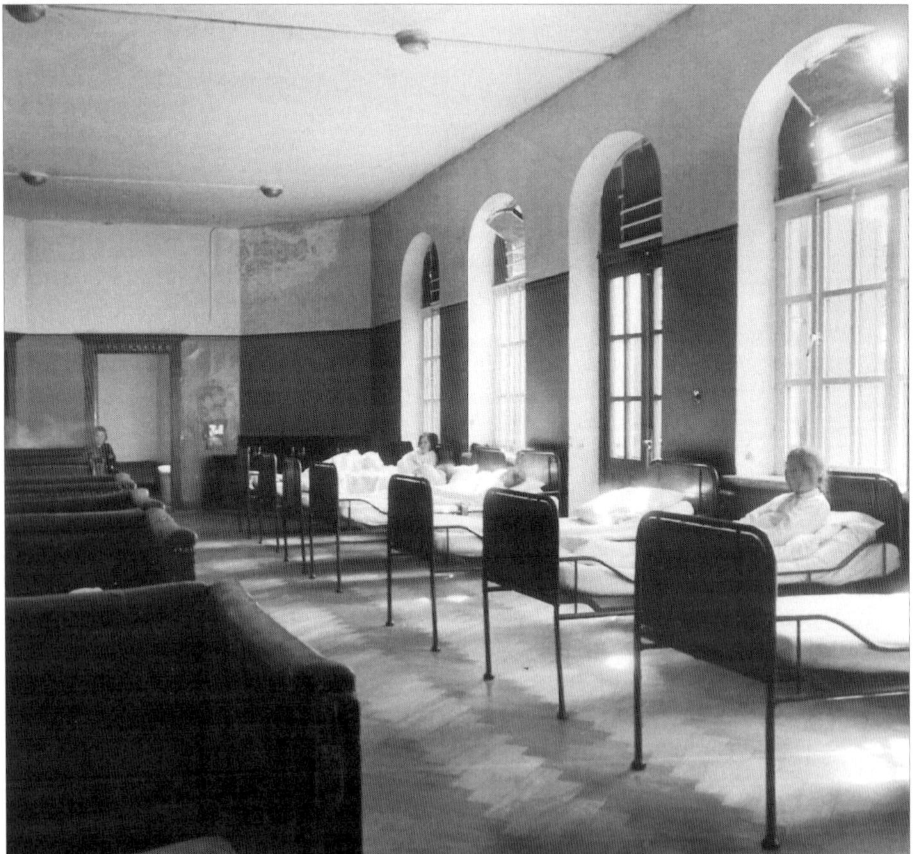

Wachsaal der Bremer Nervenklinik, 1942

Wege in den Tod

Die Versicherung eines leitenden Mitarbeiters des Bremer Gesundheitssenats im Jahre 1947, Hadamar habe schon vor 1933 zu den Einrichtungen gehört, die aus der überfüllten Nervenklinik Kranke übernommen hätten, ist eine von den vielen Schutzbehauptungen, die man in den Nachkriegsprozessen ungeprüft als Tatsache akzeptierte. Wahr ist allerdings, daß sich die Verlegung von chronisch Kranken wie ein roter Faden durch die Geschichte der Ellener Anstalt zieht.

Als man sich zur Jahrhundertwende entschloß, vor den Toren der Stadt Bremen eine „agricole Irrenkolonie" zu errichten, war ein Argument die „schlimme Überfüllung" der Irrenabteilung in der Städtischen Krankenanstalt. Doch auch der Neubau vermochte die Raumnot nur vorübergehend zu mildern. Die für 330 Kranke geplante Anlage war schon bald nach der Eröffnung im April 1904 überbelegt, bis 1911 stieg die Zahl der Kranken auf 554. Drei Jahre später versuchte man, die ständig wachsenden PatientInnenzahlen aufzuhalten, indem man Kranke in eine auswärtige Anstalt verlegte. Die Unterbringung von immerhin 150 Bremer PatientInnen in der Anstalt Lindenhaus bei Lemgo verbesserte nicht nur die Platzkapazität in der Ellener Anstalt, sondern brachte dem Bremer Staat bis 1930 auch finanzielle Vorteile, da der Pflegesatz dort niedriger lag. Folgerichtig stand die Rückführung von 115 dieser Frauen und Männer wiederum unter finanziellen Vorzeichen. Da Bremen sich u.a. geweigert hatte, einen langfristigen Überweisungsvertrag mit der lippischen Regierung abzuschließen, verzichtete man dort auf die „ausländischen Kranken".[1]

Trotz der Verlegung nach Lemgo stieg die Zahl der Kranken und damit auch die Überbelegung der Anstalt. Lediglich durch die verheerenden Auswirkungen des Ersten Weltkriegs ging die Zahl kurzfristig zurück. Die Mortalitätsrate in der Anstalt war im Kriegsverlauf als Folge der fortschreitenden „minderwertigen Ernährung" von durchschnittlich 7 % auf 19,5 % angestiegen. Wie der damalige Anstaltsleiter einräumte, waren vor allem die chronisch Kranken, „die durch ihre lange Behandlungsdauer den hohen Durchschnittsbestand wesentlich mit bedingen", betroffen.[2] Die Formulierung weist auf ein immer drängenderes Grundproblem der Anstaltspsychiatrie hin. Während die leichteren, prognostisch günstigeren Fälle möglichst schnell wieder entlassen wurden, blieben die therapeutisch nicht beeinflußbaren in den Anstalten und bildeten innerhalb der Anstaltsbevölkerung einen deutlich anwachsenden Kern von LangzeitpatientInnen, der als außerordentliche Belastung des Anstaltsalltags angesehen wurde.[3] Eine Entwicklung, die sich auch in den Statistiken niederschlägt. Die durchschnittliche Zahl der Verpflegungstage bei einem Kranken in der Bremischen Heil- und Pflegeanstalt sank von 218,7 im Jahr 1924 auf 147,7 im Jahr 1928.[4]

Nach der „Machtübernahme" durch die Nationalsozialisten kamen weitere Faktoren hinzu, die ein Ansteigen der Belegungszahlen verursachten. Infolge des „Gesetzes zur Verhütung erbkranken Nachwuchses" wurden vermeintlich „Erbkranke" zur Begutachtung eingewiesen, und die vom Gesetz betroffenen StammpatientInnen durften bis zur Durchführung der Sterilisation die Gebäude nur in Ausnahmefällen verlassen. Auch die Bremer Gesundheitsdienstordnung von 1934 führte zu einem Anstieg der Krankenzahlen. Der § 11 legte fest, daß die „Aufnahme eines Geistes-

Verlegungsort, -datum und PatientInnenzahl	gestorben bis Kriegsende	gestorben bis Ende 1945	überlebt	entlassen	Schicksal unbekannt
Lüneburg 23.11.1938 30 Pat/innen	4 Lüneburg 9 Hadamar 4 Pirna/S. 2 Pfafferode 1 Brandenburg		4	1	5
Wehnen 31.1.1939 40 Pat/innen	36 Wehnen		3	1	
Blankenburg 11.4.1940 13 Pat/innen	6 Blankenbg. 1 Erlangen 1 Kutzenberg		3		2
Blankenburg 9.5.1940 15 Pat/innen	4 Wehnen 2 Erlangen 2 Kutzenberg		7		
Wehnen 30.5.1940 36 Pat/innen	34 Wehnen			2	
Wunstorf 23.9.1940 2 Jüdinnen	2 Brandenbg.				
Hadamar 13. und 14.8.1942 126 Patienten	114 Hadamar		11	1	1
Uchtspringe 26.8.1942 40 Patientinnen	33 Uchtspringe 5 Meseritz 1 Pfafferode		1		
Wehnen 26.11.1943 180 Pat/innen	79 Wehnen	36	36	23	6
Meseritz 9.12.1943 307 Pat/innen	274 Meseritz		19	4	10
Lüneburg Dezember 1943 bis März 1945 126 Pat/innen	48 Lüneburg	19	34	10	14
Wehnen Januar bis Dezember 1944 48 Pat/innen	31 Wehnen	6	6	5	
Osnabrück 11.9.1944 25 Pat/innen	8 Osnabrück		9	6	2
988	701	61	133	53	40

Chronologie der Verlegungen aus der Bremer Nervenklinik zwischen 1938 und 1945

kranken in eine Heil- und Pflegeanstalt sowie die Zurückhaltung in der Anstalt ... von der Polizeibehörde in Bremen auch wider den Willen des Kranken oder seines gesetzlichen Vertreters dann verfügt werden [kann], wenn nach dem Gutachten des Amtsarztes das Vorhandensein der Geistesstörung feststeht und aus dem Verbleiben des Kranken außerhalb der Anstalt für ihn selbst oder für andere Gefahr erwächst."[5] Die so vermehrt zwangsweise eingewiesenen Frauen und Männer mußten unter Bewachung in „verschlossenen Räumen gehalten"[6] werden. Drangvolle Enge auf den Krankenstationen war das Ergebnis. Parallel hierzu erfolgte die Einführung der Schockbehandlungen; die als untherapierbar eingestuften PatientInnen wurden immer mehr an den Rand und schließlich aus den Heilanstalten verdrängt.

Am Ende dieser Entwicklung stand die Abschiebung des „Ballastes". Ab 1938 begann eine Welle von Verlegungen, die ein bisher unbekanntes Ausmaß erreichte. In der Regel hieß es, daß man sich der „Hoffnungslosen" entledigen müsse, um mehr Raum und Zeit für die „Heilbaren" zu haben. Eine Auffassung, die angesichts der Realitäten im Anstaltsalltag auch 1954 nichts von ihrer Aktualität eingebüßt hatte. Schulte formulierte: „Im Hinblick auf die ständig zunehmende Zahl der ... [chronisch Kranken, G.E.] und die Begrenztheit der Bettenzahl, die Begrenzung auch der Unterbringungsmöglichkeiten chronisch Kranker in Landpflegestellen, müssen leider Ventile geschaffen werden mittels gelegentlicher Verlegung solcher chronisch Kranker in ländliche Anstalten mit größerer Aufnahmekapazität."[7]

Verlegung nach Lüneburg

Die Verlegung von dreißig Frauen und Männern im November 1938 in die „Heil- und Pflegeanstalt Lüneburg" war ein erstes „Ventil" für die immer unerträglicher werdende Situation in den Krankenhäusern der Bremischen Heil- und Pflegeanstalt. Die Abgeschobenen waren fast ausnahmslos LangzeitpatientInnen mit der Diagnose Schizophrenie. Es fällt auf, daß sich unter den Betroffenen viele Ortsfremde (nur vier kamen aus Bremen) und Kranke ohne Angehörigenkontakte befanden. Viele der als unheilbar Beurteilten gerieten in den Strudel der „Euthanasie". Detaillierte Recherchen ergaben, daß nur fünf von ihnen nachweislich das Kriegsende überlebten, während vierzehn in den Gaskammern der „Euthanasieanstalten" in Hadamar und Pirna/Sonnenstein starben:

- ein Patient wurde im Mai 1939 „gebessert entlassen",
- drei Patientinnen überlebten das Jahr 1945 in der Lüneburger Anstalt,
- ein Patient wurde im August 1940 zunächst nach Göttingen verlegt und von dort aus nach Arnsdorf in Sachsen, wo er den Krieg überlebte,
- vier PatientInnen verstarben bis 1943 in Lüneburg,
- neun PatientInnen verlegte man im April 1941 von Lüneburg nach Herborn.[8]
- Die Herborner Institution diente zu dieser Zeit als sogenannte Zwischenanstalt für die Tötungsanstalt Hadamar. Am 12. Mai., 21. Mai und 16. Juni 1941 trafen die ehemaligen Bremer PatientInnen hier ein, wurden sogleich in die Gaskammer der Anstalt geführt und ermordet.[9]
- Vier Patienten deportierte man am 7. März 1941 in eine „sächsische Anstalt". Sie

gehörten damit zu einer Gruppe von 120 Männern, die man von Lüneburg aus in das ehemalige Zuchthaus Waldheim in Sachsen brachte. Laut Aussage des ehemaligen Anstaltsleiters wurden „die Patienten dieses Transportes von Waldheim in die sächsische Anstalt Sonnenstein bei Pirna weiterverlegt.“[10] Da Pirna zu diesem Zeitpunkt Tötungsanstalt war, in der man ebenso wie in Hadamar alle PatientInnen sofort nach ihrer Ankunft vergaste, muß davon ausgegangen werden, daß die vier ehemaligen Bremer Patienten in Pirna ermordet worden sind.

- Drei Patienten brachte man am 8. September 1943 nach Pfafferode. Zwei von ihnen starben im November 1943 und im Februar 1944.[11]
- Das Schicksal des 46jährigen Arthur K. ließ sich nicht ermitteln.
- Ein Patient, der 42jährige Karl L., wurde im Februar 1939 in die Heil- und Pflegeanstalt Bedburg-Hau überführt. Ihn schickte man ca. ein Jahr später nach Brandenburg, wo man ihn tötete. Als offizielles Todesdatum gilt der 29. April 1940.[12]

Das Schicksal von vier PatientInnen konnte bisher nicht geklärt werden.

Verlegung nach Wehnen bei Oldenburg

Die „Großherzoglich Oldenburgische Heil- und Pflegeanstalt Wehnen“ wurde 1858 als Landesanstalt für das Großherzogtum Oldenburg in Betrieb genommen. Ursprünglich für 84 Kranke konzipiert, lebten zu Beginn des Zweiten Weltkrieges etwa siebenhundert Frauen und Männer in der durch Erweiterungsbauten vergrößerten Anlage.[13]

Bereits 1940 gab es offensichtlich Kontakte zwischen dem Reichsstatthalter für Oldenburg und Bremen, Carl Röver, und der Berliner „T 4“-Zentrale. Man plante, „die Anstalt als Sammelpunkt für Nordwestdeutschland anzusehen und die Verfahren [„Verfahren“ = Tötung von Geisteskranken, G.E.] hier durchzuführen“[14]. Anstaltsleiter Petri sagte nach Kriegsende aus: „Ich wurde zunächst vom Gauleiter Röver zu dieser Frage verhört … Ich habe mich damals auf den Standpunkt gestellt, daß ich zu einer Frage nur dann Stellung nehmen könnte, wenn ich sie in allen Einzelheiten kenne.“ Im August 1941 sei er dann nach Berlin zitiert worden und dort „mit dem gesamten Fragenkomplex der Euthanasie nach vorheriger Vereidigung bekannt“ gemacht worden. Gespräche mit „Reichsleiter Bormann“ und „anderen Dienststellen der Reichskanzlei“ folgten. „Die Forderungen, die damals an mich gestellt wurden,“ so Petri im Rückblick, „waren unerfüllbar. Es handelte sich nicht um Unterhaltungen und Diskussionen über die Frage der Euthanasie als solche, über die man sich ärztlich durchaus unterhalten kann, sondern um direkte Anordnungen.“ Wie konkret die Absicht war, die Wehnener Einrichtung in eine Tötungsanstalt umzuwandeln, wird offensichtlich, wenn Petri berichtet, er sei mehrere Tage in eine „solche Anstalt“ geschickt worden, „um sich das Verfahren genauer anzusehen.“[15] Wieder war es Gauleiter Röver[16], dem er in einem Gespräch „die Undurchführbarkeit der geforderten Maßnahmen klar“ darlegte. Vor allem habe er ihm mitgeteilt, so Petri wörtlich, „daß ich niemals Maßnahmen dieser Art durchführen könnte, da ich sie für Mord hielt. Man hatte mich an sich für die Durchführung dieser Maßnahmen, wie mir später bekannt wurde, ausersehen und ich bemerkte auch eine starke Enttäu-

Die „Großherzoglich Oldenburgische Heil- und Pflegeanstalt Wehnen", um 1910

schung, als ich meine Weigerung mitteilte. Ich hielt es im Interesse der Anstaltsinsassen, die mir anvertraut waren, nicht für ratsam, mit einem krassen Nein zu antworten, da ich die Folgerungen kannte, die man mit solchen krassen Ablehnungen in anderen Anstalten gemacht hatte."[17] Einerseits verwundert es, daß die Berliner Zentrale und der „stark enttäuschte" Gauleiter sich mit der Ablehnung des Wehnener Direktors zufrieden gaben und keine personalpolitischen Konsequenzen zogen, andererseits wird deutlich, wie groß die Möglichkeit war, sich der Mitarbeit an den Krankenmorden zu entziehen. Die fehlende gesetzliche Grundlage machte es offensichtlich unmöglich, stärkeren Druck auf sich verweigernde Ärzte oder Verwaltungsbeamte auszuüben.

Als im April 1942 die Planungsgruppe der „T 4" die Oldenburgische Heil- und Pflegeanstalt begutachtete, kam sie zu einem niederschmetternden Urteil: „Die Anstalt ist außen und vor allem innen in einem baulich allerschlechtesten Zustand. Küche katastrophal! Ofenheizung, nur in 5 Häusern Dampfheizung. Es wird – angeblich wegen Personalmangel – kaum noch Arbeitstherapie betrieben. Nur 18% Beschäftigte und wenig Werkstätten. Keine Röntgenanlage. Nur zwei Ärzte bei 820 Patienten. 5 in Sicherheitsverwahrung befindliche Kriminelle können wegen der fehlenden Sicherheit nicht aus ihren Zellen gelassen werden ... Alles in allem macht Wehnen nicht den Eindruck einer Heil- und Pflegeanstalt, sondern einer Bewahrungs- und Verwahrungsanstalt."[18]

Von Bremen aus gingen zahlreiche Krankentransporte in die nahegelegene Institution. Der erste im Januar 1939, ihm folgte ein weiterer im Mai 1940. Wie schon bei der Verlegung nach Lüneburg war wiederum die Überfüllung der Bremer Nervenklinik der Grund für die Überführung der „Pflegefälle“.[19] Die Auswertung der Krankenakten ergab, daß sich unter den 76 nach Wehnen abgeschobenen Menschen zum überwiegenden Teil LangzeitpatientInnen befanden, also PatientInnen, die länger als fünf Jahre in der Anstalt lebten (72 %), und PatientInnen mit der Diagnose Schizophrenie (70 %). Bei fast allen Betroffenen hatten die Bremer Ärzte vor der Verlegung entweder das Verhalten, die Arbeitsleistung bzw. die Arbeit und das Verhalten negativ bewertet. In zahlreichen Akten fanden sich Duplikate von Meldebögen, die Anstaltsleiter Petri im August und September 1940 ausgefüllt hatte.[20] Die Einträge in der Rubrik „Hauptsymptome“ sind weitgehend identisch. Die Beschreibung der psychischen Symptome beschränkt sich auf die Feststellung, daß „Sinnestäuschungen und Wahnvorstellungen“ vorhanden seien. Weitere Charakterisierungen lauten: „weitgehend abgestumpft“, „Endzustand, verblödet, zeitweise erregt“, „sehr lästig, nörgelnd, uneinsichtig, streitsüchtig“, „verblödet, unsauber“, „verschroben, unsauber“, „sehr erregt, ohne jede Einsicht, drängt auf Entlassung“, „stumpf, Pflegefall“, „blöde, muß zu allem angehalten werden“. Die weitere Analyse der Krankenakten ergab, daß von den 76 Deportierten aus Bremen 68 Männer und Frauen bis August 1944 starben, während nur drei PatientInnen das Kriegsende in Wehnen überlebten. Ein Patient flüchtete, eine weitere Patientin wurde nochmals verlegt (sie war Jüdin und wurde später in Brandenburg ermordet[21]), drei Kranke sind entlassen worden.

Bei dieser außerordentlich hohen Sterblichkeit – fast 90% aller Verlegten starben bis August 1944 – muß berücksichtigt werden, daß es sich keineswegs um Menschen handelte, deren schneller Tod durch hohes Alter zu erklären wäre. Eine Auswertung der Todesursachen machte die Umstände, unter denen die Bremer PatientInnen in Wehnen ums Leben kamen, offensichtlich. 39 PatientInnen sollen direkt an den Folgen des „körperlichen Verfalls“ gestorben sein. Doch auch in den Krankengeschichten der PatientInnen, die an Bronchopneumonie, Herz- und Kreislaufschwäche, Tuberkulose oder Darmkatarrh starben, findet sich der häufige Hinweis auf einen „starken körperlichen Verfall“.

In ihrer Dissertation[22] haben Thorsten Sueße und Heinrich Meyer den Zusammenhang von Lebensmittelkürzungen und drastischem Ansteigen der Todeszahlen in der Landesheil- und Pflegeanstalt Wehnen herausgearbeitet. Verantwortlich für diesen Mißstand sei, so die Aussagen verschiedener Zeugen, allein der Verwaltungsleiter der Anstalt gewesen. Als „unumschränkter Herr der Verwaltung“ habe Heinrich Siems[23] die Lebensmittelrationen der Kranken gekürzt. Petri als ärztlicher Direktor und die übrigen Ärzte hätten seinem Treiben ohnmächtig zugesehen.

Meines Erachtens greift die Interpretation der permanenten Hungersituation in Wehnen als Folge eines privaten „Rachefeldzugs“ eines „fanatischen Verwaltungsbeamten“[24] zu kurz und ist die Schuldzuweisung an einen einzelnen Verantwortlichen bedenklich. Im Hinblick auf die historische Erforschung des „Euthanasie“-Geschehens bemerkt der Historiker Blasius: „Viele Fragen bleiben, stellen sich immer wieder neu, weil die Logik psychiatrischen Handelns im Nationalsozialismus nicht auf die Charakterdefekte einzelner Personen reduziert werden kann.“[25] Der

Wehnener Verwaltungsleiter selbst wies auf einen bedeutenden Entstehungszusammenhang der Hungersituation hin, als er über die einschneidenden Auswirkungen der frühen Sparkonzepte auf die Wehnener Anstalt berichtete. Unter dem Druck der staatlichen Sparpolitik waren bereits Ende der zwanziger Jahre besonders die kostenintensiven Irrenanstalten mit ihren „volkswirtschaftlich unproduktiven" Insassen in die Schußlinie der Öffentlichkeit geraten. Auch das Oldenburgische Staatsministerium und der Landesfürsorgeverband hatten 1929 darauf gedrängt, die Aufwendungen für den Anstaltsbetrieb in Wehnen zu senken. Zu Informationszwecken fuhr man gemeinsam in „größere westfälische Anstalten", um „die Verbilligungsmaßnahmen hinsichtlich der Verpflegung der Geisteskranken" zu studieren. Die Informationsreise blieb für die Wehnener PatientInnen nicht folgenlos. Als Begründung für den nun eingeführten „eintönigen" Speiseplan und die Reduzierung der Fleisch- und Wurstwaren wurden die zahlreichen Erwerbslosen angeführt, die „nicht so gut ernährt werden könnten wie die in Wehnen untergebrachten Geisteskranken, die zu 80 % auf Kosten der öffentlichen Fürsorge untergebracht waren."[26] Die Argumentation gibt einen Hinweis auf die außergewöhnlich hohe Todesrate[27] in der Oldenburger Institution schon vor Kriegsbeginn; zwischen 1928 und 1936 hatte sie sich von 5,3 auf 10,7 % verdoppelt.[28]

Das komplexe Zusammenwirken von sozialpolitischen Entscheidungen und konkreten Handlungen vor Ort läßt sich an dieser Stelle nicht rekonstruieren. Auch einen Hauptverantwortlichen für das tödliche Hungern der Wehnener PatientInnen zu finden, wird heute kaum noch möglich sein. Tatsache ist, daß in Wehnen der Hunger zum Anstaltsalltag gehörte. Daß in der Oldenburgischen Anstalt ab 1942 ungewöhnlich hohe Todeszahlen zu beklagen sind, ist vermutlich – so paradox es auch zunächst klingt – auch darauf zurückzuführen, daß die Wehnener LangzeitpatientInnen gerade nicht verlegt wurden.[29] Im Gegenteil, zu den chronisch Kranken kamen die aus Bremen abgeschobenen hinzu.

Nur zwei Bremer Patientinnen der Transporte vom 31. Januar 1939 und 30. Mai 1940 überlebten das Jahr 1945 in Wehnen. Eine war als Landarbeiterin beschäftigt, ihre Arbeitsleistung betrug laut Meldebogen 30 bis 40 %. Ein Oberpfleger berichtete, die Landarbeiter unter den Kranken seien auf Kosten der anderen Kranken etwas bevorzugt behandelt worden.[30] Tatsächlich hatte sich der Verwaltungsleiter im April 1943 um eine Verpflegungszulage für Schwerarbeiter bemüht, nachdem sein Versuch, sie wie Normalverbraucher (d.h. nicht arbeitende PatientInnen) zu ernähren, gescheitert war. Für siebzig körperlich gesunde PatientInnen, die bei jedem Wetter im Freien arbeiten würden, sei eine Schwerarbeiterzulage unbedingt erforderlich, da die Gefahr bestehe, daß sie bei ihrer jetzigen Verpflegung zu diesen Arbeiten schon bald nicht mehr fähig seien. Bereits seit einigen Monaten habe sich eine erhebliche Gewichtsabnahme und ein zunehmender Kräfteverfall gezeigt.[31] Wenig später teilte das Ministerium mit, daß für 25 Personen „je Kopf und Woche" eine Brotzulage von tausend Gramm „ausnahmsweise und auf Widerruf"[32] genehmigt sei. Die übrigen Anstaltsarbeiter hat man daraufhin wohl weiter auf Kosten der „Normalverbraucher" verpflegt. Während ein Mitarbeiter der Wehnener Anstalt berichtete, daß die Kranken vor Hunger „die Wände hoch gingen", bemerkte ein Pfleger: „Das Essen sei zwar sehr knapp gewesen, er habe aber nicht den Eindruck gehabt, daß übermäßig gespart worden sei … Er habe keine Beobachtungen darüber gemacht, daß die Kranken besonders stark gehungert hätten; gerade Geisteskranke haben eigentlich immer Hunger."[33]

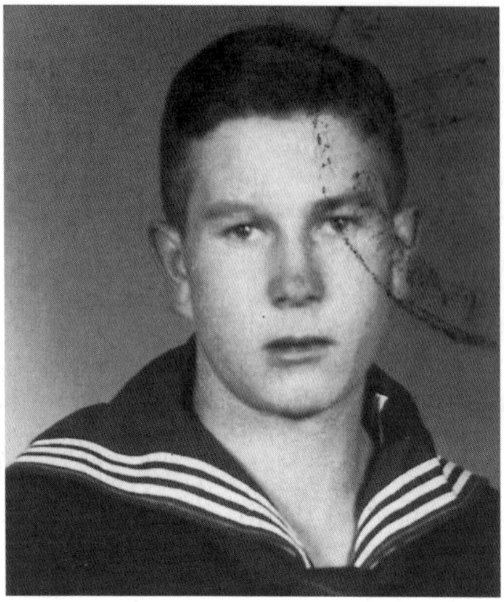

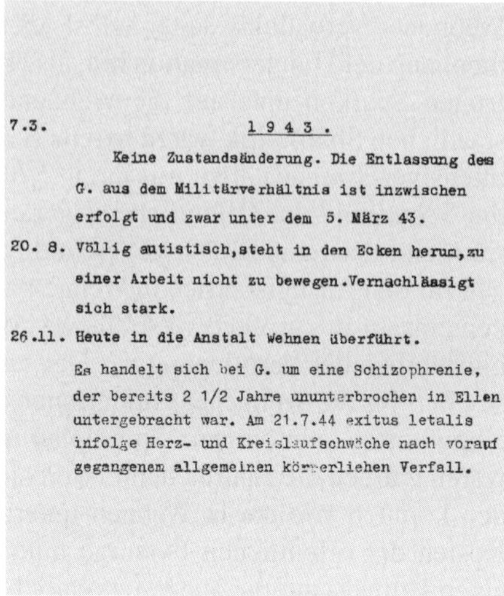

7.3. 1 9 4 3 .

Keine Zustandsänderung. Die Entlassung des G. aus dem Militärverhältnis ist inzwischen erfolgt und zwar unter dem 5. März 43.

20. 8. Völlig autistisch,steht in den Ecken herum,zu einer Arbeit nicht zu bewegen.Vernachläasigt sich stark.

26.11. Heute in die Anstalt Wehnen überführt.

Es handelt sich bei G. um eine Schizophrenie, der bereits 2 1/2 Jahre ununterbrochen in Ellen untergebracht war. Am 21.7.44 exitus letalis infolge Herz- und Kreislaufschwäche nach vorauf gegangenem allgemeinen körperliehen Verfall.

Paul G. starb mit 26 Jahren in der Wehnener Anstalt. Rechts: Das letzte Blatt seiner Krankenakte

Soweit aus den spärlich geführten Krankengeschichten ersichtlich, waren die „Normalverbraucher" ständig in den Wachsälen der Stationen untergebracht, einige mit Hausarbeiten beschäftigt und, wie aus verschiedenen Angehörigenbriefen hervorgeht, ohne die Möglichkeit, die Häuser zu verlassen. So schrieb der Vater einer neunzehnjährigen Patientin: „Gestern war nun meine Frau zum Besuch dort. Unsere Tochter hat sich über nichts beschwert, nur hat sie meine Frau flehentlich gebeten, Sie, Herr Sanitätsrat, zu bitten, ihr irgendwelche Beschäftigung zuzuweisen, damit sie aus dem immer verschlossenen Raum herauskäme. Lieber noch wolle sie die Angst bei den Luftangriffen auf sich nehmen, als immer die vier Wände anstarren zu müssen … Gleichzeitig bitte ich Sie, meiner Frau und mir die Erlaubnis zu geben, unsere Tochter bei unseren Besuchen mit nach draußen zu nehmen."[34]

Auch die Mutter des Patienten Rudolf H. wandte sich im April 1944 an Anstaltsleiter Petri: „Seit der Unterbringung meines Sohnes in Wehnen habe ich eine Verschlechterung seines Gesundheitszustandes mit größter Sorge und Beunruhigung feststellen müssen. Es mag sein, daß die fremde Umgebung auf meinen Sohn ungünstig eingewirkt hat, aber es scheint die dortige Behandlung bei meinem Sohn nicht richtig zu sein … Mein Sohn ist der Einfachheit halber seit Nov. v. Js. mit kurzen Unterbrechungen ans Bett geschnallt, so daß sein Rücken wund und durchgelegen war, und gegenwärtig hat man diese einfache Methode beibehalten, obwohl er ein Furunkel am Gesäß hat. Durch diese Behandlung ist mein Sohn seelisch und körperlich stark mitgenommen, was eine starke Gewichtsabnahme zur Folge hatte. Sie werden daher verstehen, daß ich als Mutter in größter Sorge um meinen Sohn bin."[35]

Im Juni 1944 bat der Vater eines 31jährigen Patienten den Anstaltsleiter, seinem Sohn eine Arbeit zuzuweisen: „Beim letzten Besuch meines Sohnes Heinrich habe ich empfunden, daß er ein sehr schlechtes Aussehen hat, welches ich auf die zu wenige Zerstreuung und frische Luft zurückführe. Möchte somit höflichst angefragt haben, ob nicht die Möglichkeit besteht, daß mein Sohn Heinrich, welcher doch nicht immer krank ist, zur Arbeit im Freien herangezogen werden kann, denn somit würde eine Besserung seiner Krankheit eher zur Folge haben. In der Hoffnung, daß meine Bitte in Erfüllung geht, verbleibe ich mit Heil Hitler."[36]

Nach der teilweisen Zerstörung der Bremer Nervenklinik am 26. November 1943 wurden weitere hundertachtzig Frauen und Männer in die Wehnener Anstalt deportiert. Die Auswertung ihrer Krankenakten läßt keinen Zweifel zu: viele von ihnen sind verhungert. Ende 1945[37], also zwei Jahre nach der Verlegung, waren hundertfünfzehn Frauen und Männer gestorben. Die Todesursachen sind im wesentlichen: Herz- und Kreislaufschwäche und körperlicher Verfall. Es fällt auf, daß sich unter den im November 1943 nach Wehnen Verlegten überdurchschnittlich viele junge PatientInnen befanden. 27 Frauen und 47 Männer waren nach 1900 geboren, also jünger als 43 Jahre. 49 von ihnen überlebten das Jahr 1945 nicht. Betrachtet man die Todesursachen dieser Menschen, so läßt sich das Grauen, das auf den Stationen der Heil- und Pflegeanstalt Wehnen herrschte, erahnen.

Allgemeiner körperlicher Verfall	12
Herz- u. Kreislaufschwäche infolge körperlichen Verfalls	14
Herz- und Kreislaufschwäche	10
Herzschlag	4
Status epilepticus	1
Lungen-TBC	2
Darmkatarrh	1
Bronchopneumonie	1
Todesursache unbekannt	4

Martha G. – „Verhält sich nicht luftschutzmäßig, so daß sie ihre Umwelt gefährdet."

Unter den Verlegten befand sich auch die 58jährige Martha G.[38] Sie war am 17. Mai 1944 mit der Diagnose „angeborener Schwachsinn" und „Taubstummheit" in die Bremer Nervenklinik eingewiesen worden. Der zuständige Amtsarzt begründete ihre Zwangseinweisung mit den Worten: „Es handelt sich bei ihr um eine schwachsinnige, erregbare Taubstumme ... Nach der glaubhaften Darstellung der Schwägerin [in ihrem Haushalt hatte Martha G. acht Jahre lang Hausarbeiten verrichtet, G.E.] ist die G. nicht in der Lage, die Notwendigkeit von Luftschutzmaßnahmen zu begreifen. Ferner verhält sie sich nicht luftschutzmäßig, so daß sie ihre Umwelt gefährdet. Die Anordnungen der Angehörigen befolgt sie nicht. Zudem zeigt sie eine unausrottbare Neigung, Lumpen und anderen Unrat aus dem Mülleimer zu sammeln und in ihrem Zimmer aufzustapeln. Danach muß festgestellt werden, daß die G. unter der augenblicklichen Luftkriegslage wegen einer geistigen Störung außerhalb einer geschlossenen Anstalt für sich und ihre Umgebung eine Gefahr bedeutet."

In diesem Fall steht die Einweisung der Patientin in die psychiatrische Anstalt in direktem Zusammenhang mit der Verschärfung des Luftkrieges. In den Klinikalltag der Bremer Nervenklinik fügte sich „die Patientin dauernd gut ein, tritt gar nicht hervor." Als Arbeitskraft war sie lediglich zum Kartoffelschälen zu gebrauchen, nähen und stopfen konnte sie nicht. Am Tag ihrer Verlegung versuchte sie, sich „mit lebhaften Gebärden und gurgelnden Lauten ... etwas verständlich zu machen." Als ihr dies nicht gelang, ergriff sie den Bleistift und schrieb: „Wenn hause Arbeit". Sie lief zum Wandkalender, schlug einige Blätter um und zeigte auf den 1. Juli, den Arzt dabei fragend ansehend. „Offenbar", notierte der behandelnde Arzt, „meinte sie, wann sie wieder nach Hause dürfe, um zu arbeiten. Sie ging dann wieder an den Tisch und schrieb: ‚Erwin'. Auf die schriftliche Frage: ‚Wer ist Erwin?'.machte sie eine in die Ferne winkende Bewegung. "Vierzehn Monate später starb Martha G. in Wehnen. In dem einzigen Vermerk, der von einem Wehnener Arzt in ihrer Krankenakte notiert wurde, steht: „Heute in der hiesigen Anstalt verstorben an einem allgemeinen körp. Verfall. Das Zustandsbild hatte sich im Laufe der letzten Wochen und Monate verschlechtert." Doch bei ihrer Ankunft in Wehnen im Mai 1944 war Martha G. – wie aus einem Untersuchungsbericht eines Ellener Arztes hervorgeht – körperlich völlig gesund. Es deutete nichts auf ein „Zustandsbild" hin, das sich im Laufe der Zeit hätte verschlechtern können. Zum Zeitpunkt ihres Todes war der Zweite Weltkrieg bereits drei Monate beendet.

Verlegung von jüdischen Kranken

Die Verlegung von jüdischen PatientInnen in sogenannte Sammelanstalten war eine Sonderaktion der „Euthanasie"-Zentrale, die parallel zur „Aktion T 4" verlief.[39] Schon im Juni 1938 hatte der Reichsinnenminister auf die Gefahr der „Rassenschändung" hingewiesen, die durch die gemeinsame Unterbringung von Juden und „Ariern" in Heilanstalten gegeben sei.[40] Im Frühjahr 1940 begann die systematische Erfassung und noch im Sommer desselben Jahres die Aussonderung und Tötung der jüdischen PatientInnen. Ende August 1940 erging ein Runderlaß des Reichsinnenministeriums, wonach die jüdischen Pfleglinge in einer einzigen Anstalt des jeweiligen Landes bzw. der Provinz zusammengezogen werden sollten. Für Bremen war die Anstalt Wunstorf vorgesehen. Laut Schnellbrief des Ministerialrats Herbert Linden waren zwei Jüdinnen aus der „Privatklinik von Dr. med. Benning für Nerven- u. Gemütskranke, Oberneuland b. Bremen" und fünf Jüdinnen aus der „Nervenklinik der Städt. Krankenanstalt in Bremen"[41] betroffen.

Am 23. September 1940 traten die 56jährige Selma F. und die 39jährige Ida T. die Reise nach Wunstorf an. Dort trafen sie auf Rosa K. Sie war bereits am 30. Mai 1940 in die Heil- und Pflegeanstalt Wehnen verlegt worden und kam nun aufgrund des Ministerialerlasses ebenfalls nach Wunstorf. Nach kurzem Aufenthalt in der Wunstorfer Einrichtung holten Busse der „Gemeinnützigen Krankentransport GmbH" die über 158 Männer und Frauen ab. Vom Wunstorfer Bahnhof ging es mit unbekanntem Ziel weiter.[42] Laut Eintrag im Standesamt Bremen starb Rosa K. am 30. März 1941 in Cholm II. Doch die bei Lublin im „Generalgouvernement" gelegene Irrenanstalt, die tatsächlich Chelm hieß, gab lediglich ihren Namen. Tatsächlich wurden alle jüdischen PatientInnen von Wunsdorf in das Alte Zuchthaus Brandenburg deportiert und dort getötet.[43] Bis heute bewahren die Bücher der Standesämter eine zur Tarnung aufgebaute Lüge.

Verlegung nach Hadamar

Im Mai 1942 wandte sich der Direktor der Bremer Nervenklinik mit einem Hilferuf an den Innensenator. Da für die kommende Woche weitere elf Pfleger sowie der Fahrer des Anstaltswagens eine Einberufung zum Kriegsdienst erhalten hätten, sei der Anstaltsbetrieb kaum noch aufrechtzuerhalten. „Es bleibt“, so Kaldewey, „zunächst nichts anderes übrig, als den größten Teil der Kranken auf den Abteilungen einzusperren, was erfahrungsgemäß die übelsten Folgen haben muß, zumal dieses Einsperren zu einer völligen Überfüllung der Abteilungen bei ungenügendem Pflegepersonal, das gegen die Masse der zu Versorgenden gar nicht mehr ankann, führen muß.“[44] Der Senator für die innere Verwaltung leitete das Schreiben Kaldeweys weiter an die Regierungskanzlei mit der Bitte um „weitere Veranlassung“. Hier diskutierte man sogleich die angespannte Situation in der Bremer Nervenklinik, kam jedoch zu dem Ergebnis, daß die Zurückstellung der betreffenden Pfleger ausgeschlossen sei. „Für den Fall“, so der Referent der Regierungskanzlei in seinem Antwortschreiben an den Senator für die Innere Verwaltung, „daß eine ordnungsgemäße Betreuung der Kranken nicht mehr gewährleistet ist, empfehle ich, beim Reichsminister des Innern vorstellig zu werden, damit eine Verlegung von Kranken in nicht luftgefährdete Gebiete vorgenommen wird. Es dürfte dabei hinzuweisen sein, daß im Katastrophenfall die Sicherung der Kranken bei dem geringen Pflegepersonal nicht mehr möglich ist.“[45]

Umgehend nahm Kaldewey das neu eingeführte Argument der Verlegung von Kranken in nicht luftgefährdete Gebiete auf und meldete seiner vorgesetzten Dienststelle: „Ich halte eine Eingabe an den Herrn Reichsminister des Innern zwecks Verlegung von Kranken für erforderlich. Hinsichtlich der Verlegung kämen vor allen Dingen in Frage Bettlägerige und Pflegefälle, weil deren Sicherung im Katastrophenfalle bei dem ungeheuren Mangel an Pflegepersonal überhaupt nicht möglich ist. Alle anderen Kranken, vor allen Dingen auch solche, die arbeitsfähig sind, also zur Aufrechterhaltung vor allem der Landwirtschaft benötigt werden, müssen hierbleiben. Bei der Verlegung der obigen Kategorie von Kranken besteht außerdem die nicht zu unterschätzende Möglichkeit, die Arbeitsfähigkeit der übrigen Kranken in günstigerem Sinne zu beeinflussen, was heute bei dem Mangel an Pflegepersonal überhaupt kaum möglich ist.“[46]

Nachdem alle beteiligten Stellen der Verlegung der Bremer PsychiatriepatientInnen zugestimmt hatten, war die bürokratische Abwicklung nur noch eine Frage der Zeit. Den ersten Vorschlag der Reichsarbeitsgemeinschaft Heil- und Pflegeanstalten, etwa 120 Geisteskranke in die Heil- und Pflegeanstalt Pfafferode zu überführen, lehnte Kaldewey ab. Er sah sich nicht in der Lage, die geforderten Pflegekräfte mitzuschicken. Ende Juli 1942 schließlich teilte der Reichsbeauftragte für die Heil- und Pflegeanstalten dem Leiter des Bremer Hauptgesundheitsamtes mit, daß vierzig Frauen, versehen mit ausreichender Kleidung, nach Uchtspringe und 136 Männer nach Hadamar gebracht werden sollten. Während im Schreiben noch darauf hingewiesen wurde, daß für die zum Transport nach Hadamar vorgesehenen Männer acht Pflegepersonen zu stellen seien, wußte Kaldewey zu berichten, die Verlegung könnte auch ohne Pflegepersonal stattfinden. Es überrascht die Selbstverständlichkeit, mit der die Bremer Anstaltsleitung Hadamar akzeptierte, sichtlich erleichtert darüber, kein Personal abgeben zu müssen.[47]

Ab Kriegsbeginn diente das Gesellschaftshaus als provisorische Krankenstation

Laut Aussage eines Bremer Pflegers seien „nur die schlechtesten Kranken“ in die hessische Anstalt gebracht worden. „Die Schlechtesten“, das waren LangzeitpatientInnen, Menschen, denen keine Therapie mehr offen stand, Kranke mit „geringer bis wertloser“ Arbeitsleistung, aber auch unsaubere, reizbare, impulsive, verhaltensauffällige, unangepaßte und unbequeme PatientInnen. Ausgesucht wurden sie von den Oberärzten und dem Chefarzt, der vor der Verlegung jeden noch einmal persönlich „begutachtete“. Unter ihnen befanden sich 29 Männer, die zuvor in der provisorischen Krankenstation im Gesellschaftshaus gelebt hatten. Ein ehemaliger Handwerker der Bremer Nervenklinik erinnerte sich noch 1987 an sie: „Als ich während des Zweiten Weltkriegs da war, da lag im Gesellschaftshaus eine ganze Batterie … Die wurden da verpflegt und haben da geschlafen, aber nachher war das ja überflüssig, da kam von Hitler die Euthanasie raus, alles, was nicht ganz echt ist, abschaffen, genau wie er es mit den Juden gemacht hat, und so sind die auch weggekommen, die haben wir nicht wieder gesehen. Wieviel Leute das waren, weiß ich nicht, das war proppenvoll das Gesellschaftshaus.“[48]

Die Gasmordanstalt Hadamar

Als letzte der sechs Gasmordanstalten der „Aktion T 4“ nahm die Landesheil- und Erziehungsanstalt Hadamar bei Limburg ihre mörderische Arbeit am 13. Januar 1941 auf, nachdem die Gebäude zuvor an die „Gemeinnützige Stiftung für Anstaltspflege“ verpachtet worden waren.[49] Handwerker bauten die Krankensäle im Hauptgebäude in Personalzimmer um, richteten im ehemaligen Klosterbau eine große Verwaltungsabteilung ein und im Erdgeschoß des Haupthauses die Aufnahmestation für die zu tötenden Kranken. Im Keller installierten sie eine Gaskammer und zwei Krematorien. Um die Leichen der Ermordeten einfacher transportieren zu können, baute man eine Lorenstrecke, die von der Gaskammer zu den Öfen führte.

Die für die Tötung bestimmten PatientInnen verlegte man aus ihren Stammanstalten in eine Zwischenanstalt, wo sie bis auf Abruf untergebracht waren. „Durch das System der Zwischenanstalten war die volle Auslastung des Mordapparates für jeden Tag sichergestellt. Zugleich konnte so das wirkliche Ziel der aus den Ursprungsanstalten abgehenden Patiententransporte verschleiert und damit die Tarnung der Aktion T 4 verbessert werden. Auch bestand hier die Möglichkeit, Patienten vom Transport nach Hadamar zurückzustellen.“[50] Wie gewöhnliches Transportgut wurden die Kranken nach Hadamar verschickt. Die Namen schrieb man ihnen auf eine vorher angefeuchtete Hautstelle zwischen den Schulterblättern. Zwischen Januar und August fuhren die grauen Busse der „Gekrat“ täglich von Hadamar in die Zwischenanstalten und wieder zurück.

„In Hadamar herrschte, wie in allen T4-Anstalten, die gleiche mörderische Routine: Nachdem die Busse im Hinterhof in eine speziell dafür gebaute Garage gefahren waren, stiegen die Kranken aus und kamen über einen Schleusengang in das Erdgeschoß des rechten Flügels. Dort wurden sie in einem großen Saal vom Begleitpersonal ausgezogen. Dann hängte man den Opfern alte Militärmäntel über und führte sie einzeln über einen Flur in das gegenüberliegende Arztzimmer. Das Arztzimmer war durch einen Vorhang getrennt: Auf der einen Seite saß ein Bürobeamter, der die Identität der Opfer feststellte, auf der anderen Seite der Arzt, der die nackten Menschen noch kurz begutachtete und sich anhand einer Liste für eine von 61 falschen Todesursachen für den Totenschein entschied. Nach dieser ‚Untersuchung‘ wurden die Patientinnen und Patienten nacheinander in einen Fotoraum geführt, wo von jeder Person drei Aufnahmen angefertigt wurden: eine Gesamtaufnahme, eine Brustbild- und eine Profilaufnahme. Außerdem wurden sie gewogen. In einem gegenüberliegenden Raum mußten die Männer und Frauen noch warten, bis sie in den Keller geführt wurden. Manche unruhige Kranke erhielten eine Beruhigungsspritze. Das Begleitpersonal brachte die Kranken bis zur obersten Treppenstufe, dann fand ein Wechsel statt. Zwei Pfleger führten die Kranken die Treppe hinunter in den Keller, in die etwa 14 qm große Gaskammer. Anfangs sollen in der Gaskammer noch Bänke gestanden haben, doch als die Größe der Transporte zunahm, wurden sie entfernt. Nachdem die Menschengruppe, wahrscheinlich im Höchstfall 60 Personen, in die als Duschraum getarnte Gaskammer gezwängt worden war, schlossen die Pfleger die gasdichten Türen. Der Arzt, der eben noch die ‚Untersuchung‘ durchgeführt hatte, betätigte den Gashahn in einem kleinen Nebenraum, und ließ das tödliche Kohlenmonoxydgas in die durch den Raum laufende Rohrleitung der Gaskammer strömen. Das Gas trat durch die Löcher aus und führte zu einem Erstickungstod bei den

Gaskammer in der Anstalt Hadamar

Opfern. Die Ursache für die Kohlenmonoxydvergiftung war Sauerstoffmangel. Die Inhalation des Gases führte zu Hör- und Sehstörungen, Schwindelgefühl, Herzsensationen, Muskelschwäche, Erregung und Blutdruckanstieg. Der Tötungsarzt beobachtete das Sterben der Menschen durch ein kleines Fenster in der Wand und stellte die Gaszufuhr ab, wenn seiner Meinung nach alle Kranken tot waren. Im allgemeinen dämmerten die Kranken vor sich hin. Manche, die die Situation erkannten, schrien, tobten und hämmerten in Todesangst gegen Wände und Türen.

Nach etwa einer Stunde wurde durch die Ventilationsanlage das Gas ins Freie geleitet. Anschließend begannen die Brenner, die ‚Desinfektoren' genannt wurden, mit ihrer Arbeit. Sie mußten die ineinander verkrampften Leichen aus der Gaskammer tragen und die vorher gekennzeichneten Toten zur Gehirnentnahme in den angrenzenden Sektionsraum schaffen. Dort wurden auf zwei Seziertischen den Opfern die Gehirne entnommen und zu ‚wissenschaftlichen Forschungszwecken' wahrscheinlich an die Universitäts-Nervenklinik in Frankfurt und die Universitätsklinik Würzburg verschickt. Die anderen Toten wurden von den Brennern mit einer Lore in den Raum, wo die Krematorien standen, transportiert. Dort wurden ihnen auch die Goldzähne herausgebrochen. Anschließend verbrannten die Brenner die Leichen der Opfer in den Krematorien."[51]

Kurz vor dem Abbruch der Tötungen im August 1941 „feierte" das Personal auf dem Mönchberg in makaberer Weise die Verbrennung der zehntausendsten Leiche. Die MitarbeiterInnen wurden in die Kellerräume bestellt, die Leiche eines Patienten mit Blumen geschmückt und aufgebahrt. Ein Angestellter hatte sich verkleidet und spielte einen Priester. Alle Teilnehmenden erhielten eine Flasche Bier.[52]

Ein Jahr nach dem offiziellen „Euthanasie"-Stopp wurde in Hadamar erneut getötet, allerdings auf andere Weise. Die PatientInnen starben nun an Überdosen von Medikamenten sowie durch Nahrungsentzug. Chef der wiedereingerichteten Landesheilanstalt war der 66jährige Oberarzt Adolf Wahlmann, die Verwaltungsgeschäfte führte Alfons Klein. Von den 4817 PatientInnen, die im Zeitraum vom 13. August 1942 bis 24. März 1945 in der Anstalt aufgenommen wurden, verstarben 4422, der überwiegende Teil von ihnen keines natürlichen Todes.[53]

1947 wurde Wahlmann zu lebenslänglicher Haft verurteilt, aber schon 1953 begnadigt. Er starb 1956 im Alter von 81 Jahren. Alfons Klein und zwei Pfleger wurden 1946 zum Tode verurteilt.[54]

„Es sterben hier mehr als Soldaten im Felde"

Die ersten Sammeltransporte der zweiten Mordphase kamen am 13. und 14. August 1942 aus Bremen. Von den 126 Patienten starben 114 in Hadamar, elf Bremer Patienten überlebten das Kriegsende, das Schicksal eines Patienten ist ungeklärt.

Nach drei Monaten waren bereits 76 Bremer nicht mehr am Leben. Für arbeitsfähige Patienten gab es eine Überlebenschance, wie die erhalten gebliebenen Krankenakten zeigen. Entscheidend war jedoch der Erhalt der Arbeitsfähigkeit sowie die totale Anpassung an den Anstaltsalltag. Um den Hadamarer Anstaltsbetrieb in Gang zu halten, wurden die PatientInnen in den verschiedenen Abteilungen beschäftigt. Sie arbeiteten u.a. auf den Stationen, dem Friedhof, der Waschküche, im Nähzimmer,

 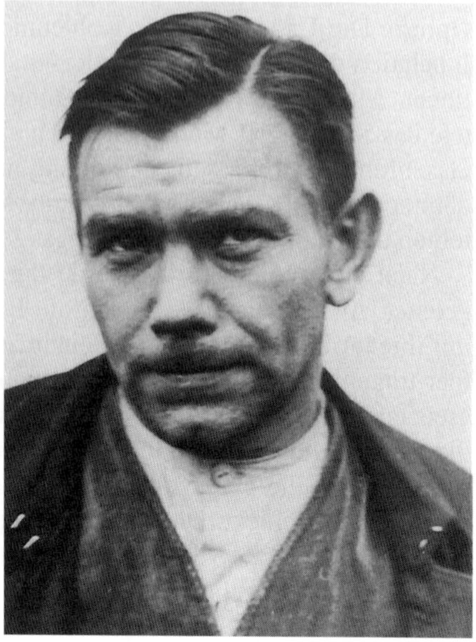

Wilhelm D. starb mit 62 Jahren in der Tötungsanstalt Hadamar. Rechts: Richard K. kam im Alter von 37 Jahren um.

in der Telefonzentrale und auf dem Hofgut. Häufig kam es vor, daß man PatientInnen als Leiharbeiter an die Hadamarer Bevölkerung vermittelte. So im Fall des bereits 83jährigen Friedrich B. Trotz seines hohen Alters hatte er sich als regelmäßiger „Draußenarbeiter" in der Nervenklinik beschäftigt. Vor seiner Verlegung nach Hadamar war er als „nörgelig, quengelig, bekommt leicht Streitereien" beurteilt worden. In Hadamar war er noch bis Januar 1943 bei Bankdirektor Z. im Garten tätig. Der letzte Eintrag in seine Krankenakte lautet: „Bis vor einigen Wochen gearbeitet. Dann plötzlich Durchfall. Heute exitus an Marasmus."[55] Marasmus als Todesursache (Marasmus = allgemeiner Verfall, Kräfteschwund, verbunden mit hochgradiger Abmagerung durch quantitative Unterernährung) findet sich als Eintrag bei 75 der Bremer Patienten.

Der 1898 geborene Wilhelm D. lebte ungewöhnlich lange in der Hadamarer Anstalt, doch schließlich tötete man auch ihn; seine verzweifelten Versuche, der Mordanstalt zu entfliehen, waren zu nachdrücklich geworden. Mit 22 Jahren kam Wilhelm D. zum ersten Mal als Patient in die Bremer Irrenanstalt. Bis auf kurze Unterbrechungen blieb der immer wieder straffällig werdende Mann bis zum August 1942 in der Ellener Anstalt. Zuletzt notierte ein Bremer Arzt: „Sammelt Papier auf dem Gelände. Macht das ordentlich. Hat auf der Abteilung gelegentlich kleine Konflikte … Mußte nach Haus 19 [Verwahrhaus, G.E.] verlegt werden, da er der Stationsschwester große Schwierigkeiten machte. Nachträglich stellte es sich noch heraus, daß er wiederholt ohne Urlaub nach Bremen gegangen war." Ende Dezember schrieb Wahlmann: „Hat sich hier geordnet betragen. In der Abteilung mit jeglicher Art von Hausarbeit betraut. Entweicht heute von einem Ausgang, der ihm erlaubt war." Am 3. Januar 1943, zu einem Zeitpunkt, als bereits 88 ehemalige Bremer Patienten gestorben waren, wurde er aus der Hansestadt zurückgeholt; er sei ohne

Widerstreben mitgegangen, ist der Krankenakte zu entnehmen. In weiteren Eintragungen heißt es:

„1.2.43 Hat sich hier wieder geordnet benommen. Fleißig und zuverlässig. Soll im Telefonzimmer beschäftigt werden.

5.5.43 Macht seine Arbeit sehr gut. Heute kommt ein Brief des Vormunds an. D. hat ihn gebeten, für sein Fortkommen zu sorgen. Vormund schreibt ihm, daß er ihn im Auge behält!!

10.7.43[56] Hat hier in der Telefonzentrale gearbeitet. War brauchbar und am Anfang auch gewissenhaft und ehrlich. Fing dann an, … in Korrespondenz zu treten, wurde mit den Geldern ungenau, machte zum Schluß Betrügereien. Bereitete die Entweichung vor. Mußte in die Abteilung zurückgenommen werden. Kam zu Bett.

14.7.43 Erkrankte an Ileus [Darmverschluß, G.E.]. Heute exitus an Ileus“.[57]

Hermann J. – „Letzten Endes bin ich doch brauchbar und brauchbar gewesen.“

Insgesamt flohen aus Hadamar in der Zeit von August 1942 bis zum 26. März 1945 vierzehn Frauen und fünfzehn Männer. Wie Wilhelm D. waren es PatientInnen, die außerhalb des Anstaltsgeländes arbeiteten oder die Möglichkeit hatten, das Gelände zu verlassen. In allen Fällen versuchte die Anstaltsleitung, die Geflohenen mit Hilfe der Polizei wieder einzufangen, es sollte keine Zeugen des Massenmordes geben.[58] Am Beispiel des 1907 geborenen Arbeiters Hermann J.[59] wird deutlich, wie dicht das Netz des menschenverachtenden nationalsozialistischen Gesundheitssystems gespannt war. Für diejenigen, die sich einmal in ihm verfangen hatten, gab es kaum eine Möglichkeit des Entrinnens.

1932 war Hermann J. wegen „akuter Verwirrtheitszustände“ erstmalig in die Bremische Heil- und Pflegeanstalt gelangt, aus der er wenig später gebessert entlassen wurde. In den Jahren darauf folgten erneute Einweisungen wegen „Erregungszuständen und zeitweiliger Gemeingefährlichkeit“. Er hatte sich auf offener Straße nackt ausgezogen und „unsittliche Redensarten“ geführt. Am 16. Juli 1942 notierte ein Bremer Oberarzt: „Stumpfer und autistischer Patient; muß zur Sauberkeit angehalten werden; bei der Arbeit wenig brauchbar.“ Im Juni 1943, Hermann J. war inzwischen in der Küche der Hadamarer Anstalt beschäftigt, vermerkte Wahlmann: „Leistet hier gute Arbeit. Ein neuer Entweichungsversuch ist nicht vorgekommen [Anscheinend hatte Hermann J. einen Fluchtversuch unternommen, der aber nicht in der Akte notiert wurde, G.E.]. Wird frei behandelt.“ Zwei Tage später notierte Wahlmann fast bedauernd, daß der „ordentliche und anstellige“ Patient entwichen sei.

In einer 1986 erschienenen Publikation[60] wurde das Schicksal von Hermann J. als Beispiel für eine geglückte Flucht aus der Todesanstalt Hadamar angeführt. Tatsächlich gelang es Hermann J., zu seiner Mutter nach Bremen zurückzukehren. In Hadamar war man über die Flucht des Patienten derart beunruhigt, daß man sofort einen Pfleger nach Bremen schickte, um den „gemeingefährlichen“ Patienten zurückzuholen. Doch dieser mußte unverrichteter Dinge die Rückreise antreten, da man „J. noch nicht ergriffen“ hatte.

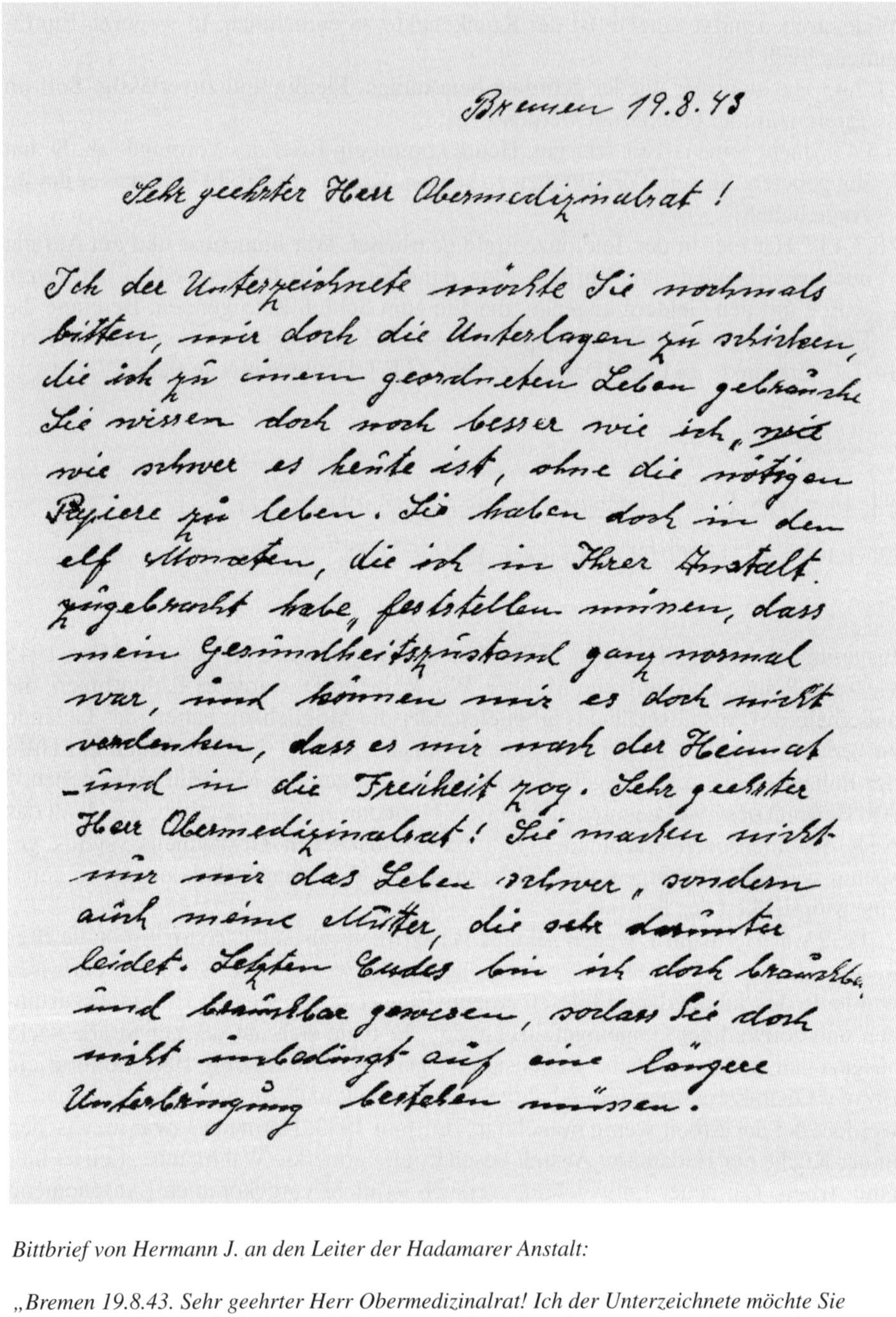

Bremen 19.8.43

Sehr geehrter Herr Obermedizinalrat!

Ich der Unterzeichnete möchte Sie nochmals bitten, mir doch die Unterlagen zu schicken, die ich zu einem geordneten Leben gebrauche. Sie wissen doch noch besser wie ich, wie schwer es heute ist, ohne die nötigen Papiere zu leben. Sie haben doch in den elf Monaten, die ich in Ihrer Anstalt zugebracht habe, feststellen müssen, dass mein Gesundheitszustand ganz normal war, und können mir es doch nicht verdenken, dass es mir nach der Heimat und in die Freiheit zog. Sehr geehrter Herr Obermedizinalrat! Sie machen nicht nur mir das Leben schwer, sondern auch meine Mutter, die sehr darunter leidet. Letzten Endes bin ich doch brauchbar und brauchbar gewesen, sodass Sie doch nicht unbedingt auf eine längere Unterbringung bestehen müssen.

Bittbrief von Hermann J. an den Leiter der Hadamarer Anstalt:

„Bremen 19.8.43. Sehr geehrter Herr Obermedizinalrat! Ich der Unterzeichnete möchte Sie nochmals bitten, mir doch die Unterlagen zu schicken, die ich zu einem geordneten Leben gebrauche. Sie wissen doch noch besser wie ich, wie schwer es heute ist, ohne die nötigen Papiere zu leben. Sie haben doch in den elf Monaten, die ich in Ihrer Anstalt zugebracht habe, feststellen müssen, dass mein Gesundheitszustand ganz normal war, und können mir es doch nicht verdenken, dass es mir nach der Heimat und in die Freiheit zog. Sehr geehrter Herr Obermedizinalrat! Sie machen nicht nur mir das Leben schwer, sondern auch meine Mutter, die sehr darunter leidet. Letzten Endes bin ich doch brauchbar und brauchbar gewesen, sodass Sie doch nicht unbedingt auf eine längere Unterbringung bestehen müssen“.

Hermann J. wandte sich im folgenden Monat mit mehreren Schreiben an den ärztlichen Leiter der Hadamarer Anstalt, damit er ihm die Ausweispapiere zusende, die er zu einem „geordneten Leben“ brauche. Natürlich hatte die Bitte keinen Erfolg. Knapp drei Monate nach seiner Flucht griff ihn die Bremer Polizei auf, da er sich bei einer Routineüberprüfung nicht ausweisen konnte. Man brachte ihn in die Ellener Anstalt. Zwischenzeitlich hatte er nachts als Luftschutzwache und tags bei einem „Blitz-Eilboten“ gearbeitet. Pfleger wie Ärzte berichteten noch Jahre später von der Rückkehr des Patienten: „Ich kann mich erinnern, daß J. mit einem Transport nach Hadamar verschickt wurde“, so der Pfleger Richard G. im Jahre 1947. Nach seiner erneuten Einlieferung durch die Polizei habe er ihn wieder aufgenommen. „Unter anderem erklärte er, daß er aus Hadamar entwichen sei, weil er nicht sterben und nicht umgebracht werden wollte. J. machte bei dieser Erzählung einen ruhigen, glaubhaften Eindruck und weinte bitterlich. Er hatte Angst, daß er wieder nach Hadamar gebracht werden würde.“[61]

Oberarzt Kraus führte den Fall des Patienten als Entlastung an, als er im Entnazifizierungsprozeß nach seinem Wissen über das „Euthanasie“-Programm befragt wurde: „Erst ca. im Jahre 1943 wurde uns bekannt, daß Hadamar als Vernichtungslager anzusehen war; es meldete sich bei uns ein dort untergebracht gewesener Kranker zurück, der uns von den Verhältnissen in H. Bericht erstattete. In diesem Fall handelte es sich allerdings um einen schwer Geisteskranken, so daß ich dieser Berichterstattung nicht unbedingt Glauben schenken konnte.“[62] De facto versuchte die Bremer Anstaltsleitung, den Patienten sofort wieder nach Hadamar zu verlegen, aber dort lehnte man seine Wiederaufnahme ab.

Seine Abschiebung in die Tötungsanstalt Meseritz/Obrawalde überlebte Hermann J. nur zwei Monate. Ein erneuter Versuch, seinen Mördern zu entkommen, schlug fehl. Die letzten Einträge in seine Krankenakte lauteten: „Entweicht heute von der Arbeitsstelle, wurde in Schwerin von der Polizei aufgegriffen, von dem Pfleger Guhlke abends 20 1/2 Uhr zurückgebracht. Nach H[aus] 19 verlegt. Hatte Schüttelfrost Temp. 38,9 ... 26.2. Temp. 39,8. wird nach Haus 18 verlegt. Grippe Pneumonie (Herzschwäche), 26.2. Ext. let. Herzschwäche bei Grippe Pneumonie“.

Allein die Zusammenstellung der verfügbaren Dokumente läßt – wie im Falle des Hermann J. – erahnen, was die betroffenen Patienten und Patientinnen in ihren Ängsten, Hoffnungen und Verzweiflungen bewegt haben mag. Ihr subjektives Erleben entzieht sich in der Regel unserer Kenntnis, da kaum persönliche Aufzeichnungen oder Briefe erhalten sind. Zum einen waren viele PatientInnen nicht in der Lage, sich schriftlich zu artikulieren, zum anderen sind sicher viele Aufzeichnungen von Ärzten und Pflegepersonal vernichtet worden. Nur durch Zufall findet man in einigen wenigen Krankenakten persönliche Mitteilungen, wie etwa in der des jüdischen Patienten Theophil H.

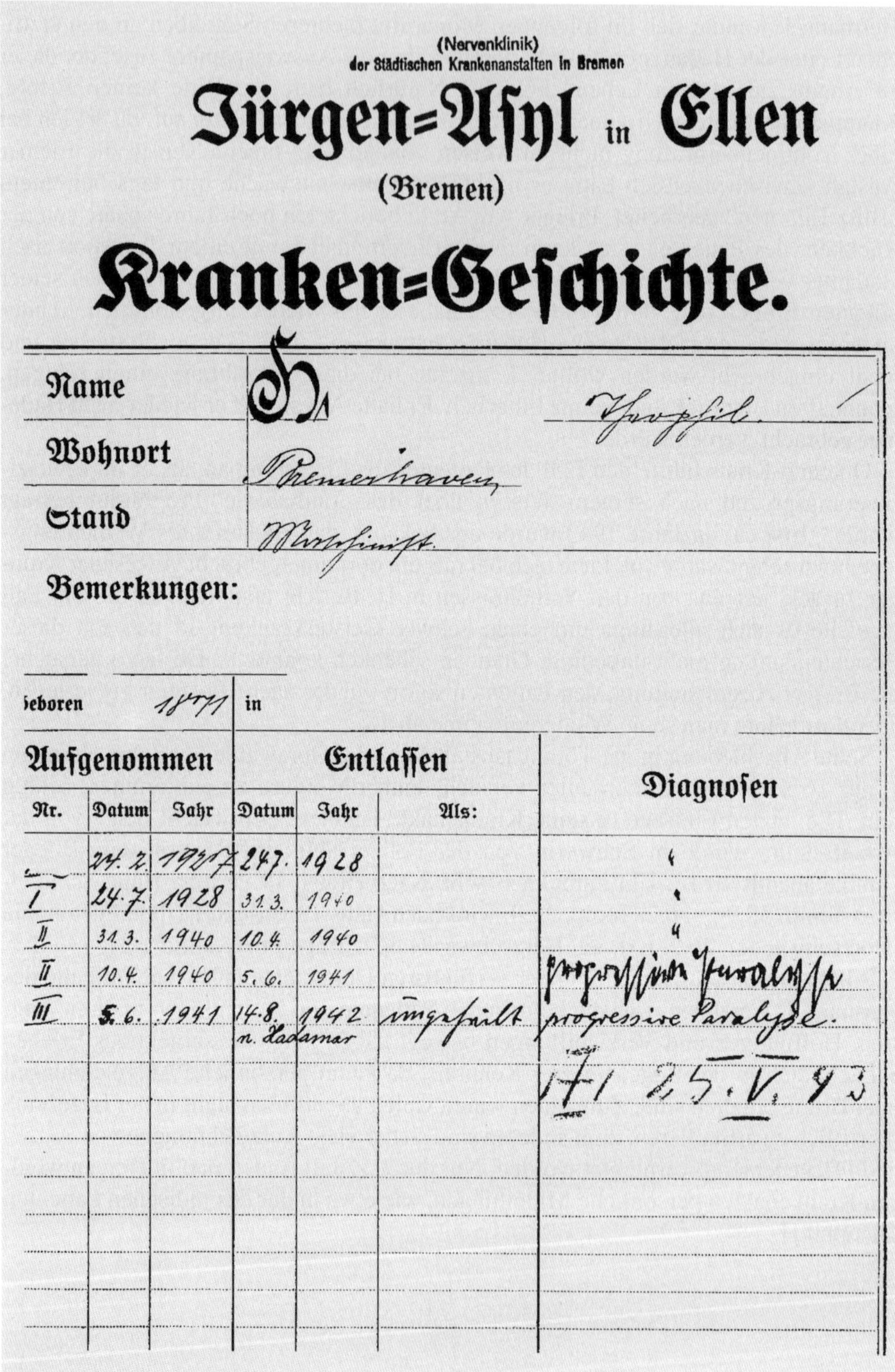

(Nervenklinik)
der Städtischen Krankenanstalten in Bremen

Jürgen=Asyl in Ellen
(Bremen)

Kranken=Geschichte.

Name: H. Theophil

Wohnort: Bremerhaven

Stand: Wirtschaft.

Bemerkungen:

Geboren 1871 in

Aufgenommen			Entlassen			Diagnosen
Nr.	Datum	Jahr	Datum	Jahr	Als:	
—	24. 2.	1927	24.7.	1928		"
I	24.7.	1928	31.3.	1940		"
II	31.3.	1940	10.4.	1940		"
II	10.4.	1940	5.6.	1941		progressive Paralyse
III	5.6.	1941	14.8. n. Hadamar	1942	ungeheilt	progressive Paralyse.
						† 25.V.43

Deckblatt der Krankenakte von Theophil H.

Theophil H. – „Mit dem Essen ist es hier auch man mau.“

Der Maschinist Theophil H.[63] war mit der Diagnose „Progressive Paralyse“ im Februar 1927 in die Ellener Anstalt eingewiesen worden. Im Juli 1928 wurde der „pflegeleichte, wenig hervortretende, immer etwas euphorische“ Patient in Familienpflege gegeben. In den folgenden vierzehn Jahren arbeitete Theophil H. entweder in der anstaltseigenen Schlosserei oder befand sich in Familienpflege. Im März 1942 heißt es in der Krankenakte des mittlerweile 71jährigen Patienten: „Wegen zunehmender körperlicher Hinfälligkeit nicht mehr in der Schlosserei beschäftigt, hilft etwas beim Zimmerreinigen. Ziemlich unsauber. Psychisch stumpf, leicht euphorisch.“

Fünf Monate später wurde Theophil H., dessen Arbeitskraft nun für den Anstaltsbetrieb wertlos geworden war, nach Hadamar geschickt, wo er noch neun Monate in der Schlosserei arbeitete. Weil der 71jährige laut Krankenblatteintrag „unverantwortliche Schwätzereien über die Anstalt verbreitete“, entfernte man ihn von seinem Arbeitsplatz und legte ihn „zu Bett“. Am 25. Mai 1943, nur einen Tag später, schloß Wahlmann die Krankenakte mit den Worten: „Heute plötzlich Veränderung. Apoplexie. Erholt sich nicht mehr. Exitus an Apoplexie“.

In der Krankenakte von Theophil H. fanden sich (von der Anstaltsleitung abgefangene) Briefe mit den erwähnten „unverantwortlichen Schwätzereien“. Seine Aufzeichnungen vermitteln ein eindringliches Bild der Situation der Menschen in der Todesanstalt:

Brief vom 8. Dezember 1942

„Von 127 Personen, die von Ellen hier angekommen sind, liegen bloß 82 auf dem Anstaltsfriedhof, da kannst Du Dir einen Begriff machen, also noch 45 über bis jetzt, wenn das so weitergeht, kommt kein einziger mehr zurück, es sterben hier bald mehr als Soldaten im Felde. Die Aufgezählten sind nur Männer, die Frauen und Mädchen sind mindestens nochmal so viel. Von den 82 waren viele als Kuhlengräber und Leichenträger hier beschäftigt. Wenn Du glaubst, daß Du allein so viel Arbeit hast, da irrst Du Dich aber, hier sind nur noch 5-6 Pfleger, die Arbeit machen alle die Patienten“.

Brief vom 20. Januar 1943

„Eine neue Sendung von Patienten aus Scheuern[64] bei Hannover wo die Anstalt scheins aufgehoben ist wegen Pflegermangel. Sowohl Männer als auch Frauen, jetzt alles besetzt, 120 Männer und wohl nochmal so viel Frauen und Mädchen. Scheuern wird wohl Kinderheim werden, da die Pflegerinnen noch da sind. Der Tod hält reich Ernte. 10-20 an einem Tag mitunter“.

Brief vom 26. Mai 1943

„Mit dem Essen ist es hier auch man mau. Kartoffel mit Schale und lange durch den Wolf gedreht oder in kleine Stücke geschnitten. 3-4 Mal die Woche höchstens ein paar Bandnudeln dazwischen. Faule Kartoffeln und Gemüse ist nichts Neues hier mehr. Man sieht es geht bergab statt bergauf. Je mehr Soldaten eingezogen werden, je schlechter für die Zurückbleibenden, arbeiten für 10 und essen für $^1/_2$, da soll man wohl ein Kerl bei bleiben … Hier nimmt man auch alles, was einigermaßen noch Beine hat. Beinah sämtliche Pfleger eingezogen. Meist alles von Patienten wird jetzt hier bereitet und bearbeitet. Was einigermaßen noch intakt ist, wird zur Arbeit herangezogen. Viele müssen in der Stadt schon bei Privatleuten arbeiten. Muß plötzlich

Rechts: Erwin K. geboren 1912, gestorben im Dezember 1942 in Hadamar

Erdarbeiten machen … Gott verläßt die Seinen nicht, auch dann nicht, wenn die Versuchung über den ganzen Erdkreis kommt. Er lebt und wir mit ihm. Wenns auch mitunter schwer fällt. 70 Pfund abgenommen … Nochmals vielmals gegrüßt Euer Theophil H.“[65]

Eine Dokumentation über den Alltag in der Hadamarer Anstalt weist nach, daß es in der zweiten Mordphase, also ab August 1942 zu insgesamt 62 Entlassungen gekommen ist, die auf die hartnäckigen Interventionen der Angehörigen zurückzuführen waren.[66] Für die 126 Bremer Patienten können in zwei Fällen Entlassungsbemühungen der Angehörigen belegt werden. In einem Fall ohne Erfolg: Obwohl die verzweifelte Großmutter des siebzehnjährigen Anton F. sogar die Ortsfrauenschaftsleiterin einer Bremer Ortsgruppe einschaltete, konnte sie den Tod ihres Neffen im September 1942 nicht verhindern. Möglicherweise maß man dem Einfluß der alten Frau nicht genügend Bedeutung zu. Im Fall des 34jährigen Walter G. führten die beharrlichen Bemühungen der Eltern letztendlich zum Erfolg. Nachdem die Eltern ihren Sohn in Hadamar besucht und zahlreiche Briefe an die Anstaltsleitung gerichtet hatten, wurde er am 19. Januar 1943 entlassen.

Karl H. – Ein Überlebender

Zwischen 1946 und 1947 kehrten drei von 126 Bremern aus Hadamar in die Nervenklinik der Hansestadt zurück. Unter ihnen Karl H.[67], den man 1950 als sogenannten Landpflegling auf einem nahegelegenen Bauernhof unterbrachte. Hier lebte und arbeitete er noch 1995, wie sich durch Zufall herausstellte. Weder der für ihn zuständige Arzt noch sein Betreuer wußten etwas über seinen Aufenthalt in Hadamar, obwohl auf der dünnen Krankenakte der Vermerk „13.8.1942 verlegt nach Hadamar" deutlich zu lesen ist.

Wegen „ungünstiger häuslicher Verhältnisse" wurde der achtjährige Karl zusammen mit seinem Bruder auf Betreiben des Jugendamtes in eine Pflegestelle gegeben. Dort scheint es den beiden nicht gut ergangen zu sein, wie man selbst der sachlichen Amtssprache des Behördenprotokolls entnehmen kann. Den Jahreswechsel 1934 verbrachte das Kind im Krankenhaus „wegen Frostbeulen und Bettnässen ... Das Frostleiden wurde beseitigt, dagegen das Bettnässen wenig gebessert," konstatierte der Berichterstatter. In den folgenden Jahren fiel Karl immer wieder durch sein andauerndes „Bettnässen" auf, hatte in der Schule große Probleme und galt als „ausgesprochenes Hilfsschulkind". 1941 arbeitete der nun Siebzehnjährige bei der AG Weser. Hier machte der Betriebsobmann Meldung an das Jugendamt, daß sich der Junge nicht einwandfrei benehme. Da er sehr faul sei, habe man ihn für das Arbeitslager in Farge vorgesehen. Warum ihm Farge erspart blieb, ist der Akte nicht zu entnehmen. Man brachte ihn auf einem Bauernhof unter, von wo er kurze Zeit später entwich. Auf Empfehlung Rogals wies man ihn „zur Beobachtung" in die Nervenklinik ein. Hier wußte man anscheinend nichts mit dem „schüchternen und einsilbigen" Jugendlichen anzufangen, der aufgrund seines vermeintlich angeborenen und nicht besserungsfähigen Schwachsinns den „wirklich behandlungsbedürftigen Kranken"[68] den Platz wegnahm. Darüber hinaus stellte er durch sein ständiges Bettnässen erhöhte Anforderungen an das Pflegepersonal und war als Arbeitskraft wegen seines „dürftigen" körperlichen Zustandes, „der dem eines Dreizehnjährigen entspricht", nicht zu gebrauchen. Knapp fünf Monate später verlegte man den jungen Mann nach Hadamar. Doch Karl wurde nicht getötet.

Nur drei Zeilen in seiner Krankenakte geben einen Hinweis darauf, warum er überlebte. Wahlmann notierte nach seiner Ankunft: „Seit mehreren Tagen bei der Kolonne. Nach dem Hofgut verlegt." Die auf dem Hofgut Schnepfenhausen untergebrachten sechzig bis achtzig Männer stellten hinsichtlich ihrer Lebensbedingungen und Überlebenschancen eine besondere, vergleichsweise bessergestellte Gruppe dar. Ihnen übertrug man in der Regel verantwortungsvollere Tätigkeiten, die sie zu unentbehrlichen und unverzichtbaren Arbeitskräften machten.[69] Zusammengepfercht in einer Baracke, gehörten Repressionen, Sanktionen und Drohungen zum Alltag auf dem Hofgut. Und obwohl es sich um eine vergleichsweise privilegierte Gruppe handelte – einige von ihnen hatten ab und zu Ausgang zur Stadt –, blieben auch sie Todeskandidaten, die man nur so lange nicht ermordete, wie sie die geforderten Arbeitsleistungen erbrachten.

Nach Kriegsende quartierte man den jungen Mann in den Anstalten Weilmünster und Herborn ein. Hier wurde er 1947 von der Mutter abgeholt. Doch schon ein gutes Jahr später wies man ihn erneut in die Bremer Nervenklinik ein. Frau H., so der Eintrag in der Krankenakte, sei beim „Kohlensuchen" von einem Schnellzug überfahren worden. Nur ein einziges Mal wurde Karl H., laut Krankenblatteintrag im Jahr 1953, nach seinen Erlebnissen in Hadamar gefragt. „Mochten Sie in Hadamar sein?" laute-te die Frage des Arztes. „Es ging", antwortete Karl H. damals. Zu essen habe er angeblich genug bekommen und habe sonntags spazieren gehen dürfen. Er wisse, daß dort „viele umgebracht" wurden. Es seien wohl die Alten gewesen und die, die nicht arbeiten wollten. Er habe auch mal in den Leichenkeller gesehen, „da habe alles voll gelegen." Zum Zeitpunkt dieses Gesprächs befand sich Karl W. bereits seit drei Jahren in Familienpflege, bei derselben Familie, in der er noch heute lebt. 1995 erinnert sich der sonst gesprächige und aufgeschlossene Karl W. nur mit großer Mühe an die Zeit vor fünfzig Jahren. In einem Etagenbett habe er geschlafen und wenig zu essen gehabt, aus Hunger habe er sich Runkelscheiben gebraten. Für vier bis fünf Ackergäule sei er zuständig gewesen, habe sie gestriegelt und versorgt. Für die Fütterung der Pferde ist er noch heute in seiner Pflegefamilie verantwortlich. Herr W. entsinnt sich, daß er in Hadamar „vom Gutsverwalter was hinter die Ohren kriegte, wenn das nicht richtig lief." Auf die Frage, ob er sich noch an andere Dinge erinnere, antwortet er: „Ja, da gab es noch viel, aber das habe ich alles begraben." Sein Mienenspiel ist eine überdeutliche Aufforderung, sich mit dieser Antwort zufrieden zu geben.

Alter beim Abtransport

	-	16	=	0
17	-	25	=	5
26	-	35	=	25
36	-	45	=	26
46	-	55	=	19
56	-	65	=	15
darüber hinaus			=	36

Aufenthalt in Ellen bis zum Abtransport

1	-	3	Monate =	0
4	-	6	Monate =	5
7	-	11	Monate =	4
1	-	2	Jahre =	25
3	-	5	Jahre =	19
6	-	10	Jahre =	20
11	-	15	Jahre =	19
16	-	20	Jahre =	13
darüber hinaus			=	21

Diagnosen

58	Schizophrenie
14	Epilepsie
14	Angeborener Schwachsinn/Idiotie
13	Hirnarteriosklerose
9	Progressive Paralyse

Todesursachen

75	Marasmus
13	Tod im Anfall
11	Darmverschluß
7	Schlaganfall
3	Darmgrippe/Durchfall
4	Lungenentzündung/Grippe
1	Herztod

Überlebenszeit in Hadamar

	-	1	Monat	=	17
1	-	3	Monate	=	59
4	-	5	Monate	=	20
6	-	7	Monate	=	6
8	-	9	Monate	=	4
10	-	12	Monate	=	4
13	-	15	Monate	=	1
darüber hinaus				=	3

Statistische Auswertung der Krankenakten von den nach Hadamar verlegten Patienten

Verlegung nach Uchtspringe

Während sich nach dem Krieg noch einige Pfleger, Schwestern und Ärzte an den Transport der 126 Männer nach Hadamar erinnerten, schien ihnen die Verlegung in die Anstalt Uchtspringe völlig unbekannt zu sein. Auch in den Entnazifizierungsprozessen der Jahre 1947 bis 49 fand der Name Uchtspringe keine Erwähnung. Der für die Frauen zuständige Oberarzt Gildemeister behauptete sogar, Patientinnen seien erst nach dem Bombenangriff vom 26. November 1943 verlegt worden. Tatsächlich wurde bereits am 26. August 1942 eine Gruppe von vierzig Frauen in die „Heil- und Pflegeanstalt Uchtspringe" gebracht. Der Name der Zielanstalt war der Bremer Gesundheitsbehörde auf Anfrage vom Reichsministerium des Innern mitgeteilt worden.

Fast alle PatientInnen lebten in der Nervenklinik auf den Stationen drei und vier: „Haus 3 ist mit unruhigen und gewalttätigen Kranken belegt. Haus 4 … entspricht etwa dem Charakter von Haus 3. Es sind hier vor allen Dingen leicht unruhige und unsaubere Patientinnen untergebracht. Ferner werden in Haus 4 oben besonders fluchtverdächtige weibliche Kranke verpflegt und solche, die laut Gerichtsbeschluß unter Verschluß zu halten sind."[70] Auch die 22jährige Meta G.[71] war zwangsweise in die Bremer Nervenklinik eingewiesen worden. Der gutachtende Amtsarzt warf der jungen Frau unter anderem „triebhaftes und hemmungsloses Verhalten" vor. Wenig später begründete der Chefarzt der Nervenklinik die weitere Anstaltsunterbringung mit den Worten, daß Meta G. „Beziehungen zu polnischen Gefangenen" unterhalten habe und auch sonst „regen, wahllosen Geschlechtsverkehr" ausübe. Im Juni 1941 bescheinigte der zuständige Arzt, daß die „Nachreifungsaussichten" der Patientin, bei der man „angeborenen Schwachsinn" diagnostiziert habe, ziemlich gering seien. Er fügte verwundert hinzu: „In eigenartigem Widerspruch dazu steht immer wieder das nette und äußerlich gar nicht auf Schwachsinn deutende Aussehen der Kranken". Wenngleich die Polizeiverwaltung den Einweisungsparagraphen aufhob, hielten die Psychiater es für ausgeschlossen, Meta G. zu entlassen. „Der hochgradige Schwachsinn" berechtige dazu, die Patientin in der Anstalt zu behalten. Kurz vor der Verlegung nach Uchtspringe heißt es in ihrem Krankenblatt: „Ist in allem sehr widerstrebend, gibt auf Fragen kaum Antwort. Sehr schwer dazu zu bewegen, sich an einer Arbeit zu beteiligen. Verweigert mitunter auch die Nahrung. Morgens ist sie manchmal nicht gut aus dem Bett zu bekommen. Sauber, ohne Arznei. Wäscht, kämmt und zieht sich allein an."

Obwohl die Geschichte der Anstalt Uchtspringe in der Zeit des Nationalsozialismus bisher wenig erforscht ist, gibt es an der Inhumanität der Einrichtung keinen Zweifel. Eine „wahrhaft erschütternde Situation" für die PatientInnen der Uchtspringer Anstalt ermittelte Dorothee Roer: „Unterernährung, fehlende Bekleidung, Knappheit an Heizmaterial, katastrophale hygienische Verhältnisse, die medizinische Versorgung (auch bei körperlichen Krankheiten) faktisch nicht mehr vorhanden, diese Faktoren in ihren Wechselwirkungen schafften Anfang der 40er in Uchtspringe ein Milieu, in dem nur noch die Stärksten überlebten. Entsprechend sank das durchschnittliche Sterbealter von 44,6 Jahren (1935) auf 36,5 Jahre (1942), traten Bagatellerkrankungen wie Darmkatarrh oder Erkältungskrankheiten als Todes(mit)ursachen mehr und mehr in den Vordergrund. Wir müssen also davon ausgehen, daß in Uchtspringe zu der Methode des medikamentösen Tötens die des Sterbenlassens hinzu

Adele S. geboren 1874, gestorben im Februar 1944 in Uchtspringe

trat."[72] Bis Kriegsende kamen 33 der vierzig Bremerinnen in Uchtspringe um. Anders als in den Anstalten Hadamar und Meseritz[73] lag hier der Höhepunkt des Sterbens im Zeitraum zwischen sieben und zwölf Monaten nach der Ankunft. Das läßt den Schluß zu, daß die Frauen an den Folgen ihrer Kräfteauszehrung, herbeigeführt durch Unterernährung, mangelnde Pflege, harte Arbeit und Nichtbehandlung, starben.[74] Nur eine Bremer Patientin überlebte die Vernichtungspsychiatrie.

Meta G., die laut Krankenakte „zu keiner Arbeit zu bewegen" war, unternahm in Uchtspringe einen Fluchtversuch durch ein Kellerfenster, der aber mißglückte. Mit vier anderen Mitpatientinnen aus Bremen verlegte man sie im März 1944 nach Meseritz/Obrawalde.[75] Der letzte Eintrag in die Krankenakte der 25jährigen Frau lautet: „Sehr schwachsinnig, zu geregelter Tätigkeit nicht fähig. Seit einigen Tagen Durchfälle ... Heute exitus letalis TU [Todesursache, G.E.] Herzschwäche bei Darmkatarrh".

Alter beim Abtransport

	-	16	=	0
17	-	25	=	2
26	-	35	=	8
36	-	45	=	9
46	-	55	=	13
56	-	65	=	7
darüber hinaus			=	1

Überlebenszeit in Uchtspringe

1	-	3	Monate	=	1
4	-	6	Monate	=	6
7	-	11	Monate	=	14
12	-	17	Monate	=	5
18	-	24	Monate	=	1
darüber hinaus				=	6

Aufenthalt in Ellen bis zum Abtransport

1	-	3	Monate	=	0
4	-	6	Monate	=	0
7	-	11	Monate	=	0
1	-	2	Jahre	=	2
3	-	5	Jahre	=	8
6	-	10	Jahre	=	13
darüber hinaus				=	17

Diagnosen

32	Schizophrenie
6	Angeborener Schwachsinn
2	Progressive Paralyse

Statistische Auswertung der Unterlagen von den nach Uchtspringe verlegten Patientinnen

Verlegung nach Meseritz/Obrawalde

Bei der Bombardierung der Bremer Nervenklinik am 26. November 1943 starben 66 Menschen. Zwei Krankenhäuser, ein Schwestern- sowie ein Arztwohnhaus wurden völlig zerstört, fast alle anderen Gebäude mehr oder weniger stark beschädigt. In sämtlichen Häusern waren Licht, Heizung, Wasser und Kanalisation ausgefallen. Noch am selben Tag brachte man 188 Kranke in die Oldenburgische Heil- und Pflegeanstalt Wehnen und 200 Männer und Frauen in das Kloster Blankenburg bei Oldenburg.[76]

Über die Situation in der Bremer Nervenklinik nach der Bombenkatastrophe heißt es in einem ausführlichen Bericht: „Bei der herrschenden Wetterlage bestand zunächst einige Aussicht, den Rest der hier verbliebenen Kranken bis zur Behebung der gröbsten Schäden versorgen zu können. Inzwischen aber setzte heftiger Regen ein, der infolge der ausgedehnten Dachschäden sämtliche Gebäude der Anstalt, zum Teil bis zu den Erdgeschossen, durchnäßte und den Aufenthalt in fast allen Gebäuden der Anstalt unerträglich machte. Zum Überfluß setzte dann noch Kälte ein, die den Aufenthalt in den Gebäuden bei dem Fehlen der Heizung unerträglich machte ... Es stellte sich heraus, daß ein weiterer Teil der Kranken, vor allen Dingen chronisch Kranke, Pfleglinge und alte Leute, hier nicht gehalten werden können. Es wurde daher der Plan gefaßt, die Verlegung dieser Kranken in eine andere Anstalt zu beantragen und zu beschleunigen, und den Rest gut arbeitender Kranker zum Zwecke der Wiederherstellung der Anstalt hierzubehalten."[77]

Gleich darauf setzte sich der Leiter des Bremer Gesundheitsamtes mit dem Berliner Reichsinnenministerium in Verbindung, um die geplante Verlegung von Bremer PatientInnen telefonisch zu besprechen. Am 7. Dezember 1943 traf aus Berlin die telegrafische Mitteilung ein, daß die Heil- und Pflegeanstalt Meseritz/Obrawalde bereit sei, die Bremer PatientInnen aufzunehmen. Unverzüglich begann die organisatorische Vorbereitung der Verlegung. Laut Wex war es „unmöglich, Anweisungen vom öffentlichen Sanitätstransportbüro [gemeint ist die „Gekrat", G.E.] zu erhalten, da Berlin zu dieser Zeit schwer von den Luftangriffen eingedeckt war."[78] Der stellvertretende Bremer Wirtschaftssenator Bernhard Platz (zuständig für die Abteilung Häfen und Verkehr) sorgte daraufhin persönlich für die Beschaffung eines geeigneten Transportmittels. Bei der Reichsbahn wurden ein Sanitätszug und zwei Lazarettzüge für die bettlägerigen PatientInnen beantragt; schließlich stellte man Eisenbahnwagen dritter Klasse, sogenannte Holzklassewagen, zur Verfügung.

„Diejenigen, die wegkamen", so Gildemeister, „habe ich mit den Oberärzten bestimmt. Es blieben aber nur diejenigen in Osterholz, die bei den Aufräumungsarbeiten mithelfen konnten. Ferner blieben diejenigen da, die geordnet und sauber waren ... Es mußte aber die ganze Anstalt geräumt werden, da die Fliegerschäden sehr schwer waren, und ca. 120 Personen blieben da. Das waren alles arbeits- und ‚bunkerfähige' Leute, die wir auch tatsächlich in die Bunker schicken konnten."[79]

Am Vormittag des 9. Dezember 1943 begann der Transport von etwa 100 Männern und Frauen aus der Ellener Anstalt zum Güterbahnhof der Hansestadt mit Großeinsatzwagen der Wehrmacht, Bereitschaftswagen des DRK und einem Omnibus der Bremer Straßenbahn. Ein anstaltseigenes Pferdefuhrwerk und das Transportauto eines Osterholzer Unternehmers brachten 38 Matratzen, 375 Wolldecken sowie

Der anstaltseigene Gleisanschluß in Meseritz/Obrawalde

die „Sachen der Kranken“ zum Bahnhof. Im Laufe des Vormittags traf der Zug, der zuvor die PatientInnen aus dem Kloster Blankenburg aufgenommen hatte, am Güterbahnhof ein.

Der Ehemann einer Patientin führte in einer persönlichen Notiz aus: Ich traf meine Frau „dann auf dem Güterbahnhof auf einer Matratze sitzend, an allen Gliedern zitternd, in kaum glaublicher Weise an. Der Zug, der aus dem Oldenburgischen kommen sollte, hatte etliche Stunden Verspätung, und so mußten diese unglücklichen Kranken trotz der erheblichen Kälte, zum großen Teil nicht entsprechend gekleidet, auf die Ankunft warten. Wie man den Transport in dieser Weise durchgeführt hat, ist trotz der Härte der Zeit nicht zu verstehen … Unter freiem Himmel auf dem Güterbahnhof, wo sonst wohl Vieh verladen wurde.“[80]

Vier Stunden mußten die zum großen Teil alten und gebrechlichen Menschen auf dem Bahnsteig des Güterbahnhofs bei kaltem (3 bis 4°C) und nebeligem Wetter ausharren. Zwei „alte und bettlägerige männliche Kranke“ starben noch vor Abfahrt des Zuges. Kaldewey resümierte in seinem Bericht: „Infolge der Verzögerung des Abtransports war der Aufenthalt im Freien wenig angenehm, doch wurde das Ereignis von den Kranken zur Zufriedenheit überwunden … Die Aktion spielte sich im großen und ganzen völlig reibungslos ab. Das Einladen der Kranken in die etwas beengten Personenwagen war etwas schwierig, wurde aber rechtzeitig und pünktlich von uns beendet.“

„Es war der jammervollste und skandalöseste Zug, der je Bremen ... verlassen hat."

Um 15.45 Uhr setzte sich der „jammervollste und skandalöseste Zug, ... der je Bremen ... verlassen hat"[81], in Bewegung. Über dreihundert Männer und Frauen, mit einem Zettel um den Hals, auf dem die Personalien standen, notdürftig auf Matratzen gebettet oder auf Holzbänken sitzend, verbrachten die folgenden achtzehn Stunden in den hölzernen Dritte-Klasse-Wagen der Reichsbahn. Die Waggons hatten kein Licht, nur die zwei Abteile hinter der Lokomotive waren geheizt, und die einzelnen Abteile konnten lediglich bei Stillstand des Zuges gewechselt werden. Heißer Kaffee, Butterbrote mit Auflage und Eier waren zur Verpflegung der Kranken vorgesehen. Da sich im Zug keine Toiletten befanden, wurden zum „Zwecke der Reinhaltung der Kranken Nachtgeschirre und Irrigatoren mitgeführt".[82]

Ein Arzt, fünf Pfleger und fünfzehn Pflegerinnen begleiteten den Transport. Bis auf zwei Pfleger kehrte das Ellener Personal bereits am folgenden Tag nach Bremen zurück. Oberarzt Kraus betonte rückblickend, er habe gegen seinen Willen mit dem Transport fahren müssen. In der Anstalt selbst sei er nur eineinhalb Stunden gewesen, da die Zeit zum Erreichen des Extrazuges einen längeren Aufenthalt nicht zugelassen habe. Vor dem Entnazifizierungsausschuß sagte er aus: „Ich meldete dem dortigen Direktor, daß sich unterwegs ein Todesfall ereignet hätte. Der Direktor der Anstalt sagte mir dann, es müsse über diesen Fall ein Protokoll aufgenommen werden, und forderte mich auf, mit in sein Dienstzimmer zu kommen; dort wurde das Protokoll in mehrfacher Ausfertigung aufgesetzt. Der Direktor wurde während der

Büroarbeit in Meseritz/Obrawalde

Aufnahme des Protokolls mehrere Male abgerufen, so daß die ganze Angelegenheit fast eine Stunde dauerte. Die Kranken waren inzwischen ausgeladen, und ich ging zum Zugführer unseres Extrazuges, um ihn zu fragen, wann er wieder abfahren würde. Er sagte mir, wenn wir alle mitwollten, müßten wir uns beeilen, da er zu einer festgesetzten Zeit wieder auf dem Ursprungsbahnhof sein müsse. – Uns wurde dann noch ein Teller Suppe im Personalkasino gegeben, da wir seit fast 24 Stunden nichts Warmes gegessen hatten, dann gingen wir sofort wieder zum Zug zurück. Auf der Rückfahrt erzählten mir dann die Schwestern und Pfleger, daß sie vom Personal in Meseritz keinen guten Eindruck gewonnen hatten, da diese zu viel rumschnauzten."[83]

Auch der Pfleger Gustav M. machte die Fahrt nur widerstrebend mit. Er empfand es als Strafe, daß Kaldewey ihn zusammen mit einem Kollegen dazu bestimmt hatte, in Meseritz zu bleiben. Sein Kollege schickte dem Bremer „Betriebsführer" am 2. Januar 1944 einen Bericht zur Lage in Obrawalde. Man merkt dem Schreiben an, wie gern er wieder nach Ellen zurückgekehrt wäre und wie gut er die Situation in Obrawalde durchschaut hatte. Um so nachdenklicher und betroffener macht es, wie wenig ihn das Schicksal der Bremer PatientInnen berührte. Er schrieb: „Die Nervenklinik ist gold gegen den Betrieb hier. Die Anstalten sind keine Krankenanstalten, höchstens Lager. Es sind ungefähr 22 Häuser für Kranke … Die Häuser für Nervenkranke bergen ungefähr 2000 Pat. Hier wird nur Wert gelegt auf Pat., die arbeiten können. Die anderen sind überflüssig. Krankenpflege kennt man hier nicht … Die Leitung der Anstalt hat der Wirtschaftsdirektor, der sich in der Hauptsache für Landwirtschaft und Gartenbau interessiert. Kennzeichnend für den ganzen Betrieb ist die Wasserversorgung. Warmes Wasser gibt es nicht. Baden kommt nicht in Frage. Es fehlt nur noch, daß für das kalte Wasser Bezugsscheine ausgegeben werden. Man hat oft nicht das nötige Wasser, um sich im Lauf des Tages die Hände zu waschen …

Es ist schade, daß eine solche Anstalt gerade hier liegt in einer Ecke, die wenige Kilometer von der ehemaligen polnischen Grenze entfernt ist. Gerade hier müßte gezeigt werden, was Deutschland auf kulturellem Gebiet leistet, das Gegenteil ist der Fall. Um Wohl und Wehe des Personals kümmert sich niemand. Wir wohnen zu vieren auf einem Zimmer. Wir sind von $^1/_2$ 7 bis abends 7 Uhr im Dienst ohne Mittagspause, es kümmert sich aber trotzdem niemand um die Zimmer … Unter einer vernünftigen Leitung wäre hier ein schönes Arbeiten. Die Anstalt liegt sehr schön. Es ist Wald und Wasser genug vorhanden. Der Wald reicht bis in die Anstalt hinein und die Obra durchfließt einen Teil des Anstaltsgeländes.

Vor einigen Tagen fragte mich der Pflegervorsteher (1 Oberpfleger), ob wir in Bremen in der Klinik die Ruhr gehabt hätten, als ich verneinte, meinte er, seit die Bremer Patienten hier sind, haben wir die Ruhr, es sind schon viele daran gestorben. Ich sagte ihm, daß es bei uns in Bremen nicht Sitte sei, Pat. mit ansteckenden Krankheiten zu transportieren, bes. nicht in solche Lager wie hier. Es sind schon manche gestorben, aber nicht an der Ruhr … Für Herrn M. und mich sind die Verhältnisse erträglich, weil wir wissen, wir werden nach einiger Zeit abgelöst. Für das andere Personal aus den aufgelösten Anstalten Treptow, Stralsund, Lauenburg usw. ist es schwerer, sie wissen nicht, wann sie wieder hier herauskommen und tun daher ihren Dienst unter größerem Druck als wir. Herr M. und ich haben die Auffassung, lieber in Bremen mit Bombenhagel als hier in polnischen Verhältnissen und Ruhe und Frieden."[84]

Die Provinzial-Irrenanstalt Obrawalde bei Meseritz

Zwischen 1901 und 1904 entstand die vierte Irrenanstalt der Provinz Posen im heutigen Polen. Ein Chronist geht im Jahre 1910 ausführlich auf ihre landschaftlich bevorzugte Lage ein: „Die Anstalt ist an der Ostgrenze der Gutsfeldmark anmutig am Waldsaume gelegen und gegen Ost- und Nordwinde durch den angrenzenden Wald geschützt. Die Nordgrenze bildet die Obra, ein Nebenfluß der Warthe".[85] Ebenso wie das Bremer St. Jürgen-Asyl konzipierte man die Provinzial-Irrenanstalt Obrawalde als koloniale Anstalt in Pavillonbauweise mit eigenen Guts- und Wirtschaftsbetrieben, die eine eigene Versorgung gewährleisten sollten. Ein Bahnanschluß reichte bis auf das Gelände der Anstalt. Ursprünglich für 700 PatientInnen geplant, gab es schon bald Erweiterungsbauten. 1941 beherbergten die verschiedenen Häuser insgesamt zweitausend Kranke.[86]

Die meisten Kranken der Obrawalder Anstalt wurden zwischen Ende 1939 und Ende 1942 nach „Osten" deportiert. Nach ihrem Abtransport verliert sich ihre Spur. In einer Studie über die Anstaltspsychiatrie in Pommern während der NS-Zeit kommt Heike Bernhardt zu dem Schluß, daß mit großer Wahrscheinlichkeit davon auszugehen ist, daß die Betroffenen ermordet wurden. „Auf diese Weise wurde ‚Platz geschaffen' für die vielen Patiententransporte, die aus allen Teilen Deutschlands besonders seit 1942 … in Obrawalde eintrafen."[87]

Schon wenige Monate nach dem Stopp der „Aktion T 4" begann die Umorganisation des psychiatrischen Krankenhauses Obrawalde in eine Tötungsanstalt. Äußeres Zeichen war die Ernennung des NSDAP-Aktivisten und ehemaligen Sparkassenangestellten Walter Grabowski zum Anstaltsleiter.[88] Der bis dahin amtierende Direktor Banse durfte zunächst nur als Arzt tätig sein und wurde wenig später durch den bereits pensionierten, linientreuen Oberarzt Theophil Mootz ersetzt. Er war für die erwähnten Deportationen der meisten StammpatientInnen verantwortlich und sorgte für die Aufnahme der zahlreichen Krankentransporte, die aus dem Deutschen Reich folgten: Berlin, Kloster Hiesen bei Euskirchen, Schleswig, Grafenberg bei Düsseldorf, Waldniel bei Mönchengladbach, Galkhausen, Andernach, Bethel, Bedburg-Hau, Arnsdorf, Bonn, Düsseldorf, Gladbach, Göttingen, Landsberg, Lauenberg bei Stolp, Marsberg, Neuss am Rhein, Stettin, Tapiau, Teupitz, Uchtspringe, Hamburg - Langenhorn und Bremen.[89] Die meisten PatientInnen ermordete man wenige Tage nach ihrer Ankunft in Meseritz. War eine Patientin oder ein Patient zur Tötung bestimmt, wurde er bzw. sie in eines der „Isolierzimmer" gebracht. Die Tötungsräume befanden sich in den Gebäuden 6, 8 oder 9 und in den Gebäuden 18 und 19. Die Krankenschwester Amanda Ratajczak sagte im April 1945 vor einem sowjetischen Militärtribunal aus, daß die Tötungsfälle mit der Ernennung Grabowskis zum Verwaltungsdirektor massiv zugenommen hätten. In der Regel habe Oberarzt Mootz in Obrawalde die Kranken zur Tötung bestimmt, indem er während des Rundgangs mit dem Finger auf die Betroffenen zeigte. Der Widerstand der TodeskandidatInnen wurde ausgeschaltet, indem man der morgendlichen Suppe Beruhigungsmittel beimengte.[90] Wörtlich gab Ratajczak zu Protokoll: „Wir im Krankenhaus Obrawalde töteten die Menschen durch Einführung einer Spritze unter die Haut mit Morphium und Scopolamin im Verhältnis von je 50 %. Je nach Gesundheitszustand des betreffenden Menschen wurden 5-20 ccm derselben Mischung eingespritzt. Nach der … Injektion trat der Tod nach 2-4 Stunden ein; in der Regel wurden die Injektionen

Caroline P. geboren 1870, gestorben im Februar 1944 in Meseritz/Obrawalde

morgens oder abends gemacht. In der Frauenabteilung, in der ich als Obersanitäterin gearbeitet habe, wurden 8-10 Frauen täglich getötet, wieviele in der Männerabteilung getötet wurden, weiß ich nicht. Ich nehme an, daß die Gesamtzahl der getöteten Frauen und Männer die Zahl 15 erreichte."[91]

In den kleinen, sechs bis sieben Quadratmeter großen Tötungszimmern gab es ein Fenster und wenige „ärmliche" Einrichtungsgegenstände: ein einfaches, mit einem weißen Bettlaken abgedecktes hölzernes Sofa, „ein muschelförmiges Waschbecken, ein Handtuch, einen Kittel, ein kleines Hängeschränkchen für Medikamente und gelegentlich ein kleiner einfacher Schrank, der weiß angestrichen war und der dem selben Zweck diente, sowie ein Kleiderhaken für das Personal. Manchmal war noch ein Hygieneeimer mit Deckel vorhanden. Das war die ganze Einrichtung. Die Schränkchen waren nicht verschlossen, und in ihnen befanden sich manchmal medizinische Gummihandschuhe, gelegentlich Spritzen, dünne Sonden und ein wenig Verbandsmaterial."[92]

Die Einträge in die Krankenakte und die Todesmeldung, die man den Angehörigen zusandte, täuschten eine „natürliche" Todesursache vor: Altersschwäche, Herzschwäche, Erschöpfung, Lungenentzündung oder Darmgrippe waren die häufigsten „Todesursachen". Jeden Morgen holte die sogenannte Friedhofskolonne die Toten mit Handkarren aus den Häusern und brachte sie in die Leichenhalle. Die verwendbare Kleidung behielt das Personal für sich, zerschlissene Kleider bekamen die Kranken. Den Toten wurden die Goldzähne aus dem Kiefer gebrochen. Anschließend wickelte man die Getöteten nackt in schwarzes Verdunklungspapier, stapelte sie auf Vierradkarren und fuhr damit zum anstaltseigenen Friedhof, wo sie in Massengräbern verschwanden. Diese waren äußerlich zu Einzelgräbern umgestaltet. Viele Leichen überführte man auch zur Einäscherung in das Krematorium in Frankfurt an der Oder. Der Bau eines eigenen Verbrennungsofens war in Obrawalde geplant. Die Zahl der Toten betrug zunächst 15 bis 20 und stieg bis zur Jahreswende 1944/45 auf 20 bis 25 pro Tag. 3948 Kranke wurden 1944 aufgenommen. Im gleichen Jahr verstarben 3814 Menschen.[93] Angesichts der Tatsache, daß 98,5 % der 1943 in Obrawalde gestorbenen PatientInnen Deutsche waren, protokollierten russische Ärzte einer Untersuchungskommission 1945: Insoweit war das „Krankenhaus Obrawalde tatsächlich eine nationale Einrichtung zur Vernichtung der deutschen Bevölkerung."[94]

Die Krankenschwester Amanda Ratajczak und der Pfleger Hermann Guhlke, die gestanden, 2500 bzw. 100 Menschen getötet zu haben, wurden im Mai 1945 von einem russischen Militärtribunal verurteilt und hingerichtet. Anstaltsleiter Grabowski wurde am 29. Januar 1945 angeblich zum letzten Mal gesehen. Theophil Mootz soll in russischem Gewahrsam verschollen sein.[95] Die Anstalt Obrawalde bei Meseritz ist heute wieder ein psychiatrisches Krankenhaus. Ein kleines Museum in einem der Krankenpavillons und ein Gedenkstein auf dem Gelände des Krankenhauses erinnern an die Ermordung von über 10000 PatientInnen.

„Alle verschluckte Obrawalde ins Massengrab …"

Das Schicksal der am 9. Dezember 1943 von Bremen nach Obrawalde verlegten 120 Männer und 187 Frauen[96] ist fast vollständig aufgeklärt[97]:

266 Männer und Frauen starben in Meseritz/Obrawalde.
10 wurden entlassen.
16 überlebten das Jahr 1945. [98]
3 Männer wurden nach Kriegsende „für tot erklärt". Das Schicksal von
12 ehemaligen Bremer PatientInnen ist unbekannt.

Der weitaus größte Teil der in Obrawalde Verstorbenen wurde dort getötet. Im ersten Monat war die Sterblichkeitsrate in Meseritz am höchsten. Ende Januar 1944 lebten bereits 172 der Bremer PatientInnen nicht mehr. Die Auswertung der Krankenakten ergab, daß die Männer länger lebten als die Frauen. Während im Dezember 1943 insgesamt 79 Frauen starben, waren es im selben Monat 32 Männer. Bis März 1944 hatte man bereits 150 Frauen getötet, gegenüber 69 getöteten Männern. Auch wenn man berücksichtigt, daß die Gruppe der Frauen um ein Drittel größer war als die der Männer, ist offensichtlich, daß die Patienten länger lebten, weil man ihre Arbeitskraft ausnutzte. Diese Vermutung wird auch durch die Tatsache unterstützt, daß bei der größeren Gruppe von Patientinnen lediglich siebzehn länger als bis zum März 1944 am Leben blieben, während es bei den Männern dreißig waren. Auch diese Menschen starben bzw. wurden vor Ende des Krieges getötet. Wie lange sie überlebten hing – wie in Hadamar – von ihrer Arbeitsleistung, ihrem Verhalten und Gesundheitszustand ab.

So auch im Falle des 36jährigen Hans B.[99], der bis zum 26. März 1944 als „Draußenarbeiter" tätig war. Wegen geschwollener Beine wurde er „zu Bett gelegt". Steigendes Fieber und eine Gesichtsschwellung führten dazu, daß man ihn am 4. April 1944 nach Haus 18 brachte. Er starb noch am selben Tag. Die gefälschte Todesursache lautete: „Gesichtsrose (Herzschwäche)". Auch die Arbeitskraft von Hermann V.[100] ist offenbar noch einige Monate ausgebeutet worden, bevor man ihn tötete. Laut Eintrag des Arztes war er „mit Essenholen" beschäftigt, als er am 24. April 1944 „mit hoher Temperatur" erkrankte. Bereits einen Tag später soll der 36jährige an „Herzschwäche" gestorben sein. Kranke wurden in Meseritz/Obrawalde nicht gepflegt. Wer arbeitsunfähig wurde, den tötete man.

Doch nicht nur Krankheit, sondern auch auflehnendes und unangepaßtes Verhalten führten zum Tod. So heißt es in der Krankenakte des 22jährigen Georg O.[101] am 19. April 1944: „Heute von der Arbeit zurück, sehr verkehrt." Am 24. April kam der junge Mann „nach Haus 18". Hier starb er noch am gleichen Tag. Dem 45jährigen Heinrich B.[102] wurde ein mißglückter Fluchtversuch zum Verhängnis. Er starb kurze Zeit später – so der Eintrag von Oberarzt Mootz – an Lungenentzündung, nachdem man ihn in das Haus 19 verlegt hatte. Die Bremer Krankengeschichten verdeutlichen, daß kein Patient und keine Patientin eines der „Todeshäuser" lebend verließ. Insbesondere brachte man viele alte Menschen nach Meseritz. 129 von ihnen waren älter als 66 Jahre, das sind 42% der gesamten Gruppe. Ein großer Teil der alten Leute war infolge der Auswirkungen des Krieges – Auflösung von Altenheimen, Zerstörung von Wohnraum – und aufgrund der Überlastung von pflegenden Angehörigen in die Bremer Nervenklinik eingewiesen worden und von hier in die Tötungsanstalt Meseritz/Obrawalde gelangt.

Vier Jahre vor ihrem gewaltsamen Tod ehrte die nationalsozialistische Regierung Marie M. mit dem Mutterkreuz

Marie M.

Das Schicksal der 78jährigen Marie M. steht als Beispiel für viele alte Menschen, die durch den Krieg in den Strudel der „Euthanasie“ gerieten. Noch am Muttertag 1939 hatte der NS-Staat Marie M. für die Geburt ihrer acht Kinder mit dem Mutterkreuz geehrt. Nur vier Jahre später, im August 1943, kam sie mit der Diagnose „Altersdemenz“ in die Bremer Nervenklinik. Eine Enkelin[103] erinnert sich: „Großmutter hat von 1940 an bei uns im Haushalt gelebt, 1940, da wurde sie 75. Das ist alles noch gegangen, weil ein eigenes Haus vorhanden war, doch dann war sie ‚durch den Wind‘. Es hieß, sie hätte eine Kopfgrippe gehabt. Ja, aber es wurde immer schlimmer mit Großmutter, und sie wurde nachher bösartig. Es war alles unter Verschluß, selbst Küchenschubladen, weil sie mit Messern auf uns losging; selbst der Gashahn, sie wollte ewig Kaffee kochen, wahrscheinlich bedingt durch ihren damaligen Beruf [sie war 37 Jahre Hausmeisterin, G.E.].“

Da es nicht möglich war, die alte Frau bei Fliegeralarm in den Bunker zu bringen, beantragte eine ihrer Töchter, sie in die Nervenklinik einzuweisen. Die Enkelin erzählt immer wieder von den Vorwürfen, die sich ihre Mutter, die Tochter der Getöteten, gemacht hat: „Und dann hat sie ja später immer gesagt, wenn ich das geahnt hätte. Die Schwester, die hat es nicht einmal, die hat es mindestens zigmal zu mir gesagt: ‚Frau B., wissen Sie nicht irgendeinen Platz, wo Sie Ihre Mutter unterbringen können?‘ Aber es hat keiner gewußt, was passiert, die Schwester hat's wahrscheinlich gewußt, aber mehr konnte sie sicher auch nicht sagen. Da hat Mutter später fürchterlich drunter getragen. Ich hab' nie gefragt, wie hast du das verkraftet? Ja, sie kam nach Meseritz raus, und dann hörten wir eigentlich nicht mehr viel, eigentlich gar nichts. Und im Gesundheitsamt war eine Kollegin der jüngsten Schwester meiner Mutter, deren Mutter war auch mit rausgekommen. Und die fuhr Weihnachten rüber und hatte für unsere Oma auch was mitgenommen, und als sie nach Weihnachten zurückkam, da meldete sie sich gar nicht bei meiner Tante, und als meine Tante sie dann ansprach, da sagte sie: ‚Wieso, wißt ihr es denn nicht? Eure Mutter ist tot.‘ Ich seh noch das Bild, wie Tante W. bei uns zu Hause da reinkommt: ‚Mutter ist tot!‘ Ich werde das nie vergessen. Meine Mutter schrie laut auf.“

Frau M. starb laut Eintrag von Mootz am 15. Dezember 1943, nur fünf Tage nach ihrer Ankunft, an Lungenentzündung.[104] Eine Tochter der Verstorbenen fuhr kurz nach dem Krieg nach Obrawalde und fotografierte die angeblich letzte Ruhestätte ihrer Mutter auf dem Waldfriedhof. Sie wußte nicht, daß sich unter dem Grabstein 298 ein Massengrab befand.

Während sich bei den Transporten nach Hadamar, Uchtspringe und Wehnen überwiegend LangzeitpatientInnen befanden, kamen nach Meseritz auffallend viele Menschen, die erst kurze Zeit in der Anstalt waren. Nach der weitgehenden Beschädigung von Versorgungseinrichtungen der Bremer Anstalt wurden alle, die nicht zur Aufrechterhaltung des Anstaltsbetriebes beitragen konnten, nicht „bunkerfähig“ waren, oder besonderer Bewachung bedurften, verlegt. Doch mit ihnen verließen auch die restlichen LangzeitpatientInnen die Ellener Anstalt. 135 Männer und Frauen lebten länger als fünf Jahre in Ellen, 38 von ihnen länger als 21 Jahre.

Elisabeth W.

Auch die „Gymnasialprofessorsfrau“ Elisabeth W., die man 1910 als 47jährige mit der Diagnose Hysterie und Psychopathie eingewiesen hatte, war eine „Langzeitpatientin“. Mit Rücksicht auf die angesehene Bremer Familie wurde der Zeitpunkt der Einweisung in die Irrenanstalt fünf Jahre hinausgezögert. Solange war sie in der Städtischen Krankenanstalt untergebracht gewesen. Als „Privatpflegling“ wohnte sie nun in der sogenannten „Pensionärsvilla“, wo sie sehr zurückgezogen und selbständig in einem Einzelzimmer lebte.

In ihrem Meldebogen heißt es in der Rubrik Hauptsymptome: „Anmaßend und übertrieben empfindlich, abweisend, wunderliche Angewohnheiten. Schließt sich gegen ihre Umgebung ab. Kontaktfähig.“ Sie arbeite von jeher nur für sich, indem sie ihre eigene Kleidung und Wäsche in Ordnung bringe. Doch auch ihre Sonderstellung als Privatpatientin bot keinen Schutz vor einer Verlegung nach Meseritz/ Obrawalde. In Frau W's Krankenakte befindet sich ein Brief, den sie im März 1944 an einen Bekannten in Bremen schrieb, der aber nie abgeschickt wurde. Mit zitternder Hand schildert die Patientin die Erlebnisse der zurückliegenden Monate. Der Brief ist in seiner Form einmalig. In keiner anderen Krankenakte findet sich eine persönliche Aufzeichnung aus der Zeit in der Tötungsanstalt.

„Obrawalde 8-10 März 1944

Sehr geehrter Herr Major!

… Ich muß zu meiner Entschuldigung [daß sie erst jetzt antwortet, G.E.] etwas länger ausholen, doch da Sie schon so großen Anteil nehmen – die vielen Hunderte aus Ellen kamen hier nach einer schrecklichen Fahrt … im Lazarettzug am 10. Dez. an, aber ein ebenfalls schrecklicher Empfang wartete unserer. In E. [Ellen, G.E.] war man so kopflos gewesen, uns ohne näheren Ausweis zu entlassen, u. so wurde ich einfach den Geisteskranken u. Blödsinnigen, in deren Abteil ich die Fahrt hatte mitmachen müssen, nur, weil dort allein noch ein Platz war, mich wenigstens ausstrecken zu können, zugezählt. Wir merkten schon an der Unfreundlichkeit der Aufnahme, wie groß der Unmut des Pflegepersonals über d. vermehrte Arbeit durch uns war, wie brach aber erst d. Wut los, als ich ermüdet von der schlaflosen Fahrt, nach einem Zimmer verlangte. Ich kann doch in diesem Trubel nicht bleiben, ich war noch nie in einem geschlossenen Hause, bin eine Separatkranke u. nicht geistesgestört. ‚Nein, viel Schlimmeres‘, schrien mir 2 Pflegerinnen entgegen, stürzten sich wie Rasende auf mich, rissen mir buchstäblich d. Kleider vom Leibe, z.T. kaputt u. schubsten mich in eins der vielen Betten im Saale. Was ich in E. erlebte, war kurze Episode u. keines Menschen Schuld dabei, es verblaßte gänzlich vor dem, was ich grenzenlos verwöhntes u. empfindliches Menschenkind in den nächsten 5-6 Wochen erleben sollte. 5 Tage lag ich ohne das geringste meiner Sachen, auf keine Fragen u. Bitten gab es Antwort. D. Speisen auf Blech, auf dem d. Emaille abgesprungen war, einer Kranken wie die über 100 anderen geachtet; bis endlich eine Nachtwache, die wohl merkte, daß mein Fall ein anderer war als der der übrigen Kranken, u. so erschien am fünften Tage unsere freundliche Oberärztin, u. ich kam in ein anderes Haus. Zunächst in ein 4 Bettenzimmer, doch da ich zu aufgeregt war, um ohne Mittel schlafen zu können, mußte ich wieder in den Wachsaal mit 25 Betten. Das Haus war so gestopft voll, daß, als mehrmals des Nachts Obdachlose kamen, diesen z.T. nur 1 Matratze u. Decke auf dem Fußboden gegeben werden konnte, bis anderes frei

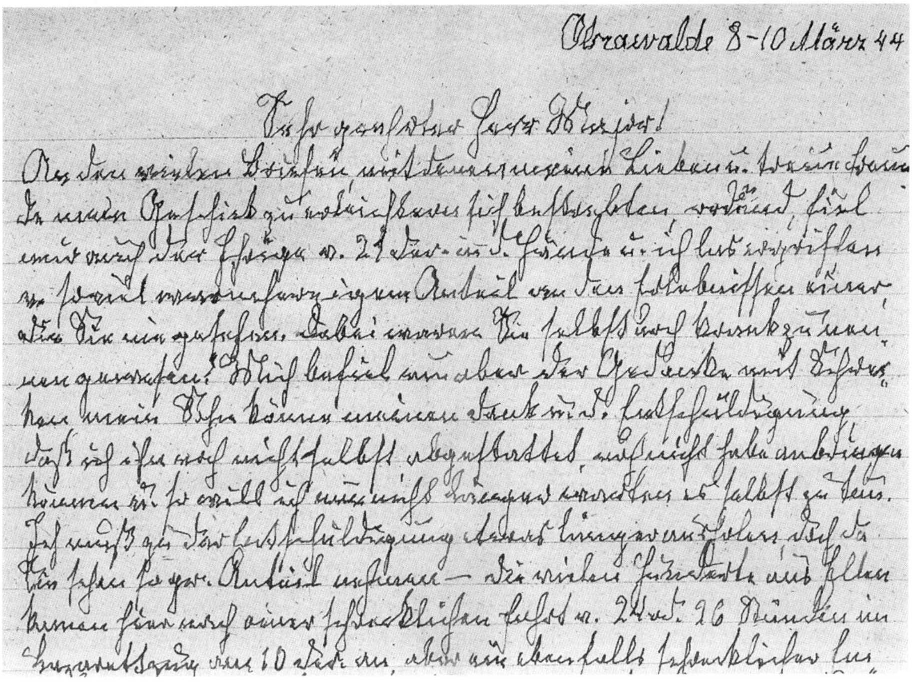
Obrawalde 8-10 März 44

Brief von Elisabeth W. aus der Tötungsanstalt Meseritz/Obrawalde, März 1944

würde. Wenn man sagt, daß jetzt 2 000 Kranke in der Anstalt sind, ist das wohl noch zu niedrig geschätzt u. dabei nur 3 Ärzte! Daß mit Kranken, bei denen der Wahnsinn sich gar zu laut gebärdet, oft grob umgegangen werden muß, ist verständlich, u. auch die Arbeitsüberforderung war schuld, aber mich nun auch so zu behandeln, ging doch zu weit. Wenn ich vor Angst um Hilfe flehte, wurde ich mit Schelten, Faustpüffen u. Drohungen, ich käme in die Zelle, ins Bett zurückgejagt."

Anschließend geht die Bremerin auf ihre verschiedenen, nun verstärkt auftretenden Krankheiten ein (ein entzündeter Fuß, eine Grippe, zunehmende Schwerhörigkeit und Sehschwäche). Doch ihr Sohn, der sich persönlich nach Meseritz begab, schaffte es, bessere Lebensbedingungen für seine Mutter zu erwirken. „Fast zur gleichen Zeit mit seinem Besuch, [kam ich] abermals in ein anderes Haus, erhielt ein Zimmerchen für mich allein u. später auch bessere Kost u. vor allem freundliche Behandlung u. Ruhe." Die 81jährige Elisabeth W., die 33 Jahre ihres Lebens in der Ellener Anstalt verbracht hatte, schloß den Brief mit dem Satz: „Ich wünschte, ich hätte bei dieser Gelegenheit diese furchtbare Welt verlassen können, denn was habe ich noch zu erwarten". Zehn Tage danach starb Elisabeth W. Der letzte Eintrag des „behandelnden" Arztes lautete: „Ext. let. Apoplexie."[105]

„Nach außenhin wird man die Anstalt wohl decken müssen."

In der Hansestadt erfuhr man schon Anfang 1944 von den Krankentötungen in Meseritz. Zum einen von den zuvor erwähnten beiden Pflegern, die Mitte Januar nach Bremen zurückkehrten, zum anderen durch die zahlreichen Todesanzeigen, die in den „Bremer Nachrichten" veröffentlicht wurden. Allein in den Monaten Januar bis März 1944 erschienen 44 Todesanzeigen mit der Angabe des Sterbeortes Meseritz-Obrawalde. In etwa einem Dutzend weiterer Anzeigen wurde nur gesagt, daß der Tod „fern der Heimat" eingetreten sei.[106] Darüber hinaus sandte die Meseritzer Verwaltung die Krankenakten der verstorbenen PatientInnen umgehend an die Bremer Anstalt zurück.

Laut Kaldewey „sickerten ... erst im Laufe des Jahres 44 Gerüchte durch, daß ein Teil der nach Meseritz überführten Kranken nicht auf natürliche Weise verstorben sei", und man vermutete,„daß etliche Kranke dort ‚euthanasiert' worden seien."[107] Alle ZeugInnen, die in den Nachkriegsverhandlungen aussagten, behaupteten, daß der Bremer Anstaltsleiter unmöglich etwas von den Vorgängen in Meseritz gewußt haben könne. Auch die Tatsache, daß den PatientInnen Decken und Matratzen mitgegeben worden seien, wurde als entlastendes Moment angeführt. Als ein zurückkehrender Pfleger dem Anstaltsleiter über die Verhältnisse in Meseritz berichtete, erwiderte derselbe laut Aussage des Pflegers: „Ja, wenn wir das gewußt hätten, wären die Leute nicht dorthin gekommen."

Tatsächlich wandten sich zahlreiche Angehörige an Kaldewey, der sie an den Leiter des Bremer Gesundheitsamtes verwies. Unter dem Druck der Bevölkerung setzte dieser sich im März 1944 mit Linden in Verbindung, der ihm deutliche Handlungsanweisungen übermittelte: „Wie Sie wissen, mein sehr verehrter Herr Kollege, werden Sie in der nächsten Zeit wegen der vorgefallenen Meseritzer Angelegenheit in eine kritische Lage kommen, Sie werden sich selbst zu helfen haben, in diesen schweren Zeiten können wir keine öffentliche Unruhe dulden. Es ist für Sie ebenso unerfreulich wie für mich. Das beste würde für Sie augenblicklich sein, die ganze Angelegenheit zu vergessen und die Bremer Bevölkerung so gut wie möglich zu beruhigen."[108] Weitere Instruktionen, wie die „Frage der Todesfälle in der Anstalt Meseritz/Obrawalde" zu behandeln sei, erreichten die Bremer Gesundheitsbehörde Ende April 1944. Grund dafür war der scharf formulierte Beschwerdebrief eines Stabsarztes, den man erst sieben Wochen nach dem Tod seiner alten Mutter in Obrawalde benachrichtigt hatte. Der „Reichsbeauftragte für die Heil- und Pflegeanstalten" wörtlich: Grabowski ist „darüber unterrichtet, daß hinsichtlich des Bremer Transportes sein Vorgehen zu Schwierigkeiten geführt hat. Weitere Kranke wird man bei der gegenwärtigen Stimmung der Bevölkerung aus Bremen ohnehin nicht nach Meseritz verlegen können, so daß für Sie wohl die Angelegenheit erledigt ist. Nach außen hin wird man die Anstalt wohl decken müssen."[109] In der Nachkriegszeit wurde häufig als Entlastung der bremischen Gesundheitsbehörde vorgebracht, nach Bekanntwerden der Todesfälle in Meseritz seien PatientInnen nach Bremen zurückgeholt worden. Circa die Hälfte aller Verlegten seien wiedergekommen, erinnerte sich eine Zeitzeugin.[110] Tatsächlich kehrten am 4. Juni 1944 fünf Männer aus Meseritz in die Hansestadt zurück. Alle fünf hatten das Privileg „Selbstzahler", also Privatpatienten zu sein. Für die Rückverlegung mußten die Angehörigen übrigens die

An den

ärztlichen Direktor der Landesanstalt
Obrawalde

Dr.Gi.

bei Meseritz

Sehr geehrter Herr Berufskamerad!

Im Falle des Ablebens der Frau Marianne R

geb 1902, bitte ich um eine Gehirnsektion.

Es handelt sich bei Frau R. um eine Demenz auf Grund einer ungeklärten Hirnkrankheit. Schwere Belastung mit Chorea Huntington (Vater und Vaters Bruder). Krankengeschichte folgt.

Mit kameradschaftlichem Gruß und

Heil Hitler!

Dr. Gi.

Marianne R. hatte man bereits am 28. Dezember 1943 in Meseritz/Obrawalde getötet – Brief vom 7. Januar 1944

für damalige Verhältnisse hohe Summe von 40 Reichsmark zur Verfügung stellen. Unter den Meseritz-Rückkehrern befand sich der 1891 geborene Otto S. Bis zu seiner Einweisung im Sommer 1931 hatte er als Rechtsanwalt praktiziert. Ein ehemaliger Kollege und späterer Vormund setzte sich engagiert für die Rechte seines Mündels ein, wie aus Dutzenden von Briefen hervorgeht. Am Tag seiner Ankunft in der Bremer Nervenklinik notierte der Oberarzt: „Wird heute durch einen Pfleger aus der Anstalt Obrawalde zurückgebracht: Klar, geordnet, orientiert. Ist sichtlich erfreut, daß er wieder hier ist, erklärt, daß ihn die lange Trennung von seiner Schwester stark bedrückt habe. Sonst sei es ihm in Obrawalde gut gegangen, er habe dort leichte Gartenarbeiten verrichtet.“[111] Zwei Tage später wird neben dem Hinweis auf sein geordnetes Benehmen vermerkt, daß er „etwas überschwenglich seinen Dank dafür aus[drückt], daß man ihn aus Obrawalde zurückgeholt habe“.

Es erstaunt, daß es Otto S. in Obrawalde „gut gegangen ist“, wo doch der größte Teil seiner ehemaligen MitpatientInnen getötet worden war. Erst aus einem Brief, den sein Vormund sechzehn Jahre später im Juni 1960 an einen Arzt der Bremer Nervenklinik richtete, erfahren wir etwas über die wahren Gefühle von Otto S. Offenbar hatte sich der Patient in einem Brief an seinen Vormund gewandt, in dem er seine große Angst vor den Elektroschockbehandlungen ausdrückte, denen er seit 1945 regelmäßig ausgesetzt war. „Der Brief“, so sein Vormund, „zeigt eine ähnliche Angst, wie sie – damals allerdings berechtigterweise – mir von Herrn S. zum Ausdruck gebracht wurde aus Meseritz-Obrawalde. Damals war S. den Umständen nach gesund, und er ist mir sehr dankbar dafür geblieben, daß ich mich dafür eingesetzt hatte, daß er zurückkam. Jetzt liegen die Verhältnisse total anders. Aber er lebt, wie ich meine, in Todesangst. Er fürchtet, den Elektroschock nicht überstehen zu können.“

Martin N. – Ein Bericht aus dem Todeslager

Einer von wenigen Patienten, der die Zeit in Obrawalde überlebte und dem es gelang, nach Bremen zurückzukehren, war Martin N.[112] In zahlreichen Briefen wandte er sich in der Nachkriegszeit an die Bremer Staatsanwaltschaft, um auf die Verbrechen in Obrawalde aufmerksam zu machen. Seine Berichte geben ein sehr detailliertes und sachkundiges Bild des Geschehens in Meseritz. Seine Informationen über die Situation in Obrawalde nach Eintreffen der russischen Kommission scheinen der Forschung bislang nicht bekannt zu sein. Sie erklären auch, warum viele der Überlebenden niemals zurückkehrten: „Im Dezember 1943 sind von Ellen aus etwa 350 Menschen – Frauen und Männer – mit einem Transportzuge in die Landesanstalt Obrawalde bei Meseritz … gebracht worden. Diese Patienten aus Ellen hofften dort ein Asyl zu finden und liebevolle Pflege als evakuierte deutsche Menschen, nachdem hier in Weser-Ems die Flieger ihnen mit der Unruhe und Angst jahrelang die Besserung und den Frieden gestört hatten. Doch es war diese Anstalt Obrawalde eine böse Enttäuschung, der Ton der Pfleger und Ärzte ganz ungebührlich grob und verachtend, antreiberisch, wie wenn man Vieh antreibt, knüppelt. In den Häusern der Anstalt wurde grob geschlagen und bei den Arbeitskolonnen von einigen Pflegern besonders umfangreich mit Knüppeln wahllos auf beliebige Körperteile geschlagen bei ungenügender Leistung oder wenn mal ein Stück Gerät brach, bei Widerworten und bei manchen anderen Gründen … Das Essen der Anstalt war besonders für die Nichtarbeiter der Patienten völlig unzureichend in der Menge, so daß diese beständig an Gewicht verlieren mußten. Der Direktor der Anstalt namens Grabowski war … Verwaltungsdirektor und nicht Arzt. Er erklärte bei einem Durchgang durch Haus 21 im Anfang uns Bremern dieses Hauses: Fangt hier sofort an zu arbeiten. Wer nicht arbeitet, den füttern wir nicht lange. Der Chefarzt der Anstalt war ein Medizinalrat Dr. Matz oder Dr. Marz [Mootz, G.E.]. Zwei Ärzte und eine Ärztin waren im ganzen nur da für etwa 1500-2000 Patienten. Der Chefarzt kam mal durch Haus 21 und sah an einem Tische am Sonntagmorgen 3 Mann Skat spielen und eine Bleifeder und ein Stück Papier liegen und erklärte drohend: Wenn ich das bei Ihnen noch mal finde, dann wissen Sie ja, wohin Sie kommen. Hierin hatte er die Wahrheit gesagt. Wir wußten alle, wohin dann der Weg ginge, nämlich auf den Friedhof in das Grab. Etwa 7-8 000 Menschen aus den verschiedensten bombenbedrohten Städten des Reiches sind dort im Jahre 1944 in Obrawalde mit Transportzügen angekommen … und getötet worden, den umlaufenden Erzählungen nach mit einer Spritze, die Luft oder Medizin in die Ader drückte … Wer in Obrawalde von den Pflegern oder Ärzten als unbrauchbar zur Arbeit, als nicht mehr besserungsfähig oder besserungswillig, als Siecher, als in der Erbmasse unerwünscht in der Volksgemeinschaft bezeichnet oder beschuldigt wurde, wer Fluchtversuche unternahm, der wurde getötet, und wer von diesen Patienten noch halbwegs auf den Füßen stehen konnte, wurde, bevor er in die Zelle oder in das Haus 18 kam, erst ins Badezimmer geführt vom Pfleger und mußte sich selbst die Füße waschen, auf den Nagel des rechten großen Zehes kam beim Begräbnis dann eine Nummer … Man erzählte, es läge ein Geheimgesetz vom Innenministerium vor, jedenfalls wußte m. Ansicht nach jeder Pfleger und jede Pflegerin und jeder Angestellte der Anstalt, daß in der Anstalt diese Menschen nach nationalsozialistischen Prinzipien der Vernichtung erbbiologisch unerwünschter Menschen getötet würden, bei Überfüllung der

Anstalt und bei Ankunft der in jedem Monat auf dem Anschlußgleis anrollenden Transporte nahmen diese Tötungen besonders zu, stets waren die auf Gängen der Häuser untergebrachten Neuangekommenen in wenigen Tagen oder 1-2 Wochen wieder verschwunden, und der Transportwagen zum Massengrab, ein einfacher platter Handwagen, rollte tags alle paar Stunden mit einer Ladung nackter Toter, die nur ungenügend bedeckt waren, mit einem Tuch und zu 8-10 drauf waren, zum Friedhof. Durchschnittlich 25 Tote kann man täglich rechnen, was sich aus Feststellungen ergeben wird … In der Anstalt sind russische Gefangene, die sich geweigert hatten, in der Arbeitskolonne der Anstalt beim Schanzen [Schützengräben ausheben] zu arbeiten, so auch getötet worden, deutsche Soldaten, die über Urlaub geblieben waren, also fahnenflüchtig waren, polnische Offiziere und deutsche politische Querulanten neben den vermindert Zurechnungsfähigen des Par. 42 b, neben den Morphinisten, Homosexuellen, neben den Geisteskranken des Par. 51.2, neben den alten Leuten, die ihr Leben lang als brave und berufstüchtige Menschen pflichtgetreu gearbeitet hatten und nun im Alter von 60 bis 70 Jahren geistesschwach geworden waren, alle diese wurden … getötet. Von den 350 Bremern, die im Dezember 1943 nach Obrawalde transportiert wurden, wurden in den ersten Wochen sofort etwa 80 getötet, selbst das Personal der Verwaltung der Anstalt Ellen hat sich gewundert über die aus Obrawalde zur Anstaltsakte so gemeldeten zahlreichen Todesfälle in so kurzer Zeit, ein Freund schrieb mir nach Obrawalde im Brief: Was ist da denn los eigentlich? Hier stehen jetzt andauernd Todesanzeigen in der Zeitung: In Obrawalde plötzlich verstorben. Niemand von der Anstalt Ellen aber hat dem Sterben in Obrawalde nachgeforscht, niemand vom Gesundheitsamt ist in Obrawalde erschienen. Wie cholera-verseuchte Mäuse sind die Geisteskranken sterilisiert und getötet worden, weil dem nationalsozialistischen Übermenschen Gefahr drohte, angeblich oder weil der Nationalsozialist nicht arbeiten solle für Geisteskranke.[113]

Von den 350 Bremern sind meiner Schätzung nach etwa 20-25 am Leben geblieben, die anderen sind alle getötet worden, 5-6 sind von diesen 20-25 bereits auf Betreiben der Angehörigen zurückgeholt worden als selbstzahlende Patienten, einige weitere sind am 30. Januar 1945, als die Russen kamen, geflüchtet und so nach Bremen gelangt in die Anstalt Ellen zurück, der Rest, etwa 12-15 Männer und Frauen der Bremer, sind am 30. Januar 1945 in die Hände der Russen gekommen, sind von russ. Kommission (Arzt und Offiziere) untersucht und je nach den Umständen des Einzelfalles entlassen worden aus der Anstalt oder als Patient in der Anstalt belassen worden. Ich wurde protokollarisch über die Vorgänge und Methoden der Anstalt vernommen und dann entlassen, habe erst 14 Tage im Maschinenhaus Obrawalde als freier Arbeiter gearbeitet für die Anstalt und das russ. Lazarett in der Anstalt. Dann kam der Befehl aus Moskau, alle deutschen Männer östlich der Oder abzutransportieren von 14 bis 65 Jahren und zu mobilisieren zur Arbeit in der Sowjet-Union. In Kolonnen von 250 bis 500 Mann zogen so im Februar-März-April auf allen Straßen der Neumark, Pommerns, Preußens (Ost und West), des Warthegaues die Deutschen, bewacht von russ. Militär, nach Posen ins Lager. Dort wurde eine ärztliche Untersuchung vorgenommen, und die verwendungsfähigen Männer wurden dann mit der Eisenbahn in die Sowjet-Union abtransportiert, so sind auch einige mir befreundete frühere Patienten aus Obrawalde nach Rußland gekommen, ich wurde mit aussortiert und blieb in Posen, mit etwa 150 Mann wurden wir aus dem Lager entlassen, jedoch von der polnischen Polizeimiliz festgesetzt und dann in Arbeit gebracht durch ein speziell für Deutsche eingesetztes Arbeitsamt der Miliz. Unter Miliz-Aufsicht mußten die Deutschen dann bei einzelnen Bauern oder Unternehmern oder in Kolonnen auf Gütern und in Wäldern arbeiten. Kriegsgefangene Soldaten wurden jedoch nicht zwischen diese Zivil-Internierten gebracht. ... Der Unternehmer, der polnische Bauer oder die polnische Gutsverwaltung mußte für jeden der deutschen Wiederaufbauarbeiter zunächst mal 300 Zloty an die Staatskasse zahlen, der Rest der Entlohnung, die natürlich auch den deutschen der Zivilinternierten gezahlt werden mußte, wurde jedoch, soweit Verpflegung gegeben wurde, gar nicht an den Deutschen ausgezahlt, soweit keine Verpflegung gegeben wurde und der Deutsche sich in Fabrikkantinen oder Fabriklagern selbst verpflegen mußte, zu 75% m. Wissens ausgezahlt, im übrigen hat jeder Pole, der einen Deutschen sich von der Polizei-Miliz holte, an die Staatskasse monatlich einen bestimmten Prozentsatz der Entlohnung abzuführen, einerlei, ob der Deutsche nun als Mädchen in einer Gastwirtschaft oder als Arbeiter auf einem Gut oder bei einem Unternehmer arbeitete. Ich habe so auch erst bei einem Bauern und dann auf dem Gute Sevalzine bei Posen gearbeitet und von September ab bei einer Reparaturabteilung einer auf dem Gute einquartierten russ. Militär-Abteilung einer Benzin-Transport-Formation. Diese wurde Mitte November nach Berlin verlegt und hat mich über die Oder auch nach Berlin mitgenommen. Dort habe ich mir von der deutschen Behörde einen Flüchtlingsschein geben lassen und gelangte als einzelner Mitte Dezember über die Zonengrenze nach Bremen."[114]

Alter beim Abtransport

	-	16	=	0
17	-	25	=	12
26	-	35	=	24
36	-	45	=	55
46	-	55	=	42
56	-	65	=	45
darüber hinaus			=	129

Aufenthalt in Ellen bis zum Abtransport

1	-	3	Monate =	27
4	-	6	Monate =	20
7	-	11	Monate =	18
1	-	2	Jahre =	65
3	-	4	Jahre =	38
5	-	6	Jahre =	19
7	-	10	Jahre =	35
11	-	15	Jahre =	27
16	-	20	Jahre =	16
darüber hinaus			=	38
ungekannt			=	4

Überlebenszeit in Meseritz

	-	1	Monat =	141
1	-	5	Monate =	100
6	-	7	Monate =	16
8	-	12	Monate =	7
darüber hinaus			=	2

Diagnosen

118	Schizophrenie
9	Epilepsie
26	Angeborener Schwachsinn/Idiotie
39	Hirnarteriosklerose
37	Altersschwachsinn
16	Altersschwäche
11	man. depressives Irresein
6	Psychopathie
12	Progressive Paralyse
33	diverse Diagnosen

Todesursachen

78	Altersschwäche
36	Herzschlag, -schwäche
51	Entkräftung/Erschöpfung
11	Schlaganfall
13	Darmgrippe/Durchfall
24	Lungenentzündung/Grippe
11	entzündliche Erkrankung
13	sonstige
29	ohne Angabe

Statistische Auswertung der Krankenakten von den nach Meseritz/Obrawalde verlegten PatientInnen

Meta S., geboren 1886, gestorben Januar 1944 in Meseritz/Obrawalde

„Tobezelle" in einem der Ellener Krankenpavillons, 1942

Krankentötungen in der Bremer Nervenklinik

Psychisch kranke Menschen hatten nur geringe Chancen, den Zweiten Weltkrieg in einer Anstalt zu überleben. Ihre Verlegung in auswärtige Institutionen bedeutete fast immer ein elendes Dahinvegetieren. Zu wenig Essen und unzureichende Pflege führten in den meisten Fällen zum Tod. Doch auch die Existenz der Zurückgebliebenen war in hohem Maße gefährdet, wie das Beispiel der Bremer Nervenklinik offenbart. Bei der Auswertung von Aufnahme- und Entlassungsbüchern der Ellener Institution für die Jahre 1936 bis 1943 fällt das dramatische Anwachsen der Todesrate im Jahr 1940 auf. In den Jahren 1936 bis 1938 lag die Sterblichkeit aller Kranken zwischen 7,7 und 7,9%, stieg 1939 um ein Prozent an und lag Ende 1940 bei 15%. Diese Entwicklung ist auch im Vergleich mit anderen Anstalten außergewöhnlich, wie die Tabelle zeigt.

Name	1936	1937	1938	1939	1940	1941	1942	1943	1944	1945
ZW	–	–	–	–	–	7,3	17,0	16,9	23,4	46,5
EM	3,0	4,0	4,0	5,3	5,5	7,6	11,0	11,0	13,0	8,0
WE	7,6	6,6	5,5	7,5	10,0	15,5	16,0	15,0	24,2	26,4
WI	7,7	7,0	6,3	9,0	12,9	15,3	19,7	14,8	17,6	44,0
UE	81	5,3	–	–	7,5	10,5	20,1	24,4	26,2	55,0
HL	–	–	–	5,7	5,8	7,6	12,5	10,4	17,7	20,5
LÜ	6,8	6,9	6,3	8,1	8,3	10,7	18,9	19,5	21,2	26,7
WE	10,7	9,1	9,3	10,0	15,1	14,8	24,0	23,5	23,7	30,6
HB	**7,7**	**7,9**	**7,7**	**8,8**	**15,0**	**13,6**	**16,0**	**17,4**	**6,3**	**13,5**

Sterblichkeitsrate in den psychiatrischen Anstalten Zwiefalten (ZW), Emmendingen (EM), Weinsberg (WE), Wittenau (WI), Ueckermünde (UE), Hamburg-Langenhorn (HL), Lüneburg (LÜ), Wehnen (WE) und Bremen (HB) 1936 bis 1945.[1]

Die Interpretation der Sterbezahlen darf die Situation in der jeweiligen Einrichtung nicht außer acht lassen. Von großer Relevanz ist z.B. die Frage, ob und – wenn ja – in welcher Größenordnung PatientInnen verlegt worden sind. Da insbesondere stark hospitalisierte Menschen von den Deportationen betroffen waren, wirkten sich größere Abschiebungen „positiv“ auf die Sterblichkeitsbilanz der jeweiligen Anstalt aus. So ist z.B. der auffällige Rückgang der Mortalitätsrate in der Bremer Nervenklinik während des Jahres 1944 allein auf die fast vollständige Räumung der Anstalt nach der teilweisen Zerstörung der Gebäude im November 1943 zurückzuführen. Im Januar 1944 lebten lediglich 40 Frauen und 91 Männer in den noch funktionstüchtigen Gebäuden. Nur die stärksten und arbeitsfähigen PatientInnen hatte man zurückbehalten; sie hielten den Anstaltsbetrieb aufrecht und waren für Instandsetzungsarbeiten zuständig. Zu berücksichtigen ist ebenfalls, ob und wieviele PatientInnen in die jeweilige Institution verlegt worden sind. Im Verlauf des Zweiten Weltkriegs kam es immer wieder zu Auflösungen sozialer Einrichtungen[2], die man zu Ausweichkrankenhäusern und Lazaretten machte. Die so verdrängten alten und behinderten Menschen fanden zum großen Teil Aufnahme in den Heil- und Pflegeanstalten. Darüber hinaus gelangten immer mehr alte Menschen in die psychiatrischen Anstalten. Die folgende Tabelle zeigt die Entwicklung der Mortalität in den am häufigsten gestellten Diagnosegruppen.[3]

Jahr	Alters-erkrankungen		Schizophrenie		„Schwachsinn"		genuine Epilepsie	
	A	†	A	†	A	†	A	†
1936	85	56	219	21	66	5	37	4
1937	94	59	205	20	58	2	45	4
1938	113	62	220	25	87	2	35	2
1939	**137**	**85**	**164**	**19**	**138**	**3**	**47**	**6**
1940	**147**	**117**	**164**	**52**	**83**	**19**	**39**	**18**
1941	177	113	133	45	76	9	60	3
1942	288	173	201	39	80	17	54	4
1943	242	189	184	29	65	12	49	8

Entwicklung der Aufnahme- (A) und Todeszahlen (†) in den am häufigsten gestellten Diagnosegruppen.

Es wird deutlich, daß bei den PatientInnen mit psychischen Alterserkrankungen und bei denen mit den Diagnosen Epilepsie, Schizophrenie und „Schwachsinn" die Sterblichkeit von 1939 nach 1940 überdurchschnittlich anstieg: bei Menschen mit Alterserkrankungen um 38%, bei den als schizophren Diagnostizierten um 168%, bei den Epileptikern um 200% und schließlich bei den PatientInnen mit der Diagnose „Idiotie" und „angeborener Schwachsinn" um 500%. Wie die Tabelle verdeutlicht, ist die erhöhte Mortalität bei PatientInnen mit psychischen Alterserkrankungen vor allem auf die gestiegenen Aufnahmezahlen alter Menschen zurückzuführen.

Auch bei den Kranken mit der Diagnose „Schwachsinn", kam es im August 1939 zu einer außergewöhnlich hohen Einweisungsrate. Allein in diesem Monat nahm man insgesamt 59 Personen mit den ärztlichen Befunden „Idiotie" und „angeborener Schwachsinn" auf. Zunächst könnte davon ausgegangen werden, daß allein die Einquartierung der geistig und körperlich behinderten Kinder aus dem „Haus Reddersen" für die Erhöhung der Todeszahlen verantwortlich wäre. Tatsächlich kamen sechs der Verstorbenen aus dieser Einrichtung. Doch auch wenn man sie unberücksichtigt läßt, ist eine im Vergleich mit den Vorjahren ungewöhnlich hohe Zahl von elf Verstorbenen evident. Die Auswertung ihrer Krankengeschichten ergab, daß bei acht PatientInnen ein rapider Rückgang des Körpergewichts ab September 1939 – also seit Kriegsbeginn – festzustellen ist. Ebenso stieg die Zahl der Todesfälle bei den Kranken mit der Diagnose Schizophrenie extrem an: von 19 im Jahr 1939 auf 52 im Jahr 1940. Dabei muß man berücksichtigen, daß zeitgleich Verlegungen von 77 schizophren diagnostizierten PatientInnen in die Anstalten Lüneburg und Wehnen stattfanden. Die Gesamtzahl dieser PatientInnengruppe war demnach gesunken, ebenso war ihre Aufnahmezahl ab 1939 rückläufig.

Von den 52 im Jahr 1940 Verstorbenen, hatten 21 das fünfundvierzigste Lebensjahr noch nicht überschritten. Die qualitative und quantitative Auswertung ihrer Krankenblattunterlagen offenbart, daß die Frauen und Männer – von zwei Ausnahmen abgesehen – trotz ihres relativ jungen Alters nicht gearbeitet haben. Bis auf eine Abweichung wurden die schizophrenen PatientInnen als störend und schwierig bzw. gewalttätig oder aggressiv eingestuft. Die Aufwendigkeit ihrer Pflege galt bis auf eine Ausnahme als hoch. Somit gehörten fast alle zu der Gruppe der AnstaltsbewohnerInnen, die aufgrund ihres Verhaltens und ihrer Pflegebedürftigkeit in Verbindung mit nicht erbrachter Arbeitsleistung als außerordentliche Belastung der nationalsozialistischen „Volksgemeinschaft" angesehen wurden.

Die Auswertung von zwanzig vorhandenen Gewichtstabellen belegt unzweifelhaft, daß man die Betroffenen seit Beginn des Krieges auf „reduzierte Kriegskost" gesetzt hat. Ob die Kranken darüber hinaus überdosierte Medikamente bekamen, wie ein Pfleger nach dem Krieg aussagte, ist anhand der Krankenblattunterlagen nicht nachzuweisen.[5]

Die 1896 geborene Marie H. hatte man bereits im Mai 1929 in der Bremer Nervenklinik aufgenommen. Ihre Diagnose lautete: Schizophrenie. Im Dezember 1939 notierte der behandelnde Oberarzt: „Keine wesentliche Änderung. Unsauber, näßt. Redet u. schimpft oft vor sich hin in völlig zerfahrener Weise und in gröhlendem Ton. Zeigt kein Interesse an ihrer Umgebung." Die letzten Einträge lauten: 15. Juli 1940 – „Pat. hat in letzter Zeit wiederum Kleidungsstücke und Bettwäsche zerrissen. Auf Vorhaltungen reagiert sie nur mit einem verständnislosen blöden Lächeln. Mit großer Gier verschlingt sie die ihr gereichten Portionen; obwohl sie sonst überhaupt nicht spricht, ruft sie wiederholt zur Essenszeit mit energischem, befehlerischem Ton nach Essen.

15. August – Pat. zerreißt immer noch sehr viel, obwohl sie insgesamt doch im Laufe der letzten Monate hinfälliger geworden ist. Sie vermag nicht ohne Unterstützung zu gehen. Um Pat. etwas zu beruhigen und dadurch den enormen Wäscheverschleiß in jetziger Zeit einzudämmen, bekommt Pat. Luminal (0,2)."[6]

Die Gewichtskurve zeigt, daß Marie H. ab November 1939 ständig abgenommen hat. Im Juni 1940 wog sie noch 37 kg, ihr Normalgewicht lag bei 53 kg. Ihre „große Gier" wird also mehr als verständlich! Die 44jährige Frau starb am 23. August 1940 an körperlichem Verfall und Kreislaufinsuffizienz, wie es in der Akte heißt.

Ein Zeitzeuge erinnerte sich daran, daß die Behandlung der Kranken eingeschränkt worden sei, „weil sich das nicht mehr lohnte, wie man sagte. Es wurde gesagt, es ist zu teuer, um das Leben dieser kranken Menschen zu erhalten. Es ist besser, wenn die von der Welt kommen. In der Hitlerzeit wurde gefragt: Ist das Leben lebenswert? Und dadurch stiegen natürlich die Todesfälle. Ganz logischer Fall, wenn ich nicht mehr behandelt werde. Da wurde dann gesagt, das lohnt sich ja gar nicht mehr bei dem Mann da. Die sagten dann, da ist wieder einer weniger. Nicht, daß sie das bedauerten. Der Hitlerische Einfluß, der wurde in die Krankenhäuser reingetragen. Wir haben das wohl gemerkt, aber man konnte ja nicht mit jedem darüber reden. Nein, da hätte man mich ja eingesperrt. Da mußte man sehr vorsichtig sein, das wußten die Pfleger auch ganz genau."[7]

Auch im Fall des 21jährigen Gerhard F. waren die Ärzte der Bremer Nervenklinik offensichtlich zu dem Ergebnis gekommen, daß sich eine Behandlung des jungen Mannes nicht mehr lohne. Bereits als Jugendlicher war Gerhard F. 1935 mit der Diagnose „Idiotie" in die Anstalt eingewiesen worden. Im Juni 1939 wog er 95 kg. Im selben Monat setzte ein rapider Gewichtsverlust ein: zwischen Juni 1939 und Mai 1940 nahm er 36 kg ab. Ein Hinweis auf die Ursache dieser dramatischen Gewichtsreduktion ist in der Akte nicht zu finden. Anfang Mai erkrankte Gerhard F. laut Krankenblatteintrag an Lungenentzündung. Am 14. Mai notierte der behandelnde Arzt: „Zustand weiterhin verschlechtert. Von einer Therapie wird Abstand genommen. Exitus unter dem Zeichen der Herz- und Kreislaufschwäche."[8]

Auch über den Kranken in der Bremer Nervenklinik lag ein tödlicher Schatten. Eindringlich treten die fließenden, kaum merklichen Übergänge zwischen dem normalen Anstaltsbetrieb, kriegsbedingten Einschränkungen der Versorgung und bewußtem Töten hervor. Zunächst liegt es nahe, die eklatante Erhöhung der Todeszahlen im Jahre 1940 auf die allgemeine Krisensituation der Kriegszeit zurückzuführen. Doch zu diesem frühen Zeitpunkt des Kriegsgeschehens läßt sich das Sterben der PatientInnen allein durch Hunger, Unterversorgung und Entkräftung nicht erklären. Die bewußte Hierarchisierung der Kranken kalkulierte Opfer ein; während arbeits- und therapiefähige PatientInnen ausreichend Lebensmittel bekamen, setzte man die „Unheilbaren", der tatsächlichen Entwicklung vorauseilend, auf „reduzierte Kriegskost". Doch eine zweifelsfreie Antwort auf die Frage, ob tatsächlich bewußt getötet wurde, ist anhand des überlieferten Quellenmaterials nicht möglich. Mit Raimond Reiter, der die Anstalten Königslutter und Wehnen untersuchte, ist für die Bremer Nervenklinik festzustellen: Obwohl das historische Material in großer Fülle vorhanden ist, „werden [wir] trotzdem in bestimmten Fällen ... nur Näherungswerte rekonstruieren können, die zwar die Euthanasie-Morde erdrückend klar nahelegen, aber dennoch nicht ‚beweisbar' machen."[9]

Eine Ausnahme in der Bewertung bildet der systematische Entzug des Medikamets Luminal bei EpileptikerInnen. Mit Hilfe der Quellen läßt sich eindeutig belegen, daß der Tod dieser Menschen bewußt in Kauf genommen wurde. Es ist Sozialdarwinismus in schlimmster Ausprägung, der hier offen zu Tage tritt. Während man hoffte, die Überlebenden zum Nutzen der „Volksgemeinschaft" einsetzen zu können, entledigte man sich zugleich derjenigen, die nicht in der Lage waren, in der „Anstalt nutzbringender Arbeit ... nachzugehen".[10] Ihnen sprach man das Recht auf Leben ab.

Luminalentzug

Im Oktober 1911 stellten die Repräsentanten der „Elberfelder Farbenfabriken vormals Friedrich Bayer & Co.“ in zahlreichen Heil- und Pflegeanstalten ein neues Präparat vor. Mit dem Schlafmittel Luminal hatten die Chemiker, so die ersten Versuchsergebnisse, endlich ein wirksames Medikament mit wenig schädlichen Nach- und Nebenwirkungen gefunden.[12] Mitte 1912 erschienen in der zeitgenössischen Fachpresse die ersten Artikel, die über die „Beeinflußbarkeit epileptischer Anfälle durch Luminal“[13] berichteten. Schon bald avancierte Luminal zum führenden Medikament bei der Behandlung von Epilepsien.

Noch 1964 wird es als das „tägliche Brot“ der Epileptiker bezeichnet. Allerdings wird hier darauf hingewiesen, daß Luminal bei Dauergebrauch besonders regelmäßig eingenommen werden muß, „da schon das Weglassen von 2-3 Gaben zum Wiederauftreten von Anfällen führen und bei plötzlicher tagelanger Nichteinnahme ein Status epilepticus auftreten kann.“[14]

Luminal war auch in der Bremer Nervenklinik *das* Mittel zur Unterdrückung epileptischer Anfälle.[15] Sowohl aus den Ermittlungs- als auch aus den Entnazifizierungsunterlagen, in denen die Verfahren gegen den Leiter der Nervenklinik dokumentiert sind, geht hervor, daß in der Bremer Anstalt Luminal Anfang 1940 plötzlich abgesetzt wurde. Ein Oberpfleger sagte 1946 aus: „Eine Methode, … Menschen umzubringen, war in der Amtszeit K's der Luminalentzug. Epileptiker müssen dauernd Luminal einnehmen, weil dadurch die Anfälle unterdrückt werden. Bekommen sie dieses Medikament nicht mehr, so werden die Anfälle immer häufiger und heftiger und führen schließlich zum Tode. Nach ganz vorsichtiger Schätzung sind meines Wissens unter K. mindestens 10 Menschen durch Luminalentzug getötet worden“.[16] „Zu dem Luminalentzug,“ so ein weiterer Pfleger, „weiß ich mit Bestimmtheit zu sagen, daß im Jahre 1940 oder 1941 von meinem damaligen Stationsarzt … angeordnet wurde, an Epileptiker kein Luminal mehr zu verabreichen.“

Noch vierzig Jahre später erinnert sich ein ehemaliger Angestellter an die Vorgänge in der Bremer Nervenklinik: „Die Epilepsie hatten, die kriegten die Luminaltabletten, um die Anfälle zu vermindern oder zu verringern, manche kriegten dann gar keine mehr. Und dann wurden die Tabletten plötzlich verboten, und die Anfälle kamen dann häufiger, das wurde bewußt gemacht. Ich bin da ja erst später hintergekommen, weil ich dann gefragt habe. Ich sagte, Mensch, schon wieder ein paar Tote. Das Herz machte das dann nicht mehr mit … Und dann hieß das plötzlich Herzversagen, und dadurch waren die Sterbefälle dann sehr hoch. Früher, so ab 1933, hatten wir nur so zwei Sterbefälle, und dann waren es plötzlich zehn. Ich habe das gemerkt, weil ich die Sterbefälle ja dem Standesamt melden mußte. Und ich benachrichtigte auch den Pastor und die Angehörigen.“[17]

Im Oktober 1949 nahm Kaldewey zu den Vorwürfen des Luminalentzugs Stellung, indem er seine Berufserfahrung als Anstaltsleiter anführte: „Ich habe drei große Anstalten geleitet und habe Erfahrungen gesammelt, und ich kann Ihnen hier sagen, daß ich mit Hilfe der Arbeitstherapie mit Epileptikern ganze Straßen gebaut habe. Ich habe sehr vielen Kranken ihre Arbeitsfähigkeit wiedergegeben, die vorher nur Luminal bekommen hatten.“[18]

Während Kaldewey in seinen Aussagen den Luminalentzug indirekt bestätigte und verteidigte, reagierten seine Oberärzte ganz anders. Oberarzt Kraus, der für die

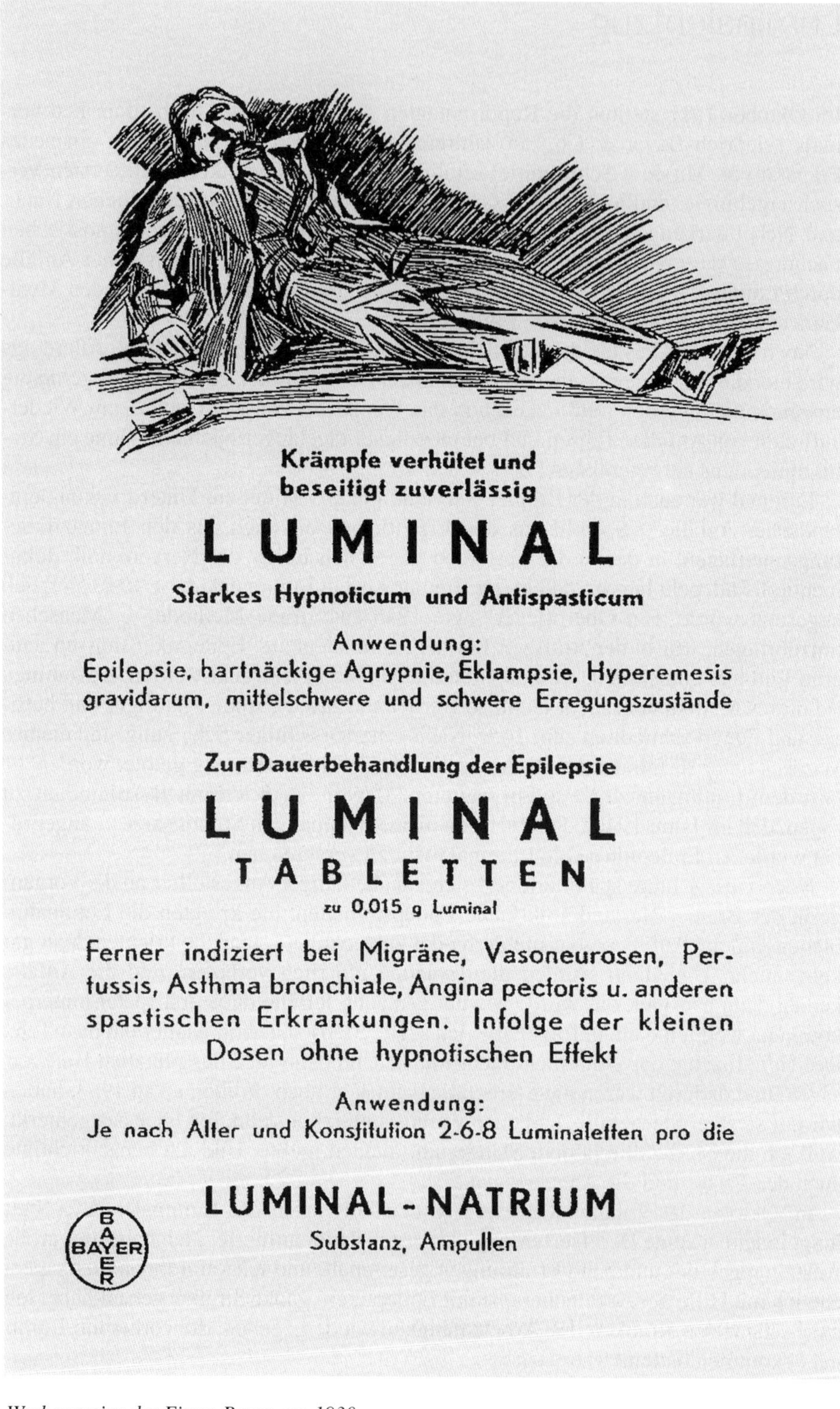

Werbeanzeige der Firma Bayer, um 1930

Männerstationen zuständig war, leugnete einen Entzug völlig ab: „Luminal bekamen alle Epileptiker, dadurch wurden die Unfälle sistiert. Sie bekamen das Luminal Jahre hindurch … Ich hatte dieses Medikament ausreichend und hatte nie Schwierigkeiten. Ich habe auch nie von Einsparungen gehört … Ich habe … Luminal immer gegeben, auch während des Krieges.“[19] Gildemeister sagte aus, davon gehört zu haben, daß Luminal eingespart worden sei, besonders auf der Männerstation. Er wisse darüber aber nichts Genaues, da er für die Frauenabteilung zuständig gewesen sei.[20]

Vergleicht man die Aussagen des Klinikpersonals mit der Aufschlüsselung der Sterbehäufigkeit bei Epileptikern in den Jahren 1935 bis 1943, zeigt das Jahr 1940 eine deutliche Spitze (vgl. die Tabelle auf S. 152). Allein im März 1940 fanden sieben Frauen den Tod. Zum Vergleich: in den Jahren 1935 bis 1939 starben acht Epileptikerinnen in der Bremer Nervenklinik. Eine Auswertung der Krankenakten ergab, daß das Medikament Luminal im Februar 1940 abgesetzt wurde. Der Tod von mindestens vierzehn PatientInnen ist auf den Entzug des anfallhemmenden Mittels zurückzuführen. Bei fast allen Betroffenen ist darüber hinaus ein krasser Gewichtsrückgang ab August/September 1939 nachzuweisen. Nachdem man den Männern und Frauen die Lebensmittel auf ein Minimum reduziert hatte, tötete man sie, indem man ihnen das lebensnotwendige Medikament entzog, wie folgende Beispiele exemplarisch belegen:

Der 1899 geborene Hans N. wurde erstmals 1937 in die Bremer Nervenklinik eingewiesen. „Anfälle wurden bei N. in Ellen nicht beobachtet,“ bestätigte der behandelnde Arzt, „da er regelmäßig Luminal nimmt.“[21] Nach der Entlassung sei ein „energischer Vormund“ wichtig, da Herr N. regelmäßig Luminal einnehmen müsse, um ein Wiederauftreten der Krampfanfälle zu verhindern. Doch schon zwei Jahre später – im September 1939 – wurde Hans N. erneut in die Anstalt geschickt. Im Februar 1940 notierte der Arzt: „Hin und wieder noch epileptische Anfälle … Auf der Abteilung reizbar, hetzt und stänkert.“ Und schließlich am 8. März 1940: „Nach Absetzung des Luminals gehäuftes Auftreten epileptischer Anfälle, kommt aus dem Dämmerzustand nicht mehr heraus. Exitus. Todesursache: Status epilepticus.“

Magdalene R.[22] wurde 24jährig im Juli 1925 in der Bremer Nervenklinik aufgenommen. Neun Jahre zuvor waren bei ihr die ersten epileptischen Anfälle aufgetreten. Im Februar 1938 heißt es in ihrer Krankenakte: „Pat. ist sehr wechselnd in ihrem Verhalten. Sie bekommt es fertig, plötzlich im Nähsaal aufzuspringen und sämtliches Geschirr vom Tisch mit dem Arm herunterzufegen. Dann wieder kann sie freundlich und ganz zugänglich sein … Sie hat sehr große Freude an ihren Schmucksachen und sammelt Löffel und allerlei Gegenstände, die sie sehr sorgfältig in buntes Papier wickelt u. in Kästen aufbewahrt.“ Auch das Leben der inzwischen 39jährigen Magdalene R. wurde im Februar 1940 gewaltsam beendet. Dazu der sachliche Eintrag des Arztes am 15. März 1940: „Nach Absetzung des Luminals gehäuftes Auftreten von Anfällen, ist verwirrt und benommen. Temperaturanstieg, Dyspnoe, die Atmung ist erschwert, röchelnd, Pneumonie.“ Der Todeskampf der Patientin dauerte noch neun Tage an. Sie starb am 24. März 1940.

Von dem konsequenten Entzug des Medikaments waren nicht alle Kranken gleichermaßen betroffen, wie Stichproben ergaben. Bei der 26jährigen Erna G.[23] wurde das Medikament im März 1940 zwar herabgesetzt, doch zwei Monate später bekam sie wegen der vermehrten Anfälle „auf ihre Bitte“ hin wieder die alte Dosis. Zugleich wurde sie als „fleißige, ordentliche Hausarbeiterin“ beschrieben. Bemerkenswert ist in diesem Zusammenhang auch ein Artikel, der im November 1939 in der Psychia-

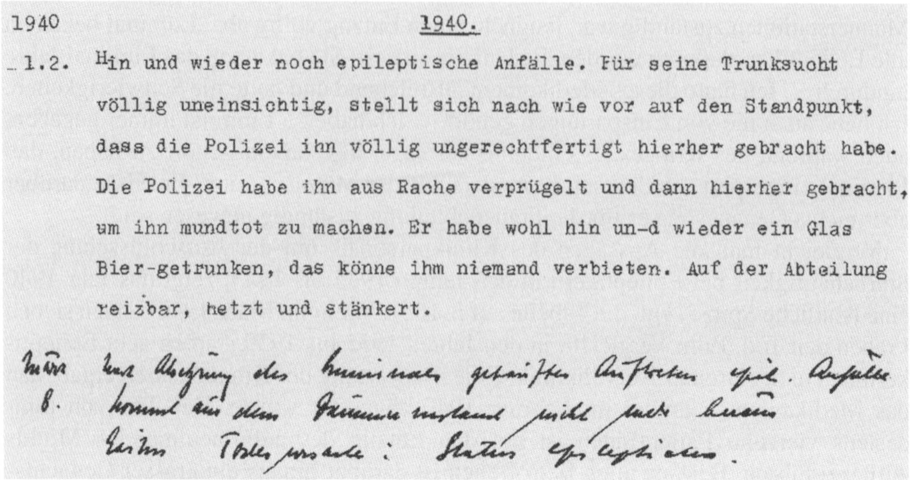

1940 1940.

1.2. Hin und wieder noch epileptische Anfälle. Für seine Trunksucht völlig uneinsichtig, stellt sich nach wie vor auf den Standpunkt, dass die Polizei ihn völlig ungerechtfertigt hierher gebracht habe. Die Polizei habe ihn aus Rache verprügelt und dann hierher gebracht, um ihn mundtot zu machen. Er habe wohl hin un-d wieder ein Glas Bier-getrunken, das könne ihm niemand verbieten. Auf der Abteilung reizbar, hetzt und stänkert.

März 8. Nach Absetzung des Luminals gehäuften Auftreten epil. Anfälle kommt aus dem Dämmerzustand nicht mehr heraus. Exitus Todesursache: Status epilepticus.

Der letzte Eintrag in der Krankenakte des 41jährigen Hans N.: Nach Absetzung des Luminals gehäuftes Auftreten epil. Anfälle kommt aus dem Dämmerzustand nicht mehr heraus. Exitus Todesursache: Status epilepticus

trisch-Neurologischen Wochenschrift erschien und in dem der Verfasser über Entzugsversuche des Medikaments bei Epileptikern berichtete. Er konstatierte, daß neuere Untersuchungen eindeutig zeigten, „daß Luminal bei einer großen Anzahl von Epileptikern kontraindiziert ist. Fortgesetzte Luminalgaben kommen einer dauernden Bewußtseinsschädigung gleich; sie beschleunigen demnach den psychischen Verfall … Diesen Verfall aufzuhalten oder wenigstens hinauszuschieben, ist viel wichtiger, als die Anfälle auf ein Minimum herabzudrücken."[24] W. Raithel, Arzt in der Landesheilanstalt Haina, setzte nach einer eingehenden klinischen Untersuchung bei sieben Kranken Luminal ab. Zwei von ihnen zeigten nur geringfügige Ausfallerscheinungen, während die restlichen fünf schwere Entzugssymptome aufwiesen. Abschließend, urteilte der Mediziner, sei „es unbedingt notwendig, den Luminalentzug ärztlich zu überwachen und gleichzeitig den bedrohten Kreislauf vorbeugend durch Medikamente zu stützen." Die Ärzte der Bremer Nervenklinik beschränkten sich aber darauf, die epileptischen Anfälle zu zählen, in eine Liste einzutragen und den Verlauf des Entzugs in der Krankengeschichte zu protokollieren. Die EpileptikerInnen waren somit die ersten Opfer der nationalsozialistischen Gesundheitspolitik in der Bremer Nervenklinik. Sie gehörten zu der Gruppe von Menschen, für die das NS-Gesundheitssystem den Tod vorsah, denn die „chronisch Kranken", die trotz aller therapeutischer Anstrengung lebenslang in den Anstalten interniert bleiben würden, sollten vernichtet werden. So bestätigt sich die befürchtete Vermutung einer Hamburger Autorengruppe, die 1992 formulierte: „Fast bei jeder Anstalt, über deren NS-Geschichte seit Beginn der 80er Jahre intensivere Nachforschungen angestellt wurden, mußte schließlich eingeräumt werden, daß nicht nur selektiert und verlegt, sondern meist auch im Hause selber aktiv durch Medikamentenüberdosierungen oder Hungerkost vorgegangen war … Im Norden des Gebiets der heutigen BRD wird man die Hamburger Universitätspsychiatrie sowie die früheren Heil- und Pflegeanstalten Langenhorn und ferner voraussichtlich auch psychiatrische Einrichtungen in Bremen, Schleswig und Lüneburg ergänzen müssen".[25]

Der Umgang mit den NS-Psychiatrie-Verbrechen

Unmittelbar nach Kriegsende war es durchaus möglich, sich mit Hilfe der veröffentlichten Dokumente und Zeitungsberichte eine Vorstellung vom Ausmaß der nationalsozialistischen Verbrechen zu machen. Die Psychiatrieverbrechen, die im „Dritten Reich" begangen worden waren, kamen am 9. Dezember 1946 vor dem Internationalen Militärgerichtshof zur Verhandlung. Namhafte NS-Funktionsträger legten in ihren Aussagen Zeugnis von einer „Medizin ohne Menschlichkeit" ab. In den Nürnberger Ärzteprozessen wurden von den 23 Angeklagten sieben zum Tode verurteilt, unter ihnen Viktor Brack und Karl Brandt als Verantwortliche der „Euthanasie"-Aktion. Doch trotz aller Information, Aufklärung und Bestrafung gelang es nicht, ein Gefühl für die Gesamtverantwortung auszubilden.[1] Die frühe Ambivalenz von Aufklärungsbedarf und Abwehrhaltung spiegelt sich exemplarisch im Verhalten der Ärzteschaft wider. Zur Wirkung der bedrückenden Dokumentation der Medizinverbrechen im Nazi-Deutschland, die Alexander Mitscherlich und Fred Mielke im Auftrag der Arbeitsgemeinschaft der Westdeutschen Ärztekammern erstellten, kommentierte der Autor: „Es war … als ob das Buch nie erschienen wäre."[2]

Auch in der Hansestadt gaben sich die Ärzte, Pfleger, Schwestern und Verwaltungsbeamte unwissend. Gleichzeitig wurde die Schuld einer höheren Verantwortungsebene zugewiesen. Wenngleich in den ersten Nachkriegsjahren zumindest die Ermordung von PsychiatriepatientInnen in auswärtigen Anstalten bekannt war, begann auch in Bremen eine Entwicklung, die die frühe bundesrepublikanische Auseinandersetzung mit den Psychiatrieverbrechen in der NS-Zeit nachhaltig prägte: das „Plädoyer für ‚Stille'"[3]. Eine Reihe verschiedener Faktoren begünstigte den Verdrängungsprozeß, der in der jahrzehntelangen Tabuisierung der nationalsozialistischen Psychiatrieverbrechen gipfelte.

Dirk Blasius macht dafür das gespaltene „Nachkriegsbewußtsein" der „lebensgeschichtlich in die fatalste Epoche der deutschen Geschichte" Eingebundenen verantwortlich. Einerseits gab es „die Sehnsucht nach einem im Zeichen der Menschlichkeit stehenden Neuanfang", andererseits „das diesen Neuanfang faktisch erschwerende Bestreben, Vergangenheiten offenzulegen, die kaum verkraftbar waren."

Darüber hinaus beschreibt Detlev Peukert die Tabuisierung der Psychiatrieverbrechen als erneute Selektion der Opfer durch das kollektive Gedächtnis: „Die Konzentration des öffentlichen Bewußtseins in den fünfziger Jahren auf die ‚Einzigartigkeit' der Vernichtung der jüdischen Menschen trug dazu bei, daß die meisten anderen Opfer darüber verdrängt wurden. Die deutsche Öffentlichkeit der Nachkriegszeit machte es sich leicht. Sie bekundete ‚Buße' gegenüber einer Opfergruppe, die in der Folge eben dieser NS-Verbrechen aus dem Gesichtsfeld der Deutschen entfernt worden war. Die Verbrechen an Russen, Polen und Kommunisten dagegen – als den Teileinheiten des offiziellen Nato-Feindbildes – oder an Zigeunern, Homosexuellen, geistig und körperlich Schwerkranken, Zwangssterilisierten und Asozialen als weiterhin stigmatisierten Gruppen, wurden ‚vergessen'."[4]

Mittwoch, 2. Juni 1954

Prof. Dr. Schulte erhält einen Blumenstrauß von seiner Oberin

Feier mit Familientafel-Symbolik

Präsident Dr. Greul: „Nervenklinik hat ihren Schild rein gehalten"

Nach einem Gang durch weiträumige Parkanlagen wurden die Gäste, die gestern nachmittag einer Einladung der Städtischen Nervenklinik nach Ellen gefolgt waren, an weißgedeckte Tische in das Gesellschaftshaus gebeten. In diesem Gebäude, das sonst der Weihnachtsfeier, dem Erntedankfest, Vortrags- und Kinoveranstaltungen sowie regelmäßigen Tanzabenden dient, beging die Klinik ihr 50jähriges Jubiläum. Obgleich viele „Offizielle" da waren, ging es recht inoffiziell zu. Daß dies durchaus im Sinne der Veranstalter war, betonte Prof. Dr. Schulte, der Direktor der Klinik, in seiner Begrüßungsansprache. „Wir haben die ‚Familientafel-Symbolik' ganz bewußt gewählt."

Daß Bürgerschaft und die Vereinigung der Krankenkassen ein offenes Ohr für die Wünsche der Nervenklinik haben, versicherte Präsident Hagedorn. Daß die Anstalt auch während der Jahre von 1933 bis 1945 ihren Schild rein gehalten habe, hob Präsident Dr. Greul rühmend hervor, der zugleich die Glückwünsche des Gesundheitssenators Degener überbrachte. „Wir Ärzte sind dankbar, daß wir unsere Kranken stets mit großem Vertrauen hierher schicken können", erklärte Prof. Dr. Stoevesandt als Vorsitzender des Ärztlichen Vereins und knüpfte die Bitte an, daß die Nervenklinik allezeit als Lehrstätte für die jungen Ärzte offen stehen möge.

Allerlei aus alten Tagen wußte der ehemalige Oberinspektor der Klinik, H. Possit, zu berichten. Der jetzige Altpensionär, der von 1906 ab in Ellen wirkte, weiß sich noch an 81- bis 83stündige Arbeitszeit in der Woche zu erinnern. Für das damalige strenge Regiment in der Anstalt zeugt es, daß morgens bei der Kaffeetafel und abends im Bett „Anwesenheitskontrollen" des Pflegepersonals durchgeführt wurden. „Die Oberin", so berichtet Possit, „wachte streng darüber, daß männliches und weibliches Pflegepersonal getrennt arbeitete. Daß dennoch nicht selten Heiraten unter dem Personal zustande kamen, grenzt an Wunder!"

Bericht zur Jubiläumsfeier in den Bremer Nachrichten vom 2. Juni 1954

„Nervenklinik hat ihren Schild rein gehalten.“

Am 25. April 1945 marschierten englische Truppen in Bremen-Osterholz ein. Auch für die in der Nervenklinik Verbliebenen war der Zweite Weltkrieg zu Ende. Am 26. Mai wurde Anstaltsleiter Walther Kaldewey interniert, vier Tage später Heinrich Schulte von der amerikanischen Militärregierung zum neuen Direktor der Bremer Nervenklinik ernannt.

Anfang 1947 begann das Ermittlungsverfahren gegen Kaldewey wegen Verbrechen gegen die Menschlichkeit.[5] Ihm wurde u.a. vorgeworfen, Krankentransporte nach Hadamar und Meseritz veranlaßt, PatientInnen Luminal entzogen und Kranke mit Überdosen desselben Medikaments „behandelt“ zu haben.[6] Das Verfahren wurde im Juni 1948 aus Mangel an Beweisen eingestellt. Die Staatsanwaltschaft erklärte, daß die erhobenen Anklagen auf den „Darstellungen Geisteskranker [beruhten], die einer Nachprüfung im wesentlichen nicht standhielten.“ Darüber hinaus sei bereits früher festgestellt worden, daß die Schuld an der Verlegung nach Meseritz nicht bei den Bremer Behörden gelegen habe.[7]

Weder hier noch in dem darauffolgenden Entnazifizierungsverfahren war die Mitarbeit des Bremer Anstaltsdirektors an der „Aktion T 4“ bekannt; auch nicht seine Gutachtertätigkeit und nicht seine Teilnahme an der Diskussion über das geplante „Euthanasie“-Gesetz. In einer Eingabe an das Spruchkammergericht erklärte Kaldewey 1949 empört, drei Jahre Internierungshaft habe ihm ein Denunziant eingebracht, der behauptet habe, er [Kaldewey] solle „etwas mit der ‚Euthanasie‘ zu tun gehabt haben … [der er] übrigens auch ideologisch ferngestanden“[8] habe.

In beiden Verfahren nahm der Vorwurf des „Luminalentzugs“ breiten Raum ein. Wie bereits dargestellt, hatten sich auch erste Anschuldigungen von Ellener Pflegern darauf bezogen. Doch im Verlauf der Anhörungen wurden alle Aussagen teilweise bzw. ganz zurückgenommen. Schließlich gelangte der Vorsitzende der Spruchkammer zu dem Schluß, daß zwei Zeugen „ihre zunächst vollkommen präzise gemachten Angaben“ später weitgehend einschränkten, so „daß sie als Belastungsmaterial gegen den Betroffenen nicht ins Feld geführt werden konnten.“ Kaldewey wurde in die Gruppe der Mitläufer eingestuft. Der Leiter der Bremer Entnazifizierungsabteilung, Joseph F. Napoli, blickte über die Grenzen der Hansestadt hinaus, als er das Ergebnis seiner Arbeit resigniert zusammenfaßte: „Die Entnazifizierung ist ein Fehlschlag. Sie ist im wesentlichen negativ gewesen … Die meisten der belasteten Millionen von Menschen haben die Reinwaschungsmaschinerie durchlaufen und sind als Mitläufer[9] daraus hervorgegangen … Im Mai 1945 war das Wort ‚Nazi‘ ein Fluch … ; im Jahre 1949 ist es das nicht mehr: unter den Deutschen ist es praktisch eine Auszeichnung“.[10] In den folgenden Jahrzehnten hielt man sich auch in Bremen an das unausgesprochene „Plädoyer für ‚Stille‘“.

In der Festschrift zum 50jährigen Bestehen der Bremer Nervenklinik im Jahre 1954 wies Rudolf Gildemeister, der seit 1925 zur Ärzteschaft der Anstalt gehörte, zwar darauf hin, daß PatientInnen u.a. nach Hadamar und Meseritz verlegt worden waren, ging aber mit keinem Wort auf ihr Schicksal ein. Ein Zeitungsartikel zu eben dieser Jubiläumsfeier stellte rühmend heraus, daß die „Anstalt auch während der Jahre von 1933 bis 1945 ihren Schild rein gehalten habe … [und] wir Ärzte dankbar seien, daß wir unsere Kranken stets mit großem Vertrauen hierher schicken können“.[11]

Als sich 1965 ein Vertreter der Bremer Presse für den Tod der Bremer PatientInnen in Meseritz/Obrawalde interessierte, übermittelte ihm der damalige Klinikdirektor Wieser, er könne keine genauen Angaben über die verlegten PatientInnen machen, da „die Krankengeschichten seinerzeit nach Meseritz mitgingen und auch nicht mehr zurückgeschickt wurden."[12] Noch 1978 hieß es im Bremer Ärzteblatt beschönigend: „In Bremen konnte glücklicherweise viel Schlimmes verhütet werden, vor allem unterblieb die als Euthanasie getarnte Tötung von Geisteskranken. Dies war nicht zuletzt dem damaligen Oberarzt Dr. Rudolf Gildemeister zu verdanken, dessen liberale, humane und antifaschistische Einstellung mehr als 30 Jahre die Entwicklung der psychiatrischen Anstalt in Ellen entscheidend beeinflußt hat."[13]

„Die Minderwertigen rühren sich wieder."

„25.4.45. Mittwoch.
Der Gefechtslärm hat nun aufgehört ... Eine seltene Ruhe ist eingekehrt. ... Die Frage, die riesengroß bei uns allen auftaucht, ist die: sollen 5 Jahre 8 Monate furchtbarsten Leidens, großer Erfolge und schmerzlichster Mißerfolge, nach einem nur wenige Jahre dauernden grandiosesten Aufbau durch den Führer ganz umsonst gewesen sein? Soll die Persönlichkeit, auf bester rassischer Art erwachsen, der Masse unterliegen? Oder wird aus diesem unendlichen Leid unseres Volkes, das bis zum letzten für seine Weltanschauung kämpfte und noch kämpft, größter Segen, langer Friede entstehen? ...
4.5.45. Freitag.
Jetzt kommt die Zeit, wo alle Gegenkräfte des deutschen Volkes sich wieder glauben zur Geltung bringen zu müssen; unter diesen, wie immer in erregten Zeiten, auch Psychopathen und sonstige Minderwertige ...
15.5.45. Mittwoch ...
Die Minderwertigen rühren sich wieder. Sie kennen keine Gemeinschaft des deutschen Volkes, das sich jetzt scheinbar in der Auflösung befindet, aber doch in den Herzen von Millionen lebt. Diese Minderwertigen haben noch bis zuletzt das Gute, das der Nationalsozialismus z.B. in der nationalsozialistischen Volkswohlfahrt, Kinderlandverschickung, Verbilligungswesen usw., in K.d.F. gebracht hat, mitgenommen und genossen ... und heute schimpfen sie und glauben, mit Hilfe des Feindes ihre eigenen Geschäfte besorgen zu können. Sie bereichern sich durch Plündern am Gute anderer Menschen und sind mit Denunziationen am Werk. Sieht man nur sie, so könnte man an unserem Volke verzweifeln. Aber man sieht eben heute nicht die Fleißigen, die Tüchtigen, die Charakterfesten, die Geraden und Aufrechten ... Sie alle sind das wahre, unsterbliche Deutschland. Und dieses will der Feind ein für alle mal zerschlagen und versucht es natürlich nicht in den Minderwertigen zu treffen, sondern in den Besten. Diese Millionen von Besten haben bis zuletzt ausgehalten. Von einem Versagen kann nicht die Rede sein, die Mittel waren eben bis zum letzten erschöpft."

Aus den Tagebuchaufzeichnungen Walther Kaldeweys

Pflegen und Gehorchen

Es gibt keinen Hinweis darauf, daß von den Schwestern oder Pflegern der Ellener Anstalt versucht wurde, auf die Verlegungen von PatientInnen Einfluß zu nehmen. In zahlreichen Interviews mit ehemaligen MitarbeiterInnen der Bremer Nervenklinik wird in der Regel sogar bestritten, die Verlegungen nach Hadamar und Uchtspringe bemerkt zu haben. Eine Erklärung für diese Reaktion ist u.a. in der Berufsethik des Pflegepersonals zu suchen, die von jeher auf Gehorsam, Opferbereitschaft und Selbstaufgabe gegründet war. So verwundert es nicht, daß sich auch hier der tiefgreifende nationalsozialistische Paradigmenwechsel anscheinend ungehindert durchsetzte.[15] Stand bisher die Gesundheit des Einzelnen im Mittelpunkt des Heilberufs, lautete das Motto der NS-Gesundheitspolitik: „Vorsorge statt Fürsorge und Volksgesundheit statt Humanitätsduselei“[16]. Die im Gesundheitsbereich Tätigen ließen sich willig auf diese menschenverachtende Haltung ein.

In den Interviews tritt zunächst das Fehlen jeglicher Anteilnahme am Schicksal der Kranken und die Alltagsstrategie der Vogel-Strauß-Politik zu Tage: „Ich weiß nur, daß eine verlegt wurde, Frau H., die war vielleicht ein bißchen verwirrt. Das war so ein liebes Omchen, und nach 'ner Zeit sagte die Tochter dann, ja meine Mutter ist eingeschlafen. Wo die hingekommen ist, weiß ich nicht. Ich habe von der ganzen Sache nichts gehört, was da erzählt wird.“[17] Bis heute fällt es dem befragten Pflegepersonal schwer, das Schweigen über die Vorgänge während der NS-Zeit zu breche.

Herr A.: Ich will Ihnen was sagen, die Leute kriegten ihr Essen und waren da untergebracht und haben gearbeitet. So lange ich da war, ist mit den Leuten nichts passiert. [Herr A. wurde Anfang 1940 zum Kriegsdienst eingezogen.]

Frau A.: Das kam nachher.

Herr A.: Das kam nachher, da war ich schon nicht mehr da.

G.E.: Sie sagten gerade, das kam nachher. Was kam denn nachher?

Herr A.: Na diese ganzen … na, daß sie die Leute weggebracht haben und so, da war ich nicht mehr da. Und die da waren, die sind alle schon tot.

G.E.: Aber als Sie 1946 wiederkamen, wurde doch sicher über das geredet, was passiert war.

Herr A.: Nee, Nee.

G.E.: Aber Sie wissen doch, daß Patienten weggebracht wurden?

Herr A.: Aber da haben wir nicht groß drüber geredet.

Daß im „Dritten Reich“ der Weg vieler „ihrer“ Patienten und Patientinnen in den Tod führte, ruft auch heute nur zögerlich ein – vielleicht auch schuldbewußtes – Bedauern hervor: „Also, über die Vorgänge während des Krieges wurde nicht … also ich habe mit keinem darüber gesprochen, vielleicht mal erwähnt, aber nicht, nein, nein … Weil es uns allen damals leid getan hat, was da passiert ist. Es ist genau wie heute in der DDR, die haben jahrelang geschwiegen, genauso haben wir auch geschwiegen damals, bis dann das Maß voll war, und da war's zu spät.“[18]

Erst als PatientInnen infolge des Luminal-Entzugs gestorben waren, machte sich in der Nervenklinik Unruhe breit. „Damals“, so die Aussage eines Oberpflegers, „herrschte bei uns große Beunruhigung darüber, daß die Patienten kein Luminal bekamen und starben … Ich weiß, daß darüber viel unter uns geredet worden ist … Ich war damals entsetzt, und wir hatten damals das Gefühl, hier bricht eine Methode ein, die wir nicht dulden können. Man munkelte damals doch von so allerlei. Man

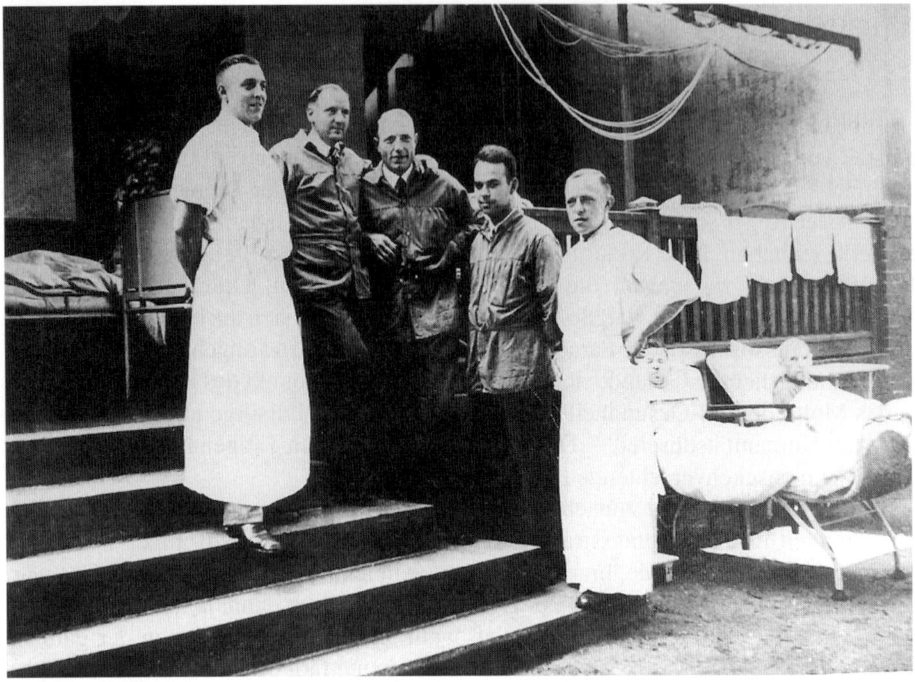

Ellener Schwestern und Patientinnen, um 1940. Oben: Ellener Pfleger in ihrenr typischen Arbeitskleidung, um 1930

sprach von Beseitigung von Patienten, von den KZ's, von der Euthanasie usw., so daß einem derartige Sachen spanisch vorkamen. Ich war der Meinung, daß man hier irgendwelche Mittel anwandte, um Patienten zu beseitigen. Diese Meinung drang sich mir direkt auf."[19]

Die Unruhe des Pflegepersonals war möglicherweise ein Grund dafür, daß einige Monate später die EpileptikerInnen, die noch lebten bzw. die neu aufgenommen wurden, in ausreichender Menge Luminal erhielten. Eine weitere Ursache für die unterschiedlichen Reaktionen des Pflegepersonals war sicherlich auch der Aspekt der psychischen und räumlichen Nähe: Während man in das Geschehen in den auswärtigen Verlegungsanstalten nicht persönlich involviert war, erlebte man das qualvolle Sterben der seit Jahren persönlich bekannten PatientInnen hautnah.

Angehörigenreaktionen

Wie groß die persönliche Betroffenheit der einzelnen Familienmitglieder auf die Gewaltmaßnahmen war, ist nur im Einzelfall überliefert. Schon Gerhard Schmidt, der eine der frühesten Dokumentationen zu den Krankenmorden in Deutschland vorlegte und auf eine Fülle von schriftlichen Dokumenten zurückgreifen konnte, bemerkte: „Was unter vier Augen dem Direktor … vorgehalten wurde, welche Ausreden oder versteckten Drohungen gemacht oder wieviel Eingaben vernichtet wurden, läßt sich nicht ermessen."[20]

In dem weitaus größten Teil der erhalten gebliebenen Krankenakten Bremer PatientInnen sind keine Angehörigenbriefe zu finden. Hier spiegelt sich nicht nur die Tragik der Einzelschicksale, sondern auch die der Psychiatrie als einer gesellschaftlichen „Abschiebeinstanz" wider. Je länger eine Patientin oder ein Patient in der Bremer Nervenklinik untergebracht war, desto unwahrscheinlicher war es, daß sich überhaupt noch jemand um sie kümmerte. Von ebenso großer Bedeutung war die Auswirkung der NS-Propaganda, die den psychisch Kranken stigmatisierte und zu einem Makel der Familie machte, indem sie suggerierte: „Das gemeinsame Blut ist krank."[21]

Die Einflußmöglichkeiten von Angehörigen waren offensichtlich von verschiedenen Faktoren abhängig. Gesellschaftliche Stellung, Kenntnisstand, Artikulationsfähigkeit sowie Engagement und Durchsetzungsvermögen sind hier die hervorstechenden Merkmale. Als eine Mutter von der geplanten Verlegung ihrer Tochter nach Uchtspringe erfuhr, legte sie entschiedenen Protest ein und teilte mit, daß sie, was immer auch geschehe, ihre Tochter nicht aus den Augen lassen und sich an den „Führer" wenden würde. Obwohl ihr daraufhin von der Bremer Anstaltsleitung nahegelegt wurde, sich mit den „notwendigen Maßnahmen" abzufinden und „angesichts der jetzigen Gesamtlage … [keine] besonderen Schritte zu ergreifen", strich man die Tochter aus der fertigen Verlegungsliste und setzte ihre Abschiebung aus.[22] Anders erging es einem Angehörigen, der sich für seinen Bruder einsetzte, sich dann aber mit der Antwort abfand, die Verlegung könne leider nicht mehr rückgängig gemacht werden, „da die Listen schon ausgefüllt" seien. Auf die Nachricht vom plötzlichen Tod des Verwandten in Hadamar oder Meseritz reagierte die Mehrzahl der Angehörigen den Anstaltsleitern gegenüber mit außerordentlich zurückhaltend formulierten Briefen. Ungläubiges Entsetzen und Mißtrauen waren typische Reaktionen. Am 3. November 1942 schrieb die Mutter eines in Hadamar Ermordeten: „Ich danke für das Telegramm, das Sie mir geschickt haben. Nun möchte Ich noch um Auskunft bitten, an was mein Sohn gestorben ist. Hat Er lange gelegen oder ausgehalten. Heimweh wird Er auch gehabt haben. Er hing so an mich. Das traurige ist, daß Er dort sterben mußte. Ich wunderte mich schon, daß Er gar nicht schreiben tat. Ich wußte überhaupt gar nicht, daß Er weg war. Wie Ich Ihn besuchen wollte, war Er nicht mehr hier. Seien Sie bitte so freundlich und schreiben noch einmal näheres über Ihn. Heil Hitler."[23]

Der Vormund eines Patienten formulierte seinen offensichtlichen Argwohn am angeblich natürlichen Tod seines Mündels ebenso wie ein Bruder und eine Tochter, allerdings unter Aufrechterhaltung der formalen Gepflogenheiten:

„Gleichzeitig bitte ich, mir doch kurz darüber zu berichten, welche Krankheit den plötzlichen Tod veranlaßt hat; denn am 15. November ds. Js. [Herr L. starb am 20. November 1942, G.E.] hat L ... noch diverse Briefe geschrieben, aber mit keinem Wort erwähnt, daß er krank ist ..."[24]

„Beim Lesen dieser Zeilen kommt man zu der Überzeugung, daß diesen Brief kein kranker Mensch geschrieben haben kann ... Aus vorstehenden Erwägungen und Überlegungen heraus ist es mir nun kaum faßbar, daß sich der Zustand meines Bruders in der kurzen Zeit ... so verschlechtert hat, daß er ... durch den Tod erlöst wurde. Ich bitte Sie deshalb inständig um einen Bericht über das Krankheitsbild, Todesursache und sonstige, mit dem schnellen Ableben zusammenhängende Fragen."[25]

"Werter Herr Direktor! Ich möchte Sie bitten, mir Auskunft über meinen verstorbenen Vater zu geben. Ich möchte gerne wissen, ob mein Vater zuletzt noch viel gelitten hat. Lange krank kann er ja nicht gewesen sein, denn er schrieb mir noch vom 14.12. und am 16.12. ist er doch schon gestorben."[26]

Nur wenige Angehörige brachten ihre Empörung und ihren Argwohn so offen zum Ausdruck, wie die Eltern des in Hadamar getöteten Richard A.: „Am 4. Nov. erhielten wir Ihre äußerst kurze Mitteilung, daß unser Sohn Richard ... in Ihrer Anstalt verstorben ist und daß die Beisetzung auf dem Anstaltsfriedhof bereits stattgefunden hat. Zunächst möchten wir Ihnen darauf erwidern, daß uns Ihre überaus formelle Mitteilung befremdet hat und daß die mehr als herzlose Art des Stils Ihres Schreibens empörend ist. Alsdann wünschen wir unbedingt die Todesursache unseres Sohnes von Ihnen zu erfahren. Und dann bitten wir vor allen Dingen um Auskunft, mit welchem Recht Sie unseren Sohn auf Ihrem Anstaltsfriedhof beigesetzt haben, ohne uns überhaupt vorher Kenntnis von seinem Tode gegeben zu haben".[27]

In anderen Briefen wird stillschweigendes Einverständnis mit der „Euthanasie"-Aktion, ja offene Zustimmung bekundet. So z.B. im Brief des Ehemannes einer 36jährigen Patientin. Nach seinem Besuch in der Ellener Anstalt schrieb er im September 1940 an den behandelnden Psychiater: „ihr Zustand hat sich nicht im geringsten gebessert. Ich hoffe nun, daß sie von ihrem Leiden bald erlöst wird und bitte dann um sofortige Nachricht."[28] Ungewöhnlich direkt ist der Brief der Frauenschaftsführerin Friedel O., den sie auf die Todesnachricht ihres Neffen an die ärztliche Leitung der Hadamarer Anstalt sandte: „Als meine Schwester [die Mutter des Patienten, G.E.] 1937 starb, habe ich mit dem Arzt über den Jungen gesprochen und ihm erklärt: ‚Ich stehe als Nationalsozialistin auf dem Standpunkt, diesen kranken

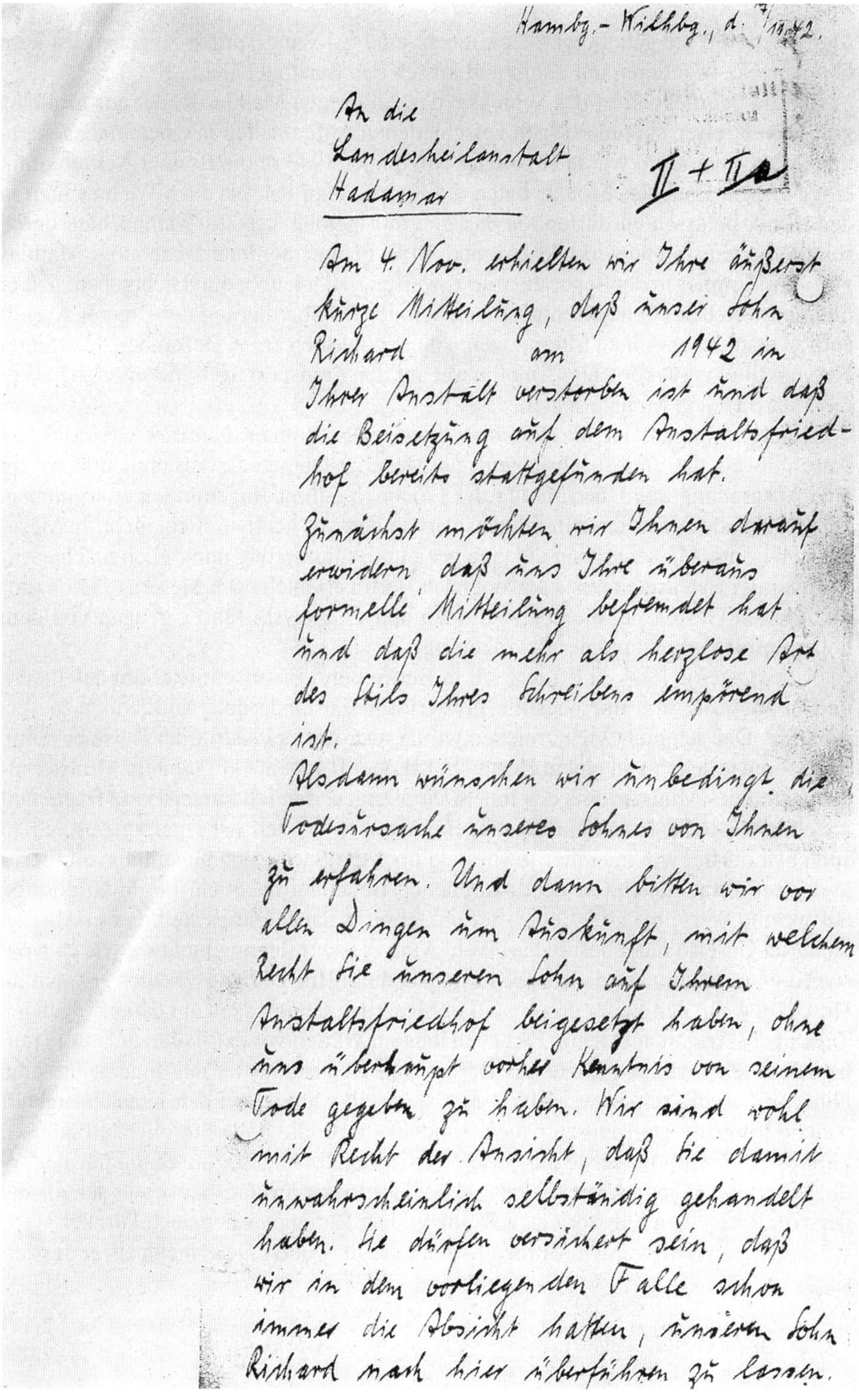

Hambg.-Wilhbg., d. 7/1942.

An die
Landesheilanstalt
Hadamar

II + IIa

Am 4. Nov. erhielten wir Ihre äußerst kurze Mitteilung, daß unser Sohn Richard am 1942 in Ihrer Anstalt verstorben ist und daß die Beisetzung auf dem Anstaltsfriedhof bereits stattgefunden hat.
Zunächst möchten wir Ihnen darauf erwidern daß uns Ihre überaus formelle Mitteilung befremdet hat und daß die mehr als herzlose Art des Stils Ihres Schreibens empörend ist.
Alsdann wünschen wir unbedingt die Todesursache unseres Sohnes von Ihnen zu erfahren. Und dann bitten wir vor allen Dingen um Auskunft, mit welchem Recht Sie unseren Sohn auf Ihrem Anstaltsfriedhof beigesetzt haben, ohne uns überhaupt vorher Kenntnis von seinem Tode gegeben zu haben. Wir sind wohl mit Recht der Ansicht, daß Sie damit unwahrscheinlich selbständig gehandelt haben. Sie dürfen versichert sein, daß wir in dem vorliegenden Falle schon immer die Absicht hatten, unseren Sohn Richard nach hier überführen zu lassen.

Schreiben an die Hadamarer Anstaltsleitung, November 1942

Menschen, die nie geheilt werden können, eine Erlösungsspritze zu geben, ist kein Unrecht. Sie vegetieren nur dahin und kosten den Staat viel Geld.'"[29]

Ebenso bedrückend ist das Schicksal des 22jährigen Mathias P., der aus großbürgerlichen Kreisen stammte. Nach verschiedenen Aufenthalten in einem nahegelegenen Privatsanatorium wurde er Anfang November 1943 in die Bremer Nervenklinik eingewiesen. Ende des Monats baten die Eltern, „den Pat. bis nach Weihnachten in der Klinik belassen zu dürfen, da er erfahrungsgemäß stets zu Weihnachten durch sein Verhalten störend wirkt."[30] In einem Brief betonte der Vater, man möge Mathias zwar ein Zimmer in der Separatklasse zuweisen, jedoch unbedingt achtgeben, daß er nicht entweichen könne. Wenige Tage nach der Bombardierung der Bremer Anstalt entließ man ihn zu seinen Eltern, die ihn dann pünktlich am 9. Dezember zur Bremer Nervenklinik zurückbrachten, um ihn mit auf den Transport nach Meseritz zu geben. Dort starb er acht Monate später.

Außergewöhnlich ist die Initiative von sechs Bremer Familien, die sich im Anschluß an die Todesnachrichten aus Meseritz/Obrawalde zusammentaten, um eine Ausgrabung und Überführung der Leichname ihrer Angehörigen zu erreichen. Die Ergebnislosigkeit ihres Bemühens verwundert aus heutiger Sicht nicht: In Meseritz gab es nur Massengräber, die eine gezielte Exhumierung unmöglich machten.

Einer der Beteiligten reiste sowohl nach Berlin als auch nach Meseritz. Seine protokollierten Gespräche, die er mit Linden und Grabowski führte, zeugen von dem hohen Informationsstand der Bevölkerung:

„Über Ostern [1944, G.E.] war ich in Berlin beim Reichsministerium des Innern und in Meseritz, um mir über die mysteriösen Zustände dort Aufklärung zu verschaffen. Daß ich nicht viel erreichen würde, war mir bei Antritt der Reise bekannt. In Berlin wurde ich von einem Herrn Dr. Lindner [Linden, G.E.], einem Ministerialdirigenten des Ministeriums des Innern empfangen, den ich kurzer Hand fragte, auf welche Weise die Kranken dort umgekommen seien. Ich habe gefragt, ob ich so sprechen dürfte, wie man hier in Bremen über die Sache sich geheimnisvoll dieses und jenes zuraunte. Auf seine zustimmende Bejahung habe ich ihn direkt gefragt, auf welche Weise man die Leute dort umgebracht habe. Dieses stellte er in Abrede, da derlei Gesetze nicht bestünden. Wohl wäre die Verpflegung nicht so, wie es wohl sein müsse, doch wäre dieses eben kriegsbedingt. Im Übrigen verwies er mich an Dr. Grabowski, den Leiter der Anstalt in Meseritz, den ich dann am darauffolgenden Tage in der Anstalt aufsuchte. Erst nach langem Warten vor den Türen gelang es mir, nachdem ich sagte, ich käme aus Berlin vom Reichsminister des Innern, bei dem Direktor vorgelassen zu werden. Dieser stellte in Abrede, bei den Kranken irgendwelche Eingriffe gemacht zu haben, sondern führte die hohe Sterblichkeit auf den ominösen Transport, wie sie ihn dort noch nicht erlebt hätten, zurück. Im übrigen sei die Verpflegung aber derart schlecht, daß diese in der Strafanstalt besser sei, als die der von Bremen zu ihm verlegten Kranken. Die Rationen seien auch kürzlich noch wieder vermindert worden. Spritzen geben sie dort auch nicht mehr als anderweitig."[31]

„Ich konnte ja mit keinem darüber sprechen."

Die Recherchen zur vorliegenden Studie fanden in Presseberichten, Rundfunkbeiträgen und 1993 in einer filmischen Dokumentation ein breites Medienecho. In den Gesprächen mit verschiedenen Angehörigen, die sich daraufhin meldeten, wurde deutlich, daß die über fünfzig Jahre zurückliegenden Ereignisse bis heute als Familiengeheimnis einem Tabu unterliegen. Häufig war die Erleichterung zu spüren, endlich darüber reden zu können. Aber immer lag über den Gesprächen der Schmerz über das als traumatisch erlebte Schicksal. Wobei die Trauer gleichermaßen dem Opfer als auch der eigenen Person galt. Denn auch die Angehörigen der psychisch Erkrankten waren von der Stigmatisierung betroffen. So berichtet Frau N., die 1925 geboren wurde: „Wir haben oft genug zu hören gekriegt: ‚Deine Mutter ist in Ellen, du bist man halb klug.‘ Was man da alles auf den Pelz gekriegt hat, es war wirklich ein hartes Stück. Ganz hart ist das gewesen ... Wenn ich einen Freund hatte, konnte ich sagen meine Mutter wäre in der Nervenklinik? So was konnte man ja gar nicht anbringen. Das war schlimm. Überhaupt, auch wenn ich mal eine Freundin hatte, die durften das doch gar nicht wissen, denn die Bekloppte war ich ja immer mit. So ist das früher gewesen. Ich habe schon vorher immer gesagt: ‚Meine Mutter ist tot.‘"[32]

Frau K., deren Mutter man von Bremen nach Uchtspringe verlegte, wo sie kurze Zeit später starb, berichtet von ihrer Erleichterung auf die Todesnachricht: „Ich hab da gesessen und zu meinem Mann gesagt: ‚Mutti ist tot.‘ Mein Mann sagt: ‚Weißt du was, was besseres kann ihr gar nicht passieren.‘ ‚Nee.‘ sag ich, ‚möcht ich auch sagen.‘ Wissen Sie, wenn man diese Leute, so wie ich sie damals gesehen hab ... dann läuft es einem kalt über den Rücken, das können Sie mir glauben. Fürchterlich!!!"[33]

Hier tritt eine Form der Anteilnahme zu Tage, für die Klaus Dörner den Begriff des „tödlichen Mitleids"[34] prägte; einerseits die „Erlösung" von einem als „lebensunwert" empfundenen Leben, andererseits als Entlastung des eigenen Leidensdrucks.

Für Hanne Lore Preuß stellt der gewaltsame Tod der Mutter eine lebenslange Wunde dar. Diese hatte man Ende April 1943 als junge, hochschwangere Frau aus einem Notentbindungsheim wegen Selbstmordgefahr in die Bremer Nervenklinik eingewiesen. Die einen Monat später geborene Tochter brachte man zunächst in der Frauenklinik unter, sie selbst wurde im November 1943 nach Meseritz geschickt, wo sie kurze Zeit später starb.

Irmgard Denker war zum Zeitpunkt ihres gewaltsamen Todes gerade 27 Jahre alt. Ihre Tochter wuchs bei den Großeltern auf, die über das entsetzliche Ende der Mutter einen Mantel des Schweigens ausbreiteten. „Erst als ich zur Schule kam, wurde mir zum ersten Mal ganz klar, daß ich keine Mutter hatte", erinnert sich Frau Preuß „Bis dahin, war meine Oma für mich meine Mutter. Ich weiß, daß ich zu der Lehrerin sagte: ‚Ich hätte ja auch gern eine Mutter gehabt.‘ Seit der Zeit habe ich es bewußt als einen Mangel empfunden, keine Mutter zu haben. Das Wissen, daß ich eine Mutter hatte, ist eigentlich am meisten dadurch gefördert worden, daß wir immer zum Friedhof gegangen sind. Ja, das Grab ist immer gepflegt worden. Es war sehr wichtig für meine Oma. Wir haben oft Honigkuchen und eine Thermoskanne mitgenommen, uns auf die Bank gesetzt und eine ganze Zeit dort verbracht. Das war immer sehr schön.Wo und wie sie gestorben ist, darüber hat mir nie jemand etwas erzählt. Wenn

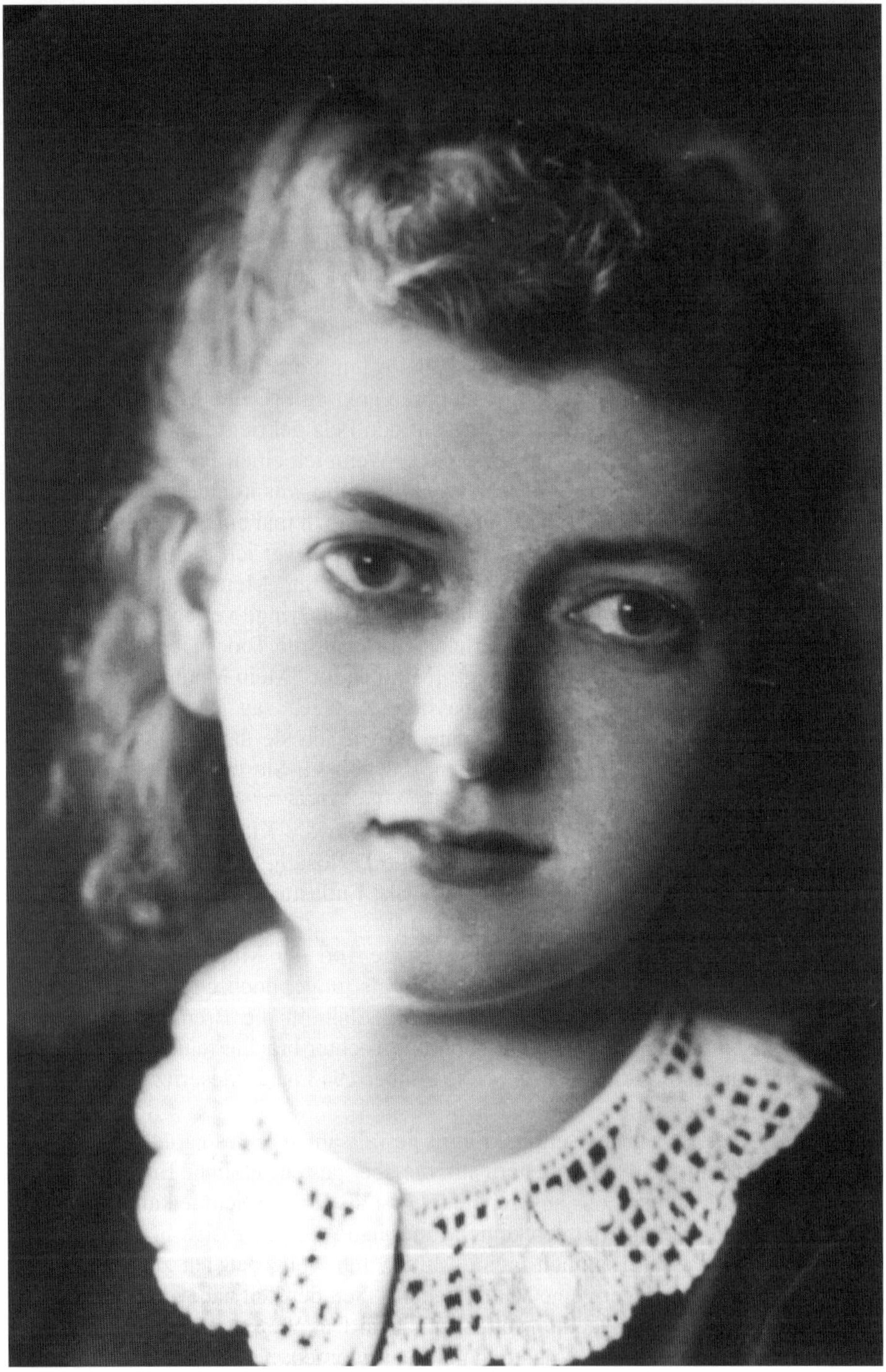

Irmgard Denker, kurze Zeit vor ihrem gewaltsamen Tod in Meseritz/Obrawalde

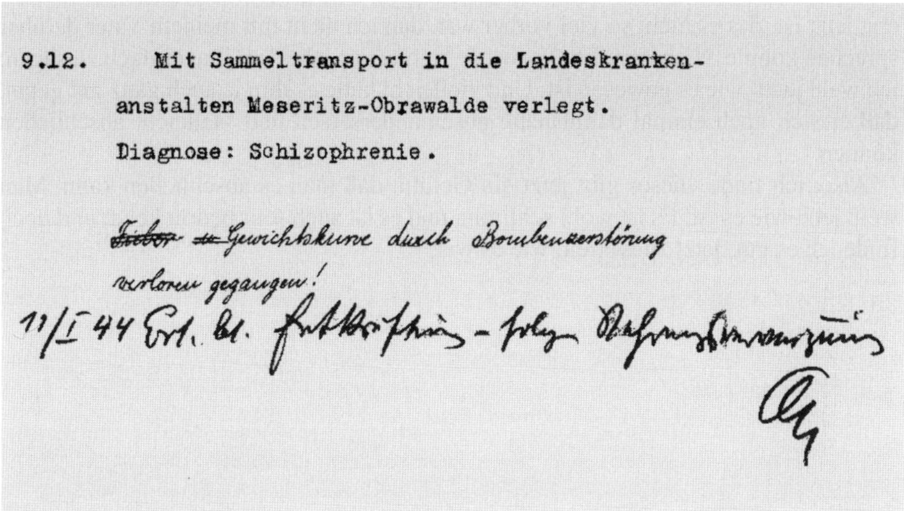

9.12. Mit Sammeltransport in die Landeskranken-
anstalten Meseritz-Obrawalde verlegt.
Diagnose: Schizophrenie.

~~[illegible]~~ Gewichtskurve durch Bombenzerstörung
verloren gegangen!
11/I 44 Ex. let. Entkräftung - folge Nahrungsverweigerung

Der letzte Eintrag in Meseritz/Obrawalde lautete: Exitus letalis Entkräftung infolge Nahrungsverweigerung.

meine Großeltern von meiner Mutter erzählten, die waren dann immer wie angefaßt. Jetzt im nachhinein kann ich meine Großmutter auch verstehen. Sie hat sich wohl immer große Vorwürfe gemacht, daß sie ihre Tochter da nicht rausgeholt hat. Daß sie immer darauf vertraut hat, was ihr gesagt wurde. Ganz schlimm war es, als ich mein erstes Kind kriegte. Sie hatte wohl Angst, daß ich auch krank werden könnte wie meine Mutter, aber das wußte ich ja damals nicht. Ich konnte ja mit keinem darüber sprechen. Nachbarn und Verwandte, sie waren ja alle reserviert. Als wenn meine Mutter die Pest gehabt hätte. Wie eine Aussätzige. Das sind alles Dinge, die noch bis heute nachhängen, obwohl ich sehr behütet aufgewachsen bin.

Daß meine Mutter in Meseritz gestorben ist, habe ich selbst in den Unterlagen gelesen. Ich habe mal in der Wohnung rumgestöbert und das dann gefunden. Als ich schon älter war, habe ich meinen Vater auch mal gefragt, aber er wollte eigentlich nicht darüber reden. Er hat dann immer ganz ausweichend und komisch reagiert. Einmal hat er gesagt, sie sei im Kopf krank gewesen und man hätte das operieren können bzw. man hätte das operiert. Aber wie es ausgegangen sei, daß wisse er auch nicht. So habe ich das dann immer gelassen.

Es sind nur ganz wenige Dinge erhalten geblieben, die meiner Mutter gehörten, z.B. ihr Ehering. Den habe ich mir dann aufgesteckt, und als er mir paßte, dachte ich, aha, deine Mutter hat als auch so schmale Hände gehabt, das hast du also von ihr. Auch die wenigen Fotos, die es von ihr gibt, habe ich gerahmt und an eine schöne Stelle in meiner Wohnung gehängt, wo ich sie mir oft ansehe. Man will ja auch wissen, wie ist er gewesen, der Mensch." Hanne Lore Preuß, die mittlerweile in einer Gruppe aktiv ist, die sich dafür engagiert, daß die Opfer der menschenverachtenden Gesundheitspolitik des Dritten Reichs nicht in Vergessenheit geraten, erfuhr 1993, daß die Krankenakte ihrer Mutter noch heute im Archiv des Zentralkrankenhauses Bremen-Ost aufbewahrt wird. „Ich habe sie nicht gleich lesen können. Es ging nur in Etappen. Ich habe sie weggelegt und wieder vorgeholt. Doch schade finde ich, daß es erst jetzt ist, das es nicht so viel vorher war, daß ich nicht mit meinem Vater darüber sprechen konnte. Nicht um ihm Vorwürfe zu machen, aber um ihm einfach zu sagen: ich weiß jetzt, wie es gewesen ist. Und vielleicht hätte es ihm ja auch ganz gut getan, daß er sich noch einmal damit hätte auseinandersetzen und vielleicht abschließen können.

Also, ich finde, dieses gibt jetzt ein Gefühl, daß man es abschließen kann. Man weiß jetzt wie es ist. Es ist wohl schlimm, und es ist auch sehr bedrückend, und doch finde ich es gut, jetzt zu wissen, wie es war."

Schlußwort

Der tödliche Schatten, der in Deutschland während des Dritten Reiches über der Psychiatrie lag, sparte auch Bremen nicht aus. Als am 25. April 1945 englische Panzerspähwagen vor dem Eingang der Nervenklinik standen, war in Bremen das dunkelste Kapitel der Psychiatriegeschichte beendet. Das Einrücken der Alliierten in die Osterholzer Klinik markiert einen tiefen Schnitt in der Geschichte des psychiatrischen Gesundheitswesens der Hansestadt.

Geprägt von den Leitlinien der Rassenhygieniker, die im Kern das zentrale Recht jedes Menschen – das Recht auf Leben – bestritten, hatte auch im Bremen der dreißiger Jahre eine „Psychiatrie ohne Menschlichkeit" zunehmend Einfluß gewonnen. Beim Blick auf die regionale Entwicklung fällt auf, mit welchem Nachdruck sich die nationalsozialistischen Gesundheitspolitiker bemühten, die Nervenklinik der neuen Ordnung des Dritten Reiches anzupassen. Hierbei springt zunächst ein vergleichsweise rigoroses Vorgehen in der Personalpolitik ins Auge. Bei der politischen Säuberung der „roten Hochburg Ellen" begnügte man sich nicht, zahlreiche links organisierte Pfleger und Schwestern zu entlassen; selbst vor der Absetzung des renommierten Klinikdirektors Friedrich Karl Walter schreckte man nicht zurück.

Kennzeichnend für die damalige Umbruchstimmung in der Psychiatrie ist die ausschließlich politisch motivierte Neubesetzung der Leitungsposition im Jahre 1934 mit dem bewährten Parteimitglied Theodor Steinmeyer. Steinmeyer gehörte ab Kriegsbeginn zu den verantwortlichen NS-Medizinern, die keine Skrupel hatten, den Hippokratischen Eid zu brechen und sich aktiv an der Verfolgung und Ermordung der ihnen anvertrauten Menschen beteiligten. Auch Walther Kaldewey, der von 1939 bis zum Kriegsende die Bremer Nervenklinik leitete, war als überzeugter Nationalsozialist ein Befürworter der „Euthanasie". Als Gutachter der Berliner „T 4"-Zentrale und Teilnehmer an der Diskussion über das geplante „Euthanasie"-Gesetz, ist er dem Kreis der führenden Vertreter der NS-Psychiatrie zuzurechnen. Sowohl Steinmeyer als auch Kaldewey begnügten sich also keineswegs mit einer loyalen Haltung gegenüber dem System – sie agierten an exponierter Stelle.

Mit der Übernahme der Macht durch die Nationalsozialisten verschlechterte sich die Lebenssituation der psychisch Kranken in den Anstalten. Die weitgehende Akzeptanz der rassenhygienischen Zielvorstellungen verstärkte den Druck auf die PatientInnen, unterstützt durch eine breit angelegte und diskriminierende Propaganda. Auf den Kranken der Nervenklinik lastete „der Fluch der Erbkrankheiten", so die Titelzeile eines umfassenden Berichts in den Bremer Nachrichten des Jahres 1936. Während der Bevölkerung das „Gesetz zur Verhütung erbkranken Nachwuchses" als „Segen bei der Eindämmung vererbbarer Krankheiten" nahe gebracht wurde, bekamen die PsychiatriepatientInnen die Folgen hautnah zu spüren. Bereits Ende 1934, also ein Jahr nach Inkrafttreten des Gesetzes, waren fast 300 von 830 Ellener BewohnerInnen nicht nur ihrer Fortpflanzungsfähigkeit, sondern auch ihrer Menschenwür de beraubt.

Mit Beginn des Zweiten Weltkrieges wurden die psychiatrischen Institutionen zu einer tödlichen Falle. Selbst hartnäckige Versuche, ihr zu entkommen – wie am Beispiel des Hermann J. dargestellt – schlugen fehl. Kranke, von ÄrztInnen als „nutzlose Existenzen" verurteilt, ließ man nicht mehr frei.

Zwischen 1938 und 1945 wurden 988 PatientInnen aus der Bremer Anstalt in andere Einrichtungen transportiert. 701 dieser Frauen und Männer überlebten das Kriegsende nicht, 409 von ihnen fielen in einer der Tötungsanstalten dem staatlich organisierten Krankenmord zum Opfer. Wer sich in die Lebensgeschichten dieser Menschen vertieft, ist verblüfft. Es ist nicht allein die spektakuläre Mordtat, die berührt. – Nur wenige Bremer PatientInnen sind in den Gaskammern der psychiatrischen Anstalten ermordet worden, da die staatlich verordneten Krankenvergasungen im August 1941 abrupt abgebrochen wurden. – Es ist mit Siemen vielmehr die Verknüpfung des Ungeheuerlichen mit dem Gewöhnlichen, die schockiert. Der mörderische Alltag in den psychiatrischen Einrichtungen, zu dem das Verabreichen der Giftspritzen ebenso gehörte, wie das Austeilen von Hungerkost und mangelnde Pflege, ließ nur wenigen eine Chance zu überleben.

Auch in der Bremer Nervenklinik starben Menschen eines gewaltsamen Todes. Mindestens vierzehn Frauen und Männer – sie litten an Epilepsie – bezahlten die Absetzung eines Medikaments mit ihrem Leben. Nach der Bombardierung der Anstalt im November 1943 und den darauf folgenden Verlegungen nach Meseritz/Obrawalde, Wehnen und Lüneburg lebten noch 40 Frauen und 91 Männer in der Nervenklinik, die zuvor mit durchschnittlich 800 PatientInnen belegt gewesen war.

Wie tief die Wunden sind, die der psychiatrische Alltag im Dritten Reich hinterlassen hat, läßt sich erahnen, wenn man den Betroffenen und den Hinterbliebenen Gehör schenkt.

Die Psychiatrie wird sich ihre Abkehr von der Humanität im Bewußtsein halten müssen, um erneute Rückfälle zu verhindern.

Anmerkungen

Um eine bessere Lesbarkeit zu erreichen wurden die historischen Zitate der heute gültigen Rechtschreibung und Zeichensetzung angepaßt.

VORWORT

1 Bremen und die Sozialdemokratie, 1904, S. 92.
2 Bremer Nachrichten, 2. Juni 1954.
3 Schmacke/Güse, 1984.
4 Marßolek/Ott, 1986, S. 313-350.
5 Engelbracht/Tischer, 1990.

ALLTAG IN DER BREMER NERVENKLINIK

1 Engelbracht/Tischer,1990, S. 7 ff.
2 Festschrift, 1927, S. 19.
3 Schulte, 1954, S. 191 ff.
4 Bei der Tabelle wurden die MitarbeiterInnen der Verwaltung und der Versorgungseinrichtungen außer acht gelassen, da hier nur wenig genaue Angaben vorliegen. Dasselbe gilt für die Familienangehörigen von Pflegepersonal und Ärzten, die auf dem Anstaltsgelände lebten.
5 AKMO Das Personal des St. Jürgen-Asyls Ellen am 1. Dezember 1910.
6 Hoppe, 1905. Vgl. auch Engelbracht/Tischer, 1990, S. 38 ff.
7 Rübenstahl, 1994, S. 76.
8 AKMO Brief Walters an den Beamtenausschuß der Bremischen Heil- und Pflegeanstalt vom 22. November 1929.
9 Ostner/Beck-Gernsheim, 1979, S. 14. Vgl. auch Rübenstahl, 1994, S. 49 ff.
10 Vgl. dazu den Beitrag „Dienen ohne Ende. Die historische Entwicklung der Arbeitszeit in der Krankenpflege in Deutschland“ von Hilde Steppe, 1988.
11 Die Zahlen wurden von Andrea Esmyol in der wissenschaftlichen Hausarbeit „Frauen als ‚Irrenpflegerinnen‘“, auf der Grundlage des Personalbuches errechnet.
12 Höll/Schmidt-Michel, 1989, S. 88.
13 Scholz, 1900.
14 Engelbracht/Tischer, 1990, S. 29 ff.
15 Höll/Schmidt-Michel, 1989, S. 93.
16 AKMO Brief des Pflegers Richard Zickmann an den Bremer Senat, Ende März 1910. Wenige Wochen später, am 28. April 1910, quittierte R. Zickmann seinen Dienst im St. Jürgen-Asyl, um nach Amerika auszuwandern. Ein Jahr darauf meldete er sich aus Chicago zu Wort, um seine deutschen KollegInnen über die Lage des Pflegepersonals in den amerikanischen Irrenanstalten zu unterrichten. Vgl. dazu Zickmann, 1912.
17 Geheimrat Ludwig aus Heppenheim auf der 27. Versammlung des südwestdeutschen psychiatrischen Vereins in Karlsruhe am 9. und 10. November 1895. In: Allgemeine Zeitschrift für Psychiatrie und psychisch-gerichtliche Medicin, Berlin 1896, S. 1131.
18 Schwarzwälder, Bd. 4, 1985, S. 80. Vgl. auch Marßolek/Ott, 1986, S. 207 ff.
19 StHB 3-B.4.W.472.
20 Zum Themenkomplex Bremen in der NS-Zeit vgl. Marßolek/Ott, 1996 und Schwarzwälder Bd. 4, 1985.
21 StHB 3-S.1.a.Nr. 277, Quadr. 5.
22 StHB 4,10 Personalakte Walter, Brief Braunecks an den Präsidenten der Behörde für das Gesundheitswesen vom 6. Februar 1934.
23 Gildemeister, 1954.
24 Interview Herr K., April 1992.
25 Herzlichen Dank an die Familie K. für die Überlassung der Dokumente und Fotografien.
26 Am 18. März 1933 wurde das „Reichsbanner“ in Bremen verboten. Vgl. Schwarzwälder, 1985, Bd. 4, S. 98.
27 StHB 3-S.1.a.Nr. 277, Quadr. 5.
28 Interview Herr B., Februar 1989.
29 Interview Frau T., Mai 1990.
30 Interview Herr K., April 1992.
31 Vgl. hierzu Rübenstahl, 1994.
32 Gildemeister, 1954.

33 AKMO Personalangelegenheiten 1940-1943, Bl. 889.
34 AKMO Brief des Vorsitzenden des Beamtenausschusses an die Deputation für das Gesundheitswesen, 25. Februar 1933.
35 Für die „Förderung der Betriebsgemeinschaft" z.B. durch Feiern oder Ausflüge war ein Etat von 750 Reichsmark (1943) vorgesehen. AKMO Bewerbungen und Personalangelegenheiten 1940-1943, Bl. 41.
36 Marßolek/Ott, 1986, S. 148.
37 AKMO Frontbrief Dezember 1942.
38 AKMO Frontbrief Januar 1943.
39 Interview Frau G., Dezember 1989.
40 AKMO Personalangelegenheiten, Bl. 104.
41 StHB 3-M.1.t.2.Nr. 395, Bl. 5.
42 AKMO Personalangelegenheiten, Bl. 104.
43 AKMO Stammbuch für männliches Pflegepersonal.
44 Interview Herr T., Dezember 1989.
45 Interview Herr H., Dezember 1989.
46 AKMO Personalangelegenheiten, Bl. 898.
47 AKMO Personalangelegenheiten, Bl. 898.
48 AKMO Personalangelegenheiten, Bl. 21.
49 Interview Herr H., November 1995.
50 AZBO Krankenakte Charlotte H.
51 Der § 51 RSTrGB (Reichsstrafgesetzbuch) besagte: „Eine strafbare Handlung ist nicht vorhanden, wenn der Täter zur Zeit der Tat wegen Bewußseinsstörung, wegen krankhafter Störung der Geistestätigkeit oder wegen Geistesschwäche unfähig ist, das Unerlaubte der Tat einzusehen oder nach dieser Einsicht zu handeln. War die Fähigkeit, das Unerlaubte der Tat einzusehen oder nach dieser Einsicht zu handeln, zur Zeit der Tat aus einem dieser Gründe erheblich vermindert, so kann die Strafe nach den Vorschriften über die Bestrafung des Versuchs gemildert werden." Zitiert nach Schröter, 1994, S. 71, Fußnote 2.
52 AZBO Krankenakte Emil S. Vgl. auch Marßolek/Ott, 1986, S. 331.
53 Die Ehefrau von Emil S. stellte im Dezember 1950 einen „Wiedergutmachungsantrag". Über die Umstände seines Todes in Wehnen berichtete ihr Rechtsbeistand: „Nach der Ausbombung der Ellener Anstalt wurde Herr S. in die Anstalt Wehnen/in Oldenburg verlegt. Sein Gesundheitszustand, der bis auf die epileptischen Anfälle bislang gut war, verschlechterte sich vom Augenblick der Verlegung nach Wehnen ab. Frau S. fuhr fast jeden Tag nach Wehnen, wo sie ihren Mann stets nur in halbbewußtlosem Zustande antraf. Ein Mitinsasse sagte ihr, daß ihr Mann nach einem epil. Anfall eine Spritze bekommen habe, die täglich wiederholt werde." Obwohl der Ellener Oberarzt Gildemeister bestätigte, daß der Grund für die Einweisung und das Festhalten in der Anstalt in der politischen Einstellung des Herrn S. begründet war, kam der Amtsarzt zu dem Ergebnis, „daß der Verstorbene nur aus ärztlichen Gründen und um ihm Schwierigkeiten in der Öffentlichkeit zu ersparen in der Anstalt zurückbehalten worden sei". Der „Wiedergutmachungsantrag" wurde daraufhin abgelehnt. StHB 4,54 Emil S.
54 StHB 3-M.2.h.3.ad.Nr. 8(9), Kriegstagebuch der Bremischen Heil- und Pflegeanstalt.
55 Engelbracht, 1995.
56 Bis dato waren hier vier Klassen der Schule Osterholz unterrichtet worden.
57 StHB 3-M.2.h.3.ad.Nr. 8 (9).
58 1943 waren vier der verbliebenen Pfleger an Tuberkulose erkrankt. AKMO Personalangelegenheiten, Bl. 41.
59 In der Fachliteratur gibt es über die sächsische Anstalt Haldensleben keine Informationen. Die Auskunft des Haldenslebener Anstaltsleiters Metz, daß durch Verlegungen die Zahl der Kranken auf 550 Kranke vermindert sei, legt zu diesem Zeitpunkt (23. September 1940) die Vermutung nahe, daß man die PatientInnen in eine der sechs Gasmordanstalten deportiert und dort getötet hat.
60 Der gut informierte Bremer Anstaltsleiter hatte erfahren, daß die sächsische Einrichtung aufgelöst werden sollte, und bemühte sich nun, neben dem Pflegepersonal auch Ärzte abzuwerben. AKMO Personalangelegenheiten, Bl. 788, 789, 856.
61 AKMO Personalangelegenheiten, Bl. 150/151.
62 Auch in einem Schreiben an die senatorischen Behörde betonte der Anstaltsleiter sein Bedauern darüber, daß bisher nicht von einer Bestrafung durch „Gefängnis oder Unterbringung in einem Arbeitslager" Gebrauch gemacht worden sei. Das sei doch das einzige Mittel, „was gegen solche Elemente, die in unserer doch weiß Gott schwierigen Lage gegen Kameradschaft, Pflichterfüllung, Ethos der Arbeit und damit gegen den Totalen Krieg verstoßen, hilft ... (I)n Rußland würden solche Elemente aller Wahrscheinlichkeit nach in einer Weise bestraft werden, daß ihnen Hören und Sehen vergeht ... Ich möchte Sie daher bitten ... im Falle der Lissa Z. für eine Bestrafung Sorge zu tragen, die nicht von Pappe ist!" Der „Reichstreuhänder

der Arbeit“ hielt indes eine Geldstrafe von hundert Reichsmark als Bestrafung der 17jährigen Jungschwester für angemessen. AKMO Personalangelegenheiten, Bl. 1137 ff.
63 StHB 4,10 Personalakte Otto H.
64 StHB 4,10 Personalakte Otto H.

SOZIALDARWINISMUS UND RASSENHYGIENE

1. Darwin, 1859.
2. Zmarzlik, 1963, S. 248.
3. Darwin, 1871.
4. Bock, 1986, S. 29.
5. Zitiert nach Weingart/Kroll/Bayertz 1988, S. 76.
6 Zmarzlik, 1963, S. 246.
7 Baur, Bd. 2, 1921, S. 255.
8 Kaminsky, 1995, S. 138.
9 Forel, 1935, S. 130.
10 Delbrück, 1913, S. 527.
11 Zitiert nach Finzen, 1980, S. 105.
12 Weingart/Kroll/Bayertz, 1988, S. 48.
13 Schulte, 1965, S. 75.
14 Historische Gesellschaft zu Bremen/Bremer Staatsarchiv, 1969, S. 105 f.
15 Die Wohlfahrtseinrichtungen Bremens, 1929, S. 129.
16 Delbrück, 1913, S. 525.
17 Delbrück, 1913, S. 592.
18 Ernst Rüdin stellte einen drastischen Maßnahmenkatalog zur „künstlichen Ausjäte“ zusammen, in dem er auch vor der „Todesstrafe“ nicht zurückschreckte: „Das Alpha und Omega des Wohlergehens einer gegebenen Rasse besteht immer in erster Linie in der maximalen Vermehrung der gesunden, kräftigen, tüchtigen, ethisch hochstehenden Menschen innerhalb derselben, wodurch ihre Qualität verbessert, ihr Fortbestand gesichert und zugleich ihre Verteidigung gegen Angriffe durch fremde Völker sicher gestellt wird ... Ferner in einem Ausschluß der Schwachen, Kranken, Untüchtigen und Schlechten von der Nachzucht durch künstliche Ausjäte, genügend rasche Beseitigung aller der schlechten Rassevarianten, welche durch ihre Eigenschaften für die ganze Rasse schädlich werden, z.B. der Delinquenten (durch Todesstrafe, Deportation, Einsperrung oder Verwahrung in Anstalten, welche ihrem Betrieb nach zwischen Gefängnissen und Irrenhaus stehen), der Geisteskranken (durch Verwahrung in Krankenanstalten) usw. und in einer Verhinderung der Fortpflanzung derjenigen in der Freiheit lebenden Varianten, welche mit erblichen Krankheiten und Defektkomplexen oder mit sonstigen, die Nachkommenschaft gefährdenden Schwächen behaftet sind, durch Belehrung und durch privaten und staatlichen Zwang.“ Hähnel, 1904, S. 103.
19 Delbrück, 1913, S. 504.
20 Delbrück, 1913, S. 529.
21 Delbrück, 1933, S. 87. Vgl. auch Hauschild, 1995, S. 139 f.
22 Delbrück, 1926, S. 109.
23 StHB 4,10 Personalakte Rehm, Bl. 80.
24 Runge/Rehm, 1926. Rehm veröffentlichte die Studie mit dem Direktor der städtischen Nervenheilanstalt in Chemnitz Werner Runge. Während Runge für den „Klinischen Teil“ verantwortlich zeichnete, firmierte Otto Rehm als Verfasser des „Sozialen Teils“.
25 Vgl. dazu die grundlegende Studie von Detlev J.K. Peukert, 1986.
26 Runge/Rehm, 1926, S. 152.
27 Vgl. dazu den informativen Aufsatz zur Fürsorgeerziehung und Zwangssterilisation im Rheinland von Sabine Blum-Geenen und Uwe Kaminsky, 1995.
28 Rehm, 1926, S. 737-744.
29 Meltzer, 1925.
30 Rehm, 1926, S. 744.
31 Als dann acht Jahre später das „Gesetz zur Verhütung erbkranken Nachwuchses“ erlassen wurde, machte Rehm Zweifel an der von Gütt, Rüdin und Ruttke errechneten Zahl „der angeboren Schwachsinnigen in Deutschland“ (Rehm, 1935, S. 321) geltend. Gütt, Rüdin und Ruttke waren von einer Zahl von 300-600 000 „angeboren Schwachsinnigen“ ausgegangen (vgl. Gütt, 1934). Als Grundlage für die Studie wurden wiederum die BewohnerInnen des „Bremer Heims für Jugendliche“ herangezogen. Verschiedene Untersuchungsmethoden, so der Autor, seien angewandt worden, um zu einer Diagnose zu gelangen. Auf diese Weise „kam ein Urteil zustande“, so Rehm wörtlich, „das nicht so sehr auf einer zahlenmäßigen ‚Exaktheit‘ beruht, sondern der ‚künstlerischen‘ Intuition des Untersuchers Raum läßt.“ (Rehm, 1935, S. 322) Am

Ende seines Rechenexempels kam Rehm zu dem Ergebnis, daß „theoretisch 3 Millionen Schwachsinnige zu sterilisieren [seien], von denen natürlich gemäß dem Bevölkerungsaufbau sich ein Teil schon in der Involution [Altersbedingte Rückentwicklung der Fortpflanzungsfähigkeit, G.E.] befindet und für die Unfruchtbarmachung nicht mehr in Frage kommt, und ein Teil sich noch im kindlichen Lebensalter befindet und daher dem Eingriff noch nicht unterliegt." (Rehm, 1935, S. 326)

32 Vgl. dazu Walter, 1991.
33 Walter, 1933, S. 50-78.
34 StHB 3.-M.1.a.140 Quadr. 4.
35 Gildemeister, 1954, S. 31.
36 Walter, 1933, S. 52.
37 Walter, 1933, S. 77.
38 Walter, 1933. Walter schrieb wörtlich: „Damit niemand hierin [in der Forderung nach Einführung der Zwangssterilisation, G.E.] einen Vorwurf gegen die Behandlung von chronischen Geisteskranken oder eine Befürwortung der bekannten Vorschläge von Binding und Hoche auf Vernichtung ‚unwerten Lebens' sehen kann, stelle ich ausdrücklich fest, daß mir solche Gedanken sehr fern liegen."
39 Karl Stoevesandt war während der NS-Zeit führendes Mitglied kirchlicher Oppositionskreise in Bremen. Vgl. dazu Schwarzwälder, Bd. 4, 1985, S. 344 ff; Marßolek/Ott, 1986, S. 289 ff; Bockhofer, 1989.
40 Schmuhl, 1993, S.127.
41 Archiv Diakonisches Werk der Evangelischen Kirche im Rheinland Ohl 77.2.2. Bericht über den Lehrgang über Gegenwartsaufgaben der Gefährdetenfürsorge vom 10. bis 12. Januar 1933 im Zentral-Diakonissenhaus Bethanien, Berlin. Zitiert nach Kaminsky, 1994, S. 153.
42 Schmuhl, 1992, S. 102 f.
43 Schmacke/Güse, 1984, S. 59.
44 Vgl. dazu Schmuhl, ^{2}1992, S. 99 ff.
45 Exophthalmus = krankhaftes Hervortreten des Augapfels aus der Augenhöhle.
46 AZBO Krankenakte Anna S.
47 Vgl. dazu die Ausführungen über die Debatte um die Legalisierung der rassenhygienischen Sterilisierung, in: Schmuhl, 1992, S. 99 ff.
48 Hanack, 1959, S. 11.
49 Ganssmüller, 1987, S. 89. Zunächst war nur die chirurgische Sterilisation zulässig; das Zweite Änderungsgesetz zum Gesetz zur Verhütung erbkranken Nachwuchses vom 4. Februar 1936 gab auch die Strahlensterilisation frei (Schmuhl, 1992, S. 158.). Vgl. den genauen Wortlaut des Gesetzes in: Fünfte Verordnung zur Ausführung des Gesetzes zur Verhütung erbkranken Nachwuchses. Vom 25. Februar 1936. In: Psychiatrisch-Neurologische Wochenschrift, 38. Jg., 1936, S. 282.

RASSENWAHN UND VOLKSGESUNDHEIT

1 Peukert, 1987, S. 58.
2 Delius, 1994, S. 146.
3 Schmuhl, 1992, S. 131.
4 Blasius, 1994, S. 145.
5 Gütt, 1934.
6 Schmacke/Güse, 1984, S. 52 f.
7 Bock, 1986. Zitiert nach Meyer/Seidel, 1989, S. 370.
8 Nitschke, 1993, S. 20.
9 Bock, 1986, S. 8 und 380.
10 Nitschke, 1993, S. 24.
11 Vgl. dazu Labisch/Tennstedt, 1985 und 1991.
12 Bock, 1986, S. 187.
13 Linden, 1935. Zitiert nach Nitschke, 1993, S. 25 f.
14 Bock, 1986, S. 188.
15 Nitschke, 1993, S. 27 f.
16 Bock, 1986, S. 188 f.
17 Nitschke, 1993, S. 38. Vgl. dazu auch Schmacke/Güse, 1984 und Marßolek/Ott, 1986, 314 ff.
18 Marßolek/Ott, 1986, S. 317. Am 1. April 1936 holte man Brauneck aufgrund seiner Verdienste als stellvertretender Vorsitzender des Reichsausschusses zum Schutze deutschen Blutes nach Berlin. 1937 wurde er als SA-Obergruppenführer Chef des Gesundheitshauptamtes der Obersten SA-Führung.
19 StHB 4,130/I.N.II.3.1.

20 Bremer Nachrichten, 26. Juli 1933.
21 Bremer Nachrichten, 27. Juli 1933.
22 StHB 4,130/1.X.I.1.3, Chronik der Bremer Gesundheitsbehörde vom 30. November 1937. Zitiert nach Marßolek/Ott, 1986, S. 319.
23 Bei der ersten Besetzung des Erbgesundheitsgerichts für das Bremische Staatsgebiet gab es zunächst juristische Probleme. Der Präsident der Landesjustizverwaltung machte darauf aufmerksam, daß nach einer Anweisung des Reichsministers des Innern die Beisitzer der Erbgesundheitsgerichte Amtsärzte zu sein hätten: „Ihre Bestellung [er meinte Brauneck, G.E.] und die des Professors Dr. Walter zu Gerichtsmitgliedern wird sich daher nicht aufrecht erhalten lassen und durch Bestellung von Amtsärzten ersetzt werden müssen, wenn nicht Sie und Professor Walter auch amtsärztliche Befugnisse ausüben oder mindestens allgemein oder für ein bestimmtes Aufgabengebiet zu Stellvertretern der Kreisärzte bestellt sind oder bestellt werden." (StHB 4,130/1,N.II.3.1.) Die vom Landesjustizpräsidenten angedeutete Möglichkeit, die rechtliche Unkorrektheit klarzustellen, griff Brauneck auf und formulierte selbst als „Hilfestellung" für den Senat: „Der Senat beauftragt den Präsidenten der Gesundheitsbehörde mit der Wahrnehmung amtsärztlicher Geschäfte, sofern er nicht bereits Amtsarzt ist. Der Senat beauftragt ferner den Leiter der Heil- und Pflegeanstalt mit der Stellvertretung des Gerichtsarztes." (StHB 4,130/1,N.II.3.1.) Dem Landesjustizpräsidenten hatte er handschriftlich geantwortet, daß es Amtsärzte und Gerichtsärzte, die Nationalsozialisten seien, nicht oder kaum gäbe. In den Erbgesundheitsgerichten aber müßten Nationalsozialisten vertreten sein.
24 StHB 4,130/1,N.II.3.1.
25 StHB 4,130/1,X.I.1.3.
26 StHB 4,130/1,X.I.1.3.
27 AKMO Notierte Erlebnisse und Begebenheiten mit Kranken in einer Nervenklinik (St. Jürgen-Asyl) in der Zeit 1935/1945, S. 37.
28 Marßolek/Ott kommen in ihrer Publikation zu dem Ergebnis, daß „1934 knapp die Hälfte der Patienten in Ellen sterilisiert wurde" (S. 320). 1933 lag die Zahl der PatientInnen bei 802, 1937 bei 882; geht man von einer geschätzten Krankenzahl von 830 für das Jahr 1934 aus und zieht von der Gesamtzahl der Anträge, nämlich 298, sechs (in diesem Jahr wurden insgesamt 12 Anträge abgelehnt) ab, so gelangt man zu dem Ergebnis von 35,18 %. Vgl. auch Schmacke/Güse, 1984, S. 84 ff.
29 Die Tabelle wurde erstellt nach den Angaben in Marßolek/Ott, 1986, S. 320 f.
30 Blasius, 1994, S. 152.
31 AZBO Krankenakte Emma G.
32 Schmuhl, 1992, S. 156.
33 Vgl. dazu Schmuhl, 1992, 168 ff.
34 Schmuhl, 1992, S. 157.
35 Schmacke/Güse, 1984, S. 124, nennen eine Zahl von sechzehn Frauen, die nach der Steilisationsoperation starben, während Marßolek/Ott, 1986, S. 321, vierzehn verstorbene Frauen angeben.
36 StHB 3.-M.1.a.Nr. 140 Quadr. 35. Vgl. die ausführliche Darstellung zu diesem Themenkomplex in Schmacke/Güse, 1984, S. 122 ff. und Marßolek/Ott,1986, S. 321 f.
37 StHB 3.-M.1.a.Nr. 140 Quadr. 35.
38 StHB 3.-M.1.a.Nr.140 Quadr. 35.
39 AZBO Krankenakte Christa W.
40 Die Informationen zur Fallgeschichte Erika F. sind entnommen AZBO Krankenakte Erika F. und StHB 3.-M .1.a.140 Quadr. 35. Vgl. die Darstellung dieser Fallgeschichte auch in Schmacke/Güse, 1984, S. 9 ff.
41 StHB 3.-M.2.h.3.ad.Nr.8(7), Brief vom 8. September 1939.
42 Bock, 1986, S. 435 ff.
43 Interview Frau B., September 1995.
44 Interview Frau L., September 1995.
45 AZBO Krankenakte Mariechen F.
46 Das „Marthasheim" war ein „Wohn- und Durchgangsheim für alleinstehende Frauen und Mädchen". Vgl. 1734-1934 Osterstraße 21. 200jährige Geschichte eines Hauses. In: Bremer Nachrichten, 17. November 1934.
47 Laut § 11 Abs. 1 der Gesundheitsdienstordnung vom 13. September 1935 konnte die „Aufnahme eines Geisteskranken in eine Heil- und Pflegeanstalt sowie die Zurückhaltung in der Anstalt … von der Polizeibehörde in Bremen auch wider den Willen des Kranken oder seines gesetzlichen Vertreters dann verfügt werden, wenn nach dem Gutachten des Amtsarztes das Vorhandensein der Geistesstörung feststeht und aus dem Verbleiben des Kranken außerhalb der Anstalt für ihn selbst oder für andere Gefahr erwächst." Gesetzblatt der Freien Hansestadt Bremen, 1935, Nr. 52.
48 AZBO Krankenakte Mariechen F.

49 AZBO Krankenakte Mariechen F.
50 Vgl. zu diesem Themenkomplex regionalgeschichtlich: Marßolek/Ott, 1984, S. 234 ff; Hesse, 1995. Überregional: Hohmann,1988; Zimmermann, 1989.
51 Imbezillität: angeborener oder in frühester Kindheit erworbener Schwachsinn mittleren Grades.
52 Vgl. dazu Bremer Nachrichten, 13. Dezember 1942.
53 Zimmermann, 1989, S. 44.
54 StHB 4,130/2-XIII Nr. 19/1943 Erbgesundheitsgerichtsakte Mariechen F.
55 Vgl. dazu Zimmermann, 1989, S. 61 ff. Bremer Sinti und Roma wurden auf Grund des sogenannten Auschwitz-Erlasses verhaftet und Anfang März 1943 deportiert. Hesse, 1995, S. 248 ff.
56 Vgl. Rothmaler, 1992, S. 182 ff. und Chronologische Geschichte der Hamburger Wohlfahrtsanstalten 1600-1949, 1992, S. 214 ff.
57 Von Hamburg aus wurden hunderte Sinti und Roma ins besetzte Polen deportiert und dort getötet. Der letzte „Zigeunertransport" ging am 18. April 1944 mit 26 Menschen nach Auschwitz, unter ihnen befand sich Mariechen. Vgl. dazu Kawczynski, 1984, S. 50.
58 Die Todesursache lautete „Lungentuberkulose".
59 Blasius, 1994, S. 157.
60 Rothmaler, 1989, S. 72.
61 Vgl. dazu Schmacke/Güse, 1984, S. 134 ff.
62 Unter Karl Bonhoeffer, dem Leiter der Berliner Universitäts-Nervenklinik der Charité, hatte Schulte im März 1934 einen erbbiologischen Schulungskurs für Neurologen und Psychiater angeboten. Schultes Vortrag über „Die erbliche Fallsucht" erschien zusammen mit sechs weiteren Referaten, inklusive eines Anhangs zur „Technik der Unfruchtbarmachung" in der Broschüre „Die psychiatrischen Aufgaben bei der Ausführung des Gesetzes zur Verhütung erbkranken Nachwuchses". Zwei Jahre später war er als ärztlicher Beisitzer in der Zweiten Kammer des Berliner Erbgesundheitsgerichts tätig (Totgeschwiegen, 1989, S. 210). Kritische Ausführungen zur Position Karl Bonhoeffers im Hinblick auf das Sterilisierungsgesetz in Blasius, 1994, S. 159 und Totgeschwiegen, 1989, S. 210 f.
63 Schmacke/Güse, 1984, S. 144.
64 Schmacke/Güse, 1984, S. 136 ff. Der Bremer Vorschlag für ein neues Sterilisierungsgesetz ging schließlich in der Mitarbeit am Gesetzentwurf des Länderrates in Stuttgart auf.
65 Landesgesundheitsamt Bremen an Länderrat Stuttgart vom 1. August 1947. Zitiert nach Schmacke/Güse, 1984, S. 140. Das Schulte mit seiner Meinung durchaus nicht allein stand, belegt Koch in seiner Studie über Zwangssterilisation in der Universitätsfrauenklinik Göttingen. Koch, 1994, S. 69 ff.
66 Schmacke/Güse, 1984, S. 140.
67 Schmacke/Güse, 1984, S. 146.
68 Koch, 1994, S. 77.

DIE VERNICHTUNG DER „LEBENSUNWERTEN"

1 Binding/Hoche, 1920, S. 55.
2 Binding/Hoche, 1920, S. 27.
3 Sueße/Meyer, 1988, S. 15 ff.
4 Siemen, 1987, S. 32. Vgl. auch auf S. 36 die Aussage des Bremer Oberarztes Otto Rehm.
5 Jahresversammlung, S. 598.
6 Blasius, 1994, S. 135.
7 Der gesamte Text des Erlasses ist abgedruckt in: Klee, 1988, S. 80 f.
8 Faksimile eines Meldebogens in Klee, 1985a, S. 296 f., und Aly, 1987, S. 124 f.
9 Aussage Karl Brandts während der Nürnberger Prozesse. Vgl. Mitscherlich/Mielke, 1978, S. 211 f.
10 Schmidt, 1983, S. 109 f.
11 Schmuhl, 1987, S. 189.
12 Vgl. dazu Schmidt, 1983, S. 99 ff.
13 Richtlinien des Reichsministers der Finanzen vom 3. März 1941. Zitiert nach Aly, 1984, S. 152.
14 Klee, 1985a, S. 302.
15 AZBO Krankenakte Gerda K.
16 Das Bremer Jugendamt vermittelte ihm jedoch einen Platz in der Oldenburgischen Heil- und Pflegeanstalt Wehnen (Brief vom 29. Juli 1942). Im Januar 1943 wurde er von dort aus in die Kinderfachabteilung der Provinzialheilanstalt Dortmund-Aplerbeck verlegt. Nach dem Krieg lebte Hans-Rainer M. in einer Behinderteneinrichtung in der Nähe Bremens. AZBO und ALW

17 Aly, 1987, S. 121.
18 Mitscherlich/Mielke, 1989, S. 184.
19 BAK R 22 Nr. 4209.
20 Blasius, 1994, S. 173.
21 Vgl. dazu Klee, 1985 b, S. 65 ff.; Schmuhl, 1987, 240 ff.; Bernhardt, 1994, S. 30.
22 Kaul,1979, S. 64.
23 Vgl. Klee, 1986, S. 78 ff.
24 Zitiert nach Klee, 1985b, S. 96.
25 Lifton,1988, S. 78.
26 Roth/Aly, 1984, S. 101-179.
27 Schmuhl, 1987, S. 368.
28 Kaul, 1979, S. 171.
29 Laut Vermerk des Direktors der Bernburger Tötungsanstalt: „Die Arbeit der Gemeinnützigen Stiftung für Anstaltspflege und damit der gesamten Anstalten ruht seit dem 24. August 1941." Zitiert nach Klee, 1985a, S. 339.
30 Aussage Karl Brandts während der Nürnberger Prozesse. Zitiert nach Mitscherlich/Mielke, 1978, S. 212.
31 Vgl. zum Themenkomplex „14 f 13" Klee, 1985 a, S. 345 ff; Grode, 1987; Schmuhl, 1987, 217 ff; Hoffmann, 1993; Lifton, 1988, S. 161 ff.
32 Kogon, 1983, S. 65.
33 Schmuhl, 1987, S. 219.
34 Vgl. dazu Schmuhl, 1987, S. 250 ff.
35 Kaul, 1979, S. 159.
36 Schmuhl, 1987, S. 230.
37 „Der Reichsbeauftragte für die Heil- und Pflegeanstalten", so der Wortlaut des Ministerialerlasses, „hat planwirtschaftliche Aufgaben auf dem Gebiet der Heil- und Pflegeanstalten durchzuführen. Er untersteht dem Reichsminister des Innern und ist ermächtigt, im Einvernehmen mit dem Leiter der Reichsarbeitsgemeinschaft Heil- und Pflegeanstalten die notwendigen Maßnahmen zu treffen." Reichsgesetzblatt 1941, I, S. 653. Zitiert nach Aly, 1985 b, S. 16. Über die Bedeutung dieser Formulierung herrscht in Fachkreisen Uneinigkeit. Während Aly hierin „den ersten Teil eines Gesetzwerks zur staatlich institutionalisierten ‚Euthanasie'" (Aly, 1985b, S. 15 ff. Seiner Interpretation folgen Delius, 1988, S. 14 f; Meyer/Seidel, 1989, S. 384; Schmuhl, 1987, S. 230 ff.) sieht, weist Blasius (Blasius, 1995, S. 180. Vgl. auch Kaminsky, 1995.) auf die quellenmäßige Uneindeutigkeit dieser Aussage hin.
38 Per Ministerialerlaß vom 26. November 1942 wurde die Meldepflicht auf alle Kranken ausgedehnt. Am 31. August 1944 hob das Reichsinnenministerium die Meldepflicht vollständig auf. Sueße/Meyer, 1988, S. 74.
39 BAK R 96.1/1, Bl. 128028. Zitiert nach Bernhardt, 1994, S. 31.
40 Aussage von Ludwig Trieb vom 3. April 1962, Zentrale Stelle der Landesjustizverwaltung, Ludwigsburg, Aussagensammlung „Euthanasie". Zitiert nach Aly, 1985b, S.18.
41 Während Aly bemerkt, daß die Ergebnisse der Planungsabteilung zu einer wichtigen Planungsgrundlage für die Phase der Anstaltsmorde wurde, die ab Frühjahr 1943 als Reaktion auf den verschärften Luftkrieg und die katastrophenmedizinische Versorgung einsetzte, weist Kaminsky am Beispiel des Rheinlands darauf hin, daß die Reformpläne ganz der Kriegsentwicklung zum Opfer fielen und auch bei den katastrophenpolitisch motivierten Verlegungen keine Grundlage für die Räumung bestimmter Anstalten darstellten. Kaminsky, 1995, S. 414.
42 BAK Akten des Ärzteprozesses, All. Proz. 1, LXIVH (Karl Brandt) Nr. 15, S. 203. Zitiert nach Blasius, 1994, S. 178.
43 Mitscherlich/Mielke, 1989, S. 212.
44 Vgl. dazu Klee, 1985a, 417 ff; Schmuhl, 1987, 220 ff; Richarz, 1987, S. 174 ff.
45 Zitiert nach Klee, 1985b, S. 287.
46 Zitiert nach Richarz, 1987, S. 175.
47 Vgl. dazu Kaul, 1979, S. 59; Klee, 1985a, S. 89; Schröter, 1994, S. 155 ff.
48 Blasius, 1994, S. 178.
49 Vgl. Delius, 1988, 12 ff.
50 Zitiert nach Rönn,1991, S. 52.
51 Aly, 1985a, S. 57.
52 Blasius, 1994, S. 182 f.
53 Kaminsky, 1995, S. 334.
54 Vgl. dazu S. 108 ff.
55 BAK R 96I/3, Bl.125296/2. Weitere Bremer Adressaten für Meldebögen waren das Erziehungsheim Ellenerhof mit neun Fragebögen bei hundert Insassen und die Privatklinik von Dr. med. Benning für Nerven- und Gemütskranke mit sechs Fragebögen bei siebzig Insassen. Beide Institutionen lagen in räumlicher Nähe zur Bremer Nervenklinik.

56 Aus der Bremer Nervenklinik wurden verschiedentlich Krankenakten von der Reichsarbeitsgemeinschaft angefordert.
57 Faulstich, 1993, S. 212 ff.
58 Faulstich, 1993, S. 286.
59 Vgl. dazu S. 15 und S. 17.
60 Delius, 1988, S. 70 f.
61 Vgl. dazu Böhme/Lohalm, 1993.
62 Vgl. S. 108 ff.
63 Vgl. Sueße/Meyer, 1988, S. 117 ff.
64 StHB 3-D.4.b.Nr.5, Quadr. 13. Vgl. auch Marßolek/Ott, 1986, S. 329 f.
65 StHB 3-D.4.b.Nr.5, Quadr. 13.
66 StHB 4,130/1 N.I.1.9, Antwortschreiben Rogals vom 29. Januar 1942.

ÄRZTE IN DER BREMER NERVENKLINIK

1 Engelbracht/Tischer, 1990, 32 ff.
2 StHB 4,10 Personalakte Friedrich Karl Walter, Bl. 6.
3 Zu den wichtigsten Forschungsarbeiten F.K. Walters gehören die Publikationen „Schilddrüse und Regeneration“ (1910), „Krankheiten des Rückenmarks und des verlängerten Marks“ (1925) und „Die Blut-Liquorschranke“ (1929).
4 Reichsgesetzblatt 1933, Nr. 34: Gesetz zur Wiederherstellung des Berufsbeamtentums. Vom 7. April 1933.
5 StHB 3-B.4.W.472, Bl. 12.
6 StHB 3-B.4.W.472, Bl. 18 f.
7 StHB 3-B.4.W.472, Bl. 19/20.
8 StHB 3-B.4.W.472.
9 Stoevesandt/Tölken, 1965, S. 35.
10 Titel der Dissertation: Über die therapeutische Beeinflussung der Anaemia perniciosa, der Chlorose, der sekundären Anämien und der chronischen Leukämien, Erlangen 1924.
11 Alle Angaben zur politischen Laufbahn Steinmeyers sind dem „Personalfragebogen für die Anlegung der SA-Personalakte“ (Berlin Document Center) entnommen.
12 Bremer Nachrichten, 28. Februar 1934.
13 Hartung, 1986, S. 52.
14 Gildemeister, 1954, S. 32.
15 BDC Personalfragebogen Steinmeyer.
16 Gildemeister, 1954, S. 32.
17 Interview Frau G., Dezember 1989.
18 Interview Frau H., Dezember 1989.
19 Einzelne Hinweise auf Theodor Steinmeyer finden sich u.a. in: Roth/Aly, 1984; Klee, 1985a, 1985b, 1986; Marßolek/Ott, 1986; Sueße/Meyer, 1988; Chroust, 1988 und Kaminsky, 1995. Ein erster biographischer Abriß findet sich bei Kersting, 1992, S. 23 ff.; ausführlicher auch in Kürze ders., 1996.
20 Klee, 1985a, S. 245. Vgl. dazu auch Müller/Siemen, 1991.
21 Sueße/Meyer, 1988, S. 149. Zuflucht, 1992, S. 43.
22 Sueße/Meyer, 1988, S. 86 und 139.
23 Kaminsky, 1995, S. 365 ff. und S. 706.
24 BA, Abt. Potsdam, Film Nr. 41151,728/729.
25 Klee, 1985 a, S. 246.
26 Sueße/ Meyer, 1988, S. 86 und 139.
27 Chroust,1988, S.185.
28 Den ersten Hinweis hierauf bekam ich von Ernst Klee, der mir im Mai 1994 folgendes mitteilte: „Btr. 14 f 13 in Bernburg: Der Bernburger Büroleiter, Hauptmann der Schutzpolizei, Fritz Hirche, habe die abgemagerten KZ-Häftlinge mit einer Ansprache begrüßt, falls sie gut arbeiteten, könnten sie mit ihrer Entlassung rechnen. Eberl sei nicht anwesend gewesen, vielmehr sei ein großer korpulenter Arzt gekommen, der stets seine Frau mitgebracht habe. Als man ihr ein Fotoalbum vorlegt, erkennt sie Dr. Steinmeyer und dessen Frau.“ Im Archiv des Krankenhaus Museums Bremen befindet sich die Abschrift von einem Zeugnis, das Steinmeyer am 27. Februar 1942 in Bernburg schrieb. In seinem Absender befindet sich der Zusatz: „z.Zt. kommandiert nach Bernburg“.
29 Kogon, 1958, S. 245.
30 Klee, 1985a, S. 229.
31 Zur Rolle Steinmeyers in der westfälischen Anstalt Marsberg vgl. in Kürze ausführlicher Kersting, 1996.

32 Der Diplom-Landwirt Hefelmann war zuständig für die Organisation der Kinder-"Euthanasie".
33 Vgl. Kersting, 1996.
34 Die systematische Auswertung der zeitgenössischen Fachliteratur ergab, daß Steinmeyer lediglich einen Beitrag in der Münchener Medizinischen Wochenschrift vom 23. Januar 1931 veröffentlichte. Der Titel lautete: „Beitrag zum neurologischen Befund nach Luminalvergiftung."
35 BA, Abt. Potsdam EVZ I/6 A 11, Bl. 69. Dr. Kurt S. sagte am 15. November 1945 aus, Steinmeyer sei am 1. April 1943 eingestellt worden. Eine gleichlautende Aussage zum Dienstantritt Steinmeyers in Pfafferode machte der Pfleger Gustav V. Die offizielle Anfrage bei der Provinzialheilanstalt Marsberg Ende 1947 ergab, daß Steinmeyer im Jahre 1943 nach Pfafferode gezogen sei. Dagegen gibt Kersting 1992 und 1996 an, der Stellenwechsel sei bereits am 1. Oktober 1942 vollzogen worden. Möglicherweise ist diese Zeitdifferenz dadurch zu erklären, daß Steinmeyer zwar im Oktober 1942 seine Arbeitsstelle in Marsberg aufgab, seinen neuen Arbeitsplatz in Pfafferode jedoch erst im April 1943 antrat. Für die Zeit vom 22. Februar bis 9. März 1943 ist eine Hospitation Steinmeyers in der „T 4"- Forschungsstelle des Heidelberger Ordinarius für Psychiatrie, Carl Schneider, belegt. BA, Abt. Potsdam 41151/518 und Chroust, 1988, S. 519.
36 Klee, 1985 a, S.129 ff. Der Landeshauptmann war der direkte Vorgesetzte des Pfafferoder Anstaltsleiters.
37 BA, Abt. Potsdam EVZ I/6 A 11, Bl. 69.
38 Brief Steinmeyers an Nitsche vom 7. Februar 1944. BA Koblenz, R 96/I18, fol. 1.
39 Chroust, 1988, S. 1016.
40 Aussage des Pflegers Gustav V. vom 16. November 1945. BA, Abteilung Potsdam, EVZ I/6 A 11, Bl. 71. Daß die Sterblichkeit in der Anstalt Pfafferode außergewöhnlich hoch war, belegt eine Aufstellung von Transporten aus auswärtigen Einrichtungen. Danach starben bis Kriegsende von 535 Frauen und Männern, die zwischen dem 9. Januar 1942 und dem 25. September 1942 aufgenommen wurden, 392 – also 73 %. Die Transporte kamen aus den Heilanstalten Arnsdorf, Teipitz, Merxhausen, Kropp, Kortau, Tapiau, den Neinstedter Anstalten sowie dem Mädchenheim Bernburg. BA Abteilung Potsdam, EVZ I/6 A 11, Bl. 69.
41 Die Begründung der Verfahrenseinstellung vom 10. Mai 1949 gibt einen Hinweis auf die ambivalente – gesellschaftlichen und ökonomischen Interessen gehorchende – „Vergangenheitsbewältigung" in Ostdeutschland. Die Landeskriminalpolizeiabteilung teilte der Kreiskriminalpolizeiabteilung in Mühlhausen mit: „Das Verfahren gegen den … Genannten ist einzustellen. Da B. Chefarzt des Robert-Koch-Institutes ist und als führender Biologe einen Namen hat, ist durch unsere heutige Stellung der Intelligenz gegenüber die Einstellung des Verfahrens notwendig." BA, Abteilung Potsdam, EVZ I/6 A 11.
42 Vgl. dazu Kogon, 1946, S. 177 und Ost, 1988.
43 Klee, 1985a, S. 365 f.
44 Eigene Berechnung nach den Angaben der Aufstellung: Ausländer welche in Mühlhausen i. Th. verstorben und auf dem Friedhof in Pfafferode bestattet worden sind. BA, Abteilung Potsdam, EVZ I/6 A 11, Bl. 34/35.
45 Chroust, 1988, 1545 ff.
46 Sowohl in der Todesurkunde als auch in einem offiziellen Schreiben aus dem Jahr 1948 ist als Todesursache „Selbstmord durch Vergiftung" angegeben. Steinmeyer hatte den diensthabenden Wachtmeister beauftragt, ihm das Schlafmittel Veronal zu beschaffen. Ob und welches Medikament in welcher Menge Steinmeyer schließlich gebracht wurde, ist anhand der vorhandenen Dokumente nicht mehr zu rekonstruieren. Allerdings stellte Medizinalrat Dr. W., der zunächst den Tod durch Vergiftung attestierte, zwei Wochen später ein neues Gutachten aus, indem er behauptete, daß wohl bei Steinmeyers „Vorbereitungen zur Selbsttötung bei dem sicher feststehenden seelischen Verstimmungszustand ein Schwächeanfall von Seiten des Herzens eingetreten ist … Somit ist also ein natürlicher Tod anzunehmen." Der Verstorbene habe „an einem nach mehrfach überstandenen Lungenentzündungen zurückgebliebenen Herzmuskelschaden [gelitten], der dauernde ärztliche Behandlung im Laufe des letzten Jahres erforderlich gemacht" habe, außerdem sei er starker Raucher gewesen. Vgl. dazu BA, Abteilung Potsdam, EVZ I/6 A 11, Bl. 81/82.
47 StHB 4,10 Personalakte Walther Kaldewey.
48 StHB 4,66 I, Kaldewey, Sitzungsprotokoll vom 30. November 1949.
49 Erste nähere Hinweise zu dem NS-Arzt Kaldewey auch bei Teppe, 1989, S. 13 f.
50 Lifton, 1988, S. 37.
51 Ramm, 1943. Zitiert nach Lifton, 1988, S. 36.
52 Kaldewey, 1935, S. 292 u. 305.
53 Kaldewey, 1935, S. 296 f.
54 Kaldewey, 1935, S. 302 f.

55 Kaldewey, 1933, S. 655 f.
56 BA, Abteilung Potsdam, RMdI Nr. 26245, Bl. 113 RS.
57 Kaldewey, 1933, S. 656.
58 THStA Thür. Ministerium des Innern-Abt. E-1072/1.
59 Kersting, 1993, S. 259.
60 THStA MdI-Abt. E-1072/1. Kaldewey gehörte dem Nationalsozialistischen Deutschen Ärztebund (NSDAeB), der NS-Volkswohlfahrt (NSV) , der NS-Kriegsopfer Versorgung (NSKOV), sowie dem Amt für Volksgesundheit an.
61 StHB 4,10 Personalakte Kaldewey, Bl. 18.
62 THStA Thür. MdI-Abt E-1072/1.
63 StHB 4,10 Personalakte Kaldewey, Bl. 38 und 40.
64 StHB 4,10 Personalakte Kaldewey, Bl. 112 a.
65 StHB 4,10 Personalakte Kaldewey, Bl. 79 ff.
66 StHB 4,10 Personalakte Kaldewey, Bl. 201.
67 StHB 3-M.1.t.2.Nr.428. Besichtigung der Bremischen Heil- und Pflegeanstalt, 25. Mai 1939.
68 StHB 3.-M.1.t.2.Nr. 428. Brief des Innensenators Fischer an den Bremer Bürgermeister Böhmcker vom 27. September 1939.
69 Fischer war vor seiner Ernennung zum Bremischen Innensenator Personaldezernent von Westfalen und somit Vorgesetzter Kaldeweys gewesen.
70 Der Brief vom 16. Oktober 1939 wurde mir von der Familie Kaldewey zur Verfügung gestellt. Zum Personaltausch Kaldewey-Steinmeyer siehe auch Kersting, 1996.
71 Auch dieser Brief vom 18. Oktober 1939 ist mir von der Familie Kaldewey zur Verfügung gestellt worden.
72 StHB 3-M.1.t.2. Nr. 416.
73 Kaldewey, 1935, S. 296 f.
74 Kaldewey, 1935, S. 298.
75 Interview Frau D., März 1990.
76 Interview Frau S., November 1989.
77 Interview Frau H., Dezember 1989.
78 StHB 4,893-5 Js 2758/47, Bl. 9.
79 Stoevesandt/Tölken, 1965, S. 38. 1995 gibt es in Bremen drei Vereinigungen mit dem Namen Cerevisia Medica (CM), von denen die CM von 1837 die älteste ist. Die CM ist ein Freundeskreis von leitenden Ärzten aus Bremer Institutionen und einigen niedergelassenen Ärzten. Es herrschen strenge Aufnahmebedingungen für den kleinen Kreis von circa sechzehn bis achtzehn Personen, der lediglich nach dem Tod eines Mitglieds neu geöffnet wird. Frauen haben bis heute keine Zugangsberechtigung. Nach mündlicher Mitteilung von Professor Kurt Dreikorn, Chefarzt der urulogischen Klinik in der St. Jürgen-Straße und momentan „Sekretär" der CM, soll die Vereinigung bis in die dreißiger Jahre außerordentlich großen Einfluß auf personalpolitische Entscheidungen im medizinischen Bereich gehabt haben.
80 AKMO Personalangelegenheiten, Bl. 104, Schreiben des Gutshofverwalters vom 27. Oktober 1940.
81 StHB 4,66 I, Kaldewey, Bl. 58.
82 Vgl. hierzu 155 ff.
83 StHB 3-B.4.a.Nr. 768, Bl. 124 ff. und 148 ff.
84 BAK R 96 I/15. Abschlußbericht über Planung Bremen vom 18. bis 19. April 1942.
85 Kaldewey, 1933 und 1935.
86 Aly, 1985b, S. 41.
87 Klee, 1985a, S. 118 f.
88 Kaldewey, 1933.
89 Die handschriftlich eingetragenen Daten stammen von Professor Nitsche. Vgl. Klee, 1985a, S. 227.
90 StO 136/16138. Herzlichen Dank an Ingo Harms aus Oldenburg für den Hinweis auf dieses Dokument.
91 BAK R 96 I/15, Abschluß-Bericht über Planung Oldenburg vom 20. bis 22.4.1942.
92 StHB 4,89/3-5 Js 2758/47, Bl. 43.
93 Roth/Aly, 1984, S. 176.
94 Roth/Aly,1984, S. 148.
95 Roth/Aly, 1984, 151.
96 StHB 4,66 I, Kaldewey, Anlage Nr. 3, RS.
97 Kaldewey, 1952.
98 Alle Informationen dieser Fallgeschichte stammen aus StHB 4,54-E 6117. Vgl. dazu auch Marßolek/Ott, 1986, S. 450.
99 Vgl. Schwarzwälder, 1985, S. 78 ff.
100 Im „Jahresverzeichnis der an deutschen Universitäten und Technischen Hochschulen erschie-

nenen Schriften“ ist kein Dissertationstitel von Friedrich Kraus verzeichnet.
101 StHB 4,10 Personalakte Kraus, Brief vom 11. August 1948.
102 StHB 4,10 Personalakte Kraus.
103 Dissertation 22. Mai 1922 „Über einen Fall von Periarterlitis Nodosa mit Dermatiomysitis“.
104 NSV = nationalsozialistische Volkswohlfahrt. RDB = Reichsbund der Deutschen Beamten.
105 AKMO Dienstleistungsbericht 2. November 1942.
106 StHB 4,66 I, Kraus.
107 BAK R 36/1379, Bl. 27 und 137.

BEHANDLUNG

1 Scholz, 1889, S. 236 f.
2 Vgl. dazu Schmitz, 1926; Porre, 1965, S. 83 ff.; Linde, 1988, S. 15. Insbesondere bei der Behandlung von Melancholien fand das Opium noch in den zwanziger Jahren allgemeine Anwendung.
3 Linde, 1988, S. 60.
4 Interview Frau K., August 1987.
5 Graf, (1927) 1982, S. 178.
6 Simon, 1986, S. 111.
7 Interview Herr F., November 1989.
8 Bei der progressiven Paralyse handelt es sich um ein Krankheitsbild der Syphilis im Spätstadium mit schweren psychischen und neurologischen Symptomen.
9 Die Zahlen wurden zusammengestellt nach den statistischen Angaben aus: StHB 4,21-572.
10 StHB 4,21-572. Gutachten über die Umgestaltung des St. Jürgen-Asyls, 30. April 1897.
11 Dem Neubau des St. Jürgen-Asyls war eine langjährige Auseinandersetzung um die Frage des Standorts vorausgegangen. Hielt die eine Seite die Aussiedlung der alten Bremer Irrenanstalt auf das dörfliche Umland nach Ellen für die beste Lösung, stellten die Gegner dem projektierten Landasyl den Neubau eines Stadtasyls entgegen. Vgl. hierzu Engelbracht/Tischer, S. 12 f.
12 Simon, 1929, S. 17 f.
13 1906 berichtete Delbrück: „Die Beschäftigung der Kranken in Haus, Garten, Landwirtschaft und Werkstätten wurde in gleicher Weise wie bisher besondere Aufmerksamkeit geschenkt ... [Sie betrug] 48,5 % des Durchschnittsbestandes bei den Männern, 44,23 % bei den Frauen.“ 1922 arbeiteten 70 % der männlichen und 44,5 % der weiblichen Kranken, 1929 hatten sich die Zahlen mit 67 % und 58 % nicht wesentlich verändert.
14 ALW Krankenakte Liesa F. Auszug aus einem Brief vom 17. Juli 1936. Liesa F. starb mit 26 Jahren in der Heil- und Pflegeanstalt Wehnen bei Oldenburg an Herz- und Kreislaufschwäche.
15 AZBO Krankenakte Emma G. Vgl. S. 47 ff.
16 AZBO Krankenakte Dina P. Frau P. starb mit 48 Jahren in der Tötungsanstalt Meseritz-Obrawalde.
17 AZBO Krankenakte Erwin D.
18 StHB 4,29/1-946.
19 Interview Herr H., Dezember 1989. Im März 1943 bemerkte ein Arzt der Bremer Nervenklinik, daß Emanuels Kräfte nachließen. Im Dezember desselben Jahres schickte man ihn mit nach Meseritz, wo er wiederum in der Schneiderei arbeitete. Wegen einer fieberhaften Bronchitis tötete man ihn im Februar 1944. AZBO Krankenakte Emanuel S.
20 Kaldewey, 1935, S. 294 ff.
21 Am 10. August 1933 wurde in Bremen das „Gesetz zum Schutze der Bevölkerung vor Belästigung durch Zigeuner, Landfahrer und Arbeitsscheue“ verkündet. Alkoholkranke internierte man nun als „arbeitsscheue Elemente“ im Landesarbeitslager Glückstadt und im Arbeitszwangslager Teufelsmoor, das im Mai 1934 gegründet wurde. Vgl. dazu Marßolek/Ott, 1986, 334 ff.
22 AKMO Frontbrief.
23 AZBO Krankenakte Diedrich S.
24 Vgl. zur Geschichte der forensischen Psychiatrie: Schröter, 1994 und Emmerich,1989.
25 Auf Anordnung des Reichsministeriums des Innern vom 2. Juli 1943, alle psychisch kranken Straftäter zu melden und in die Konzentrationslager zu überführen, nannte auch die Bremer Nervenklinik laufend die betreffenden Kranken. Das Bremer Polizeipräsidium als zuständige Dienststelle bekam indes Probleme, eine geeignete Unterbringungsmöglichkeit zu finden. Die Geheime Staatspolizei hatte auf Anfrage mitgeteilt, daß in ihrem Arbeits- und Erziehungslager nur solche „Arbeitsverweigerer, Arbeitsvertragsbrüchige und arbeitunlustige Elemente [übernommen würden], die voll arbeitsfähig sind.“ (AKMO Brief vom 22. November 1944) So wandte man sich an Linden im Reichsministerium des Innern, um das Bremer Problem mitzuteilen. Über das Reichssicherheitshauptamt wurde am 30. Januar 1945 schließlich der Krimi-

nalpolizeileitstelle in Bremen ein geeignetes Lager genannt: Das KZ Neuengamme. Das Kriegsende bewahrte die PatientInnen der Bremer Nervenklinik jedoch vor dem Konzentrationslager.

26 AZBO Krankenakte Markus A. Am 14. Februar 1946 (!) stellte Schulte eine Anzeige zur Verhütung erbkranken Nachwuchses.

27 AZBO Krankenakte Hertha A.

28 Vgl. de Porre, 1965, und Engelbracht/Tischer, 1990, S. 22 ff.

29 Griesinger, 1868/69, S. 36 f.

30 Paetz, 1893, S. 121.

31 StHB 4,21-573, Ärztlicher Bericht über die Wirksamkeit des St. Jürgen-Asyls für Geistes- und Nervenkranke in Ellen (Bremen) bei Hemelingen, 1919.

32 Bufe, 1940, S. 185, einleitend das Vorwort des Herausgebers Hans Roemer.

33 Vgl. dazu Siemen, 1987.

34 Gildemeister, 1954, S. 39 f.

35 Wesentliche Teile dieses Kapitels sind dem Aufsatz Engelbracht/Tischer,1992, entnommen.

36 Aly, 1985b, S. 53. Carl Schneider war Ordinarius an der Universiät Heidelberg und in der NS-Zeit „T 4"-Gutachter. Schneider machte hirnpathologische Forschungen an Gehirnen ermordeter Anstaltsinsassen; er erhängte sich in amerikanischer Haft. Vgl. dazu Teller, 1990.

37 StHB 3-M.1.W.2.No.26 Quadr.18.

38 AKMO Brief Kaldewey an Burchardi (Direktor der städtischen Krankenanstalt), 23. Februar 1940.

39 Zur Geschichte des „Hauses Reddersen" – aus dieser Einrichtung kamen die Kinder – und zum Schicksal der BewohnerInnen vgl. Engelbracht, 1995.

40 BAK 96 I/3, 125116.

41 BAK R 96 I, 12.

42 Das Dokument wurde von der Firma Siemens, Medizintechnik (Erlangen) zur Verfügung gestellt.

43 Interview Frau M., Juli 1990.

44 Chroust,1987, Bd. 1, S. 359.

45 Die Elektroschocktherapie fand in der Nachkriegspsychiatrie allgemeine Anerkennung und Verbreitung. Erst die Entwicklung und Anwendung der Psychopharmaka drängte sie zurück. Heute wird die Elektroschockbehandlung in veränderter Form in verschiedenen psychiatrischen Kliniken angewandt. Ihr Gebrauch ist heftig umstritten. Vgl. dazu den Artikel von Sauer/Lauter, 1987. Sie beschreiben die Behandlungsform als besonders wirksam bei endogenen Depressionen. Dagegen vertritt Breggin, 1980, die Position: „Elektrokrampftherapie" sei eine hirn- und persönlichkeitsschädigende Therapiemethode.

46 Die Professoren Rüdin, de Crinis, Schneider, Heinze und Nitsche schickten ihre „Gedanken und Anregungen betr. die künftige Entwicklung der Psychiatrie" am 26. Juni 1943 an den Generalkommissar des Führers für das Sanitäts- und Gesundheitswesen Karl Brandt. Zitiert nach Dörner, 1985, S. 215.

WEGE IN DEN TOD

1 Nach schriftlicher Mitteilung von Sabine Hanrath befinden sich Dokumente über die Verlegung von Bremer PatientInnen ins Lindenhaus im Staatsarchiv Detmold. Über die Gründe, die zur Rückführung der Bremer PatientInnen führten, vgl. Staatsarchiv Detmold L 80 IC, XXIII, 80, Nr. 122, Bd. II.

2 StHB 4,21-572, Ärztlicher Bericht über die Wirksamkeit des St. Jürgen-Asyls für Geistes- und Nervenkranke in Ellen (Bremen) bei Hemelingen im Jahre 1917.

3 Richarz, 1987, S. 57 f.; Schmuhl, 1994, S. 123.

4 Bremisches Statistisches Landesamt, 1929, S. 386.

5 Gesetzblatt der Freien Hansestadt Bremen, Nr. 52, 20. September 1935, Gesundheitsdienstordnung.

6 StHB 4,29/1-946, 7. Oktober 1939.

7 Schulte, 1954, S. 194.

8 Insgesamt wurden am 9. April 1941 130 Frauen, am 23. April 1941 121 Männer und am 30. April 1941 110 Männer von Lüneburg nach Herborn verlegt. Vgl. dazu Sueße/Meyer,1988, S. 119.

9 Üblicherweise verfälschten die zuständigen Mitarbeiter der „T 4-Aktion" die tatsächlichen Todesdaten der PatientInnen, denn, so die Aussage des Hauptwirtschaftleiters der „T 4", „die Kostenträger wurden angehalten, die Kosten bis zu dem beurkundeten Sterbetag zu entrichten, obwohl der betroffene Kranke tatsächlich schon früher verstorben war. Die Kostenträger hatten nur Kenntnis von dem beurkundeten Sterbetag." Weit über 14 Millionen Reichsmark

wurden auf diese Art und Weise „erwirtschaftet". Vgl. Klee, 1985b, S. 141 f. Bei zwei ehemaligen Bremer PatientInnen kann dieser Vorgang belegt werden. Richard K. wurde am 16. Juni 1941 in Hadamar vergast, laut Standesamteintrag starb er zwei Wochen später am 30. Juni 1941. Georgine M. ermordete man am 12. Mai 1941, sie starb offiziell am 30. Mai 1941.

10 Sueße/Meyer, 1988, S. 119.

11 Schriftliche Mitteilung des Stadtarchivs Mühlhausen vom 10. Juni 1993.

12 Schriftliche Mitteilung von Dr. Ludwig Hermeler am 13. Juni 1993: „Herr L. wurde im Rahmen von Transporten, bei denen fast die gesamte Anstalt geräumt wurde, in den Tod geschickt. Damals wurden innerhalb einer Woche über 1 600 Patienten abtransportiert. Transportleiter nach Brandenburg war der bekannte Tötungsarzt Eberl, der in Brandenburg ja die Vergasungen als Leiter der Tötungsanstalt durchführte. Zuvor war Eberl in Bedburg-Hau Mitglied der Kommission gewesen, die die Patienten für den Abtransport aussuchte." Vgl. auch Kaminsky, 1995, S. 337 f.

13 Brümmer, 1910, S. 111.

14 StH I Nds. 721 Hannover Acc. 61/81, Nr. 28/6 Sonderheft Wehnen, Bl. 11. Vgl. auch Sueße/Meyer, 1988, S. 199 ff.

15 StH I Nds. 721 Hannover Acc. 61/81, Nr. 28/6 Sonderheft Wehnen, Bl. 10/11.

16 In einer biographischen Skizze über den oldenburgischen Gauleiter von Weser-Ems und Reichsstatthalter in Bremen und Oldenburg geht der Bremer Historiker Herbert Schwarzwälder auf die mysteriösen Umstände von Rövers Tod ein. Er schreibt: „Rövers Ende ist eines der Staatsgeheimnisse des Dritten Reiches, die wohl niemals mehr voll aufgedeckt werden können." 1942 hätten sich Rövers verbale Angriffe gegen das NS-Regime, insbesondere gegen Martin Bormann und Heinrich Himmler ebenso verstärkt, wie sich sein körperlicher und psychischer Zustand verschlechtert habe. (Schwarzwälder, 1972, S. 241.) Während Schwarzwälder Rövers Krankheitszeichen offensichtlich mit einer 1913 ausgebrochenen Malariaerkrankung in Verbindung bringt, wird der SS-Obersturmbannführer Walter Koennecke, Direktor des Evangelischen Krankenhauses Oldenburg, dahingehend zitiert, Röver sei mit Sicherheit an Paralyse erkrankt. (Institut für Zeitgeschichte, Mikrofilm MA 431, Telegramm Heydrich an Himmler vom 13. Mai 1942.) Rövers Drohungen gegen das NS-Regime veranlaßten Hitlers Leibarzt und „Euthanasie"-Verantwortlichen Karl Brandt, sich persönlich um den „unberechenbaren" Funtionsträger zu kümmern. Am 15. Mai 1942 wurde Röver von Brandt per Flugzeug in die Berliner Universitäts-Nervenklinik Charitè gebracht. Wenige Stunden später war er tot. Als kaum überzeugende Todesursache gab man eine Lungenentzündung an.

17 StH I Nds. 721 Hannover Acc. 61/81, Nr. 28/6 Sonderheft Wehnen, Bl. 10/11.

18 BAK R 96 I/15.

19 AKMO Brief Kaldewey an den Verwaltungsdirektor der städtichen Krankenanstalten Bremen vom 18. April 1940.

20 Demnach trafen die Meldebögen in Wehnen und Bremen zeitgleich ein.

21 Vgl. dazu S. 114.

22 Sueße/Meyer,1988, S. 203 ff.

23 Siems war gleichzeitig Propagandaleiter der NSDAP.

24 Faulstich,1993, S. 321.

25 Blasius, 1988, S. 5.

26 BVA 01-02, 69. Für die Überlassung dieser Dokumente danke ich Ingo Harms aus Oldenburg.

27 Vgl. Tabelle auf S. 153.

28 StH Nds. 721 Hannover Acc. 61/81, Nr. 28/6 Sonderheft Wehnen, Bl. 3.

29 Erst in den Jahren 1943 und 1944 kam es zu Verlegungen von ausländischen PatientInnen und Patienten, die nach § 42 b untergebracht waren in das Durchgangslager Ohmstede bei Oldenburg, in die Konzentrationslager Neuengamme und Ravensbrück sowie in die Heil- und Pflegeanstalt Lüneburg.

30 StH I Nds. 721 Hannover Acc. 61/81, Nr. 28/6 Sonderheft Wehnen, Bl. 16.

31 BVA 01-02, 65, Anlage 6.

32 BVA 01-02, 65, Anlage 6 RS.

33 StH I Nds. 721 Hannover Acc. 61/81, Nr. 28/6 Sonderheft Wehnen, Bl. 16.

34 ALW Krankenakte Irmgard K.

35 ALW Krankenakte Rudolf H.

36 ALW Krankenakte Heinrich M.

37 Ich habe den Zeitraum bis Ende 1945 erweitert, da Wehnener PatientInnen bis Ende 1945 an den Folgen der Unterversorgung mit Lebensmitteln starben.

38 AZBO und ALW Krankenblattunterlagen Martha G.

39 Vgl. Friedlander,1987.

40 Zitiert nach Sueße/Meyer, 1988, S. 67 f.

41 Finzen, 1983, S. 27.

42 Sueße/Meyer, 1988, S. 68.

43 Vgl. dazu Finzen, 1984, und Sueße/Meyer, 1988, S. 67 f.
44 AKMO Brief Kaldeweys an den Senator für die innere Verwaltung, 11. Mai 1942.
45 AKMO Brief Arno Jüdefeind an den Innensenator, 19. Mai 1942.
46 AKMO Brief Kaldeweys an die Direktion der Städtischen Krankenanstalten, 29. Mai 1942. Daß das Argument der „Luftgefährdung" je nach Bedarf eine Verlegung forcieren bzw. dieselbe verhindern konnte, wird an anderer Stelle offenkundig. Im Dezember 1942 trat der befreundete Rechtsanwalt eines Patienten [AZBO Krankenakte Heinrich S.] an die Bremer Nervenklinik heran, um seine Verlegung zu erbitten, u.a. weil die Anstalt Ellen zum besonders luftgefährdeten Gebiet Bremens gehörig gezählt werde. Der Oberarzt empfahl jedoch, von diesem Vorhaben Abstand zu nehmen, da die Klinik außerhalb Bremens läge und die Luftgefahr deshalb nicht besonders groß sei. Außerdem befände sich in dem Hause, in dem der Patient wohne, ein Luftschutzkeller. Kaldewey hatte indes auf das „vollkommene Fehlen" von Kellern hingewiesen, als es um die Beschleunigung der Krankentransporte im Juli 1942 ging.
47 Ganz anders die Reaktion des Medizinaldezernenten der rheinischen Provinzialverwaltung Walter Creutz. Als die Reichsarbeitsgemeinschaft Heil- und Pflegeanstalten ihm anbot, die von der Räumung der Anstalt Kloster Hoven nahe Köln betroffenen PatientInnen nach Hadamar zu verlegen, besichtigte er die berüchtigte Einrichtung. Erst als er keine auffälligen Beobachtungen machen konnte, stimmte er dem Transport zu. Die 368 PatientInnen erreichten Hadamar am 18. August 1942. Vgl. Landeswohlfahrtsverband Hessen, 1991, S. 141; Kaminsky, 1995, S. 437.
48 Interview Herr W., 1987.
49 Vgl. dazu Roer/Henkel, 1986; Landeswohlfahrtsverband Hessen, 1991.
50 Schmidt-v. Blittersdorf/Debus/Kalkowsky, 1986, S. 85.
51 Landeswohlfahrtsverband Hessen, 1991, S. 89.
52 Landeswohlfahrtsverband Hessen, 1991, S. 95.
53 Landeswohlfahrtsverband Hessen, 1991, S. 122.
54 Klee, 1986, S. 325.
55 GSH Krankenakte Friedrich B.
56 Zuerst war hier der 13. Juli 1943 als Datum eingetragen. Die 13 wurde in eine 10 geändert.
57 GSH Krankenakte Wilhelm D.
58 Daum, 1986, S. 207.
59 GSH Krankenakte Hermann J.
60 Daum, 1986, S. 206.
61 StHB 4,89/3-5 Js 2758/47, Bl. 34.
62 StHB 4,66 I, Kraus.
63 GSH Krankenakte Theophil H.
64 Gemeint ist das Fürsorgeerziehungs- und Heilerziehungsheim Scheuern im Kreis Celle. Zwischen dem 7. Januar 1943 und dem 20. Februar 1943 wurden von hier 370 PatientInnen nach Hadamar deportiert. Vgl. Schmidt-von Blittersdorff/Debus/Kalkowsky, 1986, S. 103.
65 Die Briefe liegen nur in einer maschinenschriftlichen Abschrift vor. Möglicherweise handelt es sich bei dem Datum des letzten Briefes: 26. Mai 1943 um einen Fehler in der Abschrift. Theophiel H. starb laut Krankenblatteintragung bereits am 25. Mai 1943. (Die Abschriften der Briefe wurden mir freundlicherweise von Frau Monika Daum zur Verfügung gestellt.) Vgl. auch die Darstellung in Daum, 1986, S. 211 ff.
66 Daum, 1986, S. 207.
67 AZBO Krankenakte Karl H.
68 AKMO Kaldewey in einem Brief an die vorgesetzte Behörde, Februar 1940.
69 Daum, 1986, S. 182 f. und 205.
70 StHB 3-B.4.K.2.Nr.195.
71 AZBO Krankenakte Meta G.
72 Roer, 1992, S. 28.
73 Vgl. dazu S. 128 und 148.
74 Roer, 1992.
75 Die fünf Frauen starben bis Kriegsende in Meseritz/Obrawalde. Zwei weitere ehemalige Bremer Patientinnen wurden am 29. Juni 1944 von Uchtspringe nach Pfafferode verlegt. Wilhelmine B. starb dort am 24. November 1944. Die zweite Patientin ist zugleich die einzige von den ursprünglich vierzig Patientinnen, die das Kriegsende überlebte. Im September 1947 wurde sie von Pfafferode in das Landeskrankenhaus Schleswig-Stadtfeld gebracht, Anfang der fünfziger Jahre in das LKH Heiligenhafen.
76 Diese Anlage war 1941 durch die „Organisation Todt" beschlagnahmt worden und fungierte zeitweise als Ausweichkrankenhaus. Vgl. dazu Wöbcken/Tornow, 1994, S. 110 ff.
77 AKMO Bericht über die Bombardierung der Bremer Nervenklinik am 26. November 1943.
78 StHB 4,89/3-5 Js 2758/47, Bl. 67 ff.

79 StHB 4,66 I, Kaldewey.
80 Die Notiz vom 13. Dezember 1943 endete mit den Worten: „Hoffentlich wird alles gut." Doch die 54jährige Adelheid F. starb drei Tage später an Entkräftung durch Nahrungsverweigerung.
81 StHB 4,89/3-5 Js 2758/47, Bl. 68. Der Leiter des Bremer Gesundheitsamtes zitierte mit diesem Satz die Tochter eines Patienten, der nach Meseritz verlegt wurde.
82 AKMO Bericht über die Bombardierung der Bremer Nervenklinik am 26. November 1943.
83 STHB 4,66 I, Kraus.
84 AKMO Personalangelegenheiten 1940-1943, Bl. 1104.
85 Bresler, 1910, S. 257.
86 AG, 1989, S. 192.
87 Bernhardt, 1994, S. 48 ff.
88 Klee, 1986, S. 333.
89 Zitiert nach AG, 1989, S. 193.
90 AG, 1989, S. 200. Zum Thema Meseritz/Obrawalde vgl. auch Klee,1985a, S. 401 ff. und Klee, 1985b, S. 306 ff.
91 Zitiert nach AG, 1989, S. 203.
92 Klee, 1985b, S. 318.
93 Zitiert nach AG, 1989, S. 201.
94 Klee, 1985a, S. 403.
95 Klee, 1985a, S. 333.
96 In dem Teil der Meseritzer Todesbücher, die mir in unvollständiger Kopie zur Verfügung stehen, sind drei weitere BremerInnen registriert, die zwischen Januar und April 1944 in der Anstalt starben. Höchstwahrscheinlich wurden sie aus einer nicht bekannten Bremer Institution dem Transport zugewiesen.
97 Die folgenden Angaben zum Schicksal der nach Meseritz/Obrawalde verlegten Menschen beruhen auf eigenen Recherchen und Auswertungen. Hierzu wurden alle vorhandenen Krankenakten (ca. 260) ausgewertet. Bei Beginn der Recherchen stieß ich durch Zufall im Altarchiv des ZKH Bremen-Ost auf diese Akten, von deren Existenz angeblich niemand etwas wußte. Der überwiegende Teil der Akten wurde im Januar 1945 von Meseritz nach Bremen zurückgesandt. Fehlende Daten erhielt ich über das Bremer Staatsarchiv und von verschiedenen Standesämtern.
98 1945 wurde von einer russischen Kommission alle PatientInnen aufgelistet, die sich noch in den Räumen der Anstalt Meseritz/Obrawalde befanden. Unter ihnen waren auch einige Bremer PatientInnen. Von neun der in den Überlebendenlisten Aufgeführten konnten keine weiteren Daten ermittelt werden. Möglicherweise sind sie nie wieder nach Deutschland zurückgekehrt (Vgl. dazu den Bericht des Bremer Patienten Martin N. auf S. 146 ff.). Vielen Dank an Frau Christiane Härtel aus Berlin für eine Kopie dieser Liste.
99 AZBO Krankenakte Hans B.
100 AZBO Krankenakte Hermann V.
101 AZBO Krankenakte Georg O.
102 AZBO Krankenakte Heinrich B.
103 Interview Frau B., Juni 1990.
104 AZBO Krankenakte Marie M.
105 Ext. let. Apoplexie = Tod durch Schlaganfall.
106 Schwarz, o.J. (ca. 1985), S. 5.
107 StHB 4,66 I, Kaldewey.
108 StHB 4,89/3-5 JS 2758/47. Vgl. auch Marßolek/Ott,1986, S. 333 f.
109 StHB 3.-M.1.t.2.Nr. 425.
110 Interview Frau G., Dezember 1989.
111 AZBO Krankenakte Otto S.
112 Da die Krankengeschichte von Martin N. nicht auffindbar ist, soll seine persönliche Schilderung der Einweisungsgründe in die Bremer Nervenklinik zitiert werden. Er schrieb im September in einem Brief an die Spruchkammer: „Ich habe 1940 im Dezember einen Brief an den Kanzler Hitler gerichtet und darin gegen die Bombardierung englischer Städte, besonders Coventry, Protest erhoben und auch in längeren Ausführungen darauf hingewiesen, daß der Krieg weder so noch sonstwie von Deutschland gewonnen werden könne. Die Besetzung Frankreichs werde sich einstmals als Ursache zur Niederlage auswirken. Der Brief wurde über Kreisleitung der NSDAP der Gestapo zugeleitet. Es erschienen zunächst zwei Angestellte der Kreisleitung bei mir im Hause und fragten mich, ob ich den Brief geschrieben habe. Dann erschien kurz darauf die Gestapo, ich kam Am Wall bis Mitte Januar in Haft, der rote Schutzhaftbefehl wurde ausgefertigt, es erfolgte dann aber erst noch die Einweisung nach Ellen mit dem Vorwurf: Solche Behauptungen könne man nur als Irrsinn betrachten, jetzt, wo Frankreich niedergeworfen und die Nordstaaten besetzt seien, das kleinere England nur noch als Gegner da sei. Dr. Rogall [Rogal, G.E.] machte mir besonders in der Haft noch den Vorwurf:

ein solches Schreiben sei bezeichnend für meinen Charakter, und in der unhöflichen Form erklärte er mir, daß ich natürlich auf Jahre hinaus so oder so festgesetzt werde, daß erst aber noch mal klinisch untersucht werden solle, ob ich solchen Unsinn in krankhaftem Zustand geschrieben habe. In Ellen wurde dann festgestellt, daß ich Psychopath sei und auch schyzophren veranlagt sei. Der Paragraph 51 Abs. 2 kam jedoch nicht in Betracht, ich galt nur als vermindert zurechnungsfähig und wegen der psychopathisch-schyzophrenen Veranlagung als geistesgestört, wegen der charakterlichen Haltung und politischen Unzuverlässigkeit und der im Briefe zutagegetretenen krankhaften Schreibsucht als eine Gefahr. Damit war die Möglichkeit gegeben, mich mit dem berüchtigten Paragraphen 11 der Bremer Gesundheitsordnung so lange festzusetzen mittels Polizeiverordnung, bis Gewähr bestehe, daß ich zur Einsicht gekommen sei und bis ich das Schreiben unterlassen könne. 1942 wurde ich versuchsweise freigelassen, schrieb 1943 im Mai aber erneut an den Reichsverteidigungsrat, daß der Krieg doch aussichtslos sei und die sozialen Maßnahmen finanziell eine unsinnige Belastung ergeben müßten. Der Brief wurde über den Senator Fischer dem Amtsarzt Rogall zugeleitet, ich wurde natürlich sofort als rückfälliger Geisteskranker wieder nach Ellen geschafft; behandelt worden mit Medizin oder Apparaten bin ich nie, auch nicht geschlagen worden. Ärzte und Personal haben sich mir gegenüber nichts herausgenommen, weil ich ruhig war und nicht auffiel." StHB 4,66 I, Kaldewey.

113 In einem weiteren Schreiben aus dem Jahre 1949 formulieret Martin N. eine erbitterte Anklage gegen die Beamten der Bremer Gesundheitsinstitution: „Sie haben ihrer Menschenpflicht als Beamte nicht genügt und sich in keiner Weise um die Rettung bemüht, sie hätten die Bremer Kranken zurückholen können, konnten es aber nicht wegen der Gestapo. Dr. Kaldewey und Dr. Rogal und Dr. Kraus hätten es aber auch gar nicht gewollt. Ihre Einstellung zum Geisteskranken war grundsätzlich so, daß sie selber auch mitgewirkt hätten, wenn sie als Arzt in Obrawalde … tätig gewesen wären im Kriege. Ihre Arbeit war nicht die eines Arztes, sondern die eines Rassenreinigers und eines Vererbungstheoretikers, der sich überzeugt und bewußt mitten in die Nationalsoz. Lehren von der Vererbung der Geisteskrankheiten hineingestellt hatte, sie aus Überzeugung propagierte und Sterilisierungen, Unterernährung und Mißachtung anwandte."

114 StHB 4,89/3-5 Js 2758/47.

KRANKENTÖTUNGEN IN DER BREMER NERVENKLINIK

1 Die Sterblichkeitsrate bezieht sich auf die GesamtpatientInnenzahl. Diese Zahl setzt sich zusammen aus dem Krankenbestand zu Jahresbeginn plus der Zahl der Zugänge. Die Zahlen für die Anstalten Zwiefalten, Emmendingen, Weinsberg und Wittenau wurden der Publikation Faulstich, 1993, S. 317, entnommen. Die Angaben für die Ueckermünder Institiution sind zitiert nach Bernhardt, 1994, S. 77. Die Zahlen für Hamburg-Langenhorn sind zitiert nach Rönn, 1993, S.115 und die Angaben für Lüneburg nach Pörksen/Waller, 1984, S. 168. Die Zahlen für die Heil- und Pflegeanstalt Wehnen sind entnommen dem Sonderheft Wehnen im Staatsarchiv Hannover Nds. 721 Hannover Acc. 61/81 Nr. 28/6, Bl. 3.

2 Einige Tage vor Beginn des Zweiten Weltkriegs wurden in Bremen zwei traditionelle soziale Einrichtungen aufgelöst: Das „Haus Reddersen", ein Heim für geistig und körperlich behinderte Kinder sowie das Altenheim „Egestorff-Stiftung". Zur Geschichte des Hauses Reddersen und zum Schicksal der Kinder vgl. Engelbracht, 1995. Aus der „Egestorff-Stiftung" wurden 67 BewohnerInnen in die Bremer Nervenklinik gebracht, da in dem Altenheim ein Reservelazarett untergebracht werden sollte. Noch während des Jahres 1939 holten Angehörige 18 alte Frauen und Männer aus der Ellener Anstalt heraus. 31 der 67 verbrachten die letzten Tage ihres Lebens auf den Stationen der Bremer Nervenklinik, sie starben dort bis Juli 1943. Drei Männer verlegte man im August 1942 in die Tötungsanstalt Hadamar, neun Männer und Frauen im Dezember 1943 in die Tötungsanstalt Meseritz. Keine(r) von ihnen überlebte das Kriegsende.

3 Unter der Bezeichnung „Alterserkrankungen" sind verschiedene Diagnosegruppen subsumiert: Arteriosklerotische Demenz, praeseniler Verfolgungswahn, Senile Demenz, Alzheimer und Picksche Atrophie.

4 1943 starben insgesamt 89 PatientInnen mit der Diagnose Schizophrenie. Die sechzig Kranken, es waren fast ausnahmslos Frauen, die bei der Bombadierung am 26. November 1943 getötet wurden, sind nicht berücksichtigt.

5 Die Aussage des Pflegers im Jahr 1947 lautete: „Ich weiß, daß damals oft eine Überdosis von 0,3 Luminal … verabreicht wurde. Hierdurch wurden die P. immer schläfriger und waren schließlich unfähig, Speise aufzunehmen". (StHB 4,89/3-5Js. 2758/47) Die Darstellung des Bremer Pflegers erinnert an das häufig beschriebene sogenannte „Luminal-Schema", das 1940 von dem Psychiater Nitsche entwickelt wurde. Es basierte darauf, daß bewußt mangel-

haft ernährte und deshalb geschwächte PatientInnen ganz unauffällig mit leichten Überdosierungen „beseitigt" werden konnten. (Vgl. Klee, 1985a, S. 433.) Der zitierte Bremer Pfleger zog bei einem späteren Anhörungstermin seine Aussage zurück, nachdem man ihn offenbar unter Druck gesetzt hatte. In der Akte heißt es wörtlich: „Bei seiner Vernehmung im Haus des Reichs sei ihm gesagt worden, daß der Betroffene [Kaldewey] zwei Anwälte zur Seite habe, und für den Fall, daß er etwas gegen den Betroffenen aussage, würde dieser ihn wegen Verleumndung belangen."

6 AZBO Krankenakte Marie H.

7 Interview Herr H., November 1995.

8 AZBO Krankenakte Gerhard F.

9 Reiter, 1995. Vgl. dazu auch den Aufsatz von Peter von Rönn, Zum indirekten Nachweis von Tötungsaktivitäten an Patienten während der zweiten Phase der NS-"Euthanasie", 1991, S. 8-13.

10 So die Formulierung Kaldeweys in der Diskussion über ein „Euthanasie"-Gesetz. Vgl. S. 85.

11 Die folgenden Ausführungen erschienen zum Teil 1994 als Aufsatz in den Sozialpsychiatrischen Informationen. Vgl. Engelbracht, 1994.

12 Schroeder, S.150 ff.

13 Hauptmann,1912.

14 Schulte, 1964, S. 64 f.

15 Die übliche Dosis betrug bei Erwachsenen 2 x 0,1 bis 2 x 0,2 mg täglich. Sie wurde in Zeiten starker Erregung erheblich gesteigert. Eine Patientin, die als „höchst gefährlich" beschrieben wurde, bekam zeitweise eine Dosis von 0,6 mg.

16 StHB 4,89/3-5 Js 2758/47.

17 Interview Herr H., 1991.

18 StHB 4,66 I, Kaldewey.

19 StHB 4,66 I, Kaldewey.

20 StHB 4,66 I, Kaldewey.

21 AZBO Krankenakte Hans N.

22 AZBO Krankenakte Magdalene R.

23 AZBO Krankenakte Erna G.

24 Raithel, 1939.

25 Pfäfflin/Rüb/Göpfert, 1992, S. 56.

DER UMGANG MIT DEN NS-PSYCHIATRIE-VERBRECHEN

1 Pingel, 1993, S. 180. Vgl. zum Themenkomplex des Umgangs mit den Krankenmorden in der NS-Zeit auch Blasius, 1990, S. 47-70, und 1991, S. 128-140; Kersting/Teppe/ Walter, 1993, S. 9-61; Peukert, 1993, S. 51-61.

2 Mitscherlich/Mielke, 1960, S. 15.

3 Blasius, 1990, S. 51.

4 Peukert, 1987, S. 54 f.

5 StHB 4,89/3-5 Js 2758/47.

6 StHB 4,66 I, Kaldewey. Spruch der 5. Spruchkammer Bremen vom 6. Dezember 1949, Bl. 3 f.

7 Der Bericht des Interrogation Center's vom 7. August 1945 lautete: „Die Meseritzer Angelegenheit ist eine in der langen Reihe deutscher Greueltaten, vielleicht die kaltblütigste der Taten Heinrich Himmlers. Es ist auch ein führendes Beispiel für die Greueltaten der Nazi-Führer." StHB 4,89/3-5 Js 2758/47, Bl. 70.

8 Die Unterlagen wurden mir freundlicherweise von der Familie Kaldewey zur Verfügung gestellt.

9 Im amerikanischen Text als deutsches Wort kursiv geschrieben.

10 Der Artikel erschien im Sommer 1949 in einer renommierten amerikanischen Zeitschrift. Andreas Röpcke hat ihn übersetzt und mit einem Nachwort versehen. Napoli, 1992, S. 66-81. Vgl. auch das Kapitel: Der „Große Weißmacher". Entnazifizierung in Bremen. In: Marßolek/Ott, 1986, S. 441 ff.

11 Bremer Nachrichten, 2. Juni 1954.

12 AKMO Brief Wieser, 30. Juni 1965.

13 Meyer, 1978, S. 34.

14 Die Tagebuchaufzeichnungen wurden von der Familie Kaldewey zur Verfügung gestellt.

15 Vgl. zum Themenkomplex Krankenpflege im Nationalsozialismus: Steppe, 1993.

16 Frei, 1991, S. 7.

17 Interview Frau H., Dezember 1989.

18 Interview Herr T., Dezember 1989.

19 StHB 4,66 I, Walther Kaldewey.

20 Schmidt, 1965, S. 97.
21 Delius,1988, 153 ff.
22 ALW Krankenakte Käthe W.
23 AGH Krankenakte Heinrich R, geboren 1906, gestorben 20. Oktober 1942.
24 AGH Krankenakte Friedrich L., geboren 1879, gestorben 20. November 1942.
25 AGH Krankenakte Franz U., geboren 1890, gestorben 5. Dezember 1942.
26 AGH Krankenakte Diedrich B., geboren 5.11.1865, gestorben 16.12.1942.
27 AGH Krankenakte Richard A., geboren 12. September 1910, gestorben 23. Oktober 1942.
28 AZBO Krankenakte Maria W. Frau W. starb am 7. Januar 1944 in der Tötungsanstalt Meseritz/Obrawalde.
29 AGH Krankenakte Alfred K., geboren 1914, gestorben 28. November 1942.
30 AZBO Krankenakte Mathias P.
31 Die Unterlagen wurden mir freundlicherweise von einer der beteiligten Familien zur Verfügung gestellt.
32 Interview Frau N., September 1990.
33 Interview, Frau K., Juli 1990.
34 Dörner, 1988.
35 Interview, Frau Hanne Lore Preuß, Dezember 1995.

Quellenverzeichnis

Staatsarchiv Bremen.(StHB)

3.-B.4	Senatsregistratur, öffentlicher Dienst
3.-D.4.b	Senatsregistratur, Deutscher Städtetag
3.-M.1	Senatsregistratur, Medizinalsachen
3.-M.2	Senatsregistratur, Militärsachen
4,10	Personalakten
4,13/1	Medizinalangelegenheiten im allgemeinen
4,130/I	Hauptgesundheitsamt Bremen.Unfruchtbarmachungen
4,130/2	Erbgesundheitsgerichtsakte
4,21-572/573	Berichte an die Medizinalkommission
4,54	Landesamt für Wiedergutmachung
4,66 I	Senator für politische Befreiung
4,89/3	Ermittlungsakten, Politische Sachen

Bundesarchiv Koblenz.(BAK)

R 22	Reichsjustizministerium
R 36	Deutscher Gemeindetag
R 96	Öffentliche Einrichtungen der Gesundheits-und Wohlfahrtspflege

Bundesarchiv Abteilung Potsdam (BAP)
EVZ I/6 A 11
RMdI Nr. 26245, Bl. 112-114.

Thüringisches Hauptstaatsarchiv Weimar (THStA)
Thür. MdI-Abt. E-1072/1.

Archiv im Krankenhaus Museum am Zentralkrankenhaus Bremen-Ost (AKMO)
Personalangelegenheiten 1940-1943
Dora W., Notierte Erlebnisse u. Begebenheiten mit Kranken in einer Nervenklinik (St.Jürgen Asyl) in der Zeit 1935/1945. Maschschr. o.J.
Ärztlicher Jahresbericht für das Jahr 1938 der Bremischen Heil- und Pflegeanstalt.
Bericht über die Bombardierung der Bremer Nervenklinik am 26. November 1943.

Archiv Zentralkrankenhaus Bremen-Ost (AZBO)
Krankenblattunterlagen

Staatsarchiv Oldenburg (StO)
136/16138.

Archiv des Bezirksverbandes Weser-Ems, Oldenburg (BVA)
01-02,65, Bl. 3.

Archiv Landeskrankenhaus-Wehnen (ALW)
Krankenblattunterlagen

Archiv Gedenkstätte Hadamar (AGH)
Krankenblattunterlagen

Staatsarchiv Hannover (StH)
Nds. 721 Hannover Acc. 61/81 Nr. 28/6,Sonderheft Wehnen.

Berlin Document Center (BDC)
Personalunterlagen

Bremer Nachrichten	
17. November 1934	1734-1934 Osterstraße 21. 200jährige Geschichte eines Hauses.
16. Januar 1936	Bremische Heil- und Pflegeanstalt Ellen. Der Fluch der Erbkrankheiten
12. September 1940	Der Dienstag-Nachtangriff auf Bremen im Bild
2. Juni 1954	Feier mit Familientafel-Symbolik
Die Norddeutsche	
19. September 1992	Opfer der Euthanasie-Aktion. Zum Schiksal des Vegesacker Oberlehrers Dr. phil. Martin Meiners.

Literaturverzeichnis

AG ZUR ERFORSCHUNG DER GESCHICHTE DER KARL-BONHOEFFER-NERVEN-KLINIK (HG.), totgeschwiegen, 1933-1945. Die Geschichte der Karl-Bonhoeffer-Nervenklinik, Berlin 1989.

ALY, GÖTZ, Der Mord an behinderten Kindern zwischen 1939 und 1945. In: Ebbinghaus,Angelika/Kaupen-Haas, Heidrun/Roth, Karl Heinz, Heilen und Vernichten im Mustergau Hamburg. Bevölkerungs- und Gesundheitspolitik im Dritten Reich, Hamburg 1984, S. 147-155.

DERS., Medizin gegen Unbrauchbare. In: Beiträge zur nationalsozialistischen Gesundheits- und Sozialpolitik, Bd. 1, Berlin 1985 (1985a), S. 9-74.

DERS., Der saubere und der schmutzige Fortschritt. In: Beiträge zur nationalsozialistischen Gesundheits- und Sozialpolitik, Bd. 2, Berlin 1985 (1985b), S. 9-78.

ALY, GÖTZ (HG.), Aktion T4 ,1939-1945. Die „Euthanasie"-Zentrale in der Tiergartenstraße 4, Berlin 1987.

ALY, GÖTZ/EBBINGHAUS, ANGELIKA U.A. (HG.), Aussonderung und Tod. Die klinische Hinrichtung der Unbrauchbaren, Beiträge zur nationalsozialistischen Gesundheits- und Sozialpolitik, Bd. 1, Berlin 1985.

ALY, GÖTZ/HEIM, SUSANNE , Vordenker der Vernichtung. Auschwitz und die deutschen Pläne für eine neue europäische Ordnung, Frankfurt a.M. 1993.

BAUR, ERWIN/FISCHER, EUGEN/LENZ, FRITZ, Grundriß der menschlichen Erblichkeitslehre und Rassenhygiene, Bd. 1: Menschliche Erblichkeitslehre, München 1921; Bd. 2: Menschliche Auslese und Rassenhygiene, München 1921.

BECK, CHRISTOPH (HG.): Sozialdarwinismus – Rassenhygiene, Zwangssterilisation und Vernichtung „lebensunwerten" Lebens. Eine Bibliographie zum Umgang mit behinderten Menschen im „Dritten Reich" – und heute, Bonn 1992.

BEITRÄGE ZUR NATIONALSOZIALISTISCHEN GESUNDHEITS- UND SOZIALPOLITIK, Bd. 2: Reform und Gewissen – „Euthanasie" im Dienst des Fortschritts, Berlin 1985.

BERNHARDT, HEIKE, Anstaltspsychiatrie und „Euthanasie" in Pommern 1933 bis 1945. Die Krankenmorde an Kindern und Erwachsenen am Beispiel der Landesheilanstalt Ueckermünde, Frankfurt a.M. 1994.

BINDING, KARL/HOCHE, ALFRED, Die Freigabe der Vernichtung lebensunwerten Lebens. Ihr Maß und Ihre Form, Leipzig 1920.

BLASIUS, DIRK, Der verwaltete Wahnsinn. Eine Sozialgeschichte des Irrenhauses, Frankfurt a.M. 1980.

DERS., Der ‚Historikerstreit' und die historische Erforschung des „Euthanasie"-Geschehens. In: Sozialpsychiatrische Informationen, 2/1988, S. 2-6.

DERS., Das Ende der Humanität. Psychiatrie und Krankenmord in der NS-Zeit. In: Pehle, Walter H. (Hg.), Der historische Ort des Nationalsozialismus. Annäherungen, Frankfurt a.M. 1990, S. 47-70.

DERS., Psychiatrie und Krankenmord in der NS-Zeit. Probleme der historischen Urteilsbildung. In: Seidel, Ralf/Werner, Wolfgang Franz, Psychiatrie im Abgrund. Spurensuche und Standortbestimmung nach den NS-Psychiatrie-Verbrechen, Köln 1991, S.128-140.

DERS., „Einfache Seelenstörung". Geschichte der deutschen Psychiatrie 1800-1945, Frankfurt a.M. 1994.

BLUM-GEENEN, SABINE/KAMINSKY, UWE, Reinigung von der Last der Erbkranken – Fürsorgeerziehung und Zwangssterilisation. In: Archivberatungsstelle Rheinland (Hg.), Folgen der Ausgrenzung. Studien zur Geschichte der NS-Psychiatrie in der Rheinprovinz, Köln 1995, S. 1-40.

BOCK, GISELA, Zwangssterilisation im Nationalsozialismus. Studien zur Rassenpolitik und Frauenpolitik, Opladen 1986.

BOCKHOFER, REINHARD, Die „Paulskirchen Aktion“ gegen die NATO in Bremen. In: Donat, Helmut/Röpcke, Andreas (Hg.), „Nieder die Waffen, die Hände gereicht!“ Friedensbewegung in Bremen 1898-1958, Ausstellungskatalog, Bremen 1989, S. 190-194.

BÖHME, KLAUS/LOHALM, UWE (HG.), Wege in den Tod. Hamburgs Anstalt Langenhorn und die Euthanasie in der Zeit des Nationalsozialismus, Hamburg 1993.

BREGGIN, PETER ROGER, Elektroschock ist keine Therapie, München/Wien/Baltimore 1980.

BREMEN UND DIE SOZIALDEMOKRATIE, Bremen 1904 (Faksimile 1990).

BREMISCHES STATISTISCHES LANDESAMT (HG.), Statistisches Jahrbuch der Freien Hansestadt Bremen, Bremen 1929.

BRÜMMER, F., Großherzoglich Oldenburgische Heil- und Pflegeanstalt Wehnen. In: Bresler, Johannes (Hg.): Deutsche Heil- und Pflegeanstalten für psychisch Kranke in Wort und Bild, 2 Bde., Halle 1910 u. 1912, Bd. 2, S. 105 ff.

BUFE, ERNST, Die wirtschaftliche Bedeutung der Familienpflege für die öffentliche Geisteskrankenfürsorge. In: Allgemeine Zeitschrift für Psychiatrie und ihre Grenzgebiete, Bd. 115, Berlin 1940, S.185-190.

CHRONOLOGISCHE GESCHICHTE DER HAMBURGER WOHLFAHRTSANSTALTEN 1600-1949. In: Rothmaler, Christiane/Glensk, Evelyn (Hg.), Kehrseiten der Wohlfahrt. Die Hamburger Fürsorge auf ihrem Weg von der Weimarer Republik in den Nationalsozialismus, Hamburg 1992, S. 214-220.

CHROUST, PETER (HG.), Friedrich Mennecke – Innenansichten eines medizinischen Täters im Nationalsozialismus. Eine Edition seiner Briefe 1935-1947, 2 Bde., Hamburg 1987.

DARWIN, CHARLES, On the Origin of Species by Means of Natural Selection or the Preservation of Favoured Races in the Struggle for Life, London 1859/dt. Die Entstehung der Arten durch natürliche Zuchtwahl oder Die Erhaltung der begünstigten Rassen im Kampfe ums Dasein, Stuttgart 1963.

DERS., The Descent of Man and Selection in Relation to Sex, London 1871/dt. Die Abstammung des Menschen und die geschlechtliche Zuchtwahl, Stuttgart 1963.

DAUM, MONIKA, Arbeit und Zwang. Das Leben der Hadamarer Patienten im Schatten des Todes. In: Roer, Dorothee/Henkel, Dieter, Psychiatrie im Faschismus. Die Anstalt Hadamar 1933-1945, Bonn 1986, S.173-213.

DELBRÜCK, ANTON, Hygiene des Alkoholismus. In: Weyl, Th. (Hg.), Handbuch der Hygiene, 3. Bd., 4. Abteilung, Leipzig 1913, S. 479-593.

DERS., Zur Asylierung der Trinker. In: Allgemeine Zeitschrift für Psychiatrie und psychisch-gerichtliche Medizin, Berlin/Leipzig 1926, Bd. 84, S. 101-122.

DERS., Zur Frage der Unterbringung und Betreuung von Alkoholikern. In: Blätter für Praktische Trinkerfürsorge, 17. Jg., 1933, S. 87 f.

DELIUS, PETER, Das Ende von Strecknitz. Die Lübecker Heilanstalt und ihre Auflösung 1941, Kiel 1988.

DIE BREMISCHE NERVENKLINIK 1904-54, Bremen 1954.

DÖRNER, KLAUS/HAERLIN, CHRISTIANE/RAU, V./SCHERNUS, RENATE/SCHWENDY, ARND, Der Krieg gegen die psychisch Kranken. Nach „Holocaust“: Erkennen – Trauern – Begegnen, Rehburg-Loccum 1980.

DÖRNER, KLAUS (HG.), Fortschritte der Psychiatrie im Umgang mit Menschen. Wert und Verwertung des Menschen im 20. Jahrhundert, Rehburg-Loccum 1984.

DÖRNER, KLAUS, Tödliches Mitleid. Zur Frage der Unerträglichkeit des Lebens oder: die soziale Frage: Entstehung, Medizinisierung, NS-Endlösung, heute, morgen, Gütersloh 1988.

EBBINGHAUS, ANGELIKA, Kostensenkung, „Aktive Therapie“ und Vernichtung. Konsequenzen für das Anstaltswesen. In: Ebbinghaus, Angelika/Kaupen-Haas, Heidrun/Roth, Karl Heinz, Heilen und Vernichten im Mustergau Hamburg. Bevölkerungs- und Gesundheitspolitik im Dritten Reich, Hamburg 1984, S. 136-146.

EBBINGHAUS, ANGELIKA/KAUPEN-HAAS, HEIDRUN/ROTH, KARL HEINZ, Heilen und Vernichten im Mustergau Hamburg. Bevölkerungs- und Gesundheitspolitik im Dritten Reich, Hamburg 1984.

EMMERICH, NORBERT, Die Forensische Psychiatrie 1933-1945. Das Schicksal der wegen einer Straftat eingewiesenen Kranken. In: AG zur Erforschung der Geschichte der Karl-Bonhoeffer Nerven-Klinik, Berlin 1989, S. 105-123.

ENGELBRACHT, GERDA/TISCHER, ACHIM, Das St. Jürgen-Asyl in Bremen. Arbeiten und Leben in einer Irrenanstalt 1904-34, Bremen 1990.

DIES., ‚Heilsame Schocks'. In: Arbeitsgemeinschaft Bremer Geschichtsgruppen (Hg.), Jenseits von Roland und Schütting, Bremen 1992.

ENGELBRACHT, GERDA, Zur Tötung von Patienten und Patientinnen in der Bremer Nervenklinik während des 2. Weltkriegs. In: Sozialpsychiatrische Informationen, 1994, Jg. 24, S. 35-39.

DIES., Das Haus Reddersen. Zur Geschichte der ersten bremischen Pflege- und Erziehungsanstalt für geistig und körperlich behinderte Kinder und Jugendliche, Bremen 1995.

ESMYOL, ANDREA, Frauen als ‚Irrenpflegerinnen'. Das St. Jürgen-Asyl im Dorf Ellen bei Bremen, (Maschschr. Hausarbeit) Bremen 1995.

FAULSTICH, HEINZ, Von der Irrenfürsorge zur „Euthanasie". Geschichte der badischen Psychiatrie bis 1945, Freiburg 1993.

FESTSCHRIFT FÜR PROF. DR. ANTON DELBRÜCK. Zur Erinnerung an seinen Abschied, Bremen 1927.

FINZEN, ASMUS, Auf dem Dienstweg. Die Verstrickung einer Anstalt in die Tötung psychisch Kranker, Rehburg-Loccum 1983.

FINZEN, CLAUS, Alkohol, Alkoholismus und Medizin. Ein Beitrag zur Sozialgeschichte der Psychiatrie, Rehburg-Loccum, 1980.

FOREL, AUGUSTE, Rückblick auf mein Leben, Zürich 1935.

FREI, NORBERT (HG.), Medizin und Gesundheitspolitik in der NS-Zeit, München 1991.

FRIEDLANDER, HENRY, Jüdische Anstaltspatienten im NS-Deutschland. In: Aly, Götz (Hg.), Aktion T4, 1939-1945. Die „Euthanasie"-Zentrale in der Tiergartenstraße 4, Berlin 1987. S. 34-44.

GANSSMÜLLER, CHRISTIAN, Die Erbgesundheitspolitik des Dritten Reiches: Planung, Durchführung und Durchsetzung, Köln/Wien 1987.

GILDEMEISTER, RUDOLF, Rückblick. In: Die Bremische Nervenklinik 1904-1954, Bremen 1954, S. 6-40.

GRAF, OSKAR MARIA, Wir sind Gefangene. Ein Bekenntnis aus diesem Jahrzehnt, (Erstausgabe 1927) Frankfurt a.M. 1982.

GRIESINGER, WILHELM, Über Irrenanstalten und deren Weiter-Entwicklung in Deutschland. In: Archiv für Psychiatrie und Nervenkrankheiten, Bd. 1, 1868/69, S. 8-43.

GRODE, WALTER, Die „Sonderbehandlung 14 f 13" in den Konzentrationslagern des Dritten Reiches. Ein Beitrag zur Dynamik faschistischer Vernichtungspolitik, Frankfurt a.M. 1987.

GÜSE, HANS-GEORG/SCHMACKE, NORBERT, Psychiatrie zwischen bürgerlicher Revolution und Faschismus, 2 Bände, Kronberg 1976.

GÜTT, ARTHUR/ RÜDIN, ERNST/RUTTKE, FALK, Zur Verhütung erbkranken Nachwuchses – Gesetz und Erläuterungen, München 1934.

HÄHNEL, FRANZISKUS, Bericht über den IX. Internationalen Kongreß gegen den Alkoholismus. Abgehalten in Bremen vom 14. bis 19. April 1903, Jena 1904.

HAENEL, THOMAS, Zur Geschichte der Psychiatrie: Gedanken zur allgemeinen und Basler Psychiatriegeschichte, Basel 1982.

HANACK, ERNST-WALTER, Die strafrechtliche Zulässigkeit künstlicher Unfruchtbarmachungen, Marburg 1959.

HARTUNG, BERNHARDT, Durch Licht und Finsternis 1904 bis 1985. Ein Arzt erzählt sein Leben, Vechta 1986.

HAUPTMANN, ALFRED, Luminal bei Epilepsie. In: Münchener Medizinische Wochenschrift 1912, Nr. 35, S. 1097-1909.

HAUSCHILD, ELKE, „Krank oder Asozial?“ Staatliche Fürsorge für Alkoholiker am Beispiel der Hamburger Trinkerfürsorge 1922-1945. In: Arbeitskreis „Die Heil- und Pflegeanstalt Wiesloch in der Zeit des Nationalsozialismus“ (Hg.), Schriftenreihe des Arbeitskreises „Die Heil- und Pflegeanstalt Wiesloch in der Zeit des Nationalsozialismus“, Heft 3, Wiesloch 1995 (Maschschr.), S. 127-144.

HESSE, HANS, Wilhelm Mündtrath – Kriminalsekretär des Bremer „Zigeunerdezernats“. In: Danckwortt, Barbara/Querg, Thorsten/Schöningh, Claudia (Hg.), Historische Rassismusforschung. Ideologen – Täter – Opfer, Hamburg 1995, S. 246-272.

HISTORISCHE GESELLSCHAFT ZU BREMEN/BREMER STAATSARCHIV (HG.), Bremische Biographien 1912-1962, Bremen 1969.

HÖLL, THOMAS/SCHMIDT-MICHEL, PAUL-OTTO, Irrenpflege im 19. Jahrhundert. Die Wärterfrage in der Diskussion der deutschen Psychiater, Bonn 1989.

HOFFMANN, UTE, Von der „Euthanasie“ zum Holocaust, Die „Sonderbehandlung 14 f 13“ am Beispiel der Anstalt Bernburg. Vortrag gehalten am 2. Oktober 1993 auf einer Tagung in der Gedenkstätte Hadamar.

HOHMANN, JOACHIM S., Geschichte der Zigeunerverfolgung in Deutschland, Frankfurt a.M. 1988.

HOPPE, A, Zur Personalfrage. In: Zeitschrift für Psychiatrie, 1905, Bd. 62, S. 477 ff.

JAHRESVERSAMMLUNG des Deutschen Vereins für Psychiatrie in Hamburg am 27. und 28. Mai 1920. In: Allgemeine Zeitschrift für Psychiatrie und psychisch-gerichtliche Medizin, 1920/21, Bd. 76, S. 593-667.

JOCKUSCH, ULRICH/SCHOLZ LOTHAR (HG.): Verwaltetes Morden im Nationalsozialismus, Regensburg 1992 .

KALDEWEY, WALTHER, Stellung und Aufgabe der Heil- und Pflegeanstalten im neuen Reiche. In: Ziel und Weg, 1933, S. 655.

DERS., Über die Aufgaben und die Bedeutung der deutschen Psychiatrie im Allgemeinen und psychiatrischen Außenfürsorge im Besonderen. In: Allgemeine Zeitschrift für Psychiatrie und psychisch-gerichtliche Medizin, 1935, S. 289-329.

DERS., Das Rentenproblem. In: Bremer Ärzteblatt, Januar 1952, S. 7-14.

KAMINSKY, UWE, Zwangssterilisation und „Euthanasie“ im Rheinland. Evangelische Erziehungsanstalten sowie Heil- und Pflegeanstalten 1933-1945, Köln 1995.

KAWCZYNSKI, RUDKO, Hamburg soll „zigeunerfrei“ werden. In: Ebbinghaus, Angelika/Kaupen-Haas, Heidrun/Roth, Karl Heinz (Hg.), Heilen und Vernichten im Mustergau Hamburg, Hamburg 1984, S. 45-53.

KAUFMANN, HOLKER/SCHULMEYER, KLAUS, Die polnischen und sowjetischen Zwangsarbeiter in Hadamar. In: Roer, Dorothee/Henkel, Dieter (Hg.), Psychiatrie im Faschismus, Bonn 1986, S. 256-282.

KAUL, FRIEDRICH, Die Psychiatrie im Strudel der Euthanasie, Köln/Frankfurt a.M. 1979.

KERSTING, FRANZ-WERNER/TEPPE, KARL/WALTER, BERND (HG.), Nach Hadamar. Zum Verhältnis von Psychiatrie und Gesellschaft im 20. Jahrhundert, Paderborn 1993.

KERSTING, FRANZ-WERNER/TEPPE, KARL/WALTER, BERND, Gesellschaft – Psychiatrie – Nationalsozialismus. Historisches Interesse und gesellschaftliches Bewußsein. In: Dies., Nach Hadamar, Paderborn 1993, S. 9-61.

KERSTING, FRANZ-WERNER, Mediziner zwischen ‚Drittem Reich‘ und Bundesrepublik. Die Anstaltsärzte des Provinzialverbandes Westfalen. In: Kersting, Franz-Werner/Teppe, Karl/ Walter, Bernd (Hg.), Nach Hadamar, Paderborn 1993, S. 253-272.

DERS., Anstaltsärzte und NS-Krankenmord in Westfalen. Zwischen Mittäterschaft, Mitwisserschaft und Resistenz. In: Westfälische Klinik für Psychiatrie Warstein, 1992, S. 12-31.

DERS., Anstaltsärzte zwischen Kaiserreich und Bundesrepublik. Das Beispiel Westfalen, Paderborn 1996.

KLEE, ERNST, „Euthanasie“ im NS-Staat., Die „Vernichtung lebensunwerten Lebens“, Frankfurt a.M. 1985 (1985 a).

DERS. (Hg.), Dokumente zur „Euthanasie“, Frankfurt a.M. 1985 (1985 b).

DERS, Was Sie taten – was Sie wurden. Ärzte, Juristen und andere Beteiligte am Kranken- oder Judenmord, Frankfurt a.M. 1986.

KOCH, THOMAS, Zwangssterilisation im Dritten Reich. Das Beispiel der Universitätsfrauenklinik Göttingen, Frankfurt a.M. 1994.

KOGON, EUGEN, Der SS-Staat. Das System der deutschen Konzentrationslager, Frankfurt a.M. ^{4}1958.

KOGON, EUGEN U.A., Nationalsozialistische Massentötungen durch Giftgas, Frankfurt a.M. 1983.

LABISCH, ALFONS/TENNSTEDT, FLORIAN, Der Weg zum „Gesetz über die Vereinheitlichung des Gesundheitswesens“ vom 3. Juli 1934. Entwicklungslinien und -momente des staatlichen und kommunalen Gesundheitswesens in Deutschland, 2 Bde., Düsseldorf 1985.

DIES., Gesundheitsamt oder Amt für Voksgesundheit? Zur Entwicklung des öffentlichen Gesundheitsdienstes seit 1933. In: Frei, Norbert, Medizin und Gesundheitspolitik in der NS-Zeit, München 1991, S. 35-66.

LANDESWOHLFAHRTSVERBAND HESSEN. (HG.), Euthanasie in Hadamar. Die nationalsozialistische Vernichtungspolitik in hessischen Anstalten, Kassel 1991.

LANDESWOHLFAHRTSVERBAND HESSEN (HG.), „Verlegt nach Hadamar“. Die Geschichte einer NS „Euthanasie“-Anstalt, Ausstellungskatalog, Kassel 1991.

LIERE, KLAUS-PETER, Aus den Akten der Reichskanzlei: Über Krankenhäuser, Krankenanstalten und Bäderwesen im Deutschen Reich von 1921-1945 mit dem Versuch einer Darstellung der „Aktion Brandt“, d.h. der Errichtung von Ausweichkrankenhäusern durch das Reich im letzten Kriege (Diss.), Berlin 1980.

LIFTON, ROBERT JAY, Ärzte im Dritten Reich, Stuttgart 1988.

LINDE, OTFRIED K. (HG.), Pharmakopsychiatrie im Wandel der Zeit. Erlebnisse und Ergebnisse, Klingenmünster 1988.

LINDEN, HERBERT, Erb- und Rassenpflege bei den Gesundheitsämtern. In: Der Öffentliche Gesundheitsdienst, 1. Jg., 1935, H. 1, S. 3-13.

MANTHEY, ELVIRA, Die Hempelsche. Das Schicksal eines deutschen Kindes, das 1940 vor der Gaskammer umkehren durfte, Lübeck 1994.

MARßOLEK, INGE/OTT, RENÉ, Bremen im Dritten Reich: Anspassung – Widerstand – Verfolgung, Bremen 1986.

MAUSBACH, HANS/BROMBERGER, BARBARA, Kinder als Opfer der NS-Medizin, unter besonderer Berücksichtigung der Kinderfachabteilungen in der Psychiatrie, In: Landeswohlfahrtsverband Hessen (Hg.), Euthanasie in Hadamar, Kassel 1991, S. 145-156.

MELZER, EWALD, Das Problem der Abkürtzung „lebensunwerten“ Lebens, Halle 1925.

MEYER, ENNO, Zur Geschichte des psychiatrischen Krankenhauswesens in Bremen. In: Bremer Ärzteblatt, Nr. 9, 1978, S. 30-34.

MEYER, JOACHIM-ERNST/SEIDEL, RALF, Die psychiatrischen Patienten im Nationalsozialismus. In: Kisker, K. (Hg.), Psychiatrie der Gegenwart, Bd. 9, Heidelberg/Berlin 1989, S. 369-396.

MITSCHERLICH, ALEXANDER/MIELKE, FRED (HG.), Medizin ohne Menschlichkeit. Dokumente des Nürnberger Ärzteprozesses, (Frankfurt a.M. 1960) Ausgabe Frankfurt a.M. 1989.

MÜLLER, CHRISTINE-RUTH/SIEMEN, HANS-LUDWIG, Warum sie sterben mußten – Leidensweg und Vernichtung von Behinderten aus den Neuendettelsauer Pflegeanstalten im „Dritten Reich", Neustadt a.d. Aisch 1991.

NAPOLI, JOSEPH F., Die Entnazifizierung vom Standpunkt eines Amerikaners (Übersetzung und Nachwort von Andreas Röpcke). In: Drechsel, Wiltrud/Röpcke, Andreas (Hg.), „Denazification": zur Entnazifizierung in Bremen, Bremen 1992, S. 66-81.

NATURWISSENSCHAFTLICHER VEREIN BREMEN (HG.), Von der Verhütung unwerten Lebens. Bremer Beiträge zur Naturwissenschaft (Sonderband), Bremen 1933.

NITSCHKE, ASMUS, Gesundheit im Dienst der Rasse. Zur Geschichte des öffentlichen Gesundheitsdienstes Bremens im Dritten Reich am Beispiel des Bezirksgesundheitsamtes Bremen-Nord, Bremen 1993.

OST, EUGÈNE, Die Malaria-Versuchsstation im Konzentrationslager Dachau. In: Benz, Wolfgang/Distel, Barbara (Hg.), Medizin im NS-Staat. Täter, Opfer, Handlanger, Dachauer Hefte, Heft 4, München 1988, S. 174-189.

OSTNER, ILONA/BECK-GERNSHEIM, ELISABETH, Mitmenschlichkeit als Beruf. Eine Analyse des Alltags in der Krankenpflege, Frankfurt a.M./New York 1979.

PAETZ, ALBRECHT, Die Kolonisierung der Geisteskranken mit dem Offen-Thür-System, Berlin 1893.

PEHLE, WALTER H. (HG.), Der historische Ort des Nationalsozialismus. Annäherungen, Frankfurt a.M. 1990.

PEUKERT, DETLEV J.K., Alltag und Barbarei. Zur Normalität des Dritten Reiches. In: Diner, Dan (Hg.), Ist der Nationalsozialismus Geschichte? Zu Historisierung und Historikerstreit, Frankfurt a. M. 1987, S. 51-61.

DERS., Grenzen der Sozialdisziplinierung. Aufstieg und Krise der deutschen Jugendfürsorge 1878 bis 1932, Köln 1986.

PINGEL, FALK, Die NS-Psychiatrie im Spiegel des historischen Bewußtseins und sozialpolitischen Denkens in der Bundesrepublik. In: Kersting, Franz-Werner/Teppe, Karl/Walter, Bernd (Hg.), Nach Hadamar, Paderborn 1993, S. 174-201.

PFÄFFLIN, FRIEDEMANN/RÜB, HERBERT/GÖPFERT/HERBERT, Universitätspsychiatrie und Nationalsozialismus. In: Jockusch, Ulrich/Scholz, Lothar (Hg.), Verwaltetes Morden im Nationalsozialismus, Regensburg 1992, S. 41-62.

PLATEN-HALLERMUND, ALICE, Die Tötung Geisteskranker in Deutschland, Frankfurt a.M. 1948.

PLÖTZ, ALFRED, Die Tüchtigkeit unserer Rasse und der Schutz der Schwachen, Berlin 1895.

PÖRKSEN, NIELS/WALLER, HEIKO, Lebensvernichtung in der Psychiatrie: Die Heil- und Pflegeanstalt Lüneburg. In: Lüneburger Arbeitskreis „Machtergreifung" (Hg.), Heimat, Heide, Hakenkreuz. Lüneburgs Weg ins Dritte Reich, Hamburg 1984. S. 163-171.

PORRE, EUGEN DE, Vorläufiger Bericht über 200 Jahre Psychiatrie in Bremen-Oberneuland. Bremen 1965.

RAITHEL, WILLY, Beobachtungen bei plötzlichem Luminalentzug. In: Psychiatrisch-Neurologische Wochenschrift 1939, 41. Jg., S. 484 f.

RAMM, RUDOLF, Ärztliche Rechts- und Standeskunde: Der Arzt als Gesundheitserzieher, Berlin ^{2}1943.

REHM, OTTO, Das Manisch-Melancholische Irresein (Manisch-Depressives Irresein Kraepelin), Berlin 1919.

DERS., Soziale Psychiatrie (Ein Arbeitsprogramm). In: Zeitschrift für die gesamte Neurologie und Psychiatrie, Bd. 104, 1926, S. 737-744.

DERS., Zur Frage der Unfruchtbarmachung der erbkranken Träger angeborenen Schwachsinns. In: Archiv für Rassen- und Gesellschaftsbiologie einschließlich Rassen- und Gesellschaftshygiene, München 1935, 29. Band, 3. Heft, S. 321-327.

REITER, RAIMOND, Wurden Hamburger Geisteskranke 1941-1945 in der Anstalt Königslutter getötet? In: Zeitschrift des Vereins für Hamburgische Geschichte, Bd. 81, Hamburg 1995, S. 223-233.

DERS., Die „Kinderfachabteilung" in Lüneburg. In: 1999. Zeitschrift für Sozialgeschichte des 20. und 21. Jahrhunderts, 11. Jahrgang, Heft 3, 1996, S. 55-67.

RICHARZ, BERNHARDT, Heilen, Pflegen, Töten. Zur Alltagsgeschichte einer Heil- und Pflegeanstalt bis zum Ende des Nationalsozialismus, Göttingen 1987.

RIGGELSEN, HARALD, Bremer Ärzte auf dem Wege zum Nationalsozialismus. Die Problematik der Rassenhygiene und Eugenik, Diplomarbeit, maschschr., Bremen 1982.

RÖNN, PETER VON, Auf der Suche nach einem anderen Paradigma. Überlegungen zum Verlauf der NS-„Euthanasie" am Beispiel der Anstalt Langenhorn. In: Recht und Psychiatrie 9, 1991, S. 50-56.

DERS., Die Entwicklung der Anstalt Langenhorn in der Zeit des Nationalsozialismus. In: Böhme, Klaus/Lohalm, Uwe (Hg.), Wege in den Tod, Hamburg 1993, S. 27-135.

DERS., Zum indirekten Nachweis von Tötungsaktivitäten während der zweiten Phase der NS-„Euthanasie". Das Beispiel der Langenhorner Patienten in Königslutter. In: Recht und Psychiatrie 9, 1991, S. 8-13.

ROER, DOROTHEE, Psychiatrie in Deutschland 1933-1945: ihr Beitrag zur „Endlösung der sozialen Frage", am Beispiel der Heilanstalt Uchtspringe. In: Psychologie & Gesellschaftskritik, Frankfurt a.M. 1992,16. Jg., Heft 2, S.15-38.

ROER, DOROTHEE/HENKEL, DIETER (HG.), Psychiatrie im Faschismus. Die Anstalt Hadamar 1933-1945, Bonn 1986.

ROTH, KARL HEINZ (HG.), Erfassung zur Vernichtung: von der Sozialhygiene zum „Gesetz über Sterbehilfe", Berlin 1984.

ROTH, KARL HEINZ/ALY, GÖTZ, Das „Gesetz über die Sterbehilfe bei unheilbar Kranken". Protokolle der Diskussion über die Legalisierung der nationalsozialistischen Anstaltsmorde in den Jahren 1938-1941. In: Roth, Karl Heinz (Hg.), Erfassung zur Vernichtung, Berlin 1984, S. 101-179.

ROTHMALER, CHRISTIANE, Zwangssterilisationen nach dem Gesetz zur Verhütung erbkranken Nachwuchses. In: Bleker, Johanna/Jachertz, Norbert, Medizin im Dritten Reich, Köln 1989, S. 68-75.

DIES., „Hart in der Sache, milde im Ton, frei von Bürokratismus". Georg Steigertal und sein Konzept der Anstaltsfürsorge. In: Rothmaler, Christiane/Glensk, Evelyn (Hg.), Kehrseiten der Wohlfahrt, Hamburg 1992, S. 182-206.

ROTHMALER, CHRISTIANE/GLENSK, EVELYN (HG.), Kehrseiten der Wohlfahrt. Die Hamburger Fürsorge auf ihrem Weg von der Weimarer Republik in den Nationalsozialismus. Hamburg 1992.

RÜBENSTAHL, MAGDALENE, „Wilde Schwestern". Krankenpflegereform um 1900, Frankfurt 1994.

SAUER, H./LAUTER H., Elektrokrampftherapie. In: Der Nervenarzt, Bd. 58, 1987, S. 201-209.

SCHERER, KLAUS, „Asozial" im Dritten Reich. Die vergessenen Verfolgten, Münster 1990.

SCHMACKE, NORBERT/GÜSE, HANS-GEORG, Zwangssterilisiert – Verleugnet – Vergessen. Zur Geschichte der nationalsozialistischen Rassenhygiene am Beispiel Bremen, Bremen 1984.

SCHMIDT, GERHARD, Selektion in der Heilanstalt 1939-1945, (Stuttgart 1965) Ausgabe Frankfurt 1983.

SCHMIDT-V. BLITTERSDORF, HEIDI/DEBUS, DIETER/KALKOWSKY, BIRGIT, Die Geschichte der Anstalt Hadamar von 1933 bis 1945 und ihre Funktion im Rahmen von T 4. In:

Roer, Dorothee/Henkel, Dieter (Hg.), Psychiatrie im Faschismus, Frankfurt a.M. 1986, S. 58-120.

SCHMITZ, HANS, Die Opiumbehandlung bei Geisteskrankheiten insbesondere bei Melancholie, ihre Geschichte, ihr heutiger Stand und eigene Erfahrungen. In: Allgemeine Zeitschrift für Psychiatrie und psychisch-gerichtliche Medizin, Bd. 83, Berlin/Leipzig 1926, S. 92-113.

SCHMUHL, HANS-WALTER, Rassenhygiene, Nationalsozialismus, Euthanasie. Von der Verhütung zur Vernichtung ‚lebensunwerten Lebens'. 1890-1945, Göttingen 1987.

DERS., Kontinuität oder Diskontinuität? Zum epochalen Charakter der Psychiatrie im Nationalsozialismus. In: Kersting, Franz-Werner/Teppe, Karl/Walter, Bernd, Nach Hadamar, Paderborn 1993, S. 112-136.

SCHOLZ, FRIEDRICH, Ueber Wachtabtheilungen in Irrenanstalten. In: Allgemeine Zeitschrift für Psychiatrie und psychisch-gerichtliche Medicin, Bd. 45, 1889, S. 235-248.

SCHOLZ, LUDWIG, Leitfaden für Irrenpfleger, Halle 1900.

SCHRÖTER, SONJA, Psychiatrie in Waldheim/Sachsen (1716-1946). Ein Beitrag zur Geschichte der forensischen Psychiatrie in Deutschland (Diss.), Frankfurt 1994.

SCHULTE, HEINRICH, Erbliche Fallsucht. In: Bonhoeffer, Karl (Hg.), Die psychiatrischen Aufgaben bei der Ausführung des Gesetzes zur Verhütung erbkranken Nachwuchses. Mit einem Anhang: Die Technik der Unfruchtbarmachung. Klinische Vorträge im erbbiologischen Kurs. Berlin 1934, S. 62-70.

DERS., Die Klinik als Heimstatt – ein Dilemma und eine Aufgabe. In: Die Bremische Nervenklinik, Bremen 1954, S. 191-197.

SCHULTE, W., Epilepsie und ihre Randgebiete in Klinik und Praxis, München 1964.

SCHULTE, WALTER, „Euthanasie" und Sterilisation im Dritten Reich. In: Flitner, Andreas (Hg.), Deutschs Geistesleben und Nationalsozialismus, Tübingen 1965, S. 73-89.

SCHROEDER, HANS, Allgemeine Psychiatrie. In: Allgemeine Zeitschrift für Psychiatrie 1913, Bd. 70, S. 73-155.

SCHWARZ, KLAUS, Zur Geschichte der psychisch Kranken in Bremen während des Zweiten Weltkriegs. Bremen o.J. (ca. 1986) unveröff. maschschr. Bericht.

SCHWARZWÄLDER, HERBERT, Carl Röver (1889-1942). Ein Feind Bremens? In: Ders., Berühmte Bremer, München 1972, S. 231-244.

DERS., Bremen in der NS-Zeit (1933-1945), Geschichte der Freien Hansestadt Bremen, Bd. 4, Hamburg 1985.

SIEKER, JOACHIM, Von der Dorenkiste zum Asyl – Das Irrenwesen in Bremen, Diplom-Arbeit (maschschr.), Bremen 1987.

SIEMEN, HANS LUDWIG, Menschen blieben auf der Strecke. Psychiatrie zwischen Reform und Nationalsozialismus, Gütersloh 1987.

SIMON, HERMANN, Aktivere Krankenbehandlung in der Irrenanstalt, Berlin 1929, ND Bonn 1986.

STANISLAW, KLODZINSKI, Die „Aktion 14f13". Der Transport von 575 Häftlingen von Auschwitz in das ‚Sanatorium Dresden'. In: Aly, Götz (Hg.), Aktion T4 1939-1945, Die „Euthanasie"-Zentrale in der Tiergartenstraße 4, Berlin 1989, S. 136-146.

STEINMEYER, THEODOR, Beitrag zum neurologischen Befund nach Luminalvergiftung. In: Münchener Medizinische Wochenschrift, 1931, 78. Jg. S. 143 f.

STEPPE, HILDE, Dienen ohne Ende – Historische Entwicklung der Arbeitszeit in Deutschland. In: Pflege. Die wissenschaftliche Zeitschrift für Pflegeberufe, 1. Jg., Heft 1, 1988, S. 4-19.

DIES. (HG.), Krankenpflege im Nationalsozialismus, Frankfurt a.M. [7]1993 .

STOEVESANDT, JOHANN/TÖLKEN, RICHARD, Geschichte der Cerevisia Medica von 1837 in Bremen, Bremen 1965.

SUEẞE, THORSTEN/MEYER, HEINRICH, Abtransport der „Lebensunwerten“, Hannover 1988.

TEPPE, KARL, Massenmord auf dem Dienstweg. Hitlers „Euthanasie“-Erlaß und seine Durchführung in den Westfälischen Provinzialheilanstalten, Münster 1989.

THIES, ANNETTE, Zur Sozialgeschichte von Normierung und Ausgrenzung durch totale Institutionen. Vom Armen- und Arbeitshaus zur Irrenverwahranstalt: Das Beispiel Kloster Blankenburg., Diplomarbeit (maschschr.), Oldenburg 1984.

WALTER, FRIEDRICH KARL, Schilddrüse und Regeneration. Archiv für Entwicklungsmechanik, Bd. 31, 1910.

DERS., Krankheiten des Rückenmarks und des verlängerten Marks. In: Curschmann/Kramer, Lehrbuch der Nervenkrankheiten, Berlin 1925.

DERS., Die Blut-Liquorschranke, Leipzig 1929

DERS., Was ist unwertes Leben vom Standpunkt des Rassehygienikers aus gesehen? In: Naturwissenschaftlicher Verein Bremen (Hg.), Von der Verhütung unwerten Lebens. Bremer Beiträge zur Naturwissenschaft (Sonderband), Bremen 1933, S. 50-78.

DERS., Freiwillige oder Zwangssterilisation. In: Die Medizinische Welt, 7. Jg. (1933a), Nr. 28, S. 1003-1005.

WALTER, HUBERT, Die Rassenhygienische Fachgesellschaft (1931-1945) im Naturwissenschaftlichen Verein zu Bremen. In: Naturwissenschaftlicher Verein zu Bremen, Abhandlungen, Bd. 41, Bremen 1991, S.197-214.

WEINGART, PETER/KROLL, JÜRGEN/BAYERTZ, KURT, Rasse, Blut und Gene. Geschichte der Eugenik und Rassenhygiene in Deutschland, Frankfurt a.M. 1988.

WESTFÄLISCHE KLINIK FÜR PSYCHIATRIE WARSTEIN (HG.), Euthanasie. Dokumentation einer Fortbildungsreihe, Warstein 1992.

WINKLER, W. TH, Fortschritte der psychiatrischen Therapie in den letzten 50 Jahren. In: Landschaftsverband Westfalen-Lippe (Hg.), Wandlungen der Psychiatrie in fünfzig Jahren, Gütersloh 1969, S. 9-47.

WÖBCKEN, HEINRICH/TORNOW, PETER, 700 Jahre Kloster Blankenburg zu Oldenburg, Oldenburg 1994.

DIE WOHLFAHRTSEINRICHTUNGEN BREMENS, Bremen 1929.

WUNDER, MICHAEL/GENKEL, INGRID/JENNER, HARALD, Auf dieser schiefen Ebene gibt es kein Halten mehr. Die Alsterdorfer Anstalten im Nationalsozialismus, Hamburg 1987.

WUNDER, MICHAEL, Euthanasie in den letzten Kriegsjahren. Die Jahre 1944 und 1945 in der Heil- und Pflegeanstalt Hamburg-Langenhorn, Husum 1992.

ZICKMANN, RICHARD, Zur Lage des Pflegepersonals in den amerikanischen Irrenanstalten. In: Die Irrenpflege. Monatsschrift für Irrenpflege und Krankenpflege zur Belehrung und Fortbildung des Pflegepersonals an Heil- und Pflegeanstalten und zur Vertretung seiner Standesinteressen, 15. Jg., Halle 1912, S. 255-262.

ZIMMERMANN, MICHAEL, Verfolgt, vertrieben, vernichtet. Die nationalsozialistische Vernichtungspolitik gegen Sinti und Roma, Essen 1989.

ZMARZLIK, HANS-GÜNTER, Der Sozialdarwinismus in Deutschland als geschichtliches Problem. In: Vierteljahreshefte für Zeitgeschichte, Heft 11/1963, S. 246-277.

ZUFLUCHT UNTER DEM SCHATTEN DEINER FLÜGEL? Die Rotenburger Anstalten der Inneren Mission in den Jahren 1933-1945, Rotenburg (Wümme) 1992.

Bildnachweis

Der überwiegende Teil der Fotografien, die sich im Archiv des Krankenhausmuseums am Zentralkrankenhaus Bremen-Ost befinden, wurden von Privatpersonen zur Verfügung gestellt. Ihnen allen sei an dieser Stelle herzlich gedankt.

AG zur Erforschung der Geschichte der Karl-Bonhoeffer Nerven-Klinik (Hg.), Totgeschwiegen. 1933-1945. Berlin 1989, S. 181: 133
Archiv Ernst Klee: 74
Archiv Firma Bayer, Leverkusen: 156
Archiv Firma Siemens: 103
Archiv des Heimat- und Museumsvereins für Vegesack und. Umgebung e.V. (Schloß Schönebeck): Titelportrait (links)
Archiv im Krankenhausmuseum am Zentralkrankenhaus Bremen Ost: 12, 15, 16, 19, 21, 27, 29, 51, 70 (links), 72, 77, 81, 89, 90, 94, 98, 104, 116, 126, 130, 134, 137, 140, 143, 145, 149, 150, 164,
Archiv Zentralkrankenhaus Bremen-Ost : 45, 48, 67, 158, 170, 171
Bremer Landesmuseum für Kunst- und Kulturgeschichte (Focke Museum): 92
Bremer Nachrichten; 22, 30, 35, 64, 70 (links), 160
Bremer Zeitung: 40
Bremer Rechenbuch für das 8. Schuljahr, 1935: 42
Bresler, Johannes (Hg.), Deutsche Heil- und Pflegeanstalten für psychisch Kranke in Wort und Bild, Bd. 2, Halle 1912, S. 106: 109
Bundesarchiv, Abt. Potsdam, Film Nr. 41 151, Aufn.-Nr. 353: 84
Gedenkstätte Hadamar: 120 (links), 122, 124, 167
Forel, Auguste, Aus meinem Leben, Zürich 1935: 34
Landeswohlfahrtsverband Hessen. (Hg.), Euthanasie in Hadamar, Kassel 1991: 118
Landeswohlfahrtsverband Hessen (Hg.), „Verlegt nach Hadamar“, Kassel 1991: 32 (S. 33, 34), 56 (S. 41), 60 (S. 68, 69)
Naturwissenschaftlicher Verein Bremen (Hg.), Von der Verhütung unwerten Lebens, Bremen 1933: 37
Prinzhorn-Sammlung der Psychiatrischen Klinik Heidelberg, Inv.-Nr. 3815: 93
Schott, Heinz, Die Chronik der Medizin, Dortmund 1993, S. 450: 101
Staatsarchiv Bremen: 82, 97,
Staatsarchiv Hannover: 112, 120
Staatsarchiv Oldenburg 136/16138: 87

Donatoren

Folgende Personen und Institutionen haben durch eine Spende diese Dokumentation ermöglicht:

- Günter Abitzsch
- Anette Barkemeyer
- Dr. Gabriele Bode
- Bremer Werkgemeinschaft e.V.
- Joost Bücking
- DGSP Bremen
- Diakonisches Werk
- Freie Christengemeinde
- Stefan Grimm
- Prof. Dr. Helmut Haselbeck
- Bernd Höppner
- Karin Jahn
- Michael der Kinderen
- Barbara Kubbutat
- Krankenhauspfarramt Bremen-Ost
- Hille Kruckenberg
- Dr. Peter Kruckenberg
- Lotterie „GlücksSpirale"
- Tina Macholdt
- Hans-Werner Martin
- Neue Arbeit der Diakonie
- Ortsamt Bremen-Osterholz
- Dr. Arnold Richard
- Gabriele Saska
- Ingrid Scheffel
- Senator für Frauen, Gesundheit, Jugend, Soziales und Umweltschutz
- Die Sparkasse in Bremen
- Dr. Axel Titgemeyer
- Verein für Innere Mission
- Dr. Henning Voßberg
- Zentralkrankenhaus Bremen-Ost

Von der Dorenkiste zur Nervenklinik

Im Krankenhaus-Museum am Zentralkrankenhaus Bremen-Ost wird der Alltag einer typischen deutschen Anstalt von der Jahrhundertwende bis zum Ende des Zweiten Weltkriegs anschaulich und allgemeinverständlich in Szene gesetzt. Viele Beispiele in der Ausstellung machen deutlich, daß der Wahn oder das Verrücktsein keineswegs nur als medizinisches, sondern auch als kulturelles und gesellschaftliches Phänomen zu begreifen ist.
Der Ausstellungsraum ist in einem der ehemaligen Hofgebäude der alten psychiatrischen Anstalt untergebracht. Er erweckt den Eindruck eines großen Krankensaales, in dem Nischen Platz für Einzelaspekte bieten.
Inhaltlich ist die Schau nach Themenschwerpunkten konzipiert:

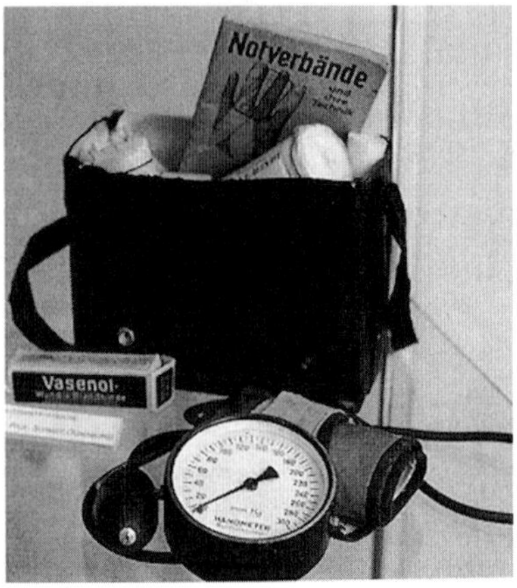

- Wissenschaftsgeschichte
- Konzeption einer agrikolen Irrenkolonie
- Therapieformen
- Untersuchungsmethoden
- PatientInnenbiographien
- Facharztausbildung
- Ärzteprofile
- Arbeitsalltag und Ausbildung des Pflegepersonals
- Rassenhygiene
- NS-Psychiatrie

„Das Museum selbst hätte mit dem Instrumentarium der 'Irrenpflege' leicht eine Gruselkammer füllen können. Doch die kluge Ausstellungskonzeption verbindet Originalinstrumente und Dokumente aus fast hundert Jahren Bremer Irrenhausgeschichte mit Begleittexten zu einer unspektakulären Schau, in der vor allem eins frappiert: das Alltägliche am Irrenhausalltag. Da steht ein Bett wie alle Krankenhausbetten. Da steht ein kleines Gerät im Nachkriegsdesign und ist doch das Elektroschockgerät von Siemens ... Da hängt eine Wandtafel für den Schulunterricht von 1936, darauf werden die mendelschen Vererbungsgesetze am Beispiel des 'minderwertigen Erbgutes' demonstriert." (Die Tageszeitung, 27.4.1995)

Öffnungszeiten:
Mittwoch bis Sonntag:
15.00 bis 18.00 Uhr
Donnerstag:
15.00 bis 20.00 Uhr
Führungen für Gruppen und Schulklassen nach vorheriger Anmeldung:
Krankenhaus-Museum
ZKH-Bremen Ost
Züricher Str. 40
28325 Bremen
Tel: 0421/4081757
Fax: 0421/4081490

Krankenhaus-Museum